教育管理理念与思维创新

阮艳花 张春艳 于朝阳　主编

汕头大学出版社

图书在版编目（CIP）数据

教育管理理念与思维创新 / 阮艳花，张春艳，于朝阳主编.-- 汕头：汕头大学出版社，2018.4
　　ISBN 978-7-5658-3584-1

　　Ⅰ．①教… Ⅱ．①阮… ②张… ③于… Ⅲ．①教育管理－研究 Ⅳ．①G40-058

中国版本图书馆 CIP 数据核字(2018)第 092174 号

教育管理理念与思维创新
JIAOYU GUANLI LINIAN YU SIWEI CHUANGXIN

主　　编：阮艳花　张春艳　于朝阳
责任编辑：汪小珍
责任技编：黄东生
封面设计：瑞天书刊
出版发行：汕头大学出版社
　　　　　广东省汕头市大学路 243 号汕头大学校园内　　邮政编码：515063
电　　话：0754-82904613
印　　刷：廊坊市国彩印刷有限公司
开　　本：710mm×1000 mm　　1/16
印　　张：26
字　　数：400 千字
版　　次：2018 年 4 月第 1 版
印　　次：2019 年 1 月第 1 次印刷
定　　价：98.00 元
ISBN 978-7-5658-3584-1

教育管理理念与思维创新
编委会成员

前 言

"创新"是全球最具影响力的新兴概念之一，也是人类可以共享的最响亮的主题词之一。"创新"既是对新世纪特征、新时代精神的科学概括，也是对新时代的美好憧憬以及诗意般畅想的典型表征，更是人类面对新世纪挑战，以全新的姿态步入新时代作出的自觉的战略选择和行动纲领。"创新"不仅仅是一种理念，一种价值观，更是一种战略目标，一种发展模式。而当人类豪迈地迈向新时代的时候，教育的发展与改革，再次迅速地成为经济社会发展的中心问题，成为全社会关注的焦点问题。一方面是因为教育对创新时代的来临作出了最为敏锐的反应，另一方面是因为经济社会的创新对教育提出了新的要求。教育从经济发展的边缘真正走到了中心，从创新舞台的幕后走到了台前。"教育管理必须创新，全社会必须大力实行创新教育"的理念已迅速被全社会所认同。教育创新、创新教育也由此成为创新范畴中最为核心的内容之一，同时也成为人类步入创新时代的重要标志之一。

学校是学生受教育的场所，学校教育是培养学生创新意识、创新精神和创新能力的主要途径。因此，创新教育的实施必须紧紧依靠学校这块主阵地，学校教育应以最优化的教育影响作用于学生，使学生的创新潜能得以最大程度地开发与挖掘。在知识经济来临之际，为满足社会对创新人才的需求，必须在目前的教育改革转型时期，从教育观念、培养目标、教育内容、教育方法与手段以及教育管理体制等若干要素着手，加大教育创新力度，以教育创新促进创新教育。开展创新教育，培养青少年的创新精神，开发少年的创新能力，已成为世界现代化教育的潮流。创新是知识经济的核心，创新教育也必将成为教育改革的核心，我们只有牢牢抓住创新教育，才能造就适应 21 世纪知识经济要求的开拓型人才。

本书共十五章。由来自华北电力大学的阮艳花担任第一主编，负责第一章至第四章的内容；由来自黑龙江省安达市中本镇中心学校的张春艳担任第二主编，负责第九章至第十三章的内容；由来自黑龙江省海伦市逸夫小学的于朝阳担任第三主编，负责第五章至第八章的内容；由来自兖州煤业股份有限公司东滩煤矿幼儿园的徐敏担任副主编，负责第十六章的内容；由来自辽宁省抚顺市新宾职业中专的王勇担任编委，负责第十四章和第十五章的内容。

　　本书在编写过程中参考借鉴了一些专家学者的研究成果和资料，在此特向他们表示感谢。由于编写时间仓促，编写水平有限，不足之处在所难免，恳请专家和广大读者提出宝贵意见，予以批评指正，以便改进。

目　录

第一章　高等教育管理学 1

第一节　高等教育管理学的学科性质 2

第二节　高等教育管理学研究的理论与方法 12

第三节　高等教育管理学的知识体系 24

第二章　高等教育管理本质 27

第一节　高等教育管理的基本概念 28

第二节　高等教育管理的本质 34

第三节　高等教育管理的属性 46

第四节　高等教育管理的特点 52

第三章　高等教育管理功能 56

第一节　规划与组织功能 59

第二节　控制与协调功能 75

第三节　高校的领导者 92

第四章　高等教育管理原则 105

第一节　高等教育管理原则确立的依据 106

第二节　高等教育管理的基本原则 113

第三节　高等教育管理原则的应用 122

第五章　小学教育 126

第一节　小学教育在义务教育中的地位 126

第二节　小学教育目的 141

第六章　教育与个人的发展 164

第一节　儿童身心发展概述 164

第二节　影响身心发展的因素及作用 171

第三节　小学教育促进儿童发展的特殊任务 177

第七章　学生与教师 181

第一节　学生 181

　　第二节　教师...189

　　第三节　学生和教师的关系.................................198

第八章　小学教学管理...202

　　第一节　教学的意义与任务.................................202

　　第二节　教学过程...207

　　第三节　教学原则和教学方法.............................217

　　第四节　教学组织形式...241

　　第五节　学业成绩的评价.....................................256

第九章　体育教学研究...258

　　第一节　体育教学概述...258

　　第二节　体育教学的特点和功能.........................261

　　第三节　体育教学的原则和规律.........................266

　　第四节　体育教学的发展趋势.............................282

第十章　体育教学内容...284

　　第一节　体育教学内容的概述.............................284

　　第二节　体育教学内容的目标与要求.................288

　　第三节　体育教学内容的层次和分类.................291

　　第四节　体育教材化及其内容.............................296

第十一章　体育教学方法...310

　　第一节　体育教学方法概述.................................310

　　第二节　体育教学方法的设计理念和选用实施...311

　　第三节　体育教学方法的影响因素.....................314

　　第四节　体育教学方法的选择和运用.................315

第十二章　体育教学过程...331

　　第一节　体育教学过程的含义与性质.................331

　　第二节　体育教学过程中的规律.........................335

　　第三节　体育教学过程中的层次及特点.............338

第十三章　创新教学与创新思维.............................344

　　第一节　创新思维空间的拓展.............................344

第二节　创新思维的基本特征⋯⋯⋯⋯⋯⋯⋯⋯⋯⋯⋯348

第三节　创新思维能力的培养⋯⋯⋯⋯⋯⋯⋯⋯⋯⋯353

第十四章　创新教学的内涵与基本原则⋯⋯⋯⋯⋯⋯⋯⋯367

第一节　创新教学的含义与目的⋯⋯⋯⋯⋯⋯⋯⋯⋯⋯367

第二节　创新教学的基本原则⋯⋯⋯⋯⋯⋯⋯⋯⋯⋯⋯371

第三节　创新教学的任务与方法⋯⋯⋯⋯⋯⋯⋯⋯⋯⋯379

第十五章　创新教学与教学环境⋯⋯⋯⋯⋯⋯⋯⋯⋯⋯⋯391

第一节　生态需要是人类全面发展的需要⋯⋯⋯⋯⋯⋯391

第二节　优化育人环境的原则⋯⋯⋯⋯⋯⋯⋯⋯⋯⋯⋯397

第三节　优化育人环境的目标⋯⋯⋯⋯⋯⋯⋯⋯⋯⋯⋯400

第四节　创建创新教育环境和氛围的途径⋯⋯⋯⋯⋯⋯402

第一章　高等教育管理学

　　高等教育管理研究，根据视角的不同，可以从下面几个方面进行分析：一是从高等教育管理的科学性出发，把它作为一门学科来进行研究；二是从高等教育的本质功能出发，偏重进行管理实践及其活动规律的研究；三是把二者结合起来，先弄清楚它的学科性质，再从它的科学性出发，研究高等教育管理的实践活动及其规律。我们提出的高等教育管理学的研究，不完全是一个系统的高等教育管理学的学科理论研究，而是在其学科研究的基础上，通过几个主要的专题研究来说明它的科学性，更好地探索高等教育管理的规律，对更加深入地认识和了解高等教育管理提供一些基本的思路，对从事高等教育管理的实践活动提供一些认识上的帮助。

　　研究一门学科就得先搞清楚它的学科性质，它的科学性。既然它是一门学科，它的理论体系是什么，涉及到的知识以及知识结构又是什么，然后在此基础上再来研究它的管理的规律，并在理论上提供一些研究的依据，以反映出它的科学性。因此，在研究高等教育管理活动的过程中，必须具有科学理论上的支撑，避免就事论事。薛天祥主编的《高等教育管理学》就是从理论的科学体系出发，从学科的特性出发，对高等教育管理学进行研究，形成了科学体系，这是一本指导我们学习和研究高等教育管理的参考资料。

第一节　高等教育管理学的学科性质

一般认为，高等教育管理学是研究高等教育管理活动及其规律的一门科学。高等教育管理学是关于高等教育管理学的内涵、系统原理、学科体系研究的科学，是揭示高等教育管理学科内、外部规律的科学。

从学科研究的基础来讲，它以高等教育的实践活动为研究平台，运用系统的理论研究方法对管理学进行研究，对高等教育实践活动中的规划、组织、协调、控制在理论上予以阐述。从学科的结构和内容来讲，它既具有教育学方面的属性，又具有管理学方面的属性；既有教育科学的社会属性，又有管理科学的自然属性。高等教育管理学是一门应用型科学，是教育科学的理论与方法、管理科学的理论与方法、其他技术科学的理论与方法等在高等教育实践活动中的应用，因此高等教育管理学就是研究这种应用规律的科学。

从学科的层次来讲，高等教育学是教育学学科中的二级学科，高等教育管理学是高等教育学研究领域内的分支科学。既然它具有双重属性，那么，它也是管理学科中的一个分支科学。所以，从国家学位授予的规定来看，对于这一学科的教育与学位授予，特别是在本科教育中，没有严格的教学或管理学之分，而在研究生教育中，则主要把它放在教育学学科中。从管理的特性方面讲，在管理学科的研究中，管理的属性体现在高等教育的活动中，具有教育的专业性，是一般管理理论在教育平台上的有效结合。实质上高等教育管理学的实际落脚点应该是在管理上，专业方面是教育学的问题。虽然有些研究资料及教科书是从学科理论体系进行研究，如研究学科的科学涵义与特性、学科的理论体系与知识结构、学科的内容与系统联系、学科的建设与学科的发展等等，这是走的学科系统理论的科学性研究的道路。从学科的特性出发，特别是从它的实践性来研究高等教育管理活动及其规律是否对高等教育的管理活动具有更加积极的指导意义，因此，这是一个属于更深入的专业层次研究的问题。

　　如果说从课程的地位来讲，它是高等教育学相关专业的一门主干专业课。高等教育管理学是高等教育学专业教学活动中的主要课程，是高等教育专业和其他学习研究高等教育管理的人员的必修课程。无论高等教育学专业，还是高等教育管理专业或研究方向，如果我们缺乏高等教育管理学的这些知识，就没有了这一专业的基本属性，就会缺乏学科的基本层面上的支撑，所以说，它是高等教育管理专业的基础课程，是引导高等教育管理人员进行研究的一条基本线索。

　　从对高等教育管理学表述的内涵可以看出，高等教育管理学所具有的科学性表明，它是一门集人文科学与社会科学为一体的交叉应用科学，是用相关知识构成的体系对高等教育管理的本质、目的、原理和方法的理论与实践研究。首先，高等教育管理学是研究高等教育管理活动的一门科学。《辞海》对"科学"的解释为运用范畴、定理、定律等思维形式反映现实世界各种现象的本质和规律的知识体系，是社会意识形态之一。科学的涵义，即明确科学是一个怎样的知识体系，"知识体系"作为一种非常实用的知识结构，通过知识构成的规律，具有严密的条理性。根据百度词典的解释，科学一词，英文为 science，源于拉丁文的 scio，后来又演变为 scientin，最后成了今天的写法，其本意是"知识""学问"。1893 年，康有为引进并使用"科学"二字。严复在翻译《天演论》等科学著作时也用"科学"二字。此后，"科学"二字便在中国广泛运用。science 的本来含义是系统知识，科学在 19 世纪已是一个非常庞大的知识体系，分得比较细了，形成了许许多多的专业及专业知识，而这些专业知识又是互相联系的。"科"的意思是分科、分类或分层，"学"的意思是学问。那么，我们也可以这样理解，科学是分科类的知识和学问。从目前的科学分类来讲，按研究对象的不同，可分为自然科学、社会科学，还有人分出一类，称为思维科学。按分类科学的功能与研究的内容、性质，科学又可分为理论科学、技术科学、应用科学等。科学来源于对大自然的认识和研究，来自于社会活动和实践，然后通过社会实践改造自然，最终服务于人类自己，这是科学地出发点和目的。科学的研究如果不能服务于社会实践，那么我们的研究就是空洞的、没有价值的。对科学下一个严谨的定义是很难的。1965 年诺贝尔物理学奖获得者费曼雷对科学的描述为：一般所说的科学是指几个方面之一或者其混合体。第一，导致科学发现的具体方法；第二，源于科学发现的具体知识；第三，在某些科学发现后，人们所能做的新事情或者正在做的新事情。一般人们谈论得最多的其实是第三点，人们所能做的新事情或者正在做的新事情其实是指科学技术。而科学家们关注的是第二点，他们的目的是探索客观世界，取得重大发现，他们有的人为此钻研一生。对于社会大众而言，科学方法也许更为重要，因为科学的结论是用于指导实践的，科学方法是建立在实践的基础之上的。在科学的观察实验中，只能检验部分个案，实际上，有些现象是无法证实的。但是，科学可以通过证伪的方式得到提升，即用例外的情况来检验某个判断是错误的。科学知识是已证明了的知识，科学理论是严格地从观察和实验得来的经验事实中推导出来的，科学是以我们能看到的、听到的、触到的等为基础的，是客观存在的。因此，科学方法就显得十分重要，没有科学方法，这些工作难以达到目标。西方的科学家、社会学家一般认为，科学是反映客观世界（自然界、社会和思维）的本质联系及其运动规律的知识体系，科学方法是实证的方法，要用实验观察来证实，理性的方法需要用归纳逻辑、演绎逻辑来推理。高等教育管理科学的纵向科学体系是在心理学、教育学、管理学、高等教育管理学这些学科的发展基础上逐渐发展起来的，它的实践与证明起先应用的是很原始的方法，这与社会对教育的要求有很大关系。如果社会的发展对教育科学的要求没有达到一定的程度，特别是整个社会科学的发展还没有进入到一个教育的高级阶段的时候，高等教育管理学的学科体系是难以建立的。实际上，高等教育学的知识体系究竟有多少原创的东西，这是值得我们认真思考的问题。我们认为原创的东西是教育研究最原始的部分，是对最本质的、最基本的属性的研究。所以，从纵向上来说，高等教育管理学的科学知识还是在心理学、教育学、管理学最原始的知识领域的范畴之中。

一、学科专业

既然我们是从学科入手研究高等教育管理学，那么什么是学科？一般认为，学科有两个含义。第一个含义是指学术的分类，指一定的科学领域或科学的分类，如自然科学中的物理学、生物学，人文社会科学中的史学、教育学等。从一定意义上讲，学科是与知识相联系的一个学术概念，是自然科学、社会科学两大知识系统（也有自然、社会、人文三分说）内各知识的子系统的集合概念，学科是科学领域的专业化，是自然科学、社会科学概念的下位概念，是科学的具体描述。国家标准 GB/T13735-92 依据学科研究对象、研究特征、研究方法、学科的派生来源、研究目的等五个方面对学科进行分类，分成 A. 自然科学、B. 农业科学、C. 医药科学、D. 工程与技术科学、F. 人文与社会科学五个门类，下设一、二、三级学科，共有 58 个一级学科。而据统计，当今自然科学学科种类总计约近万种。根据 20 世纪 80 年代的另一种统计，认为已发展为约 5550 个学科，其中非交叉学科为 2969 个，占全部学科总数的 53.5%，交叉科学学科总量达 2581 个，占全部学科总数的 46.5%。学科的第二种含义是指高校教学、科研等的功能单位，是对高校人才培养、教师教学、科研业务隶属范围的相对界定。学科建设中"学科"的含义侧重后者，但与第一个含义也有关联。实际上，我们在研究高等教育管理学学科的时候，更多的是从第二个含义出发来研究高等教育管理学这一学科的。高等教育管理学从科学研究的角度来看，或者从教学的角度来看，不仅仅是有它的一套科学的理论体系，而且也是一门应用性较强的学科知识体系，在大学教育的研究中，往往是站在学校自身功能的角度进行研究的。目前的状况是，高等教育管理学的研究主要是针对我们自己研究比较多，与社会关联度研究的少，并且，仅仅从纯理论、纯学科的方面去研究是远远不够的，这不是我们研究高等教育管理学的最终目的。只有在真正搞清楚学科的性质、学科的结构、学科的内在联系以后，才能开拓我们的研究视野。特别是从高等教育管理学的社会属性来看它的规律性、其他学科目的与其他学科之间的关系，以此指导我们研究高等教育管理学，这是大有益处的。目前我国普通高校的研究生教育和本科教育的学科划分均为 11 大门类（哲学、经济学、法学、教育学、文学、历史学、理学、工学、农学、医学、管理学），军事院校的学科不在其列，军事院校的学科门类统称为军事学，加上军事学是 12 门。按 1997 年颁布的《授予博士、硕士学位和培养研究生的学科、专业目录》，我国高校一级学科由原来的 72 个增加到 88 个，二级学科（学科、专业）由原来的

654 种减少到 381 种。根据 1998 年国家教育部颁布的《普通高等学校本科专业目录》，高校本科教育学科专业包括哲学、经济学、法学、教育学、文学、历史学、理学、工学、农学、医学、管理学等 11 大学科门类，72 个二级学科，249 个专业。从高等教育的科学研究体系来讲，学科是高校教育划分的知识组织体系，高校的各种功能活动都是在学科中展开的，离开了学科，不存在高等教育的专门人才培养活动，不可能有系统的科学研究，也不可能进行有目的的社会专业的服务。高等教育管理学涉及到了两大基础学科，即教育学、管理学。高等教育管理学是在教育学、管理学的基础上形成的一门新型学科，研究高等教育管理就是运用先进的管理思想、管理方法、管理手段等研究高等教育管理活动，以达到既定的高等教育目标。那么，我们在研究高等教育管理的过程中，不能脱离教育学和管理学的基础，比如教育学和管理学的基本规律的问题。

高等教育管理学研究的目的和重点肯定要落实在教育上，因为，大学教育是专业教育。那么，什么是专业？专业一般指高校或中等专业学校根据社会分工需要而划分的学业门类。实际上，专业有广义、狭义和特指三种解释。广义的专业概念是指某种职业不同于其他职业的、具有脑力劳动和体力劳动特点的行当。狭义的专业概念主要是指某些特定的社会职业，这些职业的从业人员从事的是比较高级、复杂、专门化程度较高的脑力劳动或者技术性的体力劳动。从这个角度来讲，一般所理解的专业，大多就是指这类特定的职业。特指的专业是指高等学校中的专业，它是一种学科知识、社会分工和教育结构三位一体的概念。其中，社会分工是专业存在的基础，学科知识是专业的内核，教育结构是专业形成的表现形式，三者共同构成高校人才培养的专业。这里所指的专业是建立在学科基础上的，学科与专业的关系具有内在的联系及统一性。学科是科学知识体系的分类，不同的学科就是不同的科学知识体系，专业是在一定学科知识体系的基础上构成的，离开了学科知识体系，专业也就丧失了其存在的依据。一个学科可以由若干个专业组成，在不同学科之间也可以组成跨学科的专业。因此，学科、专业又是不同层次的两个概念，人们往往容易混淆二者的差异，由此造成高等教育管理活动中对于基本概念认识的模糊，在学科和专业的建设方面，不知道或者不完全知道什么是专业建设，什么是学科建设，因此，也必然导致对高等教育管理学的学习和研究上的模糊。

学科与专业的构成是有界定的。从专业和学科构成的要素来看，学科构成要素主要包括三点：一是研究的对象或研究的领域，即独特的、不可替代的研究对象；二是理论体系，即特有的概念、原理、命题、规律等所构成的严密的逻辑知识体系；三是方法论，即学科知识的产生方式。专业构成的要素主要包括五点：一是专业教育目标、课程体系和专业人员；二是专业培养目标和专业活动；三是课程体系的知识结构，它是社会职业的需要与学科知识体系相结合的产物，是专业的具体内容；四是课程体系结构，课程及知识结构设置质量高低直接影响人才培养目标的质量以及人才的社会适应性；五是专业教育的基本条件，即专业人员、专业场所及对象，主要指教育者和受教育者、教学实验条件等，是一种综合互动的过程。没有"人"的介入，没有一定专业知识的人的参与，没有专业教育的手段，没有专业教育的思想和方法，专业的教育活动不可能完成。

从学科、专业的社会功能看，学科与专业所追求的目标是不同的。学科发展的目标是知识的发现和创新。学科以知识形态的成果服务于社会，一般称之为科研成果，科研成果又可分为科学型和技术型两种。专业的目标是为社会培养各级各类专门人才，因此，学科与专业目标的区别表现在两者之间具有不可替代性。同时，学科与专业并存又是高校的一种独有现象，两者相互依存，相互促进，由此形成了高校的三大功能，即教学、科研、服务。实际上，主要为两大功能，教学和科研的目的就是为了服务于社会，高校的功能除此之外没有也不应该有其他的功能，至于说通过它的某些富余资源为社会服务，这不是学校的主流服务。专业是学科承担人才培养职能的基地，学科是专业发展的基础。一所高校的人才培养质量如何，很大程度上取决于其学科、专业的水平。在专业建设与学科建设中，专业往往被人们等同于二级学科，把学科建设混淆为专业建设，把专业建设混淆为学科建设。因此，如果我们对这两个基本的概念不清楚，概念之间的界线不清，那么学科的研究，特别是综合和交叉应用学科的研究会受到影响。

学科专业功能的区别造成了学科专业侧重点的不同，由此，学科专业在大学的特定环境下构成了大学的分类，例如有研究型大学、研究教学型大学、教学研究型大学、教学型大学之分。

二、学科属性

属性是指事物的本质特征。前面，我们提到过学科的社会属性和自然属性是学科的分类涉及到的学科属性。学科的属性当然是指该门学科的类别范畴及其本质特征。某种意义上讲学科的分类也是指科学的分类，现代科学是按照社会科学与自然科学两种类别进行划分的。

社会科学是指以社会现象为研究对象的科学，如政治学、经济学、军事学、法学、教育学、文艺学、史学、语言学、民族学、宗教学、社会学等。其任务是研究并阐述各种社会现象及其发展规律。但是早先人们提出的科学概念一般叫人文科学，人文科学原指同人类文化发展及利益有关的学问，但是，它绝对有别于在中世纪教会中占统治地位的神学。在这里要明确指出的是，神学不是宗教学，当然也不是科学。在古代欧洲，对于社会科学的定义曾经狭义指拉丁文、希腊文、古典文学的研究，包括哲学、经济学、政治学、史学、法学、文艺学、伦理学、语言学等。从上述来看，人文科学和社会科学难以明确区分，二者都与人类的教养和文化、智慧和德行有关。如果说有区别的话，那就是人文科学直接研究人的需要、意志、情感和愿望，强调人的主观心理、文化生活等个性方面；社会科学强调人的社会性、关系性、组织性、协作性等共性方面。因此，后来人们把人文科学和社会科学总称为人文社会科学。在人为地把科学分为两大类的时候（社会科学与自然科学），社会科学就包含了人文科学，所以，我们讲的社会科学一般是人文社会科学的简称。

自然科学是研究物质世界的科学，研究物质的运动、变化、性质的科学。在自然科学家的努力下，我们更了解我们周围的世界存在和运行的规律。当牛顿提出万有引力定律，人们的视野从地球扩展到了宇宙；当爱因斯坦提出相对论，人们认识到一些规律性的东西也变得不太好理解了；当霍金在讲解他关于宇宙、关于黑洞的理论的时候，我们也知道了可以不必亲眼见到一些东西，凭借理论推导也可以知道那些东西的存在。所以，自然科学的研究除了看得见的东西以外，今后更多地还将走向研究那些用肉眼看不见的物体或在遥远的时空中的东西。随着科学技术的发展，人们观察、了解、探测手段不断提升，未知科学不断地被人们解读。将来，自然科学一定将走向对越来越难以看到，甚至难以理解的事物的研究，那样将更加考验人们推理、想象的能力。

18 世纪以前自然科学与哲学几乎不可分开，古希腊的哲学家也同时是自然科学家，笛卡尔、莱布尼茨、洛克等著名的自然科学家也同时是哲学家。一些人认为亚里士多德是自然科学的创始人，伽利略被认可为将实验引入自然科学的第一人，而他们又是名副其实的哲学家。科学的循环性规律对社会科学的认识论来说有着重要意义，因为它来自标志着主体与客体间相互作用的基本圆圈：主体只是通过自己的活动认识客体，但主体也只是在作用于客体时才学会认识自己。物理学是一门客体科学，但它只是通过主体活动产生的逻辑——数学结构才达到客体。由此可见，社会科学尽管是最复杂、最困难的学科，在科学的圆圈中却占据着优越的位置。社会科学虽是建造其他科学的主体科学，却不能与其他科学分离。如果把主体人重新放回到他的真正位置上，从行动和思想的角度看又是创造出发点的这个位置上，那么，只有社会科学能使这个科学圆圈的封闭性、内在紧密性变得可以理解。

教育学是研究人类教育现象和问题、揭示一般教育规律的科学。高等教育是在完全的中等教育基础上进行的，培养学术性或职业性的各类高级专门人才的专业教育。用现在最新的表述，高等教育的任务是培养具有创新精神和实践能力的高级专门人才，发展科学技术文化，促进社会主义现代化建设。高等教育学是一门以高等教育的运行形态和发展基本规律为研究对象的，是具有综合性、理论性和应用性的教育科学。教育是广泛存在于人类生活中的社会现象，是有目的的培养社会人的活动。特别是现代社会的发展，现代教育实践的发展，对教育学研究提出了更新、更高的要求。教育学研究的内容很多，例如教育本质问题，教育、社会、人三者关系问题，教育的目的、内容、教育实施的途径、方法、形式以及它们的相互关系问题，教育过程问题，教育主体与客体的关系问题，教育制度、教育管理问题，以及反映中国特色的各种教育理论和教育实践问题等。高等教育管理学是教育学领域的分支科学，通过对高等教育管理活动现象和问题的研究，揭示高等教育管理活动的一般规律，是高等教育学研究的具体的领域之一。教育规律是教育、社会、人之间和教育内部各因素之间内在的本质的联系，具有客观性、必然性、稳定性、重复性。如教育与社会的政治、经济、文化、人口之间的关系，教育活动与人的发展之间的关系，教育、教学活动中智育与德、体、美、劳之间的关系，教育者的施教与受教育者的受教之间的关系，学生学习活动中学习动机、学习态度、学习方法与学习成绩之间的关系等等都存在着规律性。高等教育学是针对以人为中心的，研究人的高级社会化活动的生理、心理过程。那么，这些过程的实施只有通过有效的管理才能实现，否则，高等教育的目的、任务只是一纸空文。只有通过高等教育的管理，运用管理学中的基本方法和手段（数学、生物、计算机技术等自然科学的手段和技术方法），达到高等教育的目的，才能形成高等教育管理学。这就是高等教育管理学自然科学属性的一面。高等教育管理学的基本层面是社会科学，这当然不是毫无意义的，它的技术层面的自然科学性也是不容置疑的。因此，把高等教育管理学归纳到应用科学的范畴是不无道理的。那么，应用科学是否是社会科学与自然科学之外的科学，作为第三类，就成为了必然。因为，简单地用社会科学和自然科学的范畴，囊括不了社会科学与自然科学的中和与交叉。

既然高等教育管理学是一门应用科学，确切地说，是自然科学方法在社会科学中的应用，是管理学的原理、原则、方法在高等教育学中具体应用。那么，要搞清楚高等教育管理学研究的重点，或者说它的落脚点，可以在管理学的原理、原则、方法的具体应用上。但是，我们并不是完全讲具体的应用，研究具体的应用，为应用而研究应用，否则，这种研究容易进入实用主义的怪圈。我们需要的是研究它的应用规律方面的东西，是从认识论和方法论上研究这种应用的科学性与合理性，形成一种应用的规则，找出共性的和个性的东西，给人以启迪。只有建立在高等教育基础上的，才能决定高等教育管理研究的特点，才能决定高等教育管理学的特殊性。

　　我们研究学科与专业、社会科学与自然科学的目的是显而易见的，只有弄清楚了他们各自的本质特征、意义与内涵、差异与共性、独立与联系等，才能在高等教育管理中，把教育学的理论、管理学的原理和方法很好地融会贯通，在实践中才会得心应手。

第二节 高等教育管理学研究的理论与方法

一、认识论

认识论是对事物思考的方法，它科学地探讨事物的本质、事物的认识与客观现实存在的关系，是认识事物的前提和基础，是对事物认识发生发展的过程及其规律、认识的真理标准等问题的哲学学说。唯心主义认识论否认物质世界的客观存在，坚持从意识到物质的认识路线。唯物主义认识论坚持从物质到意识的认识路线，认为物质世界是客观实在的，强调认识是人对客观实在的反映。辩证唯物主义的认识论则进一步把实践作为认识的基础，把辩证法运用于认识论，这就形成了辩证唯物主义的认识论。辩证唯物主义的认识论是马克思主义的哲学思想，是引导我们建立正确的认识论的根本。在高等教育的管理活动中，管理的对象是人，是一群具有高级专业知识的人，是一群接受专门知识教育的青年学生，这些人从事的是特殊的教育职业和从事高级专门知识学习的年轻人，要认识他们之间的教与学过程，要认识他们实施教学过程的管理活动，需要有正确的认识论才能寻求正确的管理方法和管理手段。高等教育管理活动的效果具有延时性，因此，高等教育管理活动的设计应具有前瞻性，高等教育管理过程中的矛盾也具有特殊性，我们要用辩证唯物主义的认识论来分析和解决高等教育管理活动中的这些矛盾，避免盲目性、绝对化、简单化，因为高等教育管理的过程就是协调和解决这些矛盾的过程。

首先，研究高等教育管理学要把握唯物辩证法的二元论。所谓二元论，在哲学上可分两方面，第一是形而上学的二元论，第二是认识论上的二元论。前者说明，在任何既有的领域之内，都有两个独立而不可相互还原的实体，换言之，宇宙最根本的实在是二而非一。例如，柏拉图的二元论，他划分感性世界和睿智世界，我们不能把前者还原成后者，或把后者还原成前者。近代的笛卡尔及其学派的二元论认为，根本的实体有二，一为思维性的实体，二为具有扩延性的实体，即通常所谓的精神与物质之二分。笛氏之后的理论大师莱布尼兹及其学派也有其特殊的二元论，他们把世界分成现实的和可能的，但认为我们的这个世界是所有可能世界当中最好的一个世界。至于近代德国哲学家康德，他的二元论是说我们所能认识的只是现象，即经验及可能经验的事物，而物自体或本体不可知。在这里所指的二元论，就是在探求世界本源问题上，主张有两个基本来源的一派思想。譬如心物两元论，它认为世界的基本构成是精神现象和物质存在两者，两者则没有共同的来源，所以是平行的。

其次，也要从多元的角度来认识事物。多元论主张世界是由多种本原构成的，多元论的实质是一元论的不同表述形式。把世界归结为多种物质本原的学说是唯物主义的多元论；把世界归结为多种精神本原的学说是唯心主义的多元论。从社会学的角度讲，当今社会本来就是一个多元的社会，唯物主义的多元论就是要我们在高等教育管理活动中充分认识事物的多元性，否则，我们的认识可能会产生偏差，只顾及其一，不顾及其他，只想到看到一点，而忽视其余。认识方法的多元就是多种角度、多视野去看待事物。事物认识的二元论和多元论是从认识事物的目的出发来决定的，这是选择的依据。那么，现在出现了一元论、二元论、多元论的认识论和方法论，这并不矛盾，针对某个具体的事物，我们的认识方法从不同的角度上讲就有一些区别，这并不奇怪。这也充分说明，认识的方法不是机械的，不是形而上学的，是辩证的。譬如，在我们的认识论中，还有矛盾的对立统一（教育与经济，主观和客观，自身与社会，甲系统与乙系统，刚性管理与柔性管理）的观点，形而上与形而下（上层建筑的社会属性，经济基础的实用属性）的观点，道论（而非道家的无始、无终、无象、无名、无思、无欲等，或亚里士多德的处于两个极端的中间）的观点，中庸之道（改革与稳定、共赢）的观点，兼容并蓄（古为今用、洋为中用、益为我用）的观点，等等，都可能在认识论中体现，在人们认识事物的过程中体现，如果没有辩证唯物主义的认识论，我们将无法进行管理上的一致认识，将无法进行管理上的认识抉择。

二、价值观

高等教育管理的目标或者目的，表面上体现在具体的指标上，实际上取决于目标的确立者或目的提出者的价值观上。它是由终极目标的价值观、管理过程中的行为价值观形成的一个价值观链。认识论的层面有两个，一个是最高层面上的，就是我们所说的对管理活动目标的价值观的认识论；另外一个层面的认识论主要是指管理活动中的认识论。价值观层面的认识论十分重要，同时，管理活动中的认识论也在一定程度上体现出了价值观上的认识论。高等教育管理活动中，有些认识是判断性的决断，但有些又不能简单随意地作出，因为决断是管理活动中的第一步，活动的项目决断了才可去实施，而如果认识的缺失必将会产生决断的失误。

价值观是人们对事物价值认识的思想体系，是价值认识的具体反映。高等教育管理是一个特殊的专业化管理，高等教育管理的价值取向是什么，价值是如何形成的，成员价值的关系，价值观念的协调等等，是我们必须要弄清楚的问题。

高等教育管理的价值取向是一个很深刻的问题，高等教育管理的目标价值是管理集体中成员的基本共识，高等教育管理的目标是使高等教育的资源得以充分有效地应用，产生最大的效益。对社会效益和经济效益的认识和把握，就体现了管理者的价值观取向。

所谓价值观，简单地讲，就是关于价值的观念。它是客观的价值关系在人们主观意识中的反映，是价值主体对自身需要的理解，以及对价值客体的意义、重要性的看法和根本观点。它包括价值主体的价值取向以及价值主体对价值客体及自身的评价。价值是客观的，价值观念则是主观的，由于人们的社会生活条件、生活经验、目的、需要、兴趣、爱好、情感、意志等不同，人们的价值观念也各不相同。这种主体的差异性正是价值观念的一个重要特点。价值观的主体可以是一个人，也可以是一个群体。高等教育的组织及其活动的价值观，就是一种以高等教育组织及其活动为主体的价值观念，是这种主体人格化的产物。具体讲，价值观就是一个在追求教育目标成功的过程中，对高等教育活动和目标追求以及自身行为的根本看法和评价。也就是说，它解释了高等教育组织秉承什么、支持什么、反对什么。价值观可能是在经历中自然形成的，表现于我们的思维与行为模式。我们的一切都透漏着内心真实价值观的影子。但是，当我们意欲通过内省来获取对它的表达时，就会止于一些僵化的词汇。其实，指引我们行为的"价值观"本来就不是一些静态的理念、规范，而是一些心理过程。任何价值观发生作用的情景对应的都是内在的心理过程，包括责任推断、行为选择、是非判断。价值观的实相就是这个心理过程，那些表达词汇就是价值观的相，因此，持有以同样的语言词汇表达的价值观绝不意味着大家就注定共享同样的文化，因为这忽略了价值观起作用的心智因素以及个体对社会习俗与压力的反应。比如：公平，是相处各方对利益表达程序、利益分配方案的接受与认同，也包括彼此协调"认知分歧"过程中起指导作用的权力分配、议事原则的透明与一致。但公平绝非是一方对另一方的恩赐，也不是某一方的美德。公平虽然属于一种处理社会关系的公开信念，但它的真正实现却需要双方的合作、积极地参与，任何一方无法单独决定某一过程是否公平。在高等教育的管理活动中，以人为本、尊重他人，也是多角度概念。尊重既是相互关系的准则，同时又是相互关系的一种状态。作为关系准则意味着单方面率先对他人主动尊重，承认他人的个性、思想认识和观念，同时真诚表达自己的意愿，这有时的确是一种艰难的平衡。其次，作为一种管理状态，尊重是以被尊重者的感受和体验为标准的。这种体验未必一定是顺从和愉快的，但它必须体现关怀、真诚、互动、谦卑或者适宜的态度。尊重不仅仅是一种出发点，它必须是兼顾对象感受的过程。

越来越多的高等教育管理者意识到高等教育的管理文化，尤其大学的管理文化、核心价值观对高等教育以及大学发展的重要性。核心价值观也称为"关键信念"，它是一个组织所拥护和信奉的东西，是一个组织最重要的和永恒的信条，是不随时间而改变的一些原则。高等教育活动以及组织内部的人拥有固有的价值和意义，核心价值观，决定了组织对于好与坏、对与错等问题的判断，然而，真正的核心价值观必须经受时间的考验。高等教育活动的目标价值、价值观和高等教育组织的价值观是高等教育的活动及其组织目标同社会发生联系时所产生的作用和意义。高等教育活动目标作为价值主体与价值客体的统一而存在。作为价值主体，它是价值的享用者、占有者、获取者，作为价值客体，它又是价值的创造者、提供者、贡献者。价值观是价值主体在长期的工作和生活中形成的对于价值客体总的根本性的看法，是一个长期形成的价值观念体系，具有鲜明的评判特征。价值观一旦形成，就容易形成管理者抉择的依据。价值观作用鲜明地体现在高等教育的组织或个人，在教育过程中面临矛盾，处于两难选择又必须有个决定时，这时，支持这个决定的便是价值观。提倡什么？反对什么？弘扬什么？抑制什么？并且，有效地处理高等教育的管理活动与社会以及个人价值准则之间的一系列重要关系，由此来约束与激励全体员工的决策行为。高等教育管理文化的价值观是高等教育组织的领导者与员工判断正误的标准，其一经建立，成为全体成员的共识，就会成为长期遵奉的信念，它对高等教育组织具有持久的精神支撑力。

三、经验体系与理论体系

众所周知，理论体系是与经验体系相伴而生的，因而，研究理论体系则先要研究经验体系。何谓经验体系呢？按照原苏联著名学者柯普宁的说法，经验体系是把生活过程外部表现出来的东西，按照它表现出来的样子加以描述、分类并归入简单概括的规定之中，经验体系是实践直接、直观的反映。经验体系与人们的经验水平相联系，它有以下几个特征。

第一，经验体系是从事物的外在联系直接展现该事物。经验只是按照事物本来的样子去认识事物并加以分类和描述，它没有从事物的本质和深层次的规律上去认识和提炼，只是就事论事建立起来的归纳和描述的体系。

第二，经验体系作为知识的逻辑形式是对个别事物、个别现象记叙性的判断体系，因而，它往往缺乏严密的逻辑，不能揭示事物之间、现象之间的内在关系，更不能揭示概念之间的本质联系。

第三，经验体系在实践中的适用范围不能超过现有经验的本身，其适用范围是有限的。一旦环境或条件发生了变化，出现了新问题，它就需要人们重新对现象加以摸索与认识。

　　理论体系是在经验体系的基础上，经过理性思维对经验体系进行加工而得到的，是从客体的内在联系和运动规律方面反映客体内在逻辑关系的概念体系。相对于经验体系而言，它也有下面三个特征。

　　第一，理论体系不是对客体作简单的分类与外在的描述，而是注重揭示客体的内在联系和深层次的运动规律。

　　第二，理论体系是一种用以说明事物本质特征的抽象体系。它不是现象的简单描述，也不是概念的简单堆积，而是以概念为基础，揭示概念与概念的内在联系，概念的"自我运动"再现，或者说是客体运动变化及客观规律的体系。

　　第三，理论体系具有广泛的实际运用范围。理论体系从内在联系、规律性方面深刻地揭示了客体运动变化的客观机理，因而，它可用来解释事物的变化，预见客体未来的变动，以指导人们实际的工作。

　　从本质上说，经验体系和理论体系分别与人们认识的经验水平和理论水平相联系。理论水平代表了人们对客体认识的更深刻的一种水平，它是指导人们从必然中获得自由的一种有力工具。因此，在已经取得的高等教育管理研究成果基础上，不失时机地进一步进行理论的概括，使高等教育管理的研究能进入一个新的、更高的层次，对于推动当前高等教育的实践与管理的改革，不仅具有重大的理论意义，也具有现实的意义。需要强调的是，人们认识的理论水平确实是一种更高水平的认识，但是这种认识绝不是凭空而来的，理论来自于实践，理论的认识是以经验的认识为基础的，一个学科的理论体系往往是在经验体系的基础上形成。经验的认识与理论的认识是基础与发展的关系，因而完全否认经验体系的价值是不正确的，而停留在经验的水平上，故步自封，搞经验主义则危害更大。

四、科学研究方法论

　　科学研究方法主要是探索研究方法的一般思想和技术问题，阐述它们的发展趋势和方向以及科学研究中各种方法的相互关系问题，有广义和狭义之分。狭义的研究方法仅指自然科学方法论即研究自然科学中的一般方法，如观察法、实验法、数学方法等。广义的研究方法则指哲学方法论，即研究一切科学的最普遍的方法。20世纪随着自然科学的发展出现了许多新方法，如控制论、信息论、系统论等，它是一种技术层面上的方法，因而，促进了方法论研究的高度发展，这是一种科学方法论，与哲学方法论有着很大的区别。科学方法论在科学认识中愈来愈显示出它确立新的研究方向、探索各门学科新的生长点、揭示科学思维的基本原理和形式的重要作用。哲学方法论主要是思想方法的认识论，它包括世界观、价值观以及对事物认识的辩证法。

根据唯物主义的观点，要求科学理论思维的正确途径是什么呢？马克思在谈到政治经济学理论形成过程时曾经对此作过深刻的论述。他指出了正确的研究理论思维的方法有两条道路：第一条道路是指完整的表象转化为抽象的规定；第二条道路是指抽象的规定在思维行程中导致具体的再现。马克思的这一思想为我们的理论思维提供了正确的方法。因为，表象的东西容易造成经验主义，而经验主义的东西则容易造成思维定势，以偏概全，应该将表象的东西进行抽象的处理，透过现象看本质。

高等教育管理学的科学理论体系的研究和建立，应该植根于对事物的本质认识和研究的方法上来。完整的表象蒸发为抽象的规定，在思维中形成理论认识方法的先决条件并获得完整的表象。辩证唯物主义认为，认识论的第一个前提就是指实际感觉是研究和认识事物的唯一源泉，人的认识只能来源于感觉经验，由感性认识上升到理性认识。表象由一系列的感性材料组成，感性认识的最高阶段变成为理性认识。在获得大量的感性材料之后，我们就进入了抽象的过程，即在思维中抽象出对客体本质的认识，理论思维概念就是这一阶段认识的产物。从完整的表象中我们获得了抽象的规定，但是，这并不意味着思维发展的结束。为了在思维中再现客体发展变化的过程，我们还必须进入第二条道路即"抽象的规定在思维行程中导致具体的再现"。这就是说，我们必须根据辩证逻辑的要求，运用从抽象上升到具体的方法，揭示客观事物从简单到复杂，人类的思维从低级到高级的发展过程。

从抽象上升到具体的方法是形成科学理论的基本方法。需要指出的是，这里所说的"抽象"和"具体"与我们平时所用的这两个概念是有根本区别的。平时人们所说的"具体"指的是可以触摸或感觉到的感性存在，"抽象"

指的是与此相对的非感性存在。在这个意义上，客观事物是具体的，而概念是最抽象、最不具体的东西。然而，在辩证逻辑中，具体与抽象是按对一个概念规定的多样性程度加以区分的，指的是思维的具体和思维的抽象的多样性的统一，即抽象的概念内涵较少、概念属性显得不是很具体，具体的概念内涵丰富、概念属性呈多样性。

高等教育管理学研究的对象都具有自己的属性，而这些属性又不是彼此孤立存在的，而是互相联系、彼此制约，作为一个具有多种属性的统一体而存在。思维的具体就是在思维中综合了对象的各种属性而形成的概念的统一体。它有两个特性：第一，多样性，它全面地把握了对象的各种属性；第二，统一性，即它不仅在思维中全面地把握住了对象的各种属性，而且还根据各种属性的内在联系，把它们综合成整体。为什么在逻辑的行程中，我们从抽象的概念开始，而不是从具体的概念开始呢？从辩证逻辑的观点来看，从较抽象、较贫乏的概念开始向较具体的概念发展，人们的思维也就不断地得到充实与丰富。因此，为了丰富我们的知识，在逻辑行程中，必须从抽象的概念开始。作为多样性统一的具体概念，它所包含的各种规定是需要加以证明和阐述的。因此，逻辑的行程就不能从它自身开始。否则，为了证明或阐述它所包含的各种属性，我们又必须回到抽象的概念中，即学科体系中最原始的起始概念，这就必将引起人们思维和逻辑的混乱。对我们的认识和思维的发展来说，从抽象上升到具体的逻辑方法的重要意义就在于它为我们知识进行系统化，为我们揭示事物之间的相互联系、相互关系提供了正确的途径。

根据高等教育管理学的科学研究，对高等教育管理活动的具体研究，最原始的起点就是教育活动，高等教育活动是教育活动的一个层面，抽象是教育现象，具体是高等教育管理活动，一般的管理原理是抽象的，高等教育管理活动是具体的。所以，我们强调学习研究高等教育管理要能够进得去，也要出得来，实际上是抽象—具体—再抽象，对于其他的管理问题也能举一反三。对高等教育管理的研究工作来说，每一单方面的研究固然还需要人，但目前主要的问题是如何将高等教育管理知识系统化，如何从高等教育管理的目的内容（宏观高等教育管理和微观高等教育管理）及其相互的关系中，通过对高等教育管理的表象到高等教育管理的抽象认识，就可以进入到一个更深层次的领域去研究，去把握住高等教育管理学的整体知识。因此，认真研究从抽象上升到具体的方法，就具有重要的现实意义了。

高等教育管理学作为一门应用科学，其体系的逻辑终点更是只能落脚在实践应用上，落脚在高等教育管理的活动和方法上，这样一来，我们是否绕了一大圈来研究它的逻辑问题呢，这并不是把简单的东西复杂化，而是想通过这一逻辑思维方法，来引导我们如何思考和研究高等教育管理的理论与实践问题，实际上也就是毛泽东的"实践—理论—再实践"的认识论和方法论。

其实，高等教育管理学的理论体系研究的框架，前面已经作出了许多阐述，这里指出的是理论研究的全面性在当前还是存在一定问题的，因为它毕竟是一门发展中的学科。当然，这并不是不直接影响对于高等教育管理的研究，因为，目前的研究还是抓住了高等教育管理活动研究的主题。高等教育管理学之所以能够而且必须从高等教育学中独立出来，成为一门新型学科，是因为它是以高等教育领域中所具有的高等教育管理这一特殊矛盾为自己的研究对象。在已出版的各种专著中，多数以全日制的普通高校管理作为研究对象，也有一部分以高等教育行政管理或高等教育宏观管理和微观管理为研究对象。现在更多的同志认为，高等教育管理学的研究对象既包括国家通过中央和地方教育行政机关，为实现特定的教育目标而对高等教育事业实施的管理，又包括全日制的普通高校和多种形式的高等学校的管理。只有准确地规定研究对象，使研究对象能够覆盖全部内容，才能真正揭示出研究对象所规定事物的本质属性，从而为确定高等教育管理学的基本概念提供前提。在研究高等教育管理学问题的时候，自觉不自觉地仅仅是把高等院校作为高等教育的研究对象，这也是不全面的。关于高等教育管理的概念、高等教育管理的层次、类别的问题，既有微观高等教育管理，又有宏观高等教育管理，而高等院校的管理只是高等教育组织管理中的一个方面，即使是高等教育组织，也还有高等教育科研组织、高等教育咨询服务等组织。所以，宏观高等教育管理的研究问题，涉及到国家层面、各级政府层面的规划与战略管理，高等教育的宏观调控管理，高等教育系统与国家及政府部门其他系统的关联等。当然，在宏观高等教育管理和微观高等教育管理的研究中，主要的研究对象是高等教育管理中的组织——高等学校的管理，因为，它是落实高等教育目标的具体实施者，是高等教育管理的形体及载体。但是，在目前的一些高等教育管理研究的著作中没有很好地交代清楚，使学习、研究者往往容易忽略高等教育管理的整体方面。所以，对于高等教育管理学学科研究的系统性就显得不足，这也是从事高等教育管理学教学与研究的一些体会。因此，在明确高等教育管理学研究的整体后，学习研究者要形成高等教育管理的理论体系的整体框架。任何一门学科都是概念的逻辑推理体系，但是，这些概念绝非是凭空产生的。高等教育管理学的逻辑起点也只能到现实的管理活动中去寻找，在大量的管理活动中去抽象、概括。管理是现实社会生活中每时每刻都在进行的工作，政治家管理着国家、社会，政府的各部门管理着各自的条块，教育部代表国家管理着全国的各级各类教育，企业家管理着工厂，大学校长管理着高等院校。那么，在人们着手管理之时，他们面临的是什么？或者说，当人们在观察管理活动时，看到的现实的存在是什么呢？通过对实际管理活动的观察，不难看出，对管理者来说，现实的存在是有限的资源、需要加以协调的人员和各种类型的信息等。正是各种资源、人员和信息构成了管理活动的基础。从现代科学的观点来看，有限的资源、各类人员、各种信息有目的、有机的组合构成了一个全面的体系。

　　总之，高等教育管理学作为一门应用科学，当然要研究其本质及与管理过程有关的全部规律。然而，这些研究的最终目的在于用对客观规律的认识去驾驭规律，从而使这些规律共同作用的结果恰好符合我们要达到的目的。高等教育的管理活动与方法不是人们主观想象的产物，它只能产生于人们对高等教育管理本质及其规律的认识，它的内容只能由高等教育管理的本质和规律所决定。高等教育目标的同一性，使得我们有可能在更普遍的水平上阐述高等教育的管理活动与方法，因而，在更高的水平上进行概括，对于研究高等教育的本职，促进高等教育管理学学科的发展具有重要的意义。

　　高等教育的管理活动包含在高等教育系统的矛盾之中。譬如，管理的计划职能产生于系统与环境的矛盾之中，为了与环境取得动态的平衡，就需要在预测环境变化的基础上规定自身未来的变动，这一规定就是计划。高等教育计划本质上就是高等教育系统与社会环境矛盾的平衡。所谓计划活动，就是从这个平衡的规律性中获得平衡的活动和方法，它包括预测、方案评价与决策等多项内容。只要有系统运行就有可能与环境产生矛盾，这是不言而喻的。因此，计划是管理活动不可缺少的一个重要方面，也是高等教育管理不可缺少的重要方面。再譬如，组织与领导是从人类的合作中产生的，个人目标与组织目标、个体需要与系统准则之间绝对一致是不可能的。为了保持管理活动的相对稳定，就需要加以协调，高等教育的组织与领导的管理活动就是围绕着这个问题展开的。因此，高等教育管理活动在组织活动中展开，人与组织是相互联系不可分割的。在管理学上，专家学者对人与组织的矛盾研究有过许多成果。在西方管理学史上，早期的古典组织理论以"经济人"的人性假设为基础，片面强调组织准则，试图以此克服上述矛盾。以后，人际关系学派站在相反的立论基础上，强调个人的需要，又忽视组织纪律的作用，结果被实践证明都是片面的。对前者人们批评它是"没有人的组织"，而后者则是"没有组织的人"。再从西方所总结的诸多领导模式来看，这些模式的区别在于把重点放在"人"（即个人）还是"事"（即组织任务）上来探求科学地解决这对矛盾的方法。人们的预想不可能百分之百地符合客观规律，因而人们活动的实际结果偏离预定的结果（即目标）是时常存在的。为了更接近于实际，我们需要经常修改目标、计划，校正对预定目标的偏离。在我国高等教育发展历史上，也曾经有过偏离预定目标和发展目标的教训，这就需要调整，这类管理活动就是控制，控制是管理活动的一个重要方面。在高等教育的各种管理工作中，要非常重视控制这一类管理活动。

根据以上的讨论，我们把研究高等教育管理学的理论体系的核心部分归纳成为五个方面，即：高等教育管理系统论、高等教育管理目的论、高等教育管理本质论、高等教育管理原则论和高等教育管理方法论。

高等教育管理系统论重点在于从事物的整体出发，提出在高等教育管理活动中的矛盾并阐述这一系统与环境之间，系统内子系统之间，系统与个人、个人与个人之间的联系。

高等教育管理目的论在于我们要明确做事物的前提，在理论上认识清楚为什么做的问题，揭示高等教育管理的方向及因果关系，注重管理的最终结果是否与目的具有一致性。

高等教育管理本质论是研究的最核心部分，它揭示高等教育管理的概念、本质和规律，并为高等教育管理的原则提供理论依据。在没有弄清楚高等教育管理的本质及内涵之前，谈高等教育管理问题是不可能深刻的，有时候是片面的。

高等教育管理原则论是高等教育管理本质论的深化，它对高等教育管理者开展管理活动提出了应遵循的基本要求，体现出对高等教育管理活动全方位、全过程、全部人员的有效指导，避免在高等教育的管理活动中出现偏差。

高等教育管理方法论则是研究解决高等教育管理活动中的矛盾问题的工具和手段。为解决高等教育管理活动中的不同矛盾，在研究管理活动与方法时，我们将它分解为高等教育的计划活动、高等教育的组织活动、高等教育的领导活动和高等教育的控制活动等几个主要方面。

以上的这些认识是研究高等教育管理学最基本的理论问题，这些理论问题的模糊必将导致观念的模糊，对于指导高等教育的管理活动是很不利的。

第三节 高等教育管理学的知识体系

高等教育管理学是研究高等教育管理活动及其规律的一门科学。高等教育管理学是关于高等教育管理的本质、目的、原理和方法，揭示高等教育管理的内外部规律的科学。从学科的大类方面讲，高等教育管理学的知识结构包含有两个方面的知识体系，一是高等教育学，二是管理学。那么，高等教育学的知识体系是什么，我们还得从高等教育学的基本概念开始进行分析。

我们知道，高等教育是在完全的中等教育基础上进行的，是以系统和连贯的形式，按章节、条目、基本论点和进程来叙述该课程主要内容的教学指导性。学生的社会实践教学是根据一定的教学任务，组织学生进入现实社会，参与具体的生产劳动和社会生活，使理论知识和社会实践相结合的一种教学形式。教学与科研相结合是指在教学过程中逐步加强科学研究工作，以培养学生的科研态度和从事科学研究的能力。以上这些都是高等教育学研究的主要内容，可以看出，高等教育学的研究对象，一是研究高等教育这一特殊的教育现象；二是研究高等教育的运行形态；三是研究高等教育的基本规律。高等教育学的知识体系基本上由这三个部分组成。我们延伸一点，还有教育社会学、生理心理学、相关应用技术科学等知识。

管理学的知识体系又是指什么呢？我们也得从它的研究范围来了解。对于管理学一般有两种认识：一是综合运用经济学、市场学、组织学、管理学、人力资源理论等来研究解决管理的实际问题。二是管理科学是一门研究人类管理活动规律及其具体应用的科学，它通过一些工具和方法来解决管理的技术问题，如用运筹学、统计学等来定量定性分析。技术科学帮了管理学的大忙，工程技术、特别是计算机科学等信息科学在管理科学中的应用，使得管理学研究如虎添翼，管理效益大大提高。管理学是适应现代社会化大生产的需要产生的，它的目的是研究在现有的条件下，如何通过合理的组织和配置（人、财、物等）来提高生产力的水平。管理学的出现与发展根源于社会发展的需要，学习、研究管理学也是这种需要使然。管理学一经出现就显示出了它强大的推动社会发展的功能，在当代社会，无论是生产经营，还是社会管理，如果不自觉地学习、研究管理学，用管理理论知识武装自己，是很难有所作为的。学好管理学的基本前提是从实际出发、理论联系实际。不过，现在有一个问题要注意，有些太过于学院派的管理研究人员往往只是把传统的、国外的经典管理理论和方法加以推荐与传递，不太注重现实的管理经验，对现实社会中或身边的优秀的管理经验总结不够，挖掘整理不够，已经引起人们的广泛关注，由媒体推介的一些新的管理经验正在引起人们的共鸣。

　　管理学研究的基本内容包括管理活动与管理理论，管理活动中的道德与社会责任，管理活动信息的获取，战略规划、决策、组织与实施，人力资源管理，管理中的组织文化，领导者与管理者，激励方法与成员沟通，控制与控制过程。由以上可以看出，管理学研究的主要内容有三个方面。第一，管理的目标，就是研究为什么要管的问题。第二，管理的要素，这些要素主要指人、财、物、项目（活动内容），就是研究管什么的问题。第三，要运用好以人为本、心理学需要、控制及数理等管理技术，就是研究如何管的问题。这些知识就构成了管理学的知识体系。

　　当代高等教育管理的发展并不是高等教育学与管理学的简单组合，而是管理学知识在高等教育中的融会贯通与应用，由此，又产生了一些交叉科学，高等教育学和管理学的知识体系的结合构成了教育哲学、教育法学、教育经济学，构成了高等教育管理学丰富的知识结构体系。高等教育管理学是一种专门的或专业的管理学研究，简单地讲，它的知识结构是专业加管理，如果没有专业的成分，它纯粹是公共的一般性管理研究。我们强调管理的专业性是因为高等教育管理学的性质就是一门应用性科学，管理的专业性必然反映在多学科知识构成的、结构的专业性，所以，高等教育管理学的知识结构是一个实用性的专业知识结构。

　　要学习和研究高等教育管理学，就要以现实的高等教育管理活动的目标为中心，注重把管理学的基本理论运用于高等教育的实践，着力对高等教育实际问题进行理性思考，着眼于高等教育理论和实践的新发展，着眼于高等教育管理理论与实践的创新。我们了解高等教育管理学的知识结构的目的，就是要明确学习什么、掌握什么、研究什么，最终要解决如何在管理活动中去应用的问题。研究学习，灵活掌握，融会贯通，学以致用。

第二章　高等教育管理本质

　　本质是事物的根本性质，是事物自身组成要素之间相对稳定的内在联系，是由事物本身所具有的特殊矛盾构成的。就物质运动的形态看，吸收和排斥的矛盾构成力学运动的本质；化合和分解的矛盾构成化学运动的本质；同化和异化的矛盾构成生命运动的本质；生产力和生产关系、经济基础和上层建筑的矛盾构成社会运动的本质；主观和客观、认识和实践的矛盾构成认识运动的本质。本质和必然性、规律是同等程度的概念。组成事物的要素以及要素之间的关系结构是事物本质存在的客观基础，一事物和他事物的本质区别是由事物的各个特殊的组成要素及其关系结构决定的。现象是事物的外部联系和表面特征，是事物本质的外在表现。由于事物本质自身的矛盾，本质有时以假象的形式表现出来，假象是事物本质的反面现象。本质和现象是表示事物的里表及其相互关系，反映人们对事物认识的水平和深度的一对哲学概念。世界上的任何事物都是本质和现象的对立统一，通过现象把握其本质是科学的基本任务。本质和现象互为事物的里表，它们是互相依存的。本质决定现象，是现象的根据，本质总要表现为一定的现象；现象是由本质产生的，它总是从不同的侧面这样或那样地体现着事物的本质，它的存在和变化归根结底是从属于本质的。任何现象都是本质的现象，任何本质都是现象的本质。世界上既没有离开现象单独存在的本质，也没有脱离本质的纯粹的现象。皮之不存，毛将焉附。毛泽东曾经讲过"透过现象看本质"，就是要我们甄别现象的真伪，不要被表面现象所蒙蔽，要看事物的本质。

　　在高等教育环境中也不例外，只要有事物发生反映出来的表象都是它的本质表象，只有从本质方面分析高等教育管理活动，才不至于做出错误的决定，我们将从高等管理的基本概念、基本特点、基本规律等方面来研究高等教育管理最本质的东西。

第一节 高等教育管理的基本概念

一、管理的一般概念

管理一般是指在特定的环境下，对组织所拥有的资源进行有效地计划、组织、领导和控制，以便完成既定的组织目标的过程。前面，我们在学科体系的理论研究中也提到过，管理是人们依据社会发展的客观规律和在特定历史条件下对各种规律的表现方式进行有意识地调节社会系统内外的各种关系和资源，以便达到既定的系统目标的过程。很显然，这两个方面的表述并不矛盾，只是表述的方式稍有差别而已。前面的表述直接一些，比较简练直观，后面的表述比较宏观一些，从社会系统和方法的角度进行表述，这一表述的含义包括以下三个方面。

第一，管理是为实现组织目标服务的，是一个有意识的、有目的的活动过程。管理是任何组织不可或缺的，但绝不是孤立存在的。只要有组织及其活动，就存在管理问题。就管理本身而言，管理不具有自己的目标，不存在为管理而管理，没有活动也就不存在管理问题，管理是依附于活动而存在的，组织活动的目标就是管理的目标，而管理是服务于组织目标的。

第二，管理活动是通过一系列相互关联的资源要素所进行的，管理工作就是要综合运用组织中的各种资源要素，通过计划、组织、控制等来实现组织目标，达到活动的目的效果，这就成为管理的基本职能。

第三，从管理本身来讲，管理活动应该按照自己的规律进行，但是，现实管理活动中的资源并不是孤立存在的，管理工作是在一定环境条件下进行的，管理是一种社会活动，有效的管理必须充分考虑组织的特定环境。

"一般管理理论"最早诞生在法国。当泰勒及其追随者正在美国研究和倡导生产作业现场的科学管理原理和方法的时候，大西洋彼岸的法国诞生了组织管理的理论，被后人称之为"一般管理理论"或者"组织管理理论"。与泰勒主要研究基层作业的管理理论不同的是，"一般管理理论"是站在高层管理者的角度研究组织管理问题，在此基础上，现代管理理论的研究发展很快，形成了许多管理的经典理论和理论体系。根据研究管理的对象不同，可分为广义的管理和狭义的管理。广义的管理可以是针对大自然中的万事万物的管理，狭义的管理只是针对某项具体活动以及这些活动中的资源所进行的计划、组织、领导、控制，一般我们研究的管理是指狭义的管理，是指组织管理、行为管理、活动的管理。活动的结果，实际上是人的能动性的结果，管理的实质是人，是管理者与被管理者之间发生的矛盾的解决。既然这样，那么，管理就是管理者、被管理者、事项三方形成的特定的活动。

对于管理的分类，现代管理一般可以从多个方面进行划分。一是从活动的规模与大小可以分为宏观管理和微观管理，二是从具体的活动的内容可以分为综合管理和专项管理。另外，从管理的形式上，又可以分为紧密管理和松散管理。当然，这些区分也只是相对的。

二、管理的基本理论

管理的基本理论有很多，特别是随着现代社会的发展，人们的认识水平不断提高，社会活动不断丰富，社会财富与利益驱动机制更加强烈，新的管理理论在创新、在发展。而系统管理理论、人本管理理论、目标管理理论、标准化管理理论、组织管理理论、模糊管理理论、混合管理理论等只是众多管理理论中的一部分，他们既是管理的理论，也是管理的思想和方法。

（一）系统管理理论

系统管理理论指出，管理的任务就是协调系统中的各个子系统以及系统要素，以保持系统的动态平衡，取得系统最佳运行效果。这种管理理论及其方法的核心是把管理作为一个整体的系统，系统就要有系统要素，系统要素就是人、物、活动及其项目。这种管理理论和方法一般应用在大的军事战略、建设工程、大型活动（内容复杂、组织规模大、投入量大、长时间与长周期）较为合适，当然，这些也只是相对的，因为大和小本身就是相对的。

（二）人本管理理论

人本管理理论和方法是以人为中心的管理，实际上，这种管理理论与方法是最难以做好的，如果把握不好，甚至有时候还会出现偏颇。有效的人本管理实质是人的权力的利用和利益的分配，在这种过程中，既要尊重人，又要让人的潜能充分发挥，是一对很特殊的矛盾，往往有时候存在一个两难的矛盾。以人为本的管理目的就是发掘人的最大潜能，这种潜能并不完全是指被管理者的，同时也包括管理者，管理者的潜能是工作的积极性和表现出来的工作效益，被管理者的潜能是管理者的思想和艺术施加结果的体现，二者的结合才能达到管理的最佳效果。人本管理理论虽然是一个相对比较早的管理理论，但是在实践中成熟应用的并不是很多很好。究其原因，传统的、单纯的人本管理理论十分强调管理的"人"这个素质，可以说，低素质的人是绝对运用不好人本管理理论的，一个管不好自己的人同样地也是管理不好别人的，更不用说有效地运用好人本管理理论。不过，现代的人本管理理论加入了一些新的元素，可以说是现代的人本管理理论的发展。

（三）目标管理理论

目标管理理论和方法是一种与利益相关联的刚性管理模式。这种管理理论和方法实际上是与价值理论密切相关的，甚至可以说是以价值理论为基础的。要有一个预先设置的价值目标，然后以这种价值目标的实现为核心而展开的管理活动。价值目标的认同是关键，是目标管理的前提。价值目标的确立也是十分重要的，价值目标必须通过全体成员认同，目标管理理论强调组织目标的制定要得到所有组织成员的认同，没有认同感的组织目标是不切实际的目标，是难以达到组织目标的。有人说目标管理只是注重结果，这是十分错误的，最新的目标管理理论不仅仅是注重管理活动的一头一尾，除了最先确定的价值目标、最终对完成价值目标的检验结果外，还对过程实施严格监督，让目标按既定的方向完成，不要等到问题成了堆，最后成为一个很糟糕的结果，既成事实不是目标管理的目的，要让管理者与被管理者通过共同地努力，一步一步地向既定目标靠近。实现以价值目标为中心而组织的目标管理活动，是一种刚性的量化管理，因此执行也是刚性的。目标管理理论除了注重价值目标外，具体的应用还有一个公平理论问题，这是由目标管理理论的刚性所决定的。

（四）标准化管理理论

这种管理理论和方法是在专业化管理的基础上，由管理者组织专家制定管理的标准，要通过一定的法律法规程序予以确定。这种管理的思想十分明确，最朴素的道理就是"没有规矩不成方圆"。标准化管理虽然是组织和专家行为，但标准并不是武断和空穴来风，既要有权威性，又要有社会基础和群众基础，通过科学的过程来制定。在这一过程中有两个十分重要的环节，一个是标准的制定，另一个是标准的执行。第二个方面是标准化管理的要害，有时候可能还是成败的关键，在管理活动中，有了标准不好好地执行，或者执行起来走样，必将导致标准化管理的全面失败。当然，这不是标准化本身的问题，是实施标准化管理的实践问题。

（五）组织管理理论

组织管理理论和方法的实质是最高决策层通过设置管理的各级组织，规定各级组织的职能，通过领导核心、组织授权、组织实施等进行的管理。组织管理的重点是组织结构的设计，关键是组织职能的授权。同时，也有人把它归结到组织的层级管理理论、组织的能级管理理论、组织的行为管理理论。组织管理理论要有严密的组织结构，要有明确的组织目标和组织功能，同时，要有一套有效的组织运作机制，否则，再好的科学组织，再完善的组织功能，没有好的运作机制不可能活起来，甚至导致组织管理活动不可能有效地展开。

（六）模糊管理理论

这是一种现代的管理思想和方法，特别是在软管理方面，运用模糊教学的管理思想与技术进行管理。这是一种在高层次的人群中实施的行为管理，是一种软性管理。简单管理没有必要运用模糊管理，一般是在复杂的、庞大的、中长周期的、高智商的管理活动中实施。

实际上，我们通常的组织活动中，特别是比较大的组织系统中，运用的比较多的是混合管理模式。混合管理是一种多种管理思想和方法的组合，在规模比较大的大型组织中，管理的内容又比较复杂，头绪又很多，多种活动项目的性质差距较大，运用某一种方式进行全盘的统领往往是不可能的，这就需要运用混合管理的理论和方法来完成。

三、高等教育管理概念

根据高等教育的目的和发展规律，调配高等教育资源，调节高等教育系统内外的各种关系，进行有效的计划、组织、领导和控制，以便达到既定的高等教育系统目标的过程。这是通常给出的高等教育管理的定义。

从教育管理的层面上讲，高等教育是中等教育基础之上的教育，从管理分类上讲，也可以分为宏观高等教育管理和微观高等教育管理。

从管理的内容上讲，可以分为宏观高等教育管理中的战略规划管理、宏观调控管理，微观高等教育管理中的教育组织内部具体教育管理活动。

从定义分析，高等教育管理具有三层涵义：

第一，高等教育管理的依据。高等教育管理的概念首先指明高等教育管理活动的依据是高等教育的目的和发展规律。高等教育的目的是为社会提供各级各类的高级专门人才，各级各类高级专门人才的教育是指：在类别上为普通高等教育、成人高等教育；在性质上为公办高等教育、民办高等教育；在层次上为专科教育、本科教育、研究生教育。这些教育的目的和目标是管理的根本依据。高等教育受到学生身心发展的影响，通过德育、智育、体育、美育等过程，培养全面发展的人，只有把人作为社会关系的总和来看待，才能对人的发展有全面的理解。因此，各级各类教育过程都有其自身的客观内在规律，只有正确认识它们的客观规律，才能实施科学的管理。高等教育必须受到一定社会的经济、政治、文化所制约，并为一定的经济、政治、文化发展服务。因此，生产力和科学技术的发展水平，社会制度、文化传统都对高等教育活动产生制约；无论是国家宏观的高等教育发展政策的制定，还是高等学校培养人的过程，都必须遵循高等教育的目的和高等教育发展的客观规律。这也是高等教育管理的出发点。

第二，高等教育管理的任务。高等教育管理的概念指出了高等教育管理的任务，这就是有意识地调节高等教育系统内外各种关系和高等教育资源，以适应高等教育系统发展的客观规律。从一个国家或者地区来讲，高等教育系统是国家或者地区社会系统中的一个子系统，从高等教育组织系统来讲，高等学校也是一个社会子系统。由于系统中存在着多种矛盾，因此，高等教育管理的任务就是协调并最终解决系统中存在的矛盾。在高等教育管理中，要用系统论的眼光来设计高等教育的整体和各部分之间、要素与要素之间、学校系统与外部环境之间、学校系统内部的子系统之间的相互关系，树立整体的观念，并通过有效的管理实现系统要素间的整体优化。

第三，高等教育管理的目的。高等教育管理的概念还指明了高等教育管理的结果是不断促成高等教育系统目标的实现。高等教育管理的目的最终也只是高等教育目的的一种辅助性（工具性）目的。在高等教育系统中，培养人的目的是高等教育的根本目的，高等教育系统的一切工作（包括管理工作）都必须围绕这一目的展开，对高等教育系统中各种关系和资源的协调构成了高等教育管理的目的，它的目的是通过有效的管理，确保高等教育实质性目的的实现。因此，高等教育管理最终也只能是手段。当然由于高等教育管理有其自身的需要，其自身也有目的，如效率就是管理的目的之一，但它是通过有效的管理来保证高等教育目的有效实现的。

综上所述，不论是宏观的高等教育管理、还是微观的高等教育管理，所依据的是国家的教育方针，组织的发展目标，活动的游戏规则，高等教育的基本规律，社会政治、经济、文化的发展背景与环境，通过立法的、行政的、经济的、市场的等手段进行协调和控制，保证高等教育人才培养质量、推动科学文化知识创新、促进社会进步等目标的实现，最终实现高等教育的可持续发展。

第二节 高等教育管理的本质

一、高等教育管理的行为

（一）管理行为

管理活动中的行为具有其特殊的表现形式，它是管理过程和效果的具体体现，过程和效果反映了管理活动的基本特征，那么，要认识管理的这些过程及效果，必须首先分析管理行为，以及这些行为与效果有什么关系。

管理方格理论是由罗伯特和穆登提出来的。基于人们对主管人员的一种要求，即不仅要关心生产而且要关心人的重要意义，他们巧妙地设计了一个方格图以醒目地表示这种"关心"。他把这种方格图作为训练主管人员和明确各种领导方式之间不同组合的手段。这种方格有两个维度，横向维度是"对生产的关心"，纵向维度是"对人的关心"。

"对生产的关心"一般认为是对工作所持的态度，诸如政策决定的质量、程序与过程、研究的创造性、职能人员的服务质量、工作效率以及产品质量等。

"对人的关心"也包括许多因素，诸如个人对实现目标所承担的责任、保持下属的自尊、建立在信任而非顺从基础上的职责、保持良好的工作环境以及具有满意的人际关系等。

这里列出了以下几种类型的管理方式：

1. 贫乏的管理

为完成工作和保持组织士气所需要的最低限度的努力。这种主管对职工、对生产关心很不够，他只以最少的努力去完成应做的工作。这种管理是很少见的。

2.权威与服从管理

以几乎不考虑人的因素影响的方式安排工作，获取效率。领导只关心生产，他试图把人的因素降低到最低程度，以达到完成生产任务、提高效率的目的。

3.乡村俱乐部管理

周到地注意人们的需要而导致友善和舒畅的组织气氛与工作进度。领导者非常注重职工的需要，注意建立良好的人际关系。这种领导认为，只要职工心情舒畅，生产就能搞好，由此，他试图通过创造良好的工作环境，良好的人际关系来提高工作效率。

4.协作管理

一种松散的管理模式，是以一种协作者的心态，工作由所委任的人完成，他们因在组织目标上有共同利害关系而互相依赖，互相信任和尊重，并且相互协作。

根据管理方格的概念，领导者可以对自己的行为作出评价。但是它并不告诉我们，为什么一名主管人员会处于方格图中的此处或彼处。需要指出的是，"最好的"方式也只是从理论上说的，要领导者都成为理论上的那样的人也是困难的，每个领导者都应根据不同的环境和因素，选择不同的管理方式和管理行为。

（二）行为类型

在教育行政管理中。哈尔平等人总结出的管理的内容大致有两类：一是创建组织机构的行为（为了实现组织的目标），二是体贴关心下属的行为。哈尔平的分类体系在西方教育行政管理中是很著名的。创建组织机构的行为是指领导者在描述自己与集体成员之间的关系时，致力于建立被充分限定的组织的类型，建立信息交流管道以及具体实施过程中的所作所为。这主要包括领导者为实现组织目标而与下属的各种相互作用，让下属了解自己的意图和态度；与下属一起实验或实施自己的新想法和新计划；指定下属去完成某些特定的任务；对工作进行检查和评价；制定推行某些标准、制度和规范；促进下属之间的相互合作等。体贴关心下属的行为是指领导者在与下属的相互关系中表示友谊、相互信任和尊重、温暖、支持、帮助以及合作的行为。对下属表示理解与支持；愿意倾听下属的意见；关心下属的个人利益；尽量与下属讨论商量问题，让他们参与组织计划；平等公正地对待下属；乐意进行改革；及时将下属的建议付诸实施等。

（三）高等教育管理中的领导行为

高等教育管理中的领导行为是一种主要的管理行为。这种管理行为同样可以分为两类，创建组织机构的行为和体贴关心下属的行为。高等教育的领导行为所针对的组织系统、组织目标、组织成员、人际关系等都有自己的特殊性，与其他许多社会系统的情况有所不同。比如，高等学校这一层次的管理中，领导者要全力完成的是教学与科研任务，两者又以人才的培养为核心。但是要搞好教学与科研工作，领导者还必须抓好有关的后勤配套工作，需要从各方面关心支持第一线的教学、科研人员。这就是上面所讲的两类领导行为。从理论上讲，领导者可以调整自己的行为，以适应某一特定的环境和任务。在实践中，领导者不能、也不应该只关注某一类行为，而应当根据具体情况决定采取什么样的领导行为。当然，在这种时候，领导艺术是帮助领导者取得成功的必备之物。在宏观高等教育管理中，国家和地方政府对高等教育组织，即高等学校的管理，其中之一就是规范高等教育组织中领导的办学行为，既要按照国家的政策规范办学，又要办出各自学校的特色，这既是矛盾的，又是统一的，最终的目标是一致的。具体地讲，在完成高等教育目标的过程中，各级领导者为实现目标而履行领导的职责时，其关注的行为领域主要有以下几种。

1.行政领导者的行为

它主要包括各级领导者或管理者作为负责人行使领导职责时的行为。领导者的职责就是对目标的实现或目标的改变所需的集体活动进行激励、协调与指导。如果不能做到这一点，那就是对领导责任的放弃。对高等教育系统来说，系统的目标是非常明确的，国家教育部对国务院负责，各省市教育行政主管部门的行政首长对省市党委和首长负责。一般来讲，到了高等教育组织这一层面，组织领导者的行为要对高等教育主管部门负责。各高等教育组织的领导，对围绕着高等教育系统目标进行的活动，在形式和内容上各有特色，即使是同一专业、同一课程的教学活动，在各校之间也是不完全一样的，更由于各校的教师、学生在知识水平、能力结构、兴趣爱好、心理需要以及性格特征、校园文化等方面存在着明显的差异，各高校的领导者为完成组织目标而行使领导职责时，所面临的环境条件各不相同，所采取的领导行为当然也是不相同的。

2.组织集体中的领导行为

这是指高等教育系统中的各级领导者，要为组织目标的顺利实现创造各种各样的条件，对于组织目标的顺利实现而言，领导者的行为所具有的作用分为直接作用和间接作用两个方面。直接作用包括：创建某些专门的组织机构和程序，指定专门的人选去负责完成某项或某方面的工作，对下属的工作进行检查与督促，聘请某一方面的专家能人等。间接作用包括：不直接参与各类具体的计划，但对计划的制定以及实施过程施加各种形式的影响。譬如，提倡某种领导风格、实施某种奖惩措施、颁布某类晋升标准等做法都会对各项具体工作的开展产生重大影响，虽然领导者尤其是高层领导者没有直接插手具体工作，换句话说，领导者的行为也许可能不会对某些特定的具体活动产生影响（即起直接作用），但却对这些活动顺利开展并取得成功所依赖和借助的各种组织机构、过程和程序产生了影响。例如，各级政府中的教育行政领导，也许并不过问每所高校具体的教学和科研工作，但必须对高校培养人才的方向、规格、基本途径、办学思想等进行指导；大学校长也许并不一定过问某一门课程或某一堂课的具体教学活动及其效果，但他可以影响某个院（系）以及教务部门在课程安排上的指导思想，影响该院（系）的课程计划或课程体系的目标，从而在某种形式上对各门课的教学活动及其效果产生一定的影响。有时候组织集体中的领导行为是无形的，有时候是起直接影响作用的，或者是干扰性作用的，因为领导的影响行为是权威性的。所以，领导行为应该是分层的、积极的、适度的、有效的。所谓分层，就是指各级的领导行为是有区别的，上一级的领导行为不能做下一级领导行为的事，否则就是越级行为。领导行为的积极性是讲领导的行为对于组织的作用是正面的，不要产生负面影响，否则，领导的行为肯定是错误的行为。领导行为的适度不分哪一级，哪一级领导的行为都必须要有一个度，超过了这个度，可能适得其反。有效的领导行为对管理活动产生好的影响，有效的管理领导行为是与管理活动的结果相辅相成的，有效与否，由结果来检验。

二、高等教育管理的本质

高等教育系统相对于其他社会系统有其独特的活动主体和活动目标，这就使高等教育管理同其他社会系统的管理区别开来，表现出它的特殊性。高等教育的总目标是：培养高级专门人才和发展科学技术文化并与社会经济发展的需要相适应。高等教育管理活动就是要在总目标的指导下，把对高等教育系统的战略规划、资源调配通过制度和机制进行协调。高等教育管理的本质就是协调高等教育系统有限资源的投入与高效益地实现高等教育总目标的矛盾。

无论高等教育有多么复杂，无论把高等教育系统分解为怎样的子系统，高等教育系统都必然要求各子系统在目标上协调一致。不仅要求每个子系统的目标与整体目标相协调一致，也要求每个子系统的目标与自己内部的组织成员的个体目标相互协调。更重要的是，每个系统的目标与实现的这些目标的条件之间需要相互协调，这就形成了管理活动的整体性和普遍性，即每个系统都需要协调。高等教育系统内部的等级层次性导致了高等教育管理活动也具有层次性，这就形成了一个多层的、多级的、专门的分系统，即集合成高等教育的管理系统。协调就是蕴涵于各个子系统之间，对各个子系统的目标设计、资源筹集和分配，分析系统的活动信息，即通过政策、制度和一些技术手段等协调系统成员的活动，以达到系统所设计的目标。从事这些专门活动的管理人员（或称管理者）的活动所构成的有机整体就是管理系统。

马克思对"管理"曾有过精辟的论述："一切规模较大的直接社会劳动或共同劳动都或多或少地需要指挥，以协调个人的活动，并执行生产总体的运动（不同于这一总体的独立器官的运动）所产生的各种职能。一个单独的提琴手是自己指挥自己，一个乐队就需要一个指挥家来指挥乐队。"

马克思的这一段话，揭示了管理协调所包含的以下几个涵义：

（1）管理是集体协作劳动的共同需要，即"或多或少地需要指挥"；

（2）管理必然有管理者，管理协作对象主要是组织及其成员；

（3）管理是执行生产总体运行所产生的各种职能；

（4）管理的职能主要是指挥和协调他人的活动，同时把自己也处于管理活动之中，以取得成效；

（5）管理的目的是取得比"各个独立的运动"之和更大的效益。管理活动的普遍性（指管理活动作为人类活动的一个重要方面）普遍存在于所构成的各种组织机构中。专门管理者的出现体现出社会系统在结构层次上的性质，表明个人在社会系统中具有的不同位置、作用和性质。既然管理活动中人是管理的主体，显然，管理活动的施加，权力是管理系统赖以存在的基础，权力对人的活动的约束性使人们按一定的方式组织起来，以便实现系统的整体目标，也在一定的程度上体现了权力在协调中的作用。协调或称调节是指调整或改善高等学校与校外以及校内各部门或成员之间、上下左右各方面的关系。就一个国家和地区来讲，把高等教育放到社会的大背景中，政府对高等教育的协调是使高等教育的层次、规模、结构、水平、质量、效益的协调发展，与社会的政治、经济、文化的发展相适应，如果不相适应，就必须进行协调。就高等教育的组织——学校来说，它是高等教育系统中的子系统，学校组织的类型因区域的差别、体制的差别、机制的差异、管理者的差异等出现差异，存在着的矛盾是多种多样的，有总体目标与部分目标之间的、有长期规划与近期打算之间的、有整体利益与部门利益的、有组织利益与个人利益之间的矛盾，这些矛盾如果不加以协调和解决，就会影响到高等教育系统的运行和发展，也会影响高等教育效益的最优化。高等教育的协调任务与高等教育管理的本质要求是相一致的，体现了高等教育管理的基本矛盾和本质特征。根据1999年1月1日开始实施的中华人民共和国《高等教育法》，在第四章、第五章、第六章中明确了高等学校组织和活动的范畴与规定，高等学校应该做什么，有了法律层面上的依据。作为高等学校的管理者，通过领导的权威性和艺术性来调配和协调组织内部的各种资源，实施有效的管理。

了解管理活动中冲突的本质才能对症下药进行协调。冲突是指由于工作群体或个人试图满足自身需要而使另一工作群体或个人受到挫折时的社会心理现象。冲突表现为双方的观点、需要、欲望、利益或要求不兼容而引起的一种激烈斗争。冲突是人类社会的一种普遍现象，它具有有利和有害两种结果。从有利的方面看，冲突的解决能促进组织的发展，可以增强干劲，形成一种激励力量，它还能促进交流，诱发创新。从有害的方面看，冲突使人产生情绪压力，影响人的身心健康，剧烈冲突带来的破坏作用会浪费资源，不及时解决冲突会影响组织运转，破坏组织目标的实现。因此，必须探讨冲突产生的根源及其解决途径和方法，便于协调。

一般地说，在集体组织成员之中总是存在许多不一致，其中，某些不一致可能上升为矛盾（程度不一的矛盾），这些矛盾关系中比较激烈的便会转变为明显或不明显的冲突。冲突一般分为三种类型：第一类是认知性冲突。由信息因素、知识因素、价值观因素等引起的冲突都属于认知性冲突。这种冲突随着双方认识趋于一致就能得到缓和与克服。第二类是感情性冲突。这是一种非理性因素引起并为这种非理性因素所控制的冲突，也可能是由认知性因素所诱发，最后为非理性因素所支配的冲突。个性相抵是这种冲突最常见的诱因，它持续时间长，破坏性大。第三类是利益性冲突。这是一种由本位因素引起的目标冲突。社会中的个人和群体在处理问题时所关心的利益不同，从本位出发就可能引发矛盾和冲突，伴随利益的再分配，这种冲突可以克服。在日常的社会活动中，随处存在可能导致冲突的根源，一旦有了起因，这种潜在的冲突随时会转变为现实的冲突。

产生冲突一般有以下原因：

一是人的"个性"。从人的本性讲，不满情绪积累到一定程度就会形成冲突，需要有适度的发泄。

二是有限的资源争夺。资源在一所高校总是有限的，而需要却是无限的，为争夺有限的资源而产生的冲突在所难免。

三是价值观和利益的冲突。不同经历的人价值观容易形成冲突，部门和个人都可能因利益而形成冲突。

四是角色冲突。由于个人和群体所承担的角色不同，而不同的角色都有其特定的任务和职责，从而产生不同的需要和利益，因而发生冲突。

五是追逐权力。它是一种权力欲望的争夺。

六是职责规范不清楚。其导致对任务的要求产生冲突。

七是组织的变动。组织的变动会导致利益的重新组合而产生冲突。

八是组织风气不佳。如领导的矛盾和派系"传染"给整个组织而形成的冲突。

单从冲突的结果看无外乎三种可能：一胜一败、两败俱伤、两者全胜。

显然前面两种结果都不是理想的结果，这些结果往往潜伏着第二次更大的冲突，领导过程应尽量避免这种结果出现。第三种结果是在双方都较满意的基础上解决冲突而得到的，这是可取的解决问题的方案，这就需要很好地协调，有效地协调是我们协调的目的。

冲突的协调与解决方法。

第一，认知型冲突的协调。在高等教育系统中，从宏观方面来讲，在高等教育如何适应国家政治、经济、文化的发展，每一个发展时期如何规划，区域高等教育的发展、高等教育发展速度的快慢、高等教育的科类层次结构等的确定，不同的决策者及管理者会产生不同的意见，甚至矛盾。在微观高等教育管理中，学校教育是非常具体的管理活动，对于学校如何定位、如何发展、如何运用学校有效的教育资源，在培养目标、课程设置、培养计划的拟定和实施、教学与科研活动的具体展开、各项工作的总结评价等方面都可能出现一些不一致和矛盾，甚至会形成明显的冲突。一般来讲，增加交换看法、进行交流协商的机会，消除可能由于误会与信息不全所导致的认识目的不一致；进行"和平谈判"，把对各种原因和结果的认识都拿到桌面上来，这需要领导者的权威和协调能力；提供学习机会，提高大学组织内成员的认识能力和观念水平，这不仅针对冲突双方，而且针对冲突涉及的各方，大家都需要提高自身的认识水平；调整或改善组织内部有关结构，使各种不一致、矛盾和冲突能够最大程度地被比较完善的组织结构和人员组合（搭配）所"稀释"和"化解"；用超然的态度承认并超越某种冲突，这种方法可能有助于解决某种矛盾冲突。具体讲，要解决这类矛盾和冲突，最好的办法就是在学习和研究的基础上，开展对高等教育的教育思想、教育观念的大讨论进行认知统一，要提供公开交流的平台和场所，进行认知交流，认知融化，消除和化解形成矛盾和冲突的原因，使组织成员和冲突各方在观点上达成一致，或者提高他们的认识水平。

第二，感情型冲突解决的方法。这是一种非理性的冲突，主要存在于微观高等教育管理的活动中，相对于某个方面的具体事项，带有个人的情感色彩。其原因可能是一些微不足道的小事，也可能是不同的性格、爱好，甚至可能找不到"原因"。在高等教育系统中，解决这类冲突的方法可以通过提高成员的心理素质，使其具有能够承受一定的情感冲突的能力；提高认识水平，认识冲突的原因是微不足道的，认识冲突的结果可能会产生严重后果；施行合理而公正的奖惩手段，坚持规章制度的原则性，对于坚持感情办事而导致不良后果的，作出制度上的处理；进行感情牵引，引导感情向有益的方向发展，如完善和改进目标管理，把成员的注意力集中到实现高等教育目标上去。对于某些历史性的感情冲突，最好的解决办法也许是让时间这位"老人"来协调解决，因为时间可以抚平某些感情创伤，并教给人许多书本上没有的道理。

第三，利益型冲突的协调。利益冲突有一种特征，如果利益的消长或损益幅度不超过某一程度，则这种冲突不仅不可怕，而且对集体的凝聚力和组织目标没有太大的影响或破坏作用；如果超过了某一较高程度，则会导致整个组织或系统的瓦解与毁灭。因此，需要解决并能够解决的利益冲突基本上都是处于这两者之间的利益冲突。利益冲突是冲突各方在各自追求效用最大函数值（或最大利益）的过程中构成的冲突。利益冲突所围绕的中心就是利益，而利益在各人的眼中是不一致的。一般说来，出现冲突时，组织中可能存在无数个个体利益或自身利益，也可能存在多个不同规模的共同利益，但最大的共同利益只有一个。对于作为利益代表的个体或群体来说，他们的自身利益也只有一个最大值，这两个最大值就是"自利最优解"和"共利最优解"。解决利益冲突的关键在于如何进行利益的重新分配。如果借用函数求解的方式，当代表多方利益的曲线处于同一坐标系时，共利最优解就不难找到，但要把共利最优解和自利最优解结合起来就不容易了。寻找各方的自利最优解和共利最优解，实际上是一个人对利益的产生和形成的分析过程，而要使自利最优解和共利最优解取得一致，则不仅是一个分析过程，而且是一个策略的实施过程。另外，它们也不是一成不变的，它们会因环境变量的改变而发生变化。因此，利益冲突的解决是一个因地制宜的过程。在高等教育系统中，各子系统，甚至更小的群体和个人，都有自己的切身利益。他们在实现系统目标的过程中也同样追求自己的切身利益。比如，高校教师在进行教学科研工作时，一方面在完成高等教育的任务，另一方面也在追求自身的利益——职务的晋升和自我价值的实现。这里，职务晋升就是引起冲突的原因之一，特别是当候选人远远多于晋升名额时，冲突就异常激烈，如何确定好公平合理的晋升方案就是解决冲突的关键。此外，在人员任免、经费分配、改革方案实施等方面，同样存在着各种利益冲突。如果忽视这些矛盾和冲突，尤其是利益上的矛盾和冲突，要想调动全体教职工的积极性，充分发挥他们的创造精神，就可能成为一句空话。在解决这种矛盾时，有两个方面的办法，一是通过政策法规来约束，明确整体与局部利益、局部与局部利益、个人与组织利益、组织与组织利益、个人与个人利益的关系，公平公正地解决这些利益冲突；二是应注意加强思想政治工作，把物质奖励和精神鼓励结合起来，处理好国家、集体、个人三者之间的关系，这是高等教育领导必须研究和解决的重要问题。

总之，要充分认识高等教育系统中存在的矛盾运动规律，特别是在微观高等教育管理中，要按照矛盾运动规律来解决这些问题。具体讲，个人与个人之间的矛盾主要表现在工资福利、提级晋升、表彰奖励、教育经费分配以及学术观点等方面，此时应遵循公正、平等的原则。在个人与整体的矛盾方面，要使系统整体目标与个人的目标相一致，当两者一致时，个人目标的实现可以通过整体目标的实现来达到，整体目标的实现是个人目标得以实现的前提条件。从宏观方面来讲，系统与环境之间的矛盾表现为对高等教育投资少与实现高等教育系统目标、政府包揽过多与高校缺乏办学自主权等方面的矛盾中，应该也只能通过政策、体制去解决这些矛盾。

但是，高等教育系统的三种矛盾是有机地联系在一起的，每一矛盾系列的解决都关联到其他矛盾系列的解决。因此，在高等教育管理活动中，要从整体出发去解决高等教育系统所存在的矛盾，即进行系统的科学的管理。如果不从整体的角度去处理系统内部的矛盾及系统与环境之间的关系，看不到矛盾之间的相互关系和相互转变，那么，就会激化矛盾，破坏高等教育系统内部的稳定性，就不可能实现高等教育系统的整体目标。例如，个人的合理需要得不到满足就会抑制个人的积极性和创造性，个人在工作中就会表现出动力不足，主动精神不够。一旦个人在工作中缺乏主动性就会大大降低劳动效果，这样培养出来的人才质量就难以达到预期的目标。而人才质量的降低，又会引起社会上人才供需关系的变化。这种关系反过来又抑制高等教育的运行和发展。同样，如果系统的整体目标与实现这些目标的现实条件差距过大，则目标就难达到，反过来又会挫伤人的积极性。所以，高等教育系统目标的实现过程本质上是一个系统与环境、系统内部矛盾关系不断得到协调和解决的过程。

其实，我们要辩证地看矛盾，特别是高等教育管理活动中的矛盾，从矛盾的普遍性来看，所有的矛盾有共性的东西，因为产生矛盾的规律性都是一样的。首先，我们要认识到矛盾的存在是必然的，不存在没有矛盾的社会，不存在没有矛盾的管理，人的价值观各异，认识方法和认识水平各异，有矛盾是很正常的，不要因为有了矛盾就惊慌失措。根据动态平衡的观点，管理活动中要有矛盾，有矛盾不是坏事，通过制造合理的矛盾，挑起正常的冲突，当然只是思想上的冲突，在冲突中谋求一致，达到矛盾的解决，达到平衡。要善于处理和解决矛盾，矛盾出现不可怕，可怕的是当矛盾出现以后，我们束手无策，或者捂住矛盾，或者任其发展，我们有些管理者不善于解决这类认知型冲突的矛盾，甚至不愿意去正视这些矛盾。另外，最不可取的是压制矛盾，结果造成矛盾的激化，这样一来可能会带来新的、更大的冲突，产生更大的矛盾，因为它没有解决矛盾，而是转移了矛盾的方向，使小的矛盾集合成了大的矛盾。

高等教育管理中对待矛盾与冲突问题要注意两个方面。

第一是避免人为地制造矛盾和冲突。从源头上避免矛盾与冲突的出现，这就是我们要注意的源头方面。在制定各种政策制度时要科学合理，要经过专家论证和民主决策，千万不要匆忙出台不合时宜的政策制度，特别是避免手痛医手、脚痛医脚的政策制度出台，为矛盾与冲突埋下祸根。在管理活动中尽量避免矛盾与冲突。管理活动中尽量地避免矛盾与冲突的办法有很多，其中之一是管理活动的透明、公开、公正，而透明的前提是游戏规则的认同。在游戏规则认同的前提下，游戏的运作必须透明、公开、公正，只有这样，才能有效地避免矛盾和冲突。我们知道，高等教育管理的本质特征与企业管理、经济管理有很大的差别，中国高等教育的管理在具有行政性一面的同时，又是学术性很强的专业管理。行政管理需要很强的透明度，学术管理除了知识产权的东西和技术层面上的东西比较透明外，纯粹的管理活动更需要讲求透明、公开、公正。只有把握好了透明、公开、公正的度，避免管理活动中人为地制造矛盾和冲突是可能的。

第二是实事求是地化解矛盾与冲突。矛盾与冲突在管理活动中始终是存在的，关键在于如何去化解。化解矛盾与冲突要本着实事求是的态度，首先，要敢于承担由于管理者的原因引起矛盾与冲突的责任，用真诚来化解矛盾与冲突。其次，一旦矛盾与冲突出现，既不要大惊小怪，也不要消极怠慢，要以积极的心态与行动去化解矛盾与冲突，把矛盾与冲突造成的后果降低到最小的程度。

第三节　高等教育管理的属性

在社会活动中，为了与高等教育系统整体性相适应，高等教育管理一开始就提出两个目标：一是为使个体同整体相适应，用系统整体去整合各系统的个体，以实现系统整体功能的目标。二是为了实现系统效益的最大值，要求把具有一定功能行为的个体有机地结合在一起，达到系统最大的"结合力"功能的目标。只有这两个目标的综合，才能使系统整体功能大于系统中各分散个体功能之和。这是高等教育管理的系统属性。这两个目标的矛盾运动规定了高等教育管理的两条基本规律：第一，高等教育管理的自然属性与社会属性趋于一致的规律。自然属性具体表现为高等教育管理的个性和特殊性，社会属性具体表现为高等教育管理的历史继承性和为阶级服务的政治性。第二，高等教育管理的封闭性与开放性的矛盾统一的规律。这是高等教育管理最重要的本质属性。

为什么系统的矛盾运动可以使系统整体功能大于系统各分散个体功能之和？又如何认识高等教育管理的基本属性和规律？对于第一个问题，因为"整合"和"综合"使高等教育系统获得整体的功能目标和最大"结合力"的功能目标，这就具备了系统整体功能大于系统内各成员个体功能之总和的条件。如果系统中的管理者尤其是领导者能够找到两个互为矛盾的平衡点，也就是要求各级管理者，尤其是各级管理的最高决策者，在管理中必须找到两个目标的平衡点，才能保证系统功能放大。高教管理具有自然属性与社会属性，高教管理活动本身就反映了它的属性。要实现管理的功能，在管理中运用专业的知识，使用某些技术和方法，从而就表现出了它的自然属性。有管理者必然就有被管理者，他们之间总是存在着利益、认识、感情等方面的矛盾，在阶级社会里往往表现为阶级矛盾，在市场经济体制出现多元化格局的情况下，宏观高等教育管理中有时候会出现各阶层利益之间的矛盾，如穷人和富人要求接受教育的矛盾，在整个国民经济的发展中，教育同其他行业的矛盾，教育内部中高等教育同其他层次教育之间的矛盾等等，从而表现出它的社会属性。在不同社会制度的国家里，解决这种矛盾的方法往往是不同的，认识两类属性矛盾的存在和有效地解决这两类矛盾，必将推动高等教育事业的发展和目标的实现。同时，对高等教育系统的封闭性与开放性而言，这是一种客观存在的事实，要注意的是封闭性和开放性是相对的，只有系统与环境进行有效、快速、准确的物质、能量和信息的交换，才能使系统实现整体功能目标和最大"结合力"的目标。

一、自然属性与社会属性

高等教育管理的自然属性主要表现在普遍性方面。高等教育的管理是一种社会活动，社会活动的有序进行就需要进行管理，因此，高等教育管理是社会活动中普遍存在的一种管理现象。不论哪个国家，无论哪个历史时期，只要存在高等教育活动，就存在各种培养高级专门人才的活动（包括专业设置、培养目标、课程设计、教学过程、教学方法、教学手段等），就有进行管理的必要。在当今社会中，高等教育已经成为了一种国民的素质需求乃至消费需求，成为了一种国家和民众的普遍需求，特别是在高等教育大众化的时代，高等教育管理已经成为一种普遍的专业管理。二是高等教育管理的共性方面，即高等教育管理在各个历史发展时期都具有明显的共同点，这些共同点不因国家的政治、经济、文化等差异而有所变更，也不因历史时期的变化而消失。正是由于这种共同性，中国传统高等教育中的优秀部分就应当继承和发扬，如唐朝的高等学府在教学管理上制定较详细的教学计划，规定了严格的考核制度，放假、升级与退学等都有明确的规定，唐朝太学退学的规定有三条：请假逾期不返校者，令其退学；学满最高修业年限三次不及格令其退学；品德行为恶劣不堪教育者令其退学。这些管理仍有其现实意义。与现代大学有历史渊源关系的欧洲中世纪大学，一开始就建立包括文法学、哲学和医学等学院，这种校院制一直被后来的大学所采用，随着课程的发展，学习制度发展成最初的学位制，这种制度对以后的大学学位制度产生了深远的影响。如在法学、哲学、医学等学科，都规定有不同的学习年限，需要学习若干门课程，还要实习讲授一定量的课程，然后才能申请学士、硕士和博士学位，之后，还要接受一次口试和辩论，经评审批准，才能戴上硕士、博士帽。现代大学申请硕士、博士学位程序基本同过去一样，只不过是在此基础上更加完善。这就是高等教育管理的"古为今用，洋为中用"。这些共同点来源于高等教育管理活动的循序渐进，在发展过程中所形成的特点和规律，成为高等教育活动中遵循管理的一般原则，表现出它的共同性特点。另外，在高等教育管理的技术性方面，高等教育管理使用的技术和方法一般不受社会制度的影响，各国都可以相互学习先进的管理技术，如数学、经济学、计算机科学等，更加丰富了高等教育管理的内容，推动了高等教育管理的发展。

高等教育管理的社会属性包含两层涵义：一是高等教育管理具有历史文化的继承性，即在人类创造历史的过程中，由于社会及自然环境不同所形成的各种地域文化，在高等教育管理活动中留下深深的烙印。这些"印记"在高等教育管理思想上，表现为不能超越一定的社会文化形态以及人们的社会心理状态，并且在具有"同源文化"的国家和地区，在高等教育管理思想和管理哲学上具有很大的相似性，而非同源文化中所产生的高等教育管理思想和管理哲学就存在明显的差异。欧洲中世纪的高等教育管理受到神学、宗教及哲学的影响，使其在管理思想和方法上都有其浓厚的中世纪痕迹，反映出中世纪的宗教和神学文化。二是高等教育管理具有政治性。因为高等教育管理是与权力关系联系在一起的，高等教育的体制和有些制度、政策是社会制度和政策的一部分，是为一定的政治服务的。在阶级社会里决策者与被管理者之间一般表现为阶级关系。在社会主义社会里，人民群众是社会和国家的主人，社会主义国家的管理者，包括高等教育管理者，是为人民办事的公仆，而不是骑在人民头上的老爷和官僚，如果发生公仆转为主人的现象，就意味着管理的性质发生了蜕变。所以，有人不太赞成高等教育管理具有这样的社会属性，好像是把管理的自然属性社会化了，这是片面的，作为高等教育的管理者，特别是高级的、高层次的管理者，一定要懂得管理的社会属性，高等教育管理必定具有社会属性，并且，要搞清楚管理的社会属性在哪些方面。高等教育管理社会属性认识的淡化是很危险的，有的人甚至不承认社会的属性则更可怕，这是一个高等教育的民族性、国家性的根本问题。

自然属性与社会属性是高等教育管理活动本身所具有的两种属性，两者处于矛盾统一体之中。高等教育管理的两个目标，规定了高等教育管理两种属性是一对相对统一的矛盾，此两者之间的矛盾运动，使高等教育管理不断得到改善。同时，高等教育管理的两种属性又统一于高等教育管理计划、组织、领导和控制等管理环节上，根本上统一于高等教育管理的效益上。没有社会属性，没有维持系统整体特性的功能目标，就不会有产生最大"结合力"的需要，高等教育管理的自然属性就失去了存在的基础而无从实现它的自身价值。把高等教育系统内成员的个人目标整合成系统整体特性的功能目标，目的在于把分散的具有一定功能行为的个体结合起来，实现系统功能的"放大"，而离开了自然属性，高等教育管理的社会属性也不可能体现出来，它的社会价值目标也不可能实现。

二、封闭性与开放性

高等教育管理的封闭性是指在高等教育管理过程中，根据高等教育管理的特殊矛盾而在高等教育系统内部自我运转和良性循环的性能；高等教育管理的开放性是指在高等教育管理过程中，根据高等教育管理的特殊矛盾而在高等教育系统与外界环境相互关系中，实现物质、能量、信息交换的性能。就高等教育管理的封闭性而言，在高等教育系统内，无论进行什么高等教育管理工作，一个首要的前提就是在一个相对独立、完整的高等教育系统内部，按照高等教育系统的特定目标而进行优化组合，即在高等教育系统的"投入—加工—产出"的过程中构成一个相对封闭的系统。没有相对的封闭性，高等教育系统就没有相对稳定的环境，任何对高等教育系统的分析及高等教育管理活动过程都不可能按照自己的独特方式运行。这种相对封闭性是一种客观的存在，是更好地进行高等教育管理的必然要求，当然，完全封闭的高等教育系统是不存在的，因为完全封闭就意味着与环境不进行任何物质、能量、信息的交换，这样的高等教育系统必然会逐渐消亡。因此，这就是我们所指的高等教育系统和高等教育管理的封闭性又具有相对性的方面。现代社会中，任何一个系统都不可能是封闭的，封闭是相对的。就高等教育管理的开放性而言，高等教育系统受外界环境的制约和影响，只有开放才能获取更大的信息资源和物资资源，才能进入社会大系统中去循环，去接受洗礼，去成长壮大。纵观中国高等教育的改革与发展、中国高等教育管理的现代化进程的不断加快离不开开放，我国高等教育管理的很多思想与观念就是因为通过改革开放得到启发，很多技术与方法就是在国际高等教育的大背景下开发与形成的，现代高等教育管理的进程没有国际化的开放是不行的。没有开放性就没有中国高等教育的大发展，就没有中国高等教育管理的成熟和成长。

故步自封、关门主义使高等教育系统独立于社会大系统之外，是有历史教训的。因为，这个社会不可能停留在古代文法教育时代，教育脱离社会，脱离社会化生产活动，成为贵族教育的一种象征，难以推动社会生产力的发展。现代社会大生产催生了科学教育的迅猛发展，科学教育的内容、科学教育的方法，无不是来自于社会的，封闭已经是不可能了。那么，高等教育的管理在思想上首先要开放，要引入先进的管理思想和方法，但高等教育管理最本质的东西不要去改变它，这就是开放性的基本原则，也是封闭性和开放性的矛盾统一的需求点。高等教育管理的封闭性与开放性的矛盾在于：如果片面强调高等教育管理的封闭性，为高等教育系统的"存在"花费更多的人力、物力和财力，那么就会影响系统的外延"发展"，失去了取得更大效益的机会；如果片面地强调高等教育管理的开放性，过分注意高等教育系统效益的最优化，而忽视甚至否定高等教育管理的相对封闭性，破坏高等教育系统自身，就会只强调系统"发展"而忽视系统"存在"，这将导致高等教育系统的紊乱和能量的消耗，最终将导致系统的"存在"基础动摇。无论是高等教育管理封闭性还是高等教育管理开放性，其目的都是为了使高等教育系统的生存和健康发展得到保证，具体地表现在统一于高等教育管理的诸环节上，如通过高等教育计划，在解决高等教育系统与环境矛盾中使封闭性与开放性统一起来；通过高等教育组织、领导，在解决高等教育系统内系统与系统、系统与个人矛盾中使封闭性和开放性统一起来；通过高等教育控制，在解决高等教育系统既定目的与实施中偏离目的的矛盾中使封闭性和开放性统一起来。这里要明确的是，高等教育要向世界开放，汲取世界上先进的管理经验，包括一些先进的管理制度。要向其他行业开放，走开放办学的道路，特别是在市场经济体制下，企业管理是最活跃的，产生的现代企业管理的先进理念和方法尤其值得高等教育管理借鉴。

高等教育管理的自然属性与社会属性的两重性是我们要充分认识清楚的。两重性规律以高等教育系统中一切有目的的活动为基础，自然属性和社会属性、封闭性和开放性是高等教育管理本身所固有的。

因此，高等教育管理的自然属性及其客观性规律，不仅在对高等教育管理的认识上，而且在高等教育管理的具体活动中都是必须要遵循的。高等教育管理活动中两重性规律揭示的是高等教育管理固有的自然属性和社会属性、封闭性和开放性及其相互联系，这种联系由高等教育管理的"整体功能"和"结合力功能"两个目标的矛盾运动所规定，事实上，两重性从整体上反映了高等教育管理的特殊矛盾。因此，管理属性要素之间的联系是本质的和必然的。

总之，我们研究高等教育管理的自然属性与社会属性、高等教育管理的封闭性与开放性，以及它们的规律在高等教育管理过程中是共同存在、相对稳定的，是高等教育管理本质的反映，是高等教育管理的基本规律。

第四节　高等教育管理的特点

显而易见，事物之间的区别就在于它的特殊性。了解了高等教育管理的特点，我们就能遵循它的本质规律，有针对性地协调管理活动中的各种矛盾，清醒地驾驭各种管理活动。

一、高等教育管理目标的特殊性

高等教育系统目标的特殊性决定了高等教育管理目标的特殊性。高等教育系统的主要目标是根据高等教育的功能来确定的，因此，对管理的功能与目标相应地提出了它的特定要求。高等教育管理的功能就是要通过计划、组织、协调、控制等使高等教育更加符合社会发展的要求，符合社会生产力的要求，这种要求表现在教育的层次、结构、规模、质量等方面的目标。另外，在微观方面，高等教育管理要使组织中的每个成员按高等教育规律办事，更好地完成既定的目标。高等教育系统的目标是根据高等教育规律和社会发展对高等教育的需求来制定的，所以，高等教育系统的协调活动也应该以高等教育的规律为指导，而不能简单地、照抄企业管理中的某些方式方法。从这个意义上说，高等教育的微观管理是以更好地培养人才并且着眼于提高人才的质量为根本目标的管理活动，它不能，也无法以只追求经济效益（更不能以追求利润为目的）为目标。在市场经济体制下，高等教育要不要考虑经济效益的问题，一直以来都是政府行政管理部门和管理工作者闭口不谈的问题，好像一谈经济效益就乱，就偏离教育方向，而不谈经济效益就"死"。因为，在市场经济体制下没有不讲经济效益的组织，没有不讲经济效益的管理活动。与行政管理、企业管理等其他管理所不同的是，如何将社会效益和经济效益有机地结合，纳入到高等教育管理的目标中，正确地处理好社会效益与经济效益的关系，这就是高等教育管理工作者值得研究的，这也正反映了高等教育管理目标的特殊性。

高等教育管理具有两个最基本的目标功能：一是尽其所能地将系统内的各种关系和资源凝聚起来，形成一个整体，这也就是管理的"维系"功能；二是最大限度地围绕系统的整体目标，发挥要素的主动性、积极性，更好地实现高等教育系统的整体目标，这也就是管理的"结合"功能或"放大"功能。高等教育系统是由有关教育行政机关和各级各类高等学校所组成的系统，它的结构与功能与其他社会系统有所不同。高等教育在同其他社会系统进行物质、能量和信息交换的过程中，在为社会提供的精神产品的同时，也提供物质产品，这种物质产品表现在劳动力方面、科学技术成果方面、现代文明与文化产品方面，也可能形成工业产品。高等教育系统是最具创造力的社会系统，通过各成员、各要素主观能动性的发挥，可以最大限度地实现"系统大于部分功能之和的效果"。但反过来，如果教育者及教育资源中的人的主观能动性发挥不好，这比其他任何社会系统都更有可能制约生产力的发展。所以，高等教育管理者要充分认识到这两大功能的特殊性，并注意将此二者有机地结合起来，用凝聚力推进整体的结合力，用系统的发展加强整体的凝聚力。

不论是宏观高等教育管理还是微观高等教育管理，高等教育管理资源要素的特殊性具体表现在三个方面。第一，这是由一群高级知识分子组成的特殊的群体，组织及其成员的特殊性就构成了要素的特殊性。从高等学校管理的主体和客体来看，即管理者和管理对象两个方面看，组成高等教育系统的主体要素之一是教师，是创造和掌握专门知识的群体。因此，对他们的管理要符合这一群体的心理活动和以个人脑力劳动为主的集体性活动的特征。另外一个高等教育系统的主体性成员之一是学生，是一群18岁以上、受过完全中等教育的青年，对他们的管理和协调方式要符合他们身心发展阶段的特殊性。正是由于高等教育系统组成人员的特殊性，管理中存在着一种特殊的管理现象，这种现象强调和要求自我管理。应该说，自我管理是任何管理中都存在的一种现象，但是，在高等教育管理中，自我管理尤为重要，他是一种身心和智力发展的自我管理，他们需要学到或养成具有自我管理、自我组织、自我发展的能力。他们的心理特征也表明，在教育过程中，完全有必要让其发挥自己的自我组织管理的能力，才能更好地促进发展。所以，管理对象是高等教育管理要素最重要的特点。第二，教育投资与经费的管理是一项复杂的工作，因为它的用途是复杂的，有时候还不能用绝对的量化管理来处理，有时候投入产出还不能在短期内就能见到成效，经济回报率可能很低。这就是高等教育的经费管理有别于企业管理、行政管理、经济管理等的特殊性。第三，教学与科研的物资设备的管理特殊性表现在这类资源不完全是生产性资源，这些物资设备是建立在教学科研功能上的，是为了完成教育教学实验实习、科学研究开发等，它不仅仅是一套设备，可能是一个一个教学实验和科学研究的基本平台。

前面我们也讲过，高等教育资源的特殊性构成了高等教育管理的特殊性。高等教育资源是指整个社会用于教育领域中的人力、物力和财力以及知识产品、文化产品等的总和，有效的、可利用资源是指高等教育的主办者对高等教育的投入所形成的资源，主要表现在经费投资方面。社会用于教育资源的来源又与社会中的区域发展相关联，与政府对教育的投资相关联，教育是一种事业投资，但是它又不仅仅是纯粹的事业投资，因为他的投资对象决定了不可能完全的事业投资，事业的投资对象主要是针对公共事业，公共事业是针对大众的，基本上所有的民众都可以享受到。而高等教育的对象群体不是单纯的享受公共事业的群体，毕竟当高等教育还没有达到普及化的时候，高等教育就不可能是一种完全的事业行为，虽然，高等教育的结果是回报了社会，但是，受教育者只是整个社会群体中的一部分。那么，为什么不能普及高等教育，这是由高等教育的资源有限性决定的，这些资源又受到整个社会政治经济的发展所制约。所以，从一个方面讲，高等教育的投入来自政府、学生家长、学校自身和社会的多方融资，构成了高等教育投资的特殊性，这就决定了高等教育资源的特殊性。马克思指出："要改变一般的人的本性，使他获得一定劳动部门的技能和技巧，成为发达的和专门的劳动力，就要有一定的教育或训练，而这就得花费或多或少的商品等价物"，要进行教育活动，首先需要从社会的总劳动力中抽出一部分劳动力，这就是从事教育的劳动者和进入劳动年龄的受教育者，他们要消耗一定的学习资源、生活资源，还必须有一定的物质技术条件，如校舍、图书、仪器设备等。由于高等教育财力资源不是自然资源，或者也不是可以通过生产方式就可以生产制造出来的，而是要通过长时间打造和培育出来的，随着社会的发展与需求逐步形成的。资源的有限性，在满足了人的再生产以及所需要的物质再生产以后，社会所能用于教育的资源就很有限了，难于满足社会和个人对教育的需求，这也是教育管理中的一对特殊矛盾。因此，如何去获得更多的教育资源，如何有效地使用稀少的教育资源，就成为社会领域和教育领域共同关心的问题。高等教育资源投资的特殊性构成高等教育管理资源的特殊性就不言而喻了。

二、高等教育管理活动的特殊性

从宏观高等教育管理来看，高等教育事业具有很强的战略性、前瞻性。高等教育的管理活动整体的发展规划关乎长远的社会民生问题，需要许多专家系统来完成，活动的内容涉及到民族文化、区域经济、人口发展、科学技术水平、社会环境等。从微观高等教育管理来看，高等教育管理活动的特殊性体现在高等教育组织管理的活动中，最主要的表现特点之一就是要协调学术目标与其他目标之间的矛盾。学术目标是一种高智力投入和高智力劳动的追求，除了个体的高智力劳动外，同时还要强调高智力劳动的结合、高智力劳动者的团结协作。高等教育系统的主导性活动是传授知识、创造知识，高等教育所培养的各类专门人才和高等学校所提供的各种科技成果主要是通过学术水平和应用价值的高低来衡量的，管理活动的学术性十分强，而这种学术性不可以用一般行政性的方法进行管理。因此，学术目标的组织、协调、实现等是高等教育管理活动中的特殊矛盾，这就要求高等教育管理活动一定要重视学术这一特殊目标，使这一特殊的管理目标与学术目标相符合。高等教育组织中的教学活动是教与学的双边关系，高校师生是一个特殊的群体，在完成教学目标和管理目标的过程中，师生参与到具体的教学管理活动，达到双边认知认同，教学民主就显得更加重要。大学教职工是高等教育系统中能动的力量，是实现高等教育管理目标的智慧源泉，要发挥他们的智慧和力量，学术自由是高等教育管理必须考虑的问题。高等教育系统中实行学术民主将激发师生员工极大的能动作用，使大家从信任中受到鼓舞，在学术自由这个平台上施展自己的才华，在学校的管理活动中真正地成为中坚力量。

第三章　高等教育管理功能

功能是指事物和方法所发挥的有利的作用。高等教育管理的功能是指通过管理，在高等教育活动中所产生的有效的作用。我们研究高等教育管理在整个高等教育的活动中具有什么样的功能，其实质是想从它的作用与自身利益价值来认识高等教育管理的实质及其意义，通过有效地管理，使管理中的要素运用到最佳状态，使各项管理活动尽量达到理想目标。管理的内容是通过组织的目标来确定的，围绕组织目标的实施，投入所需要的人、财、物等资源，对组织的这些资源进行有效地运用，这种资源是有形的、物化的。通过有效的规划和组织、协调和控制来进行。一般来讲，管理就是指在一个集团组织内部，确定了管理目标以后，并且围绕目标的实现展开的活动。所以，管理的内容就是规划、组织、协调和控制。除此之外，有人还提出管理就是计划和领导等。其实，计划就是规划中的范畴，领导就是组织的范畴，至于协调就是贯穿在组织活动和活动控制过程中的范畴。所以，在这里我们要强调的是，规划、组织、协调和控制四个词是动词的概念，或者是动名词的概念。

规划与计划的属性基本上是一致的，我们讲规划，可能偏重战略方面的意义一些，而计划则是相对规划更偏重具体一些的活动，为了研究的方便，我们讲规划有时候是有所侧重的，可能规划的成分多一些，有时候可能计划的成分多一些。下面我们主要用规划来进行表述。

规划是设计整个活动过程的管理内容。有项目的总体规划，也有分步实施的具体工作计划。规划是管理活动的顶层设计，而计划则是落实规划的具体工作方案，它们在某些方面有相同之处。如国家和地方政府在各个时期的教育事业发展规划，如教育组织事业发展规划，我国中、东、西部地区教育布局与发展规划，我国高等职业教育发展规划等。从事业发展规划来讲，它主要包含有四个方面：一是事业发展的基本思路，一般称之为指导思想；二是发展目标；三是工作步骤；四是采取的措施。在规划功能的顶层设计中，基本思路及指导思想是规划中的顶层，应该说这是最重要的。顶层设计的好坏直接影响整个管理活动的最终结果。因此，规划应该是组织或集团成员共同智慧的结晶，其中，重点反映了管理决策层的水平、能力和智慧，特别是首长的水平、能力和智慧。政府行政层面上的规划是政府的事，是宏观管理的规划，教育机构（学校）层面上的规划是相对微观的，是教育组织发展的规划。

组织是管理活动中的主体。我们所说的组织不仅仅指组织机构，除了组织机构以外，还包括管理活动中组织的实施、组织协调。在这里，组织不仅仅是作为一个名词，而是有两层意思，一方面指管理活动中的组织机构，另一方面指管理中的组织活动，更多地作为一个动词来理解，只有这样，对组织的理解才会更深刻、更全面，才能去理解组织的具体内容。

协调是管理活动中的具体行动。在管理活动的组织中，涉及到大量的人、财、物等资源，在分级和分权的管理中，政府行政管理层面的宏观管理、协调区域和地方政府的高等教育管理活动采取的是政策法规、行政手段来贯彻执行。而具体的组织管理活动是在组织机构内进行的，是微观层面上的管理活动，涉及到具体的管理活动中的人，有人有活动就有矛盾。除了个体与个体之间的矛盾外，还有组织与组织之间的矛盾，管理就是协调解决这些矛盾的过程。

控制是达到管理的目标效果的关键措施，同时，也有控制性管理中最为关键的管理过程。控制是对管理活动中的规划、组织、协调及其整个管理活动的控制，这里面的一层意思是对规划中的发展目标进展的控制，另外一个方面就是对管理活动的过程控制，也是对规划实施过程的控制过程。规划是超前的，在规划实施的过程中，实施的环境、条件是多变的，具有不可预测性，这些因素是我们在规划的制定中应该考虑到的。因此，如果条件和环境发生变化，规划确定的目标要进行调整，也可以说是对规划实施的目标进行调控。为了活动的正常进行，不至于偏离规划中目标既定的发展方向，通过建立立法、行政手段、经费控制等手段，建立工作机制，促进目标的实现。

对于高等教育管理的功能，从不同的角度可以归纳出多种不同的功能。一般来讲，人们可以认为管理就是规划、组织、协调、控制。比如，对于一条高速公路的建设与管理，首先，是通过规划确定这条高速公路的功能和目的；第二，确定它的技术等级与要求；第三，确定它的通车里程工程任务；第四，是建设预算；第五是验收评估；第六是交付使用与运行管理。所以，规划是管理活动中前期最重要的工作，规划的好坏将直接影响管理活动的质量，控制是运行管理的手段和方法，直接影响管理活动的过程和结果。所以，重点对管理活动中的规划和控制两个功能进行研究就显得十分重要。

第一节　规划与组织功能

规划是指对事物未来的发展进行预期目标和工作计划的整体设计。从宏观来讲，规划功能是指高等教育管理中的战略发展规划这一事物的有效作用，从微观高等教育管理来讲，是指高等学校的事业发展规划的功用。规划是管理活动中首要的任务，因此，它的功能也是我们首先必须要弄清楚的。这里的组织实际是指项目与活动的规划出台后，具体进行的组织实施。通过组织管理运作模式和运作机制，组织和调配相应的资源实施这一计划。组织实施是管理活动中方式方法的另外一个问题。这里主要围绕高等教育中的规划问题展开讨论。

一、高等教育规划的依据

在计划经济时代，高等教育规划就是指高等教育计划。中国的高等教育计划是 20 世纪 50 年代末、60 年代初，在世界经济大发展的背景下，受计划经济体制的影响逐步产生和发展起来的，随着市场经济体制的推进，作为影响高等教育系统发展的一种技术手段，高等教育计划通过对高等教育系统进行合理的分析，使高等教育系统更好地满足个人和社会的需要，更有效地实现个人和社会的目标。因此，高等教育计划的产生和发展与社会经济、人口发展对高等教育的需求密切相关。

（一）高等教育规划产生的社会背景

经济因素。我们这里讲经济因素实际上是两个方面，一个是国家经济体制的因素，另一个是经济发展的需求问题。20 世纪 50 年代末、60 年代初是世界经济大发展的时代，伴随着这一时代经济繁荣的一个必然后果是国民对高等教育需求量的增加。而在中国，教育的需求主要与国民经济的发展需求相适应，与国家政治的需求相适应。由于国家的政治经济体的性质决定了国民的财产与生活基本上是靠集体所有制和全民所有制来管理，国民自己所拥有的劳动剩余价值没有多少，没有什么资产，国民需求与国家教育规划没有多大的联系。随着国家政治经济体制的改革，计划经济体制向市场经济体制转变，人及人力资本成为了市场的经济体，人有了资产，人的教育需求有了经济基础，教育的需求问题不仅仅是国家的需求问题，也成为了一种社会需求，一种国民的教育需求，而不再仅仅是国家机器的需求。根据恩格尔定律，随着人们收入水平的提高，用于生活必需品方面的支出占整个收入的比例会不断下降，而用于包括教育在内的其他非生活必需品方面的支出占整个收入的比例会不断上升。

人口因素。人口的因素主要是指人口增长对教育需求的影响。除了经济因素外，人口因素是导致国民高等教育需求量增加的一个重要因素。二次世界大战以后，世界人口急剧增长，这些战后出生的人口，到 20 世纪 60 年代末、70 年代陆续跨入了接受高等教育年龄组，使接受高等教育的人口数量迅速增加，直接导致了高等学校在校人数的快速增长。例如，美国 1959—1960 年度在高等学校攻读学位的人数为 321 万人，到 1969—1970 年度，这一人数达到了 792 万人。国民对高等教育需求量的增加对高等教育规划的产生、发展起到了直接的推动作用。因为政府或社会要满足大批国民对高等教育的需求，不仅需要大量的教育资源的投入来支撑庞大的办学系统，改善办学条件，而且还要合理组织教育系统，合理利用有限的教育资源等等。所有这些，显然都有赖于周密规划的保证。为此，20 世纪 60 年代后，许多国家开始把制定高等教育事业发展规划作为政府的一项重要的教育管理职能，不少国家还建立起了专门负责进行高等教育规划的机构，企图能借此确定高等教育的发展目标，以及高等教育系统中各个部分的先后发展顺序，为政府进行高等教育决策提供指南，使高等教育系统中资源的使用尽可能优化。总之，人口的因素主要是人口增长与教育资源的矛盾问题，这是教育规划中教育规模规划的重要依据。历史地或全面地看，如果完全按照市场来决定高等教育的需求问题是不可能的，教育不可能市场化，教育问题不可能完全由市场来解决，特别是中国的现状，教育规划仍然带有国家性。这是因为，目前还有相当一部分国民还不可能完全靠自身的经济能力解决教育需求的问题，还必须依靠国家或者社会解决自身的教育需求问题，主要的解决途径还在国家，靠国家的经费投入和高等教育财政补贴。所以，国家的教育规划、特别是高等教育规划就显得十分重要。

人力资本因素。市场经济体制的建立，人力资本是最活跃的因素。人力资本的来源主要是通过教育的生产来达到，人力资本需求越旺盛，教育的需求就越旺盛，人力资本的质量和水平要求越高，对高等教育质量与数量的需求就越高。随着高等教育在社会经济生活中的地位日渐提高，人们研究教育与经济关系的兴趣日浓，在这种情况下产生了人力资本理论。人力资本理论创立的动力来自于经济学家对经济增长问题研究的兴趣。传统西方经济学把土地、劳动、资本看作生产的三个要素，在一定时期内，生产的产量是由劳动、资本和土地三个基本要素的投入量决定的。二次世界大战后，西方经济学家从对经济增长中生产要素组合比例的分析中发现，影响经济增长的因素除了资本的投入和劳动的投入外还有其他因素。那么，其他的因素是什么呢？人力资本理论把这些因素归结为知识的进步、技术的改造和劳动力质量的提高，即归结为人力投资，特别是教育投资的结果。人力资本理论的核心概念是人力资本，它指的是人所拥有的诸如知识、技能及其类似可以影响从事生产性工作的能力，它是资本的形态，是未来的薪金或未来的偿付的源泉，人的资本形态体现在人的身上，属于人的一部分。人力资本是相对于物质资本而言的，它是一种生产要素资本，对生产起促进作用，是经济增长之源泉，并且和物质资本相比，在经济活动中的作用更大，对经济增长的贡献更大。倡导人力资本理论的学者尤其重视教育投资的作用，认为教育不但是一种消费，也是一种投资活动，能够提高劳动生产率，产生经济效益。在各种人力投资形式中，教育投资是最有价值的。舒尔茨曾经指出，就美国经济增长而论，已有大量证据表明学校教育和知识的增加是经济增长的主要源泉。作为一种重要的投资活动，对个人而言，个人接受教育可以增加知识和学习技能，提高个人所得。就社会而言，教育为社会培养各类人才，提高其生产力，促进了社会经济的发展。同时，由于个人的教育水平同个人的收入联系在一起，一个人的教育水平越高，其工资收入越高。因此，国家可以通过平均性的教育发展政策减少国民教育水平的差异，从而相应缩小国民收入分布的方差，最终促进社会的平等。人力资本理论对教育与经济之间关系的新认识不仅带来了人力投资革命，而且对教育界产生极大震动。无论是发达国家还是发展中国家，都把教育看成是经济发展的一个重要变量，相信教育的繁荣不仅会带来政治的安定和文化的进步，还必定会促进经济的加速发展。

（二）高等教育需求的构成

1.社会对高等教育的需求

社会对高等教育的需求反映了社会政治、经济、文化等的发展对高等教育所提供的人才数量的多寡、质量的高低、规格和种类以及知识的创造、科学技术的更新等方面的要求。具体说来，社会对高等教育的需求主要体现在以下三个方面。

（1）经济发展对高等教育的需求。随着经济的不断发展，社会对高级专门人才的需求在不断增长。就我国情况看，由于各地区、各行业生产力发展水平有很大差距，表现为多层次的生产力结构，所以各地区、各部门对高级专门人才的需求是有差别的。另外，高技术产业的崛起，信息时代的到来，产业结构的变化，对人力资源的组合也提出了要求，自然，这些要求最终反映在对高等教育的需求上。从生产力发展的需求来看，为了最大限度地满足社会的教育需求，许多国家开始对高等教育系统进行分析、规划和改造，并为高等教育系统的发展制定规划。许多国际性组织，如世界银行、联合国教科文组织、经济合作与发展组织等也进行了大量的教育规划、研究、培训、实践工作，推动了整个世界对高等教育事业发展规划的重视。

（2）政治发展对高等教育的需求。各个国家和政府都要维持和发展其政治体制，要保持其在国际上的竞争力。教育是有效地维持和发展现存的政治结构的重要工具。在我国，社会主义事业的发展要求有大批合格的接班人，尤其是政府部门的各级领导和管理人才。随着我国政治体制的改革和完善以及国家公务员制度的实施，国家政治的发展对高等教育的需求亦会越来越大。

（3）文化发展对高等教育的需求。人类在认识和改造自然与社会的同时，也促进了自身的发展和提高。人类在长期的社会实践活动中，不仅创造、积累了光辉灿烂的人类文化，而且还要不断保持和继续创造更加灿烂的人类文化。对此，高等教育起着特殊的作用，人类文化的发展对高等教育有着巨大的需求。

2.个人对高等教育的需求

从个体对高等教育的需求上看，尽管这种需求受到很多因素的影响，但经济水平的提高是一个非常重要的因素。研究表明，人们的教育需求与他们的收入水平是密切相关的，收入水平高的国家，高等教育阶段学龄人口的在学率也高，一定高经济收入的家庭对高等教育有很旺盛的需求。所以，高等教育的规模、层次、质量、水平等的需求是高等教育规划最基本的背景。在高等教育规划的背景中提到过个人需求与计划的关系，这里，我们更进一步地分析这种需求关系。个人对高等教育的需求主要反映了个人对高等教育发展所提供的受教育机会、受教育的质量，这一要求是由人的职业需要、成就需要、真善美的需要引起的。

职业的需要。随着社会主义市场经济体制的建立，劳动力市场也不断地走向成熟和完善。开放的劳动力市场对不同质量的劳动提供不同的市场价格，而人力素质往往由受教育程度的高低来界定，受教育程度越高，谋求理想职业和获取较高报酬的机会就越多。这促使个人尽其所能去争取较高的、较优的教育机会，期望得到较好的工作机会和报酬。高等教育是教育层次中最高层次的教育，是专业教育，自然就成了个人职业竞争的初始焦点。从这个角度说，个人的高等教育需求是最现实的、最迫切的。

成就的需要。成就的需要包括谋求较高的社会地位，以期获得别人的尊重；发挥个人的聪明才智，获得工作的成就。这些需要的满足往往是以接受高等教育为前提的。能够接受高等教育本身就是一种成就，即学习成就的一种标志，而接受完一定程度的高等教育又为今后在工作中取得成就、得到更好地发展奠定了基础。

真善美的需要。真善美就是向往追求真理，追求人自身道德的完善，追求美的情感和事物。在某种情况下，真善美的需要不可忽视，它是人们追求高等教育的一种动机。真善美的需求往往没有被人们重视，而实际上，但凡接受高等教育的大学生，在校园文化的熏陶下，德育、智育、体育、美育等方面都得到了发展。学校德育的影响使大学生的世界观、价值观，道德上的真善美得到升华；知识的学习使大学生认识世界、改造世界的能力大大增强，人变得越来越聪明，真善美的识别能力得到增强；体育不仅训练了人的形体美，而且也培育了大学生对体育美的欣赏；至于美育既是专门教育的结果，也是整个大学校园文化综合的结果。

以上几种个人需要构成了个人追求高等教育的基本动机，体现了个人对高等教育的需求。个人和家庭是社会的一部分，所以，个人对高等教育的需求也可看作是社会对高等教育需求的组成部分，应当重视对这部分需求的研究。因为，个人的需求往往是社会需求中最敏感的部分，社会发展对高等教育提出的各种需求常常是通过个人的需求首先反映出来的。个人的需求和社会的需求有着紧密的联系，两者在很多情况下往往是一致的，个人的需求也会影响社会的需求。由于资源有限，社会需求和个人需求不可能都得到满足，不断地会有需求矛盾的产生，即使是富裕社会，往往也不能完全满足民众对高等教育的需求，可能会产生新的需求矛盾。因此，在高等教育的规划中，需求是根本，从一定的意义上讲，没有旺盛的需求就没有兴旺的高等教育，需求推动了高等教育的发展。

（三）高等教育规划的方法

根据高等教育的需求来自于社会和个人两个方面，以高等教育的需求为基础的规划方法相应地也有两种：一是人力需求法，二是社会需求法。

1.人力需求法

人力需求法是一种运用得较为广泛的规划方法。其基本假定是：经济发展有赖于教育提供促进经济增长所需的各种受过教育和训练的人力，各经济部门的劳动生产力投入与产出结构是可以预测的，每一种产出和劳动生产力的水平都与一种特定的职业结构相联系；每一职业都有最佳的教育结构；技能和教育之间存在对应关系；劳动力市场的过剩或短缺通过发展教育来协调。因此，必须首先借助于规划来预计通过高等教育培育的人才数量与质量，确定社会需求的总量以及各级各类人才的数量，指导高等教育机构来完成教育任务。人力需求法的基本原理是以社会经济发展对人力的需求为出发点来制定规划。具体地讲，通过了解国家在某一时期劳动力的职业与教育结构和产出水平之间存在的联系，以此来确定高等教育的质量与数量。例如一般来讲生产价值 100 万美元的电动机需要 50 个大学毕业的工程师，如果想要提高生产值，增加到生产价值 150 万美元的电动机，按照人力需求的方法，就需要再培养增加 25 名具有大学毕业水平的工程师。根据人力需求法原理，如果知道了以下几个方面的数据，任何未来经济部门每一职业所需人力数，每一职业现在人数，每年由于死亡、退休或离职等原因造成的每一职业的减员数，每年离开一种职业又进入另一种职业的人力流动数，这样便可使规划期每一年人力总数和每一职业的人力总数定量化。假定每一职业的人力仅与一种特定的教育相联系，那么，所有教育层次和所有学科的所需产出就可计算出来。在供应方面，如果具备规划内每一年现行教育制度期望的产出数据，便可计算出目标年每一职业所需补充人力数与实际可供应数之间的差额，据此可以调整和规划各个层次和学科的招生数和毕业生数。

从经济与人力资源的需求平衡来预测和规划，应从如下几个方面考虑：

预测经济总产出。因为人力需求预测的目标是把教育与经济发展联系起来，所以，首先要预测目标年的经济总产出或预测基年与目标年之间的经济增长率。

预测部门产出。将经济总产出分解为各个部门的产出，计算出国民生产总值在各经济部门的分布。这里的部门是指国家的行业管理部门。

预测部门的劳动生产率。估算劳动生产率以及基年与目标年之间劳动生产率的变化，把产出目标换算为人力需求。

预测各部门的职业结构。把每一部门的劳动力分解为职业组，统计出职业组的需求结构。

预测总职业结构。将全部部门同类职业所需人力相加，得到为实现经济产出目标所需的每一职业的人力数和综合职业结构。

估计每一职业所需的教育层次和类型或每一部门内每一职业所需的教育层次和类型。

估算附加人力需求。根据受过教育的各级各类人力的现有储备，考虑计划期内离职和流动人力数，得出按教育水平表示的计划期内所需附加人力数，人力供求。根据计划期每年的附加人力需求数和各级各类学生毕业情况，考虑毕业生的劳动参与率，规划每年各级各类学校的招生数。

2.社会需求法

社会需求法是基于人力需求法，然后对整个社会的政治、经济、文化的发展来考虑的。对于一个国家来讲，他不仅仅是考虑需求的个体、局部，而是要考虑国家的整体，如地区、行业的需求，是更宏观层面上的需求。社会需求法是一种常用的高等教育规划的方法，其思想是以个人对高等教育的需求为出发点，把高等教育个人的投资和消费集合成整体，并尽可能满足个人对高等教育的需求，以这种需求为基础制定高等教育整体规划。同时，社会需求法还要站在更高的角度，预测整个社会未来可能的需求。社会需求法是以个人的教育需求为基础的规划方法，这里的社会需求是一个集合概念，它把个人的决定总合起来。从另外一个角度讲，社会需求法的基本原理是建立一个描述教育系统的模式，用学生从一级教育向另一级教育的流动来描述教育系统的活动，那么，人口预测是其基础，升级比例是其最重要的参数，结果是毕业生就业与社会的需求平衡。特别是当一个国家的社会需求产生社会发展与教育之间的矛盾时社会需求就会产生作用，极大地影响高等教育规划，并以此来预测和规划未来的高等教育。

3.组织发展需求法

前面我们研究的出发点是在宏观高等教育管理的基础之上的，对于微观高等教育管理，学校组织的规划一般是根据上级教育行政管理部门的要求、特别是学校的发展来组织制订的。学校的发展目标、学校的资源状况是学校组织制定规划的依据，组织发展的需求是制定好规划的动力。

二、宏观高等教育规划

宏观高等教育规划是国家及政府层面上的规划，我们可以称之为战略性的规划和指导性的规划。这一层次上的规划有许多，我们主要分析有关事业发展类的规划。譬如，编制国家的高等教育事业发展规划主要有三个方面的工作要做。

（一）提出《规划》的指导思想

《规划》要以国家关于高等教育发展的总方针和有关精神为指导思想，以国家教育事业发展的总规划为依据，贯彻科学发展观，加强统筹安排，控制高等学校设置的数量，提高高等学校设置的质量，调整和优化高等学校布局结构。

（二）设计《规划》的内容

一是总结和分析前一个时期高等教育发展的整体情况。高等教育的需求与目标完成情况；高等教育资源结构布局情况；高等教育改革情况；高等教育经费情况，特别是高等学校的经费保证和财力支持情况；高等教育办学条件情况；高等教育资源的现状，包括数量分析和结构分析。二是提出今后一段时期高等教育发展的目标。根据上一个时期目标完成情况，在充分考虑现有高等教育资源的前提下，提出今后一段时间高等教育的总体规划目标，如高等教育的发展规模、发展速度、高等教育的各种结构协调、教育层次的发展等规划。三是高等教育经费财政保障。提出预算内教育经费增长的政策保障和具体措施，以此作为高等教育发展的前提。四是完成目标的步骤和措施。

（三）编制规划的程序和方法

地方高等教育事业发展规划相对于国家层面上的规划有些区别，但总的格式没有大的差异。一般来讲，地方政府的高等教育事业发展规划应根据国家的有关精神和要求进行编制。

（四）编制规划的内容

《规划》的指导思想主要是以党中央、国务院关于高等教育发展的总方针和教育部的有关精神为指导思想，以地方经济社会发展的总体规划和教育事业发展的总体规划为依据，贯彻科学发展观，加强统筹安排，控制高等教育发展的数量和规模，提高高等教育的质量，调整和优化本地区高等教育的布局和结构。《规划》的内容也基本反映在四个方面。一是本地区前期高等教育发展的整体情况，除了发展的规模、结构、质量、速度外，还有前期本地区财政性支出对高等教育支持的情况。本地区办学条件的总体情况。分析本地区高等教育资源的现状，包括数量分析和结构分析。二是根据本地区前期经济社会发展需要和今后高等教育发展的规划目标，在充分考虑现有高等教育资源尚可利用的剩余容量前提下，提出本地区今后高等教育发展的规划。此规划应包括高等教育的总体规划目标和各级各类分项目标。三是经费来源和财政保障。提出今后保证本地区高等教育经费预算内事业费年均水平比上一时期有增长的政策保障和具体措施，以此作为本地区、本期间高等教育发展的前提。四是完成规划的具体步骤与措施。同时，地方高等教育规划受国家的指导和控制，国家为了保证各地方高等教育的协调发展，在确定地方高等教育规划的时候，要提出审查意见，履行审批手续和程序，这也体现了《高等教育法》对高等教育的管理，是高等教育管理体制所决定的。以全国教育事业第十个五年计划为例，说明一下编制的具体内容。

《全国教育事业第十个五年计划》目录

第一部分，改革开放以来教育改革与发展取得了历史性的伟大成就。

1. 教育事业的大力发展，极大地提高了全民族的科学文化水平；

2. 教育改革全面推进，教育质量和办学效益逐步提高；

3. 教育投入不断增加，办学条件得到一定改善；

4. 教师队伍建设进一步加强；

5. 教育法制建设成就显著。

第二部分，"十五"期间教育改革与发展面临的形势（略）。

第三部分，"十五"期间教育改革与发展的指导思想和基本原则、战略要点与主要目标。

1. 指导思想和基本原则；

2. 战略要点；

3. 2005年主要目标；

4. 2010年目标。

第四部分，"十五"期间教育改革与发展的主要政策措施，依法不断增加教育经费，提高使用效益，保证教育改革发展的基本需求。

1. 认真组织实施六项教育工程；

2.努力深化教育、教学改革，不断增强办学活力；

3.不断加强教师队伍建设，努力提高教师和学校管理队伍的水平；

4.大力进行人才培养结构调整，深化用人制度改革；

5.努力营造有利于青少年健康成长的社会育人环境。

三、高等学校事业发展规划

管理就是规划、组织、协调、控制，规划是管理的第一步，走好规划第一步是关系到高等教育活动的方向目标是否清楚，发展思路是否清晰，工作要求是否明确，是否符合客观实际，措施是否合理得当，规划是否便于实施等。高等学校的规划是微观高等教育管理的范畴，是微观高等教育规划，我们也用一个事例加以说明。

某高校 2006—2010 年事业发展规划全部条目如下。

第一部分，学校发展状况。

1.学科专业建设取得突破性进展。

2.办学规模不断扩大。

3.教学质量基本稳定。

4.科研实力进一步提升。

5.师资队伍素质整体增强。

6.办学条件逐步改善。

7.管理平台基本建立。

第二部分，学校发展面临的形势。

1.学校发展面临的机遇。

2.学校发展面临的问题和挑战。

第三部分，办学指导思想和发展目标。

1.办学指导思想。

2.总体发展目标及战略。

第一步（2003—2005 年）；

第二步（2006—2010 年）；

第三步（2011—2025 年）。

3. 具体目标。

2006—2010 年事业发展的具体目标。

（1）学科水平大幅提高。

（2）人才培养质量全面提高。

（3）办学效益明显提高。

（4）师资队伍建设上新的台阶。

（5）科研实力上新的台阶。

（6）校园建设上新的台阶。

4. 2025 年事业展望。

第四部分，主要措施和保障体系。

1. 实施重点学科建设，全面提高学科建设水平。

（1）精心实施学科建设规划。

（2）创新学科管理体制和运行机制。

2. 实施"质量工程"，培养高素质创新性人才。

（1）实施人才培养"质量工程"。

（2）深化教育教学改革。

（3）强化学生实践动手能力。

3. 实施"人才工程"，建设高素质的师资队伍。

（1）实施"人才强校"战略。

（2）营造人才成长的良好环境。

4. 实施"校园建设工程"，改善办学基本条件。

（1）加快校园规划建设。

（2）大力改善办学条件。

5. 构建学术平台，增强科技创新能力。

（1）加快科技创新体系建设。

（2）推动科技与经济社会发展的结合。

（3）加强对外合作和学术交流。

6. 深化校内管理改革，提高管理水平和办学效益。

（1）完善校、院（系）两级管理模式。

（2）深化人事分配制度改革。

（3）推进后勤社会化改革。

7. 加强党建和思想政治工作，保障学校改革和发展。

（1）加强领导团队建设。

（2）加强精神文明建设。

（3）探索民主管理的运行机制。

8. 建立健全规划实施机制，确保发展目标的实现。

（1）加强财源建设。

（2）健全完善规划的制定、协调机制。

四、规划功能分析

既然规划功能是指规划的效用，那么，规划的实质内容主要表现在两个方面，一是规划中的目标的科学性，二是为达到目标所制定的工作方案的可行性。规划是一种预期设计，结果也是预期的，实际上，真正的效用要通过结果来检验，我们讲规划中的目标的科学性和方案的可行性，只是一种过去经验性的思想要求。目标的科学性主要指目标的确定是通过一定的科学程序完成的，是通过各个层面以及专家系统的作用来实现的，是经过了科学的研究与论证确定的。方案的可行性也是指完成目标的工作步骤和措施是否客观，方案的设计是否考虑到了各工作要素和客观环境条件，是否与这些因素有太大的冲突等。综观一些高等教育事业的发展历史，对比过去，我们感觉到现在的编制规划越来越讲求实效，目标的确定越来越清晰，基本上通过定量与定性的指标反映出来，可定量可定性的时候一般是定量反映。而在这些量化指标的背后，在这些定性描述的背后是经过了许多人许多程序形成的。我们下面以高等学校事业发展规划来加以说明。

（一）规划的顶层设计功能

不论是宏观高等教育管理还是微观高等教育管理，规划是顶层设计。

宏观高等教育管理中的规划对于高等教育的大政方针、发展方向和发展目标都进行了宏观的规划，给出了整个国家或地区的高等教育规划发展蓝图。

微观高等教育管理规划是学校组织发展的顶层设计。

微观高等教育管理规划中确立的办学思想是学校发展的灵魂。如某学校的办学指导思想：以邓小平理论和"三个代表"重要思想为指导，坚持社会主义的办学方向，全面贯彻党的教育方针；以科学发展观统领全局，遵循高等教育规律，坚持内涵发展；以教学为中心，以学科建设为龙头，以改革创新为动力，全面提高人才培养质量、科学研究水平和社会服务能力；立足地方，面向全国，服务地方，服务行业，把学校建成优势突出、特色鲜明的高水平综合性大学。

从以上可以看出，学校遵循科学发展观，准确把握当代高等教育发展趋势，紧紧围绕区域经济和社会发展需求，对当前和今后一个时期学校的发展进行了科学的定位。规划要反映以下六个方面的定位。

1. 发展目标定位。用几十年的时间，把学校建设成为优势突出、特色鲜明的高水平综合性大学。

2. 办学类型定位。经过不懈努力，使学校由目前的教学型大学发展成为教学研究型大学。

3. 办学层次定位。以本科教育为主，积极发展研究生教育，适度发展高等成人教育和职业技术教育，努力拓展国际合作教育。

4. 学科门类定位。以服务行业的优势学科为特色，以工、农、文、理学科为重点，多学科门类协调发展。

5. 培养目标定位。培养基础扎实、知识面宽、综合素质高的具有创新精神和创业能力的高级专门人才。

6. 服务面向定位。立足地方，面向全国，服务地方，服务行业。

（二）规划的战略功能

规划具有国家高等教育发展战略功能、地区高等教育发展战略功能、学校发展战略功能。它是一个战略谋划过程，这是规划的性质决定的。

国家和地区的宏观高等教育发展战略把高等教育的大政方针、目标措施等进行系统集成，成为中长期的发展战略蓝图。下面以某学校为例进行说明。

在学校确定的《2006—2010 年事业发展规划纲要》《"十一五"校园建设规划》《"十一五"教师队伍建设规划》《"十一五"学科建设规划》《"十一五"专业建设规划》《"十一五"科技发展规划》的基础上，进一步明确学校总体发展目标和发展战略。

第一步（2003—2005 年），重组资源，融合发展。按照"整合资源、构建平台、提升层次、保障质量"的工作思路，引导学科交叉和融合，构建综合性大学的雏形。

第二步（2006—2010 年），重点突破，内涵发展。按照"稳定规模、优化结构、强化优势、彰显特色"的工作思路，大力实施教育教学质量工程，不断改善办学条件，加强重点学科建设，使学校的综合实力稳居省属高校前列。

第三步（2011—2025 年），全面提高，稳步发展。按照"突出创新、强化特色、全面提升、争创一流"的工作思路，不断提高学校教育教学水平和科学研究水平，全面增强学校的综合实力，扩大学校在国内和国际上的影响，力争通过 20 年的努力，建成优势突出、特色鲜明的高水平综合性大学。

1. 规划确定学校发展的具体目标（具体内容略）。

（1）学科水平大幅提高；

（2）人才培养质量全面提高；

（3）办学效益明显提高；

（4）师资队伍建设登上新的台阶；

（5）科研实力登上新的台阶；

（6）校园建设登上新的台阶。

2. 规划提出实现目标战略的具体措施。

（1）实施重点学科建设，全面提高学科建设水平。

①精心实施学科建设规划。

②创新学科管理体制和运行机制。

（2）实施"质量工程"，培养高素质创新性人才。

①实施人才培养"质量工程"。

②深化教育教学改革。

③强化学生实践动手能力。

（3）实施"人才工程"，建设高素质的师资队伍。

①实施"人才强校"战略。

②营造人才成长的良好环境。

（4）实施"校园建设工程"，改善办学基本条件。

①加快校园规划建设。

②大力改善办学条件。

（5）构建学术平台，增强科技创新能力。

①加快科技创新体系建设。

②推动科技与经济社会发展的结合。

③加强对外合作和学术交流。

（6）深化校内管理改革，提高管理水平和办学效益。

①完善校、院（系）两级管理模式。

②深化人事分配制度改革。

③推进后勤社会化改革。

（7）加强党建和思想政治工作，保障学校改革和发展。

①加强领导团队建设。

②加强精神文明建设。

③探索民主管理的运行机制。

（8）建立健全规划实施机制，确保发展目标的实现。

①加强财源建设。

②健全完善规划的制定、协调机制。

第二节　控制与协调功能

高等教育管理的实施过程很重要的部分就是控制与协调。控制就是对组织运作及组织活动进行规范性干预，大都是制度性的、行政性的甚至是强制性的干预。而协调除了有些是通过控制的手段外，更多的是用技术和软性的方法来解决管理活动中的问题和矛盾，包括通过管理艺术化解矛盾。这里我们主要研究控制问题。

一、高等教育目标控制

（一）高等教育目标控制的必要性

高等教育目标的实现程度是衡量高等教育管理效能的重要基准，也是高等教育控制的主要依据。高等教育目标又是相对于一定社会对高等教育的需求而言的，是预设的推动预期高等教育目的实现的导向和标准，因此具有预见性特征。随着时间的推移，高等教育活动主、客观条件的变化，不论是宏观高等教育管理还是微观高等教育管理，对高等教育目标适时进行控制和校正有其必然性。

同时，高等教育目标又深深地带有目标制定者对教育价值判断的印记（如对普通教育或学生个性应达到的结果的不同认同），而现实的教育目标的实行通常并不完全按照教育理论家或政治家们的设想去进行。对于高等教育目标操作中出现的与理想之间的偏差自然也需要控制。

各教学和行政管理部门在贯彻和实施高等教育战略目标以及和办学目的有关的计划、程序时，往往需要制定详尽的子目标，各子目标之间是相互关联的，它们之间的协调是重要的，也是困难的。人们往往会因各自不同的目的或利益而发生矛盾甚至冲突，尤其是在功利性色彩较为浓重的组织活动中，对各自目标的追求和竞争在很大程度上代替了对总目标的无条件服从。对于子目标执行过程中出现的种种偏离总目标的行为，需要有一定的制度和机制对其实行调控。

历史地看，高等教育发展要经历数量扩张与质量提高之间的矛盾。对数量目标或质量目标的侧重往往带有功利性目的，如服从于一定的政治目的（如教育机会均等），要以数量发展为保证；而从维护高等教育自身的学术地位来看，质量目标似乎应首先考虑。然而，数量发展并非没有限制。一方面，数量的过度扩张必然带来教育资源分配的紧张（尽管适当的数量规模有助于管理效益的提高）。另一方面，数量的增长也可能损及局部的质量。对于高等教育质量控制，除了数量因素外，系统内部已有的制度、管理人员的素质、师生之间的互动、学生的成绩、毕业生的受欢迎程度等都是质量控制的重要内容。在此，我们拟从高等教育数量控制和质量控制两方面简单探讨一下高等教育目标控制问题。

（二）高等教育数量目标控制

我国高等教育数量曾经历过三次大发展：1958—1960 年，在校生规模从万人增加到几万人；1983—1985 年，学校数从 805 所增加到 1016 所，在校生从 120 万人增加到 179 万人；1992—1993 年，在校生年递增 22% 和 21%。我们注意到，大发展的背后也经常伴随着对原有目标的突破。比如，1992 年普通高校本专科招生年初的计划数是 62.8 万人，而执行数是 75.4 万人；到了 1993 年，原计划招生总数为 78.6 万人，但实际执行数为 92.4 万人。然而，几乎每次高速增长后都要经历一个调整、整顿的过程，而且，其中主要依赖政府的行政干预，这种反馈式控制从短期看可能是有效的。如到了 1994 年，由于政府的宏观调控政策，整个国家的招生规模基本实现零增长，但事实上，单纯的事后政策干预非但不能够真正保证中国高等教育的长期健康发展，有时反而助长了发展规模上的大起大落，也就是容易出现所谓"矫枉过正"的现象。

从世界的经验看，高等教育数量扩张的原因大致有：经济起飞阶段对专门人才需求的急速增长；政府对高等教育的政策倾斜和巨大投入；某些社会大变动后造成的对高等教育政策的变革等。就中国情形而言，招生问题上的主要矛盾在于：政府每年对招生规模的限制与地方和学校面向社会自主办学的需要（包括招生计划编制调控上享有的自主权）。目前我国普通高校招生计划管理的现状是：每年由国家教育部和国家计委根据国家经济和社会发展的总体规划，经过综合平衡，提出当年全国普通高校年度招生总量，各省市和中央各部门在国家宏观计划和方针政策的指导下，根据本地区、本部门的实际需求、生源情况及所属普通高校的实际办学条件，编制本地区、本部门的招生计划。但问题在于，地方高校是由省级政府部门管理的，中央部属高校由主管部委管理，地方高校和中央部属高校招生计划互不相通，这种条块分割状况，造成了有些院校的专业因人才需求所限而无法保证一定的规模，而有些专业人才的培养一哄而上，专业重复设置现象严重。这两者都造成资源投入上的浪费。对于各高校来说，在激烈的生源市场竞争中谁也不甘落后，只要政策一有松动或有可变通之处，就有可能出现招生超计划的现象。所有这些都给国家对招生数量的有效控制带来了障碍。

在对高等教育数量目标进行控制过程中，有必要分清政府主管部门与学校两者的不同职能、权利及义务。

政府宏观调控职能，应包括以下几方面：

1. 向学校及时、准确发布人才需求信息（包括数量、层次、规格、专业、学科、地区需求等）；

2. 制定长远发展规划，对学校进行总体指导；

3. 依据学校的办学条件，合理核定招生总量规模；

4. 制定扶植学校发展的方针、政策和措施，使学校的发展不致过分地受到市场的影响，保持学校发展的相对稳定性；

5. 对学校进行定期评估，并把评估结果作为学校改善办学条件、决定能否享有或继续享有一定程度招生计划自主调节权的重要手段。

6. 学校方面若要实行招生计划自主调节的职能，则应有以下保障条件。

（1）研究、制定学校发展的中、长期发展方向、目标和总体规模，并经主管部门核定；

（2）对学校的教学质量、科研水平、产业发展、学校管理、办学条件等应承担相应的责任；

（3）在政府宏观指导下，学校逐步建立自我发展、自我约束和自我调节的机制。

（三）高等教育质量目标控制

1.高等教育的质量标准

将高等教育目标分解为数量目标和质量目标，是从高等教育增长方式角度来划分的。高等教育目标还可以从高等教育功能的角度来考察。如随着社会的进步，高等教育活动正呈现多元性：保存和传递人类已有的文明成果，培养和提高公民的素质；探求未知领域，发展科学技术和文化；满足社会对人才开发及科技开发、应用等方面的要求；大学直接参与社会经济建设，服务于社区和国家建设等。这些活动同时也构成了高等教育的目标体系。由于现代高等教育具有多方面的目标与功能，因而，衡量高等教育质量的标准也不是单一的。学术标准是其中十分重要的一条，但绝非唯一。除学术标准外，还有一个高等教育的"适切性"问题，即是否适应社会发展的需要，是否切合受教育者身心发展及其就业就职的需要等。一般而言，高等教育系统内部往往倾向于强调教学、科研的学术标准，强调学科、专业的内在逻辑和科学性，而社会（包括用人单位、学生、学生家长等）更多地关注高等教育活动对现实的适切性、实用性。如学校课程设置、教学内容是否有利于日后就业；在缴费上学的条件下，对入学的投入能否保证更大的回报；高校的科研是否能向企业提供新产品、新工艺，从而给企业带来可观的经济效益。在理想状态下，高等教育质量应兼顾学术、社会需求、受教育者意愿和能力等多方面因素。在对高校的质量评估标准中，专家们也力图全面反映这些因素。例如，一份《美国南部 11 州高校资格评估指标体系》的报告，就列举了评估学生教育成果应包含的内容。

（1）在校率和毕业率；

（2）学生普通教育成绩；

（3）学生主修专业成绩；

（4）完成教育目标后学生的理解能力；

（5）学生情感发展；

（6）学生、毕业生、雇主、退学学生对专业教育质量的意见；

（7）就业率；

（8）研究生/职业教育等就业率和业绩说明；

（9）从两年制学校向四年制学校转学后的学生情况；

（10）外界对大学生和研究生成就的认可情况。

在实际操作中，诸多因素兼顾是困难的。但是如果我们根据不同的质量标准（尤其是学术标准），将高等学校作适度分级，问题的思路可能会变得清晰些。同一课程在不同性质学校的专业里，其学术性程度是不同的，衡量这门课程的质量标准自然也不同。如工科教育中的数学课和理科教育中的数学课是不一样的，前者强调数学作为一门工具性课程的实用价值，而后者十分注重数学课的逻辑性、探索性。以此类推，每所学校根据不同的功能定位，其学术水平的要求可以有差异，每一层次的学校可以在同类中进行竞争，并进一步进入更高层次的学校行列。正如美国学者伯顿所说："高等学校的分级制度可以而且往往是质量控制的一种管理形式。它利用公众舆论和院校评议，根据觉察到的能力给高校以应有的地位、尊重和待遇。"

截至目前，高等教育的质量标准没有统一之说，宏观的质量标准反映在适应度，主要是指高等教育与社会经济发展的适应度。科学技术与科学文化知识创新水平，培养的人力资源的数量与质量是高等教育适应度的主要内容。高等教育组织办学的质量标准正在探索和完善，特别是综合考察学校办学的质量、水平、效益等，已经逐步成为高等教育质量标准的主要内容。目前我国评价大学质量标准方面的研究有些进展，但主要是在教学与学术方面，还不完全是学校的整体质量。教育部关于本科教学工作水平评估的指标体系比较清楚地反映了教学质量标准的情况。如表 3-1 所示。

2.高等教育质量控制手段

从时间上看，高等教育质量控制可分三类。

（1）前馈控制。前馈控制的主要内容是指对高等教育质量设置的过程进行控制，对高等教育质量运行的方案设计进行控制，尽量使将要出现的问题予以避免。

表 3-1 教育部本科教育工作水平评估指标体系

一级指标	二级指标	
1.办学指导思想	1	1.1 学校定位
	2	1.2 办学思路
2.师资队伍	3	2.1 师资队伍数量与结构
	4	2.2 主讲教师
3.教学条件与利用	5	3.1 教学基本设施
	6	3.2 教学经费
4.专业建设与教学改革	7	4.1 专业
	8	4.2 课程
	9	4.3 实践教学
5.教学管理	10	5.1 管理队伍
	11	5.2 质量控制
6.学风	12	6.1 教师风范
	13	6.2 学习风气
7.教学效果	14	7.1 基本理论和基本技能
	15	7.2 毕业论文或毕业设计
	16	7.3 思想道德修养
	17	7.4 体育
	18	7.5 社会声誉
	19	7.6 就业
8.特色项目	特色是指在长期办学过程中形成的,本校特有的,优于其他学校的独特优质风貌。应当对优化人才培养过程,提高教学质量作用大,效果显著。特色应有一定的稳定性并在社会上有一定影响力,得到公认。 特色可体现在不同方面:治学方略、办学理念;先进的教学管理制度、运行机制;教育模式、人才特点;课程体系、教学方法以及解决教改中的重点问题等方面。	

（2）过程控制。它关注高等教育质量活动过程与高等教育目标的契合程度。在高等教育运行中，不断地设置一些中期评价的行为，以对出现的问题作出诊断调整，使运行过程不至于偏离目标太远才去采取校正措施，最大限度地保证高等教育质量。

（3）反馈控制。反馈控制绝不是活动全部结束了，利用活动的结果进行信息反馈来加以控制，这是一个误解。反馈控制仍然是在管理活动的过程中，对于某项活动的运行状况随时进行信息反馈和控制。当然，终结反馈也是必要的，终结反馈的结果只能是对下一个循环进行调控。要注意反馈信息管道的正常与多元，避免错误反馈。通过建立专业性鉴定委员会等方式加强反馈信息的权威性，不应将事后的质量评估视作工作的终点，而应积极地为新一轮工作活动提供质量控制和改进建议。

二、高等教育行为控制

规范高等教育的行为是高等教育管理控制功能的首要任务。高等教育行为主要在两个方面是必须得到控制的，一是高等教育的方向性，二是高等教育的各项活动的行为规范性。

（一）高等教育的政治方向

根据教育的国家性和民族性，一个国家的高等教育不可能完全没有政治性。

在阶级社会里，有些事关国家政治、军事、经济、文化安全的知识和技术是有国界的，这是不言而喻的。从国家的民族性和人才战略来讲，人力资本除了是自身的以外，还有一部分是国家的，因为中国的高等教育不完全是自费教育，这里有国家的投入，为国家服务是每一个受教育者的责任。所以，高等教育的政治方向的问题就好理解了，那么，国家对高等教育的政治方向的控制也就成为了必然。

（二）高等教育行为规范

任何管理活动都是人的活动行为，不论是宏观管理还是微观管理，行为控制也许是管理活动中最复杂的课题。一则人的行为很难精确测量，因而很难判定它与目标究竟有多大程度的偏差，二则对人的行为规律的了解还很肤浅。近十多年来，随着心理学和行为科学的发展，不少学者对行为控制问题作了较多的探讨。并且高等教育活动的人是由多个个体组成的人群，对于人群的行为规范就显得更为重要了。

高等教育组织行为的管理。从微观高等教育管理来看，高等教育领域的教学与科研活动属于高智力型。高校的教师和学生致力于知识的探索与传播，他们在实现高等教育目标的活动中，各种行为有别于其他社会组织。不过，普通的组织行为管理技术对于高等教育系统中的行为控制仍然是很有价值的。它立足于人的行为和环境的相互作用，试图通过对环境条件的控制以实现对人的行为的控制，从而促使人的行为向预期的方向发展。根据强化满足条件后，得到的预期结果来改进行为工作，根据具体的人处理各种预期的结果，及时提供程序性的行为规范。在高等教育管理中，要帮助高等教育系统的成员形成良好的职业行为，就需要为他们创造条件，也需要强化某些满足条件后才能得到的预期结果。比如，只有按照一名校长应做到的行为规范与行为要求来挑选校长，并为他完成校长职责创造各种条件，才有可能得到预期结果，达到这位校长在工作中良好的行为。

1.组织行为的修正

组织行为的修正主要针对那些与完成工作任务不一致或不协调的行为，因为它们不仅会影响组织目标的实现，而且还会导致组织的功能障碍，威胁到组织的生存。

2.鉴别与工作有关的行为事件

和组织行为管理技术一样，它特别重视外显的行为，而不重视态度之类不可直接观察的变量。它只鉴别与工作有关的事件，而不考虑与工作无关的事件。

3.测量行为

它包括观察行为，记录行为，然后根据记录的结果描述各种行为，以引起人们对这种行为的注意。

4.对行为能进行分析

它包括将行为和各种环境变量分解成功能因素，找出行为和环境变量（事件）之间的关系。最后找出影响和控制行为的因素，为修正行为提供科学基础。

5.寻找修正行为的途径和方法

其中包括四个步骤：在分析行为功能的基础上分析行为与环境事件的联系，找出因果关系链，并确定采用何种方法去修正行为；应用和实施修正技术，通常的手段有强化、惩罚、消退或这些手段的相互结合；采取适当的强化方案，维持期望的行为；对整个工作进行评价，以确定修正的方法是否妥当，为以后碰到类似的问题提供科学依据。

三、高等教育财务控制

高等教育财务控制是高等教育系统内部各组织借助于对货币资金的筹集、分配和使用采取的一整套管理和监督方法，从而使有限的教育经费得以最大限度地发挥效能，达到预期目标的过程。与其他社会系统的财务控制类似，高等教育财务控制大致也包括预算、会计、决算、审计四种活动。

（一）高等教育的财务预算

高等教育的财务预算主要是指对高等教育事业经费的编制、分配、执行、调整和分析等一系列的过程。高等教育预算过程的基本目的是确定从中央到地方主管部门、从大学到学院、从学院到系科、从系科到教学科研人员等的资源分配和调整。在确定预算拨款时，要对资源可选用的方案作出明确的抉择。因此，高等教育的预算核心问题是根据什么要把 X 款项拨给 A 项活动而不拨给 B 项活动。

高等教育的财务预算工作具有计划性，可以看作是计划工作的一部分，同时它也可被视为管理工作中的控制手段，一种典型的前馈控制。一般来说它具有如下特点。

第一，预算与价值计算的形式定期地进行；预算按一定的组织系统自上而下有序地进行；预算的目的是保证教育计划的顺利实施，促进教育效益的不断提高。

第二，根据不同的方法，高等教育的财务预算可以有不同的种类。如按其编审程序可分为若干种。

概算：拟编下年度预算的估计数字。

拟定预算：未经一定程序核定的年度收入计划。

法定预算：经过一定程序审批生效的正式预算。

分配预算：按法定预算确定的范围来分配实施的预算。

第三，如按时间的先后顺序，则可分为四种。

经常预算：即正式的常规预算。

临时预算：正式预算确立之前暂时实行的假定预算。

追加预算：在原核定的预算总额以外增加收入或支出的数字。

非常预算：为应付意外事变所作的特殊预算。

第四，通过高等教育的财务预算的实践和研究，介绍几种预算的编制方法。

追加预算法。这种预算方法允许在学校预算中每一单项可以追加，其主要依据是，现时的拨款根据是适宜的，而当前的计划方案要以现有的形式持续下去。这种追加预算法被认为是利益群体已经赢得了一段时期支配权的标志。这种方法的优点在于其稳定性和可预期性，其弱点在于不能充分鼓励学校去鉴别现有计划是否完备或是否有必要取消现有无效的计划。

非定额预算法。这一方法要求每个院校的财务计划部门在该单位领导认为适当的水平上提出计划所需的预算申请。通常由单位领导同主管预算的人员进行协商，调整预算额以便与可利用资金相吻合。其优点是单位参与预算制定的机会增加了，其缺点是申请额与实际到位资金通常不一致，对最后分配决策缺乏明确的准则。

定额预算法。亦称为"一次总付性"预算。它同非定额预算法刚好相反，院校财务部门得到一定数量的拨款，并需按此拨款数额建立起单项预算。其优点是单项预算分散，可以促进各单位计划的灵活性和有效性，其缺点是中央行政机构对原先预算额的静止或依赖与各单位实际情况的千变万化形成明显的反差，整体上缺乏灵活性。

备用水平预算法。这种预算方法要求准备若干个不同水平的预算标准，如按通常水平上下各浮动 5%。中央行政机构则根据不同水平的预算方案，判别各单位业务人员的水平，对单位内项目优先次序和项目评价详情作大致分类。

公式计算预算法。此方法通常以在校人数以及学时数为依据，总的事业费预算中分配到每个单位的相对份额会因公式的变量变化而变化。在此种方法下，具有同等要求的高校或项目可得到相似的资金。但也有人认为，如果在入学人数激增期间可以达到这项标准，那么在人数动荡不定或呈长期下降趋势时，它就难以维持了。另外，对于特殊的任务或短期需要，这种方法就显得无能为力。

合理预算法。高等教育系统中，除了中央和省市级的预算外，最普遍的还是高校一级的预算。随着教育改革深入，我国高等教育的体制正发生深刻的变化，高校经费的来源也由单一型向多元化方向发展，这无疑对高校的预算工作提出了新的课题。过去主要是支出预算，一般只要入学人数和国家财政收入持续增加，高等教育传统的预算方法大致可以满足大部分高校的需要。而现在需要进一步增加收入、利益或效用进行评价等。

零点预算法。计划、程序和预算系统法主要涉及基本政策的制定以及高度集中的、自上而下的决策行为。而零点预算法却是把目标转换成有效行动计划的一种微观经济学方法。它要求对每年的每项活动从零开始重新进行全面论证，以建立新的预算。具体而言，此种方法有以下四个步骤：一是每个预算单位要制定出描述一项活动、功能或目标的一系列决策方案，并阐明供选择的服务等级；二是预算申请要按递增顺序从低水平到高水平排列；三是对不同经费增加额的影响要进行论证；四是增值决策方案要按优先次序排列。决策方案应包括决策单位的目标、设想活动或其他方案的具体描述、活动的费用及效益、工作量及成绩的测定、不同水平上的工作及其收益。总之，零点预算模式的核心是对提供选择的支出方案进行规范化比较。

（二）高等教育的会计与决算

在高等学校，会计是以货币为主要计量单位对学校的经济活动和预算执行过程及其结果进行反映、监督和管理的一种财务控制方式，它包括三个部分：第一，会计核算。根据学校的经济活动和预算执行过程及其结果，连续地进行记录和计算，并根据记录和计算的资料编制报表；第二，会计分析。根据会计账簿、会计报表及其他资料，对财务情况进行分析研究；第三，会计检查。根据会计凭证、账簿、报表和其他资料，对有关单位业务活动的合法性、合理性、会计核算资料的正确性和财政政策及财经纪律的执行情况进行检查。

会计的基本职能在于反映和监督一定范围内的资金使用情况。会计的任务主要包括：第一，根据有关法令和规定来编制并执行预算；第二，进行经济核算，加强现金管理，做好结算和核算，提高资金使用效益；第三，对高校的所有经济活动进行正确、完整、及时的记录，编制凭证，登记入账，上报会计报表。

高校的决算是执行预算的总结，是反映全校年度预算结算的书面报告。预算年度结束时，学校的财务活动便进入决算编制阶段；决算进行年终收支清理；制定和颁发决算表格；进行年终结账；编制决算；上报。

（三）高等教育的审计

高等教育的财务审计分为国家审计和部门审计，在必要的情况下，还有司法审计。在高校，审计工作是对会计账目进行检查，对有关的财政或财务收支活动情况进行监督的一种财务控制活动。

1.审计对财务活动的判断

（1）合理性。即指审核检查的经济活动是否符合有关规章制度的要求。

（2）合法性。即指审核检查的经济活动是否符合国家的法律、政策、法令或条例。

（3）合规性。即指审核检查的经济活动是否在正常或特定的情景下应该发生，是否符合学校管理的原则。

（4）有效性。即指审核检查的经济活动有无经济效益。

（5）真实性或公允性：即指审核检查经济活动的资料是否如实、适当地反映了它所要表现的经济活动。

2.审计按其内容和目的的分类

（1）财政财务审计与经济效益审计。前者是审核检查财政财务活动，目的是对这类活动的合规性、合法性作出判断；后者是以实现经济效益的程度和途径为审查内容，目的在于提高经济效益。

（2）按照审计主体与被审单位之间的关系，审计又可分为外部审计与内部审计。外部审计是指由被审单位以外的国家审计机关、上级审计部门或民间审计组织进行的审计。内部审计是由本校审计部门进行的审计。

3.国家对审计部门的各项任务作出的规定

（1）对财务收支计划、经费预算、经济合同等方面的执行情况进行监督。

（2）对内部控制制度的健全、有效与否及执行情况进行监督检查。

（3）对会计报表和决算的真实、正确、合规、合法情况进行审计并签署意见。

（4）对严重违反财经法纪的行为进行项目审计。

4.为了完成对高校财务的审计活动，审计部门的主要职权

（1）检查有关的会计凭证、账簿、报表、决算、资金、财产。

（2）查阅有关的档案、资料；召开或参加有关会议。

（3）对有关人员或问题进行调查并索取有关材料。

（4）提出有关意见和建议。

（5）对各种不按规定、违反财经法纪的人员或做法提出处理措施，并向有关领导部门反映审计结果。

5.高校内部审计工作的组织实施方法

（1）系统审计。根据学校办学特点，组织有关基层单位针对特定项目，系统开展审计活动的一种方法。

（2）专题审计。分别按各个职能部门所主管的业务，开展专题性内部审计工作的一种方法。

（3）同步审计。在同一时间内，对两个以上所属单位审查内部相同业务的一种内部审计工作的组织方法。

（4）轮回审计。把下属单位按邻近原则，划分成若干片区，成立片区审计小组。片区审计小组在内部审计部门的指导下，按规定审计内容，有计划地、轮回地对本片区各单位进行审计。

（5）审计调查。针对本单位经济活动中带有共性和倾向性的问题，对不同下属单位作内容相同的调查，以便摸清情况，及时为领导决策提供信息。审计工作中还有一个重要的方面，就是以各项作业为对象，以审查各项作业财务上的合法性与经济上的合理性及有效性为目的的作业审计。比如，对引进某种仪器设备的作业，对进行某项教学改革的作业，都可以进行作业审计。作业审计不但要运用财务审计的一些方法，而且还要运用一些技术分析方法，比如网络计划技术、线性规划技术、价值工程和价值分析技术等。作业审计不仅要审查与作业有关的财务问题，还要审查对作业的管理水平，它可在作业项目的事前、事中或事后进行。

审计工作中另一个重要方面就是合同审计。目前，随着高等教育的发展，高校与社会经济生活建立了越来越广泛的联系，与高校有关的各种类型的合同越来越多。合同是不同法人之间为实现一定目的，明确相互权利义务关系而订立的协议。它涉及到有关法规、规定，需要就合同的合法性、有效性和完整性进行审计，因此合同审计对于保障合同双方的合法权益非常重要。具体而言，合同审计的主要内容有以下几方面。

①检查合同管理制度是否健全；

②检查签约双方是否合格，是否具有执行合同的能力和诚意；

③检查合同内容是否符合有关法律、法令和条例；

④检查合同是否完备，措辞是否准确；

⑤检查合同内容是否可行。

四、高等教育的宏观调控

高等教育的控制不仅仅包括一些技术性的环节，而且在发展过程中与制度性的宏观调控水平高低有关。这种宏观调控对高等教育发展的影响力往往更为深远。这里所指的宏观调控手段包括高等教育立法、高等教育政策、高等教育财政拨款等。

（一）高等教育立法

长期以来，中国高等教育管理与计划经济相适应，高等教育接受中央集中统一领导，法律的效用实际并不明显，所颁布的有关法规大多以"暂行条例""试行草案""讨论稿""纲领""通知""指示""会议纪要"等形式出现。这些法规缺乏法律应用的稳定性和科学性。高等教育法规的变化频繁是高等教育平稳发展的又一大障碍，这体现在对管理制度规定的措辞经常性的变化。同时，对措辞本身的解释通常也模棱两可，不够准确，自然也就缺乏可操作性。另外，从法规的内容看，也有失全面。表现在法规内容调整教育内部关系的多、调整教育与外部关系的少，规范学校的多、规范教育行政领导部门的少，法规的限制性条款多、保护性条款少，义务多、权利少，如很少具体明确学校、教师、学生的办学权、教学权和学习权。

1999年1月，中华人民共和国第一部《高等教育法》正式施行。这部法律不仅高度概括了近二十年来在我国高等教育改革中取得的成功经验，而且明确了今后改革的原则与方向。但结合实际看，有些原则和方向仍需进一步澄清。如该法第十一条规定的"高等学校应当面向社会，依法自主办学，实行民主管理"；第十条规定"国家依法保障高等学校中的科学研究、文学艺术创作和其他文化活动的自由"；第三十条规定"高等学校的校长为高等学校的法定代表人"。这些条款的要求与现实之间尚有较大距离。因此，《高等教育法》的真正落实将有一个过程。

（二）高等教育政策

市场经济条件下，高等教育也将受制于市场这只"无形的手"的控制。高校以自己的办学特色多样、专业各异展开对生源市场的竞争；政府与高校之间通过科研成果的买卖关系，使后者从前者那里获取研究经费，促进学术水平的提高；学校通过对教师和行政人员的评聘，促进学校内部办学机制的改善，形成不同的学校类型、学科及教育层次。那么，在法律形成滞后时，政府的高等教育政策必须适时作出调整，以保证上述高等教育运作的顺利进行。实践表明，如何保持行政干预（以政策形式）和市场调节的平衡是一个重大而棘手的课题。对于习惯于计划经济思维模式的决策者来说，要真正具有适应并驾驭市场的能力，还有很长一段路要走。尤其是在当前形势下，对高等教育本质的认识在不断深化，很多人习以为常的观念将受到形势发展的强劲挑战。高等教育政策理应更有前瞻性，而不是滞后于形势的发展。高等教育的决策过程必须走向科学化、规范化。政策的实施过程必须有强有力的制度保障和监督，否则，政策实施过程中将不可避免长官意识、阳奉阴违，高等教育政策的宏观调控作用不但不能得到发挥，反而有可能误导高等教育的发展，造成高等教育质量和效益的下降。

（三）高等教育的财政拨款

高等教育财政以其拨款的原则和标准来引导、控制高等教育发展的方向。如在美国采取"卓越质量原则"，鼓励公平竞争，因而财政资助大部分集中到少数历史悠久、研究力量雄厚的著名大学，其中大多数为私立大学。此外，美国联邦政府还给高等院校其他形式的间接资助，如减少那些资助高等教育的个人或组织的税收等。中国科研经费的发放由国家科委及有关机构、各级政府设立的多种科学基金组织，以课题项目方式向社会招标，高校、研究机构均可提出申请。事实上，各校获得经费资助的机会并不均等，一般教育部下属的重点大学往往获益较多。在"条（中央、地方）块（省、部委）分割"的管理体制下，部属和省属院校之间获得科研经费存在较大悬殊。在此种制度下，由于缺乏足够的公平竞争机制，通过财政资助方式去引导学校向质量卓越方向发展的愿望自然无法真正实现。过去几年，"211工程"的实施较好地将财政资助中"点与面，中央与地方"结合起来，体现了效率优先的原则，照顾到国家对高等教育有重点发展的要求，各省均对自己管辖的重点大学积极投资，扶植重点学科、专业，使高等教育与地方建设的关系更为密切。当然，这种资助方式的实效有待更长时间的检验。就目前情形而言，高等教育资助中仍然存在如何公正、公平、公开配置有限资源的问题，一些地处较发达地区的高校因为新的资助政策，往往比那些处于落后地区的高校享受到更多的好处。在这种趋势下，高等教育必然只能走"非均衡"发展的道路，但问题的关键似乎已不仅仅在于资助方式本身，高校自主发展空间和权利将是决定性因素。

第三节　高校的领导者

从两级政府管理来讲，中国高等教育宏观管理模式是党组负责，集体领导。从高等教育微观管理来讲，学校的管理是党委领导下的校长负责制。但实际情况是由于现行管理中的领导地位和领导人具有很强的行政权威，缺乏管理中的制约机制，或者说制约机制的形成还有一个过程，因此，形成管理中的某些缺位，特别是高等教育微观管理的学校管理。这是因为，第一，领导的确定不是选聘制度，而是指派任用制，任用制的弊端就是容易缺乏民主基础，一般由组织管理部门考察，也就是上级考察，管理部门的领导讨论确定，特别是管理部门的一把手有话语的决定权。所以，领导的确定与上级的领导或组织管理部门有关系，一旦权力产生欲望，一旦权力变味，就容易滋生权力腐败。同时，领导没有明确的任期目标制，或者有但并没有认真地执行任期目标制，所以，任用的领导对不对管理活动的结果负责并不重要，但是，必须要对上级领导和部门负责。不论是两级行政管理中的领导，还是高等学校的领导，在高等教育管理活动中具有举足轻重的作用。

从目前中国的状况来看，管理好高等教育可能取决于领导个人的素质和事业心，而不是一种领导工作机制。一般来讲，目前中国高等教育的领导者，无论是在个人素质方面还是在事业心方面都应该是比较高的，但是，一旦出现偏差，往往就缺乏机制的制约。

既然高等教育的领导者的重要性对高等教育的影响如此之大，那么，对于高等教育的领导者的要求也应该是高的。高等教育的领导、特别是主要领导，不论是任用制还是选聘制，领导者的个人作用都是不可忽视的，而我们主要考究的是高等学校的领导者，特别是大学的校长。

一、领导者的素质

对于高等教育领导者应具备的素质，近年来已有很多研究。一般说来把它概括为四个方面：思想品德素质、科学文化素质、专业素质、身心素质。

思想品德素质是领导者应具备的首要素质。它包括思想政治素质（如坚持以邓小平理论和"三个代表"重要思想为指导、坚持社会主义的办学方向、全面贯彻党的教育方针）和道德素养（职业道德及优良的作风、社会公德及强烈的责任心等）。

科学文化素质是领导者赖以施加影响力的基本素质。高等教育的领导对象是高知识层的人群，因此对领导者的知识素质提出了特殊的要求。一般来说，高等教育的领导者应具备以下这些知识素质：马列主义理论与哲学知识、领导科学与教育科学知识、现代科学文化技术的一般知识与从事某项专业的专门知识以及由这些知识集成和内化的科学文化素养。高等教育管理的最高境界是科学文化的管理。

专业素质是领导者从事高等教育管理的必备条件，主要体现在专业的能力方面。从某些方面讲，专业素质是科学文化素质的一个表象，具体地表现在领导者的决策能力和组织行动能力等方面，由于高等教育系统的复杂性，要求领导者具有更好的领导技术和技巧，要具有更强的平衡协调及驾驭局面的能力。

身心素质是履行领导职务的基本条件。高等教育的领导工作就是协调和解决各种各样的矛盾，有些矛盾的解决具有很强的时效性和刺激性，工作的强度有时候也是很大的，领导者在科学决策、正确选择、合理解决矛盾的过程中，必须有坚韧不拔、不为压力而动的精神，要有较强的心理承受能力和自我控制能力，同时，也还要有强壮的身体，否则，可能什么也干不成。

同时，也有人这样认为，高等学校在改革与发展中，一般都有一个凝聚组织的"核心"，高等教育系统应努力造就具有综合素质结构的领导者队伍。因此，还应该包括：领导者的活动能力——"外交家"的接触面；领导者的业务资历——"硬专家"的学术权威；领导者的人格魅力——"家长"风范的非职权性影响力；领导者的管理魄力——"软专家"的管理水平。

大学校长要善于对管理系统施加适当的活力。大学校长的职能是组织学校的教育资源，为实现大学的办学目标所展开的教育管理活动。一位优秀的大学校长的首要职责是为大学筹措足够的办学经费，通过自己的聪明才智、决策能力把学校的系统资源运用到最佳的程度。要使系统资源的运作机制达到最佳程度，作为大学校长，要努力使大学处在不平衡的平衡状态之中，这就是在平衡中有策略地挑起不平衡，通过有效的方法使得不平衡达到平衡。这是一个管理哲学理念，平衡是指大学内部的政策和工作制度保持相对的稳定特性，不平衡是指根据人们的心理特点，采取最小搅动原则，通过一种创新性的工作方法与思想，使整个管理系统具有生机与活力，避免管理系统年复一年的"涛声依旧"。

领导者在大学组织管理系统中，决定权和执行权有时比较分散，有时候可能导致领导者不想去作决定。而如果管理者不勤政，或者由于个人的利益与组织的利益处理不好，会导致领导者没能真正地实行有效的领导，造成领导者事实上的没有领导。这样可能导致两种后果：一是责任分摊。由于实行集体领导等方式，校长或主要领导者可以长期依靠一些专门委员会和部门开展工作，而这些专门的部门是为了分担责任而设计的，但由于责任主体不明确，往往会产生问题责任的"分摊"，从而产生没有人负责的结果。二是无所建树，校长或主要领导者如果不实施有效的领导，下属就会将这种"不负责任"的方式传递下去，从而使集体的决定没有达到真正的执行，领导陷于形式，并由此走向一事无成。

大学校长应避免在系统决策中对应该由别人决定的问题作出决定。大学的领导者与工业企业或政府机关的领导人的重要区别在于，不能够简单地采取行政手段管理学术问题。如应该重视院（系）基层组织的学术管理，尊重基层专业人员对学科专业管理方面的意见，学术的管理要采取最大限度地实行分权，让学术带头人和学术组织去管理学术的事情，让分管学术工作的副职领导去管理。如果大学校长越俎代庖，一方面将自己拖进了永无休止的工作琐事之中，也在很大程度上影响了他人的工作积极性。大学校长不应该直接决定基层职权范围内的事情，虽然从某个角度看，这些是大学管理中很重要的问题，但是，大学校长应该通过一定的工作程序，明确其他校领导的工作职责范围，用制度加以规范。

领导者要有足够的"智谋""涵养""儒雅"来驾驭系统。领导者必须含蓄，不可轻易亮出自己的观点。处在多种相互矛盾的选择面前，大学校长或主要领导者不能表现出过分的自信（尽管你自己必须有一种超然的自信，但最好不要轻易流露出来）。对于有些急需改革的工作，也许需要有很大的耐心，如果我们的领导者不准备用这种方式来对待和慎重地处理问题，特别是在一些大是大非面前，在一些重要的决策场合，不假思索地急于亮出自己的观点，很有可能适得其反，或者造成难以收局，或者失败。

领导者在系统成员中对双重忠诚要学会让步。一般来讲，大学的教授既忠诚于他所服务的大学，又忠诚于他所研究的学科，特别是在两个方面的选择上，大学的教授们更忠实于他们所研究的学科，那么，大学的领导者有时候面对的是一个复杂的难题，在学校管理的问题和学科方面的问题取舍之间可能要有所割舍。应该说，双重忠诚总体上目标是一致的，在这一点上领导者们要有足够的认识。因此，在双重忠诚出现矛盾时应该作出一定的让步，以维持学校内部管理的矛盾平衡。

大学校长要通过自己的人格魅力影响系统成员。人格魅力的影响是一种高级的领导效果，是大学校长的人格质量、道德作风、文化修养、技艺技能、学术声誉等的影响。大学校长要有随时修正自己的思想和行为的能力。这是一个十分重要的自醒的策略，但同时也是一个说起来容易做起来难的行动策略。

大学校长的行动策略是很丰富的，远远不止以上的这些东西，随着管理思想和方法的不断创新，优秀的大学校长及其管理策略将会层出不穷。

二、组织内部的环境因素

组织内部的环境因素是组织行动的一个非常重要的因素。环境的好坏，直接导致工作效果的好坏，影响管理目标的实现。假如所有下属都能热忱地、满怀信心地为实现群体目标作出贡献的话，就无需继续研究和发展领导艺术了。但是，不管是由于环境条件的恶劣还是由于领导者的平庸，下属中很少会有人以持续的热诚与信心去工作。因此，对大多数人来说，需要领导营造良好的环境，以激发他们为实现组织的目标作出贡献。有人说，良好的士气就等于成功了一半。大学校长或领导者应该要懂得使用激励理论和激励方法的重要性，激励营造好的环境，让环境体现的性质和力量去满足人们需要。如果大学校长或领导者具有超凡激励手段和方法，激发起下属的忠诚、献身精神及热诚，那么，就能使领导者的意图获得成功。当然，领导者的激励力量在很大程度上还取决于组织成员期望值的大小、预计报酬的多少、要求努力的程度、要完成的工作量以及其他环境因素。因此，大学校长或领导者的首要任务就是为了顺利完成工作目标而尽量设计一个与组织成员期望值相对应的工作环境，当然，期望值与对应环境的设计要适中，这也是很难把握的，使用不好可能适得其反。在高等教育管理系统中，大学的领导者能够让他人满足诸如地位、权力、金钱或对成就的自豪感等需要，通过需要的满足，使管理活动取得更好的产出效果。事实上，领导要充分地了解下属倾向于追随那些可能满足他们个人目标的领导者，那么，就越是应该懂得激励其下属的因素是什么，这些激励因素如何发挥出正面的作用，并将它们在管理过程中反映出来，就越有可能产生有效的管理效应。

三、激励的有效性

前面我们讲了系统组织内部的环境因素是组织行动的一个非常重要的因素。高等教育领导的主要任务是激励下属的动机，协调解决组织目标实现过程中出现的矛盾。不同的领导者在完成这些任务时，可能会遵循不同的原则和方法，可能会运用不同的技术，因而也就会产生不同的绩效。现代领导科学的发展已形成一些具有普遍意义的领导技术，在高等教育领导中运用这些技术和方法，无疑对提高领导绩效是有帮助的。下面从激励的过程、因素、原则、方法四个方面加以说明。

（一）激励过程

组织系统机制的形成除了制度外，很大程度上取决于系统激励过程。激励作为心理学的术语，指的是激发下属动机的过程。把激励这一概念用于管理活动就是通常所说的调动积极性的问题。心理学研究的结果表明，领导者激励下属就是指下属做了那些领导者希望做的事情，领导者使下属在某方面的需求得到满足，从而使下属按照所需要的方式行事。我们可以把激励看作一系列的连锁反应，从感觉的需要出发，引起欲望或所追求的目标，它促使内心紧张（未得到满足的欲求），然后引起去实现目标的行动，最后使欲望得到满足。

（二）激励因素

需要挑起系统激励。讲激励，就得从需要讲起，因为任何动机的产生或形成都离不开某类需要的缺乏或某种不满足感。因此，需要以及需要的种类和性质就成为动机激励效果的决定性因素。对于高等教育系统来说，领导者想有效地激发下属与职工的动机，就必须了解高等教育系统的各类组成人员有什么动机需要。有研究提出四个主要的激励因素。一是个体成长。存在使个体能够认识到自己潜能的机会，它证实了这样一个前提假设：知识工作者们对知识、个体和事业的成长有着不断的追求。二是工作自主。建立一种工作环境，其间，工作者们能够在既定的战略方向和自我考证指标框架下完成交给他们的任务。三是业务成就。完成的工作业绩达到一种令个人足以自豪的水平，这是与组织的需要相关联的因素。四是金钱财富。获得一份与自己贡献相称的报酬，并使其他同仁一起能够分享到自己所创造的财富。这种奖励制度既要适合于组织的发展，又要与个体的业绩挂钩。高等教育领导的对象是人，这里的"人"是高等教育系统中的主体要素，他们是各级下属领导者、教师、科研人员、其他工作人员和学生等。这几类人员的年龄、学历、专业、知识、角色地位与工作性质等各不相同，他们心理需要的类型和性质也不完全一样。因此，将马斯洛的需要层次理论运用于高等教育领域时要具体情况具体分析，不能照搬照抄。

对于教师来说，自主、尊重、胜任工作、对工作条件的满意程度、取得成就等，都是十分重要的高层次需要。由于高校教师都是受过良好教育的高层次知识分子，以上这些需要中很难说哪一种更重要，也就是说很难在这些需要中找到一种层次序列。在实际中，更多的情况是在某些场合自主的需要更强烈些，而在另一种场合，胜任工作的需要更强烈些。有时工作条件的需要占优势，有时取得成就的需要可能更迫切。有人曾概括过教师需要的四个

97

特点：精神文化需要的优先性，创造成就需要的强烈性，自尊荣誉需要的关切性，物质需要的丰富性。高校的领导者在激发教师的动机时不能忽视教师的各种需要及其特点。对于大学生来说，各种需要的强烈程度又有所不同，而且，各种需要的指向也不相同。比如在学生集体中，人际关系与成才等方面的需要更为突出。另外，他们的自我实现的需要并不与每天的平凡琐事发生密切联系，它更多地贯穿于大学生在校的几年之中，体现在他们对文凭、知识、能力以及对职业理想的追求之中。

需要指出，"需要"这个词并不是一个简单的概念，除了具有多重性外，还具有变动性特点，同时，作为激励的关键因素，需要可以引出行动，也可以由行为引出。因此，激励过程中必须具体情况具体分析。

（三）激励原则

系统激励中至少要注意以下三个方面的原则：

（1）针对性原则。需要的特点、性质，需要与行为关系的复杂性，要求领导者在实施激励之前必须了解下属需要的类型和需要的结构。实践证明，同样的激励措施对不同的人有不同效果，其原因就在于不同的人有不同的需要。激励措施有针对性就能收到事半功倍的效果。

（2）合理性原则。它包括两层涵义：一是根据不同类型的需要采用合理的措施，进行合理的处理，合理的需要应该合理地满足。二是激励的程度要合理，"奖罚分明"，使奖和罚都能收到激励效果。

（3）教育性原则。随着人的文化层次的提高，人的需要也会向高层次发展。因此，激励也可以从教育入手，通过改变人的需要结构达到激励的目的。激励的教育性原则要求领导者在激励过程中既要注意解决下属的实际问题，满足教职工的实际需要，也要通过教育提高教职工的需要层次。

（四）激励技术

在组织系统的激励中，有研究者提出了许多激励技术。研究表明，群体积极性的发挥，60%是由于社会压力、职务需要以及上级领导人的职权等引起的，而其余40%则是因领导者的领导技术激发的。可见激励的潜力是很大的，不同的激励理论形成了不同的激励模式,并由此形成了多种激励技术。

1.双因素激励技术

美国心理学家赫茨伯格研究认为,影响人的积极性的因素可以分为两类:一类是保健因素,它是维持基本需要的社会性因素,主要包括物质、经济、安全、环境、地位、社会活动等。保健因素是使教职工避免产生不满意的因素,相对来讲激励的作用有限。另一类是激励因素,主要包括一些高层次的需要,如成就、工作、职责等,它是使职工产生满意感,从而激发积极性的因素。根据双因素理论,在高等教育领导过程中必须重视改善物质、经济生活条件,这是产生积极性的基础,只有这样才能保证工作的正常进行。近年来,高等教育界的收入与社会其他行业的收入差距拉大,这种经济状况使高校教职工的一些基本需求得不到满足,因而不少人不安心本职工作,心理不平衡,改善教职工的物质生活条件就显得特别重要。但是,事实又说明保健因素并不能完全产生激励力量,有些高校物质条件解决较好,但教职工的积极性并不高。在改善物质条件的前提下,充分激发积极性还必须借助于各种精神方面的因素,特别是知识分子,基本物质需要满足以后,他们更看重精神需要,因此,更应重视较高层次的激励。

2.期望激励技术

期望理论是由弗鲁姆首先提出的。这一理论认为,人的固定需要决定了他的行为和行为方式。人的行动是建立在一定的期望基础上的,在个人活动与其结果之间存在一定的联系,激励力量——效价 X 期望值。效价是个人对所从事的工作或所要达到的目标的估价,即被激励对象把这一激励目标的价值看得多大,期望值是个人对某项激励目标实现的概率的估价。在高等教育领导中运用某些事物进行激励时,必须评价这一事物对被激励者价值的大小。价值是客体满足主体需要的程度,只有需要强烈的事物才能产生较强的激励作用。同一事物对不同的人具有不同的价值。同时,无论价值多么大的一件事物,只有认为经过努力会达到时才有激励作用。如校内超工作量奖励,如果指标定得合适,即使奖金不高,对多数人还是会有较强的激励作用。

3.公平激励技术

公平理论认为,人们总是要将自己所作的贡献和所得的报酬与一个和自己条件相似的人的贡献和报酬进行比较，如果两者的比值相等，双方就都有公平感，如果这两者的比值不相等，一方的比值大于另一方，低的一方就会产生不公平感，产生挫折心理。高等教育的领导者应自觉注意到，一个人在某一方面确实作出了成就，给予奖励就能产生激励作用。如果奖励的程度大于被奖励者与其他人贡献的差别程度，则会使其他人产生不公平感，而如果贡献大、奖励小则起不了激励作用。领导者还应注意，存在着高估自己的贡献而低估别人成就的一些人，他们把本来公平的认为不公平。因此，在激励时要客观公正地宣传被奖励者的成绩，每个人都有显示自己成绩的机会，通过比较使教职工正确认识自己和别人的贡献与报酬。

4.目标激励技术

目标激励也是一种目标管理的方法，它把组织的任务分解成各项具体的目标，让教职工把个人目标和组织目标结合起来形成"目标链"，通过目标进行管理，使目标对教职工产生激励作用。实行目标激励有几个好处：一是能使教职工看到自己的价值和责任，一旦达到目标就会产生满足感。二是有利于上下左右的意见沟通，减少达到目标的阻力。三是能使教职工个人利益和整体目标得到统一。实行目标激励的过程可以分为三个阶段。第一阶段，设立目标，每个教职工要根据本部门的目标和个人的实际情况制定个人目标而形成目标链。第二阶段，鼓励教职工发挥各自的积极性去努力完成自己所制定的个人目标，进而完成总目标。第三阶段，对完成目标的情况进行测定和评价，激发人们为完成更高的目标而努力。高等教育的总目标是培养人，高等教育系统中运用目标激励技术时，目标的设定必须充分考虑教育规律，目标的形成和分解要充分吸收教职工参加，目标的评价必须有一套科学的体系，否则难以起到激励作用。

5.榜样激励技术

人们常说榜样的力量是无穷的，榜样对较先进的人是一种挑战，它可以激发先进者继续努力，榜样对一般人也有激励作用，能鼓励一般人奋发向上，榜样对后进入物也会在心理上产生触动。有了榜样，系统内学有方向，赶有目标，时时受到激励。从某种意义上说，领导激励过程应是一个树立榜样的过程。强化激励是指通过对个体的某种行为给予肯定和赞赏，使这种行为得以巩固和保持，对某种行为给予否定和惩罚，从而使之逐渐增强或者减弱的过程和方法。强化激励有物质和精神两种，在运用过程中一定要注意刺激的适度，刺激太弱起不到应有的作用，刺激太强会使刺激钝化，少量多刺激能有更长的作用时间，但往往程度不够，集中刺激则可能不会持久。

五、领导艺术

高等教育的领导艺术是一个内涵丰富的概念，在一个比较大的系统中，结合具体的领导过程，我们来分析领导的一般艺术。

（一）领导层的授权艺术

面对科技、经济、社会发展所导致的领导和管理的日益复杂，即使是超群的领导者或领导层也不可能再独揽一切事务和权力。精明的领导者，其职责已主要不在做事，而在成事了。授权乃是成事的分身术，反之，事必躬亲，则必然成不了大事。所谓授权，是指由上级授给下级一定的权力和责任，使下属在有效的监督之下，有相当的自主权、行动权。授权者对被授权者有指挥权、监督权，被授权者对授权者负有报告权及完成任务之责。大胆授权对各级领导班子是十分有利的，它可以把领导者从琐碎的事务中解脱出来，专心处理重大问题；可以激发下属的工作热情，增强下属的责任心，提高效率；可以增长下属的能力、才干，有利于培养干部；可以充分发挥下属的专长，补救领导自身才能的不足。因此，它也更能发挥领导者的专长。

授权的范围很广，在人、财、物、事等管理中均有授权行为，它们各有不同特点。但不管哪种授权，都有一些共同的准则可以遵循：

一是根据预期的成果规定任务和授权，或者说，为了有可能实现指定的目标而授予职权，"因事择人，视能授权"是授权最根本的原则。二是根据所要完成的任务挑选人员。授权之前，应对被授权人进行考察，力求将责任和权力授给最合适的人，如果一时不能确定，则可用"试用""助理"等方式解决。三是保持信息管道的畅通。授权者应向被授权者明确任务目标及责权范围，并尽量帮助被授权者解决完成工作任务时所遇到的困难。四是建立适当的控制机制，当授权发生偏差时可及时收回权力。五是有效地授权和赋予职权的报酬。除了金钱报酬外，给予更大的决定权和声望通常更有激励性。六是领导者只能对直接下属授权，不能越级授权。如校长只能把他所属的权力授给他所管辖的处长，而不能越过处长把权力授给科长，否则会引起"中层波动"。七是领导者不能将不属于自己的权力授给下属。

授权既是领导者必备的领导学知识，同时也是一种领导艺术与才能。如果授权过分，就等于领导者放弃权力；如果授权不足，领导者还是被琐事所困，也就失去授权的意义。授权是一个复杂的问题，不同的人有不同的做法和经验，但也有共同的技巧可循。一是分权而不放任。从系统科学的角度出发，将复杂的整体目标分解为子系统目标，实行"分而治之"，然后再从分解到综合，乃是一个必然的"金字塔"形式。分权后，领导者还要尽力发挥其综合功能，将分散的权力构成一个整体。二是掌握有效的控制方法。授权后，领导者应当综观全局计划的进程，对可能出现的偏离目标的现象进行协调，对被授权者实行必要的监督和控制。要注意的是对被授权者所加的责任不是突然的，而是一个循序渐进的过程，权重要适度地一点一点地加上去。要讲究授权的方式方法，适当地称赞被授权者完成任务的优点，以充分激发其信心，同时，也应指出应避免的不足之处。控制是一个连续不断的过程，客观情况多变决定了其不可能一劳永逸，对下属执行过程中的偏差，应注意防范并及时纠正。

（二）领导者用人的艺术

汤姆·彼得斯认为，为了使组织充满朝气，必须注意用人策略。聘用具有好奇心的职员，因为好奇心能够激发教职工努力做好工作；有时，还要雇用一些"不太正常"的人，这些人有个性和特点，并不是生理和心理不正常，因为，只有好奇心是不够的。

解除缺乏思想的雇员，培养激情之士。研究认为，在传统的组织中工作，优秀职员无一例外地都面临着一个重大难题，很难适应现行的人事结构，那么，要在组织内部引入和培养一些有激情的职员。

寻找年轻人。在知识经济发展和市场竞争日趋激烈的时代，起用那些看起来似乎没有经验的年轻人，可能会给组织带来更大的发展机会。

坚持给每个人一些休闲时间。

建立新的内部交往机制，努力营造一个良好的气氛。

建立各种俱乐部，吸引外部人士参与决策过程。

激励过程中的"文化转变"现象。换句话说，如果领导者没有创见，那么他的下属和整个组织也不可能有所建树。

尽管高等教育领导存在着不同于一般领导的特殊性，但以上分析为我们进一步分析高等教育领导过程中的用人艺术提供了思路。如要大胆使用具有好奇心、进取心的青年后备人才到各级领导岗位，使他们有充分显示才华的机会。领导者要注意领导过程的民主性，以提高决策的科学性和有效性，特别在高等教育管理中，领导者必须调动每一个教职员工的积极性才能最大限度地实现领导作用的有效性。领导者要调动下属的积极性必须身先士卒，成为下属积极性激发的一种外在动力，一个优秀的领军人物本身就是最好的榜样，是组织活力的核心。

（三）领导者运筹时间的艺术

高等教育系统的领导者每天都有大量的工作要做，"双肩挑"的领导者则更感时间之宝贵。如何合理、有效地利用时间是领导者必须解决的问题。一是最大限度地谋求可控时间。属于领导者支配的时间可以分为可控时间与不可控时间。一般而言，职务越高的人，可控时间就越少，校长比系主任的可控时间要少得多。要善于将不可控时间转化为可控时间。二是要区分重要事件和一般事件，分清轻重缓急，抓关键工作。三是用最佳时间完成最重要的工作。领导者应自觉总结并熟悉自己体内的"生物钟"，用精力最旺盛的时刻来处理最重要的、最困难的工作，把例行的公事放在精力稍差的时间去做，以提高时间的利用率和有效性。四是常规工作标准化。五是切忌事必躬亲。六是多开碰头会或实行工作餐制度，可以挤出大量的处理问题的时间。七是有控制工作时间的能力，对于无为的耗时进行严格的控制等。

综上所述，高等教育领导是领导者为实现高等教育目标而创建所需的各种组织机构或程序，激励高等教育系统中的个体或群体去实现系统目标的行动过程。领导问题的核心是影响力，高等教育领导是一门科学，也是一门艺术，同时，还具有许多技术性。然而，高等教育领导者不要期望能找到任何一种解决领导问题和职权问题的完善答案，他们必须处理在一定时期内不是固定不变的种种社会心理因素的复杂关系。领导，实际上就意味着各种易变量的可能组合。领导包含着种种技能，那是不可能按教育与训练的目的作仔细合理的分类的。很多领导人为什么很有效能或毫无效能，就是他们自己和别人都无法充分了解其中的原因。很多物理现象并不都符合物理学家的理论，同样道理，领导人看来也可能违反从理论上推导出来的某些领导问题的概念。我们要不断加强研究，揭开"领导问题之谜"，实现高等教育领导的科学性、高效性。使高等教育的管理者，特别是领军人物，在高等教育管理系统的各个层面中起到应有的作用。

第四章　高等教育管理原则

　　高等教育管理的理论与一般的管理理论在最基本的方面有些是相通的，管理的最基本的原理原则也有相通之处，只不过高等教育管理是一种专业管理，专业的内容不同，性质各有差异，因此，侧重在某个方面遵循某些原则。从一定意义上来讲，高等教育管理原则是对一般管理理论和方法的运用，是在具体的实践中总结提炼出来的，只有实实在在地认识了这些原则，把它真正地内化在我们的管理活动中，方法才会使用得当，我们才会自觉地贯彻、遵循。反对空谈理论、方法、原则，强调管理的原则在管理活动中的重要性，强调管理的原则与管理的方法的必然联系，是我们研究高等教育管理活动最根本的方面。同时，了解高等教育管理原则是从事高等教育管理时应遵循的行动准则和基本要求。它源于人们对高等教育客观规律的认识，是对高等教育管理实践经验的概括。由于实践本身的丰富性及人们在总结实践经验时包含的价值观和认识水平的差异，原则的科学性必然带有相对性。面对各种各样的管理原则，明智的管理者应根据实际情况，恰当地鉴别和利用这些原则，发展这些原则。从教育的社会属性出发，管理的思想和原则要与时俱进，在充分地发扬民主的同时，强调依法管理。从教育的自然属性出发，注重组织群体的特殊性，管理内容的特殊性，把握个性与共性，局部与整体，学术与行政，为我们研究高等教育管理的原则问题，提供很好的帮助。

第一节　高等教育管理原则确立的依据

根据中国教育管理的研究成果，可以将各种有关教育管理原则分成三大类：

（1）传统经验抽象型。这些是对建国以来我国教育管理的实践经验进行总结、概括而成的管理原则。如方向性原则、坚持党的领导原则、思想政治工作是管理工作的核心原则等。

（2）领导方法抽象型。这些是从传统行政管理、领导方法中抽象而成的管理原则。如领导与群众相结合原则、民主集中制原则、制度化与规范化原则等。

（3）现代企业管理原则移植型。这些是将国内外现代企业的管理原则引申或移植至教育管理活动中，使其具有指导办学的价值。如整体化原则、封闭与开放原则、动态平衡原则、信息反馈原则、系统原则、整分合原则、能级原则、激励性原则、效益原则等。

此外，有的教育管理原则的表述是从自身的本质特性出发的，如教育性原则。还有的从一般管理特征的角度进行描述，如科学性原则、经济性原则等。

确立高等教育管理原则必须充分考虑高教管理赖以进行的情景条件和客观依据，既要借鉴现代管理的一般理论，又要联系高等教育管理的特殊背景，既要追求理论上的相对完备性，又要强调对实际工作的指导意义。尤其要分析各条原则或原则体系是否涵盖，以及在多大程度上涵盖整个高等教育管理领域，从而给高等教育管理原则以科学、客观、合乎逻辑的定位。我们考虑从以下几个方面来分析确立高等教育管理原则的依据。

一、企业与行政管理借鉴

高等教育的管理思想和方法很多来源于企业管理的启发，有的甚至是借用企业管理的方法。因此，研究企业管理就成为了必然。在企业管理中，重视管理的目的和目标、管理的效益、管理思想和方法等是值得我们借鉴的。

管理的目的。通过计划、组织、领导和控制，使得生产经营活动规范并取得最大的效益和最好的效果，创造更大的价值。

管理的目标。严格地说，管理就是指活动，管理没有自己的目标，或者并不存在自己的独立的目标，而是依附于组织及其活动而存在，不是为了管理而管理。管理的目标是与组织的目标联系在一起的。所以，我们研究管理的目标实际上是研究组织的目标，或者说，通过管理促进组织目标的实现。

组织的产出目标。一个组织要开展活动，必须具有人、财、物和信息资源，组织所获得的这些人力资源、金融资源、物质资源和信息资源就构成了组织的投入。对资源或投入的运用就可以产生组织的成果。

成果是组织活动过程的最终结果，通称为组织的产出。不同类型的组织，其成果的具体表现形式可能各不相同，但从一般的规范角度看，任何成果都可以从几个方面加以考察和衡量，特别是企业管理。

产量与期限。产量是从生产多少产品或者提供多少服务项目来反映产出水平的。生产的产品数量可以用实物指标（如制造了多少钢材、生产多少台机床等）也可以用货币指标（如产值、销售额等）来衡量。至于提供的服务数量，在实物指标上表现为处理了多少维修任务，接待了多少客户，答复了多少个电话等，这些在价值指标上的表现就是完成了多少营业额。另外，任何产出都必须在规定的时间里完成才有意义。交货有个最后期限的要求，对组织中各部门及个人的要求也必须规定每天、每星期、每个月或每年需要完成多少数量的任务。离开了时间的规定，任何数量标准都将失去意义。

品种与质量。无论是产品还是服务项目都必须按照顾客对其需求的类别和特性来提供。电冰箱如果不能制冷，其质量自然是不合格的，而电冰箱的款式、颜色要是不符合顾客的预期，也难以适销对路。因此，质量和品种是对产出的更内在、更本质的规定。对质量的测定可以通过产品的次品率、退货率，服务中的差错率，以及顾客的投诉来反映。

成本花费。企业要将资源转化为成果，最理想的要求是使产出的产量和质量控制在既定的成本花费之内。这种控制通常是建立在拨给一个单位的经费预算上的。典型的经费预算是直接依据所产出成果的产量和质量来规定该项活动成本花费标准。

以上是从产出目标角度对组织将资源转化为成果的活动过程水平的一种衡量。其总的要求管理工作要确保组织在活动过程中能按质、按量、按期、低成本地提供适销对路的产品或服务。

组织的效率与效果。组织的绩效目标是对组织所取得的成果与所运用的资源之间转化关系的一种更全面的衡量。组织的绩效目标是对组织所取得的成果与所运用的资源之间转化关系的一种更全面的衡量。组织的绩效高低表现在效率和效果两个方面。所谓效率，是指投入与产出的比值。例如，设备利用率、工时利用率、劳动生产率、资金周转率，以及单位产品成本等，这些是对组织效率性的具体衡量。由于组织所拥有的资源通常是稀缺、有价的，所以，管理者必须关心这些资源的有效利用。对于给定的资源投入，如果能获得更多的成果产出，那么，你就有了较高的效率。类似地，对于较少的资源投入，你如果能够获得同样的甚至更多的成果产出，你便也有了高效率。然而，管理者仅仅关心组织活动的效率还是不够的，管理工作的完整任务必须是使组织在高效率基础上实现正确的活动目标，这也就是要达到组织活动的效果。效果的具体衡量指标有销售收入、利润额、销售利润率、产品利润率、成本利润率、资金利润等。利润就是销售收入与所销售产品或服务的总成本差值。利润是经市场检验的衡量效果的一项客观的指标。效率和效果是两个有联系但并不相同的概念。效率涉及的是活动的方式，它与资源的利用相关，因而只有高低之分而无好坏之别。效果则涉及活动的目标和结果，不仅具有高低之分，而且可以在好和坏两个方向上表现出明显的差距。如果说高效率是追求"正确地做事"，那么，好效果则是保证"做正确的事"。在效果为好的情况下，高效率无疑会使组织的有效性增大，但从本质上说，效率性和有效性之间并没有直接的联系。有时，一个企业的效率可能比较高，但如果所产生的产品没有销路，或者说不能满足顾客的需要，这样效率越高反而会导致有效性越差，因为，此时产品生产的越多，库存积压也就越多，从而企业赔钱也就越多。所以，一个有效的管理者应该一方面既能指出应当怎么做才能使组织保持高效率，另一方面又能指出应当怎么做才能取得好的效果，这样组织才具有最大的有效性。

组织的终极目标。根据组织的性质不同，组织的终极目标可以有不同的表现形式。有一些组织以追求利润和资本保值增值为主要终极目标，这样的组织被称为营利性组织；另一些组织则以满足社会利益和履行社会责任为主要终极目标，称为非营利性组织。营利性组织终极目标的实现程度可以通过经市场检验的较为客观的绩效指标来衡量，对于非营利性组织来说，其终极目标的实现情况往往须依赖定性的和相对主观指标加以衡量，但不论组织所要实现的终极目标有何差别，管理工作的使命基本上是一样的，即都要使组织以尽量少的资源而尽可能多地完成预期的合乎要求的目标。只有这样，才能称得上是有效的管理。

管理思想与方法。管理的实质是权力的利用和利益的分配，没有任何不存在权力和利益的管理。管理的方法多种多样，目前，还没有谁能准确地归纳出究竟有多少种管理方法。只能大致地、根据各自的思维方式进行归纳。传统科学管理思想和方法是以提供劳动生产率为目的而实施的具体措施。现代科学管理思想和方法在传统管理思想和方法上增加了现代科学思想和现代技术的元素，特别是其他学科知识在管理学科知识中的运用，管理学科知识在其他学科中的交叉，使得现代科学管理思想和方法更加丰富。因此，产生了许多新的管理思想和管理理论。管理思想经历了工业管理、人际关系、结构主义等发展阶段。每一新的管理思想的出现都是对前人管理思想的修正和完善，而不是否定。如今，我们注意到，科学管理时期泰勒在管理方面的研究是同教育中测量活动（如智力和成就的标准化测验）的兴起密切相关的。人际关系理论将注意力集中于组织的心理与社会方面，员工的参与、满意、合作以及士气与团体的凝聚力有可能使生产率得到提高，这种思想也影响到参与性的管理。管理理论的第三个时期被称为组织行为时期，这一时期把古典的以及人际关系的思想合并在一起，并从社会科学和行为科学中吸取一些适合于系统管理的知识和思想，最终使各种管理知识系统化和一体化。

行政管理的核心是职能性管理，本质是权力的运用。传统行政管理思想和方法源于封建统治的管理方法，现代行政管理的思想和方法是在资产阶级革命以后出现的，特别是在资产阶级工业革命以后，第一次、第二次世界大战以后逐渐形成的。行政管理在计划经济和市场经济两种体制下的运行也各不相同。因此，我们讲现代行政管理的思想与方法要立足于市场经济管理体制下来进行研究和认识。

中国的高等教育管理受行政管理的思想和方法的影响最深，这是因为高等教育与社会政治、经济体制的紧密联系所引起的。截至目前，中国高等教育管理体制也好，中国大学的内部管理体制也好，与现行的中国行政管理体制在本质上没有太大的区别。行政组织级别、行政干部级别、行政工作职能、行政工作制度、施政程序等，无不打上政府行政管理的烙印。

中国高等教育管理借鉴企业管理不是太多，但是企业管理对大学内部管理的影响正在逐步加深。不过，企业管理对大学管理的影响最先反映的是在管理的方法上，主要是探讨借鉴企业管理的方法，如"目标管理""绩效管理""能级管理""人本管理"等的思想和方法，在很多大学试行取得很好的效果。

随着中国体制改革的深化，必将影响到高等教育体制的改革，改革的趋势与结果必将是高等教育的行政管理越来越弱化，适应现代市场经济社会的高等教育管理思想和方法将会出现。

二、高等教育环境的特点

前面我们也提到过高等教育管理活动具有它的特殊性，我们再次强调，大学并不是企业，大学是事业性机构。以基本的利益原则来衡量，它们并没有被视为关心业主投资得到回报的企业组织，而是被视为为学生或整个社会服务的事业性组织。这并不是说高等教育管理者不关心或不应该关心实现目标过程中的有效性和效率问题，相反，大学在行为方式上需要企业精神，但是，大学的管理者和领导者必须认识到这些组织与企业的区别，并在实现其目标的过程中把这些区别考虑进去。

任何高等教育管理活动都是围绕高等教育的目标这个中心来开展的。只有遵循高等教育管理的客观规律，才能顺利地实现既定的目标。一般认为，高等教育的基本规律及其特殊性包括两个方面：一是高等教育与社会协调发展；二是高等教育与受教育者身心全面发展相适应。高等教育管理原则必须以这两个方面为前提才能避免高等教育管理与高等教育工作之间的对立和冲突，最终提高管理效益。与一般管理活动相比，高等教育管理活动存在一些特殊规律，它们构成了这门学科专门的研究领域。比如：经济效益与社会效益的关系，人才培养与科学研究的关系，学术自由与行政管理的关系，个人利益与集体利益的关系等。高等教育管理原则的制定与人们对这些特殊规律和矛盾的认同密切相关。

同其他管理一样，高等教育管理具有两重性，即既有超越阶级和政治的一面，又有服务于一定的政治目的，是一定社会集团的政治工具的另一面。高等教育管理的政治性突出地体现在教育方针和教育法规中。教育方针规定了办学的指导思想、培养人才的基本规格和基本途径；教育法规是占统治地位的社会集团对这种指导思想的法律认可和保护，它代表整个社会政治制度、经济制度、文化制度对教育的要求和约束，同时也界定了教育事业的责、权、利的范围。随着我国教育法规，尤其是高等教育法规的进一步完善，高等教育管理必将真正纳入法制化轨道。同时，高等教育的指导思想、原则自然要受制于既定的教育方针和法规。

与高等教育系统相对应，高等教育管理原则也构成一个系统，它同样具有目的性、相关性和整体性。原则体系的目的性在于指导具体的管理实践，使管理工作更符合客观规律；原则体系的相关性则指涉及高等教育管理过程的每一条原则相互依存、相互补充；原则体系的整体性在于各原则围绕怎样提高高等教育管理效率这一目标结合为一个整体。一方面，高等教育管理作为整个行政管理系统的子系统，应充分体现现代管理科学的基本原则，另一方面，高等教育管理原则应能统领各层次管理的具体原则和工作方针。在确立高等教育管理原则之前，我们还有一项重要的工作要做，那就是对高等教育系统组织特征的分析。只有将一般的管理原则置于高等教育特殊的组织背景下，才能作出对高等教育管理原则的恰当概括，并在较深层面上理解和运用这些原则。

有了上面关于高等教育管理原则确立依据的分析，我们便有可能对现有的各种高等教育管理原则的表述作出评判。例如，"计划性"只是在高等教育管理领域的某一环节具有意义，却不能涵盖整个高等教育管理领域；"教育性"是强调环境的教育作用及各级管理人员以身作则的模范作用，是属于广义的教育学要研究的范畴；"科学性"是一条具有普遍意义的原则，它与"方向性"属于同一层次的概念，是指导所有管理活动的基本原则，没有体现高等教育管理的特征；"规范性"属于更为具体的管理手段，是提高管理效益的前提，可以把这一要求作为"高效性"的一个方面来讨论；至于"民主性""激励性"等，也是一般管理原则问题。总之，在现代社会的文明进入到一个新的发展时期，我们把高等教育管理的基本原则确立的基础归纳为四句话，即和谐为先，法制为上，公平为本，效益为果。

第二节　高等教育管理的基本原则

我们追求的是这样一类高等教育管理原则，它们必须能较全面、准确地反映高等教育管理活动的特点、本质与规律，即它们是根据一般管理学的原理提出的，同时又特别适用于高等教育管理领域。它们在理论上是完备的，在实际工作中又是切实可行的，以便有效地指导高等教育管理实践活动。前面有关建立高等教育管理原则的依据的论述为科学地分析高等教育管理原则提供了逻辑上和理论上的铺垫。我们认为，高等教育管理基本原则可以包括七个方面，即高效性原则、整体性原则、民主性原则、动态性原则、导向性原则、依法管理原则、公平公正原则。

一、高效性原则

高等教育管理的高效性原则是高等教育管理本质的直接体现和具体化，它要求以一定的高等教育资源投入培养和提供更多的合格高级专门人才和高水平的研究成果，或者说培养和提供一定数量的合格人才和研究成果，投入的高等教育资源要求最少，产出的数量与质量高，从而表明高等教育管理的活力越突出。

任何一种社会机构或组织的活动都需要进行效益管理，都需要提高其工作效率。高效性原则揭示了高等教育管理追求的目标，这就是良好的办学效益，它包括经济效益和社会效益。办学效益的评判标准应该是高等教育所培养的人才和提供的研究成果对社会进步、经济发展、文化进步是否起到最佳的促进作用，高等教育在实施过程中是否最大限度地利用了各种资源，最大限度地减少了浪费。高等教育在总体发展规划、具体专业设置、人员聘用、经费使用等方面必须具有充分的灵活性和活力，这是保证办学效益得到提高的前提条件。不过，虽然如其他领域一样，高等教育系统也关心管理的效益，但联系高等教育的组织特征（诸如总体目标的模糊性、利益联系机制的松散性等），在分析高等教育办学效益时，有两点需要注意：一是在一定的周期内，高等教育所花费的成本和实际获得的经济收益很难精确衡量；二是高等教育的社会效益更无法用数字量化。通常能够计算出来的只有某些资源的利用情况，比如人员、经费、设备、时间、图书资料等的使用效率可以得到一个概算。过去几十年，人们越来越关注教育组织的效益，这很大程度上取决于其人力资源的质量和状况。人力资源计算作为一门技术正在形成，依靠这一技术，我们可以计算一个组织中人力资源的价值，并估计管理政策的影响。但教育管理活动的复杂性和多样性使现有的技术无法对一些无形的、间接的、综合的、迟效性的教育管理效益做出客观、精确的测定。这就使我们难以回答如何才能促进高等教育管理效益的提高，或者说有哪些因素影响着高等教育管理效益的提高。

有的学者提出了测量教育管理效率的五个方面可供我们参考。

用人效益。指成员潜能的发挥程度，具体考察现有人力、在用人力、实际有效使用人力，计算有效人数与实际人数的比率。

经济效益。指投资的实际经济价值，投入与产出、有用耗费与无用耗费、有用效果与无用效果。

时间效益。指时间运筹的有效利用率，法定工作时间与实际有效利用的工作时间的比率。

办事效率也指工作效率。管理机构处理公务的实际成效，已办的与应办的，正确处理的与处理不当的，未办公务中由客观因素导致的件数与由主观因素导致的件数的比率。

整体综合效益。指教育管理的社会效果，社会承认、满足的程度等。

二、整体性原则

高等教育管理整体性原则既决定于高等教育系统的整体性，又受制于培养高级专门人才的高等教育目的。管理是一个为了达到同一目标而协调集体所作努力的过程。目标不但为管理指明了方向，而且是一种激励被管理者的力量源泉。特别是当组织的目标充分体现组织成员的共同利益，并使之与每一个成员的个人目标结合在一起时，就会极大地激发组织成员的热情、献身精神和创造力。在高等教育管理系统中，管理过程的各个环节以及各个方面也是围绕一个统一的目标（培养人才和开展科学研究）而运转的。这个统一的目标使得高等教育的各项工作融为一个整体，高等教育就是要从这个整体出发，协调各环节和各方面的管理工作。系统的最大特点在于整体的功能大于各部分之和，这一系统原理为整体性原则提供了理论依据。系统的功能不仅体现在数量上，更重要的是体现在本质上。通常系统的整体功能相对于各组成部分的功能来说是一种质变。实际的管理工作中，经常遇到局部与全局的矛盾。从某个局部来看虽然能获得一定的效益，但如果整体的损失超过局部的效益，我们总是强调局部服从整体的全局观点。研究表明，人需要给予具体目标才能调动潜在能力，也只有在达到明确目标后，才会产生成就感和满足感。用以维系管理整体性原则的目标只有具体化，并渗透于整个管理过程，成为一种稳定的宗旨，才能真正发挥其统领全局的功效。目标管理的核心是把组织的目的、任务转化为目标，并使组织的总目标与各个部门、个人的目标融为一体，形成组织、部门、个人方向一致、明确具体、切实可行的目标体系。它强调以目标指导行动，以成就和贡献作为管理活动的重点，特别强调目标实现的整体性。

同其他系统一样，高等教育系统中没有任何人或组织可以单独地满足自身的需要，而不依赖与他人或组织的合作。没有基于管理目标的合作行为就没有管理的整体性，事实上，也就没有管理本身。高等教育系统中存在各种不同的工作目标，这是社会与组织分工的产物，它们有赖于高等教育总体目标指导下的相互配合。在具有不同功能的组织中，整体性原则的体现方式是各不相同的。一般而言，在功利性为主的经济组织内强调竞争，在以强制性为主的军事组织内强调服从。

和谐、团结、协作对于高等教育管理的整体性原则的贯彻是需要的，但在高等教育组织的实际运作中，存在着多种不同形式、强度的冲突。及时诊断并将冲突带来的破坏减少到最小限度也是维护高教管理整体性原则的一个重要方面。所谓冲突，是指人们为了某种目标或价值观而相互争斗的状态。高校领域内的冲突多表现为成员心理、角色、地位的冲突和学术观点的冲突。

前者的例子如职称晋升，往往同一年龄层的教师越多，水平越接近，冲突就越激烈；一定程度的学术思想冲突、辩论，可以促进学术研究的人和发展。可见，冲突的功能具有双重性。经常的、强有力的冲突对组织中成员的心理和行为有破坏性的影响，疏远、冷淡、漠不关心、极端的对立情绪和进攻性行为等，这些显然会导致组织的涣散和管理效能的低下。在高等教育管理领域运用冲突原理，一方面把冲突破坏的可能性减小到最低水平，另一方面，使冲突产生有效的、积极的效果，保证管理的连续性和整体性。

三、民主性原则

高等教育管理的民主性原则主要由高等教育管理的学术性所决定。要办好每所既封闭又开放的高等学校，不发扬民主，不充分调动师生员工的积极性和创造性是不可能的，所以，高等教育和高等学校在进行重大决策过程中都必须发扬民主。高等教育领域人才荟萃，学术思想活跃。高等学校的教学和科研活动从其本质而言是学术性活动，而离开民主与自由，学术性活动便无法开展。由前面的论述可知，高等教育系统是一个充满利益和权力冲突的系统，决策的制定和实施往往是各种力量协商或妥协的结果。这里任何独裁式的"一言堂"都有可能损害高等教育的学术价值。民主的基础是对个人价值的承认，学校如同其他社会组织（或机构）一样，要求一切受到决策影响的东西（法律、纪律、规章、决定、计划、标准等）都要反映出民主的精神和原则。学校的民主主要体现在学校重大事件的决策中每个人都有权发表自己的意见，领导和组织必须在听取师生员工意见的基础上，按照科学的程序作出决定。在我国实行的是民主集中制，所以，在民主原则的运用中，国家、集体的利益始终是第一位的，应在此基础上正确处理好国家、集体、个人三者的关系。民主与公正是紧密联系的，在高等教育管理中，公正意味着建立严格透明的规章制度，人们享受公平的同时享受民主。公正要求把集体的常模与准则应用于个体，在这些常模与准则的实施中，要做到平等、正大光明，不允许营私舞弊，而且要受到民主的监督。民主性原则要求在高等教育管理中制定决策的民主化、执行决策的民主化、检查决策执行情况的民主化、评定决策执行结果的民主化。

制定决策的民主化。高等教育管理中计划与决策工作要充分发扬民主精神，这种民主精神体现在让被管理者，更确切地说让决策的具体执行者民主地参与决策的过程。这样可以集思广益，提高决策的科学性，使之更切合实际。个人希望自己被吸收参与决策，个人必然要花费自己的时间和精力参与决策，一些事情刚好是个人的"冷漠区"，如校长只在一些低层次问题上让教师参与，教师可能会不感兴趣。有些涉及个人切身利益的所谓"敏感区"必须提高职工的参与程度，领导正好借此类活动的成功来提高自己的威信。有些问题虽与教师利益有关，但不足以让教师将它们作为个人问题给予特别的关心，即所谓的"矛盾心理区"。这时可有选择地（如组成代表小组）让教师参与。

执行决策的民主化。管理者要随时了解和掌握决策的执行情况，在此基础上调整和改进决策的执行方案和方法，以保证决策的顺利实行。在这一过程中，不论是了解执行情况还是调整、改进执行的方案和方法，都离不开民主的过程。管理者要尊重下属，要虚心向他们求教，及时而合理地对方案与方法的执行进行调整和改进。

检查决策执行情况的民主化。检查决策执行情况时，管理者不能凭主观判断，而要根据决策的目标、决策执行的实际情况，结合管理者的实践经验，实事求是地进行判断。在这一过程中，让决策执行者民主地参与检查工作是非常重要的。

评定决策执行结果的民主化。决策执行结果的评定不仅关系到对本决策的制定者和执行者工作的评价，而且关系到下一个决策的制定与执行。评定工作也要贯彻民主原则，以有利于激发和强化决策者与执行者的工作热情，有利于发挥和发展他们的创造性，最终有利于高等教育管理效益的提高。

四、动态性原则

高等教育作为一种社会系统，与外部环境处于动态的相互作用之中。开放系统的一个特点是能够影响其内部子系统，以便对各种环境中的偶然事件作出反应。管理活动与管理对象、管理环境之间有着本质的、必然的联系。根据对高等教育组织特征的分析,高等教育管理过程中要完成的任务、组织的结构、用来完成任务的技术和参与的人员都处于动态之中。这样,一方面高等教育活动须按照管理的基本原理和原则来进行,保持管理的相对稳定和应有秩序,同时,高等教育管理的对象、内容、方式、手段等都在变化之中,要求运用高等教育管理原则时具有灵活性。

管理学中的权变理论为把普通的组织管理原则与各组织独特的、具体的情况联系起来提供了一条途径,有三个基本观点。一是对学校的组织和管理不存在一种最好的通用方法;二是在一个特定的情景中,并不是所有的组织和管理的方法都是同样有效的,组织效率的结构设计或方式是否适合一定的情景;三是组织设计和管理方式的选择必须建立在对情景中的重大事件进行细致分析的基础上。权变理论要求从有效地实现组织目标的角度出发,灵活、动态地选择处理偶然事件的方法。如"民主型"领导和"专制型"领导哪一个更好呢,用权变的方法分析,首先要弄清"好"意味着什么,"好"也是相对的。因为管理者的意图是最大限度地实现组织目标,"好"可能解释为"有效的",这时候问题就变为哪一种领导类型对实现学校系统的目标可能作出更大的贡献,这就要权衡组织运作的动态性和有效性。

在动态性原则下,高等教育管理必然重视改革旧体制、旧办法。恩旺克沃在提出教育管理改革的原则时认为,教育中有无数的力量在要求变革,教育管理改革要在基本不打乱教育稳定性的前提下确定和实现各种必要的改革。但是,任何改革不可能绝对稳定,从这个意义上讲,稳定也是相对的。不过,各项必要的改革应符合几条标准,即改革必须切合实际,适应社会的需要;变革的顺利进行要求学校的目标、政策、计划、程序具有灵活性;变革的成功要求变革循序渐进,以保持组织和管理系统的稳定性。

五、导向性原则

高等教育管理的导向性原则主要是指通过管理手段引导所有的组织成员向着既定的目标努力。我们制定的方针政策、我们提出并采取的工作措施、我们营造的工作环境等都具有这种引导作用。

从政治导向的角度讲，高等教育管理导向性原则主要根据高等教育管理的两重性规律提出来的。高等教育管理的自然属性使我国高等教育能按照对外开放政策，向国外学习先进的科技和管理，高等教育管理的社会属性则决定各国间的高等教育管理不能全部照搬，必然考虑不同的社会形态。一个国家的政治制度必然影响这个国家的高等教育，并且也必然地反映在管理上。在阶级社会中，国家与国家之间的社会活动无不打上阶级的烙印，高等教育活动从培养人的角度出发，国家的教育方针就十分明确地规定，是培养国家及民族传承和发展的建设者和接班人。从这个意义上讲，它是形而上的，是上层建筑意识形态领域里的范畴，这是不可忽视和否定的。至于高等教育传播的知识，高等教育管理的具体方法，一般管理知识、技术、原则与方法层面上的东西，不是形而上的东西，不要把任何东西都政治化，这是我们要充分认识清楚的。但是，也不能不提请重视，作为高等教育的宏观管理也好，微观管理也好，对于一个国家、一个民族，育人的方向性是应该放在首位，不是你愿意不愿意的问题，这是阶级社会的政治性决定的。

从管理工作导向来讲，主要是措施和条件导向，管理的手段、方法、环境等。组织成员在管理者的旗帜下，自觉或不自觉地努力工作，这里还存在利益导向、心理导向的问题。这是从不同的角度看导向，运用导向性原则的问题。

六、依法管理原则

1998年8月29日第九届全国人民代表大会常务委员会第四次会议通过了《中华人民共和国高等教育法》（简称《高教法》），这是指导和约束中国高等教育活动的根本大法。《高教法》共八章，从总则、高等教育基本制度、高等学校的设立、高等学校的组织和活动、高等学校教师和其他教育工作者、高等学校的学生、高等教育投入和条件保障、附则等全面地规范了高等教育的活动，做到有法可依。有些方面是我们应该特别注意的。

总则中，《高教法》准确地界定了高等教育的定义，什么是高等教育，就是指在完成高级中等教育基础上实施的教育。使我们对高等教育的基本概念有一个统一的认识——高级专门人才，发展科学技术文化，促进社会主义现代化建设。规定了国家主办高等教育的目的和任务，就是要根据经济建设和社会发展的需要，制定高等教育发展规划，举办高等学校，并采取多种形式积极发展高等教育事业。鼓励企业事业组织、社会团体及其他社会组织和公民等社会力量依法举办高等学校，参与和支持高等教育事业的改革和发展。按照社会主义现代化建设和发展社会主义市场经济的需要，根据不同类型、不同层次高等学校的实际，推进高等教育体制改革和高等教育教学改革，优化高等教育结构和资源配置，提高高等教育的质量和效益。

规定高等学校应当面向社会，依法自主办学，实行民主管理。

在管理体制上，国务院统一领导和管理全国高等教育事业。省、自治区、直辖市人民政府统筹协调本行政区域内的高等教育事业，管理主要为地方培养人才的高等学校和国务院授权管理的高等学校。国务院教育行政部门主管全国高等教育工作，管理国务院确定的主要为全国培养人才的高等学校。国务院其他有关部门在国务院规定的职责范围内，负责有关的高等教育工作。在高等教育管理的实践活动中，我们已经感受到了依法办事的重要性。这是因为，中国正在逐步向法制化国家的轨道迈进，高等教育活动中的矛盾只有通过法律法规的程序才能得到妥善处理。特别是国家与国家之间的矛盾，高等教育内部与社会其他部门之间的矛盾，高等教育组织法人与其他法人主体之间的矛盾，高等教育组织内部法人与法人之间的矛盾，高等教育内部成员之间的矛盾等，由于人们的法律意识的增强，一般都会通过法律的程序解决高等教育活动中的矛盾。因此，依法管理的原则也显得越来越重要。

在高等教育基本制度中，规定高等教育的办学形式是：高等教育采用全日制和非全日制教育形式，同时，支持采用广播、电视、函授及其他远程教育方式实施高等教育。规定高等教育的教育层次是：高等学历教育分为专科教育、本科教育和研究生教育，以及各类教育层次的修业年限、基本规格、学位管理、证书管理等。规定了高等学校设立的标准：具备教育法规定的基本条件，学科专业等科类的设置标准，高等学校的章程。规定了高等学校的组织和活动：领导和管理体制，法人资格，依法享有民事权利，承担民事责任，自主办学的权利与义务。规定了高等学校的性质义务、功能及服务：应当以培养人才为中心，开展教学、科学研究和社会服务，保证教育教学质量达到国家规定的标准。规定了大学生的权利与义务。明确了高等教育的投入和条件保障制度。

依法管理的原则，就是要依据这些法律，还有教育行政主管部门规定的法规，来规范高等教育活动。从微观高等教育管理来讲，要依法治校，建立健全各种规章制度，依法行政，通过制度来规范管理者自己的行为。

七、公平公正原则

公平公正原则是市场经济体制下高等教育管理活动的基础，是调动各方积极性，有效地完成高等教育任务，达到高等教育目标的前提。任何高等教育活动都是由人来完成的，公平公正是对人的教育心理活动的基本保证，否则，缺乏公平公正，设计再好的管理活动，也难以达到满意的效果，因为，它挫伤了人的积极性，阻碍了人的主观能动性的发挥，影响了生产力。长期以来，许多管理者不太重视公平公正的原则，不注重管理活动中人的感受，把自己的意志强加于别人之上，通过权力来贯彻自己的意志，甚至打击了正义，鼓励错误，最终导致管理失败。在管理的实践中不乏这样的例子，由于有失公平，使得很好的管理活动和方案流于形式，最终流产或者效果十分糟糕。

除了上述的这些原则外，我们还可以总结出其他的如权威性原则、可操作性原则等，这里不一一列举。

第三节　高等教育管理原则的应用

我们研究高等教育管理原则最主要的目的是将这种原则思想贯穿在具体的管理活动中，指导我们实施管理方法和管理措施。目前，高等教育管理方式可以归纳这么四种，即组织能级管理、标准量化管理、目标绩效管理、多种组合管理。那么，在这些管理中，规划、组织、领导和协调可以考虑遵循某些主要的、最基本的原则。

一、组织能级管理

组织能级管理是一种较为传统的高等教育管理方式，它是通过一级一级的行政组织及其权力来实施对高等教育的管理的。这种管理方式中最主要的是强调计划性管理，强调上下级组织及管理者的服从管理。这种管理的终端组织的自主性差，管理链长，行政的力度稍差，就容易造成"尾大不掉"。这种管理方式对管理者的素质要求高，特别是管理组织中的各级首长要遵循管理的民主性原则。在管理抉择的活动中，在制定计划中，不仅要听取同级组织中的成员的意见，而且还要听取下级组织中的成员的意见，充分发挥民主参与的作用，把成员的智慧为我所用。同时，要让各级组织的成员充分理解领导者的意图，认同领导者的意图，只有这样，组织的目标才会很好地完成。

其次，依法管理的原则在组织能级管理中尤为重要。能级管理中强调的是以首长为中心，管理者依靠行政权力进行管理，往往会造成个人说了算，而依法管理是对管理者的无序和独断专行的制约。

二、目标绩效管理

目标绩效管理是当前许多高校尝试的一种新的管理模式。教育目的与任务不同，教育行政或教育组织目标绩效管理的内容也不同，但是，都是以体现教育价值的结果为目标的。事先要确立一个客观的目标，然后，通过一个阶段的管理活动的实施，评价管理活动实施的最终业绩和效果，体现管理的价值。因此，这种管理要遵循正确的导向性原则，目标与考核挂钩适度的原则，公平公正的原则。

　　一般来讲，目标绩效管理是一种完成中短期、阶段性任务的管理活动，是为中长期的规划和目标服务的，正确的导向性原则是指制定目标的指导思想，导向应该十分明确，这种措施的导向就是为达到中长期的发展目标和工作目标服务的。目标的导向性对于组织的管理，特别是组织成员的心理目标的实现是很重要的，因为管理者确定的目标本身就是一种导向，是通过具体的目标的实现达到促进某方面的工作的推进，某项事业的发展。这是管理者在推进这种管理模式的时候必须要考虑到的最根本性的问题。同时，体现在目标的具体指标任务上，要有导向促进作用。目标与考核挂钩适度是一个比较难把握的原则，因为，它的核心是与集团组织或者个人的利益挂钩，是一种心理刺激最敏感、最有力度的方面，它要考虑很多客观的东西。第一，它与组织内部的人事分配制度有直接的联系；第二，它与组织外部的利益分配环境有很大的联系；第三，它与管理者的期望值、组织成员的期望值有很大的关系。这种度把握的好，导向的功能就强，导向就是成功的，反之导向就是失败的。

　　在目标绩效管理中，一般来讲，管理的对象是多个组织、多个群体，因此，管理活动特别注重公平公正的原则。管理活动的公平公正原则主要有三个方面。一是指标体系确定的公平性，二是过程管理的公平性，三是考核评价的公平性。指标体系的确立，公平公正地获取真实的考核信息，严格执法，在最终的结果处理上不要搞双重标准。不考虑组织及其成员中的差异性，不规范管理者自己考核过程的行为，价值信息结果提取不公平，矛盾处理中决断不公正，必将会导致价值的扭曲，影响管理的效果，甚至会导致管理活动的失败。

三、标准量化管理

标准量化管理模式与目标管理在某些方面有共同之处，是高等教育行政和高等教育组织管理今后发展的方向之一。目前，国内的高等教育行政管理和一些高等教育组织已经开始探索和实施标准量化管理。如国家实施的高等学校教学工作水平评估就是典型的标准量化管理方式。同时，有些教育组织内部在某些方面推进国家质量论证标准的管理，特别是可量化管理的活动实施标准量化管理，如教学活动的过程管理，对于某些教师教学行为的规范要求、实验室实验教学的规范要求、教学管理的规范要求等是可以量化的，在这些领域实施标准量化管理是一种有益的尝试。那么，这种管理的方式要遵循标准的权威性原则，实施办法的简洁性原则和运行过程中的可操作性原则。

首先，标准量化管理一定要有定量标准的权威性，不论是国家、社会的，还是团体组织的，必须由权威部门组织权威专家制定质量论证标准，与目标管理一样，也同样地存在标准的高低问题。缺乏权威性的标准量化管理往往达不到好的效果，搞不好会适得其反。

其次，标准量化管理最主要的问题之一是实施和操作过程中的简洁性及可操作性，这也是必须要遵循的原则。标准量化管理本来是一种非常明确的管理方式，但是，如果把标准搞得很复杂，简单的东西搞得太复杂，结果将会事倍功半。

四、多种组合管理

目前，不论是高等教学的宏观管理还是微观管理，特别是有一定组织规模的管理，还不能说只是某一种专一模式的管理，可能是一种组合模式的管理。这是由于社会形态的多样性决定了管理模式的多样化。因此，推进两个及以上的多种管理模式必须要遵循整体的原则、高效的原则。

作为一个团体以及组织，总的目标是一致的，多种组合管理模式只是方法的不同，那么，在具体实施这些方法中要考虑整体性，否则，A 模式和 B 模式不从整体性考虑，各自为阵，结果会出现许多矛盾冲突，产生组织内部的不平衡，这种不平衡产生投入与产出、付出与所得的差异，可能会影响最终的效果。可以容许不平衡，因为没有绝对的平衡，这种不平衡是一种积极的行为的话，那么，应该是正面的效应，但是，要从整体考虑这种不平衡，因为，不同模式的实施是有成本的，不同模式的成本要考虑整体的成本，最后达到共同的管理目标与效果。

在一个组织内部，多种组合管理模式是容许的，但是，这里存在一个效率的问题，前面我们提到不同模式实施的成本问题，实际上也是管理的成本问题。一个组织内部的多种模式管理不同于单一的模式管理，牵扯到管理者的许多精力，另外，管理的组织机构运转起来也稍感复杂，势必影响管理的效率。所以，实施多种组合模式的管理要遵循效益性原则就显得尤为重要。

第五章 小学教育

第一节 小学教育在义务教育中的地位

小学教育通常是指一个国家学制中第一个阶段的教育，也称初等教育，教育对象一般为 6～12 岁的儿童。小学教育是基础教育，是对全体公民实施的基本的普通文化知识的教育，是培养公民基本素质的教育。

一、小学教育

（一）我国古代的小学教育

根据古代经籍的记载，在我国原始社会的后期，约 4000 年前的虞舜时期，开始有类似教育机构的建立，称之为庠。从字形上看，"庠"的最初含意是饲养牛羊的地方，据推测，饲养牛羊这项工作是由老年人担任的。他们一方面管理牛羊，一方面照料小孩。久而久之，"庠"就由单纯管理牛羊的地方，变成敬养老人和教育儿童的场所。

我国的小学产生于殷周时代。《孟子滕文公上》说："夏曰校，殷曰序，周曰庠。学则三代共之，皆所以明人伦也。"这里指出了我国古代学校的名称及其共同点，通过学习以掌握当时奴隶社会的伦理道德。据推测，校、序、庠都是当时的小学。西周时期，周天子建立了小学，这种小学设在官府。当时在文化教育上，实行"官守学业""学在官府"，表明学校被奴隶主贵族独占。春秋战国时期，私学兴起，办私学形成了一种风气，其中，又以孔子办的私学规模为最大。此后，各朝代不但有官办的小学，也有私办的小学。

古希腊、雅典的经济文化比较发达，并有了初步的教育制度，男孩七岁开始，同时上文法学校和音乐学校，给儿童文史知识和教他们诗歌弹唱，陶冶他们的性格和品德；十二三岁后入体操学校，又叫角力学校，是高一级的学校，以培养学生的强壮身体、坚强意志，使他们具有做一个统治者所应有的素质。

（二）我国近现代的小学教育

1.近代小学教育的开端

1878 年，张焕纶[1]所创办的上海正蒙书院内附设的小班，是近代小学的开端。1897 年，盛宣怀[2]创办的南洋公学，分为四院，其中的外院即为小学，它是我国最早的公立小学堂。1898 年 5 月，清政府下谕，命各省府州县设学堂，并将各州县的书院改为小学堂。这可看作是清政府下决心推行现代小学教育的开始。

2.清末的小学教育

中国小学正式课程的产生，实始于清末推行新教育时期。1902 年，公布《钦定学堂章程》，教育分 3 段 7 节。第一段为初等教育，其中分蒙学堂、寻常小学堂及高等小学堂等 3 级。类似小学性质的寻常小学堂，学制 3 年，所开课程有修身、读经、作文、习字、史学、舆地、算术及体操。

1903 年，清政府颁布《奏定学堂章程》取代了《钦定学堂章程》。这个档案不但明确了整个学校教育制度，还规定了各级学校的课程。小学亦称初等小学堂，儿童 7 岁入学，修业 5 年。其宗旨为"启其人生应有之知识，立其明伦理、爱国家之根基，并调护儿童的身体令其发育为宗旨；以识字之民日多为成效"，并规定初等小学教育为义务教育。

初等小学堂内分完全科与简易科两种。前者所开设课程包括必修科和随意科。必修科有：修身、读经讲经、中国文学、算术、历史、地理、格致、

1.张焕纶（1846—1904），近代小学教育的创始人。光绪四年（1878 年），同窗好友沈成浩、徐葵德等人筹资兴办书院。将自己住宅的部分厅堂、庭院，拨作校舍，招收学生 40 余人，分班组进行教授。因为就学的都是刚开蒙的儿童，学校定名为"正蒙学院"。学校的办学体制、课程设置、教学内容以及组织管理都参照西方学校的方法。光绪八年，学校改名"溪书院"。为适应社会环境，增设英文、法文课，还注重体育和军事训练，"是上海最早实行军事训练的学校，同时是上海童子军的老祖师"。光绪二十八年改为公立梅溪小学。黄炎培曾说："……吾国教育，上海发达最早，而上海小学，梅溪实开头先……"
2.盛宣怀（1844—1916），江苏武进龙溪人。1898 年 4 月，在上海创办南洋公学（今上海交通大学），附设译书院。

体操。此外视地方情形，尚可加设图画、手工一科或两科，为随意科；《孝经》《四书》《礼记》节本为完全科必读的经书。每周上课 30 小时，读经时间占全部课程的 2/5。后者所开设课程有修身、读经、中国文学、史地、格致、算术及体操等科。

《奏定学堂章程》里公布的小学课程是我国第一套正式的小学课程。其中安排了一系列的基础性学科及图画、体操等科目，课程内容有所更新、课程结构有所改进，奠定了现代小学课程发展的基础。但修身与读经讲经占了相当多课时，孔孟之道仍居统治地位。

3."中华民国"的小学教育

1912 年"中华民国"成立之后，教育部公布小学校令。改小学堂为小学校，分初等小学校和高等小学校。初等小学校招收 6 岁儿童入学，修业年限为 4 年。培养目标是：留意儿童身心发育，培养国民道德之基础，授以生活所必需之知识技能。

1919 年，由于"五四"新文化运动的影响，小学教育有了较大的变化。小学教育机构统称为小学校，招收 6 岁儿童入学，修业年限为 6 年，前 4 年为初级，后 2 年为高级，前 4 年可单独设立，这一学制一直延续到中华人民共和国成立。义务教育年限为 4 年，但各地方可以视实际情况适当延长。

4.近现代中国小学教育的发展特征

1840 年以后，我国的小学教育有了较大的发展。发展变化的基本特征是：

第一，逐步明确了小学教育为普通教育、义务教育的性质。

第二，学制改革逐渐向世界其他国家靠近，采用修业年限为 6 年的"4-2"学制。

第三，逐步明确小学教育是为培养合格公民打基础的教育。

第四，从小学堂到小学校都有了公立和私立两类。

（三）建国以后的小学教育

中华人民共和国成立以后，党和政府一贯重视小学教育的发展，使我国的小学教育从各方面都有了极大的发展，小学教育的水平也有了很大的提高。小学教育的改革与发展着重开展的工作有：

1.普及小学教育

中华人民共和国成立后之后，普及小学教育就成为党和政府的一贯方针，曾先后十多次下达文件或指示，要求在全国范围内尽快普及小学教育，并从1986 年开始推行九年义务教育。

为了尽快普及小学教育，我国采取了两个基本方针：一是坚持"两条腿走路"的办学方针，即国家办学与厂矿企业、社队办学相结合；二是实行多种类型的办学形式，中华人民共和国成立后试行的学校类型主要有全日制小学和非全日制小学两种，非全日制小学如半日制小学、巡回制小学、季节性小学等。

2.学制改革试验

中华人民共和国成立以后，我国便对小学原来的六年制（4-2 制）的学制进行压缩，开始五年一贯制的试行与推广，以后又形成了五年制与六年制并存的局面。

中华人民共和国成立后学制的长短变化，主要是围绕实验小学五年一贯制进行的。"十七年"时期，反复实验，积累了宝贵经验，也留下了惨痛教训；"文革"十年，则在特定社会背景下基本推行；"文革"以后，大多数地区在新的基础上迅速恢复了"六三三"学制。

中华人民共和国成立伊始，在"向工农开门"的思想指导下，1951 年学制的三大改革目标之一便是："小学的修业年限为五年，实行一贯制，取消初、高两级的分段制。"1952 年，教育部指示"全国小学自 1952 年一年级新生起普遍推行"，至 1957 年全部完成。但在执行中，师资、校舍、教材等方面都遇到出乎意料的困难，一年后政务院通令各地"一律暂行停止推行。小学学制仍沿用四二制"，并一直维持到 1958 年。此后至"文革"前历经三次反复：1958 年大发展，1959 年整顿；1960 年再发展，1961、1962 年再整顿；1963 年起又逐步恢复，缓慢发展。

"文革"十年，在"教育要革命，学制要缩短"的口号下，大学基本停办，中小学修业年限大幅缩短，成为中国自有学制以来的历史最低点。到 1973 年，全国共有 14 省区实行 9 年制，小学 5 年、初中 2 年、高中 2 年；7 省区实行 10 年制，小学 5 年、初中 3 年、高中 2 年或者小学 6 年、中学 4 年；9

省区实行农村 9 制、城市 10 年制；西藏实行五三、六三制，小学 5 或 6 年，初中 3 年。小学五年一贯制虽基本得以普及，却是以严重降低教育质量为代价的。

"文革"结束后，拨乱反正，原有过短的学制严重制约了人才培养质量的提高，如何延长学制成为迫切的时代课题。经过 1978—1980 年的酝酿摸索，1981、1982 年后大多地区陆续恢复"六三三"制，当时，延长学制是教育界的一致呼声，而至于延长多少、如何延长则见仁见智。中学学制虽有争论，分歧不大，核心问题仍是小学五年制与六年制之争。一般来说，教育理论界和教育行政部门倾向五年制，教育实践工作者主张六年制。应该说，五年制在理论上具有合理性，可在实践中缺乏可行性，因为"使用统编教材后，教师普遍反映教材要求高、类型多，学生难掌握。为了赶进度，学校不得不增加课时，老师普遍加班加点，学生课外负担也很重"，加之"文革"中久被压抑的教育、学习热情空前释放，片面追求升学率愈演愈烈，六年制就成为必然选择了。

3.教学改革试验

中华人民共和国成立以来，小学语文、算术等学科都进行了教学改革的试验。教学改革所要解决的核心问题是改革教学方法，提高课堂教学质量，减轻学生的课业负担。

二、义务教育

（一）义务教育的意义

1.义务教育制度的诞生和发展

义务教育制度诞生于欧洲，这有着深刻的原因。14—16 世纪，欧洲的工厂手工业和商业迅速发展，城市也发达起来。工商业的发展又刺激了航海事业——国际贸易和掠夺殖民地的发展。美洲新大陆和绕道非洲到印度的新航线的发现，又加速了社会生产力进一步发展，封建自然经济的解体和资本主义生产方式的迅速形成，"第三等级"开始登上政治舞台。经济的迅猛发展呼唤科学技术的发展。这时，涌现了一批科学巨匠与伟大的发现，如哥白尼的日心说（1543 年），伽利略的自由落体定律、惯性定律（1540 年），开普勒、尔切尔苏斯、赛尔维特、哈维等人的成就，奠定了近代自然科学的基础。社会生产力的发展、新的阶级形成和登上政治舞台，以及科学技术的突飞猛进，要求从事操作的劳动者也需有一定的文化科学知识，由此奠定了普及初等教育的经济根源和社会基础。这就是义务教育制度首先在欧洲诞生和发展的历史必然性。

德国的马丁·路德（1483—1546）领导的宗教改革运动，捷克教育家夸美纽斯（1592—1670 年）等人的普及教育主张的提出和传播，对义务教育制度的诞生起到了很大的推动作用。

16—17 世纪，地处中欧的德意志，一方面受到周围国家的威胁，另一方面内部又分裂为上百个公国，不断地进行兼并战争。资产阶级民族国家为了生存，在政治上产生了普及国民基础教育的客观要求：通过普及国民基础教育在全体国民中培养民族主义情绪，增强民族凝聚力；把年青一代训练成为身体健康、勇敢而遵守纪律，能忠实地为民族、为国家效力的士兵；资本主义社会以议会民主为中心的政治、社会活动，也要求在全社会成员中，通过普及国民基础教育来养成公民意识。1619 年，德意志魏玛公国颁布教育法令，第一次把"教育"与履行法律"义务"联系起来，以国家的强制力来推进和实现国民教育的普及。这个法令，被认为是全世界第一个实施义务教育的法律，义务教育制度由此诞生。

魏玛公国的教育法令明确规定：牧师和学校教师，应将 6～12 岁的男女儿童的名单造册报送学校；上述年龄的儿童必须到学校受教育。还规定：不愿送儿童入学的父母，"应以政界政权之手强迫其履行这一不能改变的义务"，并给其父母以惩罚。同年，魏玛宪法进一步规定：对 6～14 岁的儿童、少年实行强迫教育，并对 14～18 岁的青少年实行强迫的、以学习职业技能为主要内容的补习教育，又称职业义务教育。

由于德国实施义务教育收到了显著成效，许多国家纷纷效法。英国于 1870 年颁布《初等教育法》，规定 5～10 岁的儿童必须入学，到 1972 年已延长到 16 岁，法国 1882 年通过的《费里法案》规定对 7～13 岁儿童和少年实行强迫的义务的初等教育，到 1959 年已延长到 16 岁。在美国，马萨诸塞州在 1852

年首先颁布实施义务教育的法律，到 1920 年，全美各州先后都颁布了义务教育法令，其年限有 7～18 岁的，也有 7～16 岁的。日本 1836 年颁布《小学校令》，规定对儿童实行 4 年义务教育，但需缴纳高额的学费，以后才实行免费的义务教育；规定受义务教育与服兵役、纳税一样，同为国民必须履行的三大义务，到 1947 年义务教育年限已延长为 9 年。前苏联在 1917 年十月革命胜利后，即宣布实行义务教育。

现在，颁布义务教育法律，建立义务教育制度，已经发展成为世界性的潮流，成为这个国家和地区走向现代社会的重要标志。据联合国教科文组织第十一届国际会议公布的文件，当时向会议提交报告的 199 个国家中，只有 27 个国家未实行义务教育，1 个情况不明，171 个国家建立了义务教育制度。教育年限不等，长的 12 年，短的只 5～6 年，多数年限在 8～10 年。

2.义务教育的概念

义务教育是指国家采用法律形式规定的适龄儿童、少年都必须接受的，国家、社会、学校、家庭都必须予以保证的带有强制性的国民教育。

"义务"是公民应尽的责任。把"教育"与"义务"联系在一起，就使教育的发展和普及得到国家法律的保证。"义务"的具体内容一般包括，达到一定年龄的儿童和少年有入学接受国家规定年限教育的权利和义务；父母或监护人有使其适龄子女按时就学的义务；国家、社会、学校有提供条件使适龄儿童和少年能得到法律规定年限教育的义务。所以，世界上不少国家或地区又称这种教育为强迫教育。

义务教育与普及教育不是一个等同的概念。国家对学龄儿童和少年不分种族、肤色、宗教信仰、性别和能力普遍实施的一定程度的基础教育称为普及教育；但当以法律的形式规定普及教育的义务形式时，便称为普及义务教育。也有的国家把义务教育称为公民教育，因为国家规定的普及义务教育是每个公民必须接受的基础教育，也是每个公民必须履行的权利和义务。

3.义务教育的意义

第一，义务教育既标志着一个国家的经济发展水平，又会不断促进国家经济的发展。各国制定义务教育的制度，规定义务教育的实施年限，基本上是由各国经济发展水平和文化教育水平所决定的，可以说，经济的发展和社会的进步，是实行义务教育的根本条件。

第二，义务教育既体现着一个国家现代文明的水平，又会促进现代文明的提高。一个国家公民的民主生活是现代文明的重要标志，公民的这种民主生活就是要建立在教育机会均等、人人有受教育的权利的民主基础之上，并通过法律形式来加以保障的。义务教育是建立一个国家民主生活的基础和工具。

第三，义务教育既可以保障公民基本权利，又可以培养公民的法律意识。作为国家的公民必须接受一定年限的教育，这种思想不是所有的人都认识清楚的，尤其在经济落后的地区，由于主观与客观的因素，儿童与少年的受教育的权利时常会受到侵犯。实施义务教育从法律上维护了公民受教育的基本权利，也要求公民履行自己作为国家公民的应尽义务。

（二）义务教育的法律保证

1.《中华人民共和国义务教育法》（以下简称《义务教育法》）是实施义务教育的法律保证

1985年5月，中共中央颁布了《中共中央关于教育体制改革的决定》，明确提出了制定义务教育法、普及九年制义务教育的任务。决定指出：我们完全有必要也有可能把实行九年制义务教育当作关系民族素质提高和国家兴旺发达的一件大事提出来，动员全党、全社会和全国各族人民，用最大努力积极地有步骤地予以实施。为此，需要制订义务教育法，经全国人民代表大会审议通过后颁布。这是中华人民共和国成立后第一次明确提出通过立法在全国实施义务教育。

1986年4月，第六届全国人民代表大会审议通过的《义务教育法》，是确立我国义务教育制度的重要法律，它对义务教育的主体、入学、教育教学、实施、物质保障等方面从法律上作出了比较全面的保证。

《义务教育法》颁布之后，为了确保义务教育的顺利实施，1986年9月，国务院办公厅转发了国家教委、国家计委、财政部、劳动人事部共同制定的《关于实施义务教育法若干问题的意见》。

在此基础上，1992年4月，国务院又批准颁布了《中华人民共和国义务教育法实施细则》，使之成为与《义务教育法》相配套的重要行政法规。如果说《义务教育法》的颁布标志着我国义务教育制度的确立和义务教育的起步，那么，《细则》的颁行则意味着我国的义务教育制度更加具体，更加规范，也更趋于完善与成熟。

2.《义务教育法》的立法依据与宗旨

（1）《义务教育法》的立法依据。我国《义务教育法》的立法依据可以概括为两个方面。

首先，我国《宪法》中有关公民受教育的基本权利和义务的规定以及国家发展社会主义教育事业原则的规定是制定《义务教育法》的法律依据。《宪法》第四十六条第一款规定："中华人民共和国公民有受教育的权利和义务。"第十九条第二款规定："国家举办各种学校，普及初等义务教育，发展中等教育、职业教育和高等教育，并且发展学前教育。"这些条款为制定义务教育提供了重要的宪法依据。

其次，我国现阶段社会主义建设与发展的实际需要、现阶段发展教育的现实条件是制定《义务教育法》的现实依据。从实际需要来看，我国基础教育的发展与实现社会主义现代化建设的战略目标的需要有相当的差距。20 世纪 80 年代以后，我国确立了社会主义现代化建设的战略目标，但从根本上说，经济的振兴、科技的发展以及社会的进步，都取决于劳动者素质的提高和大量合格人才的培养，而劳动者素质的提高、合格人才的培养的关键在基础教育。因此，国家需要制定义务教育法，以更快、更有效地发展基础教育。从现实条件看，一方面建国后我们实施普及教育取得了较大的成绩，积累了许多经验，另一方面我国经济发展水平较低，接受义务教育的对象数量巨大，而国家缺少有效的强制性，使得我们难以从根本上完成普及教育的任务。义务教育法正是在总结我国基础教育发展的经验、汲取普及教育过程中的教训的基础上制定的。

（2）《义务教育法》的立法宗旨。《义务教育法》第一条规定："为了发展基础教育，促进社会主义物质文明和精神文明建设，根据宪法和我国实际情况，制定本法。"由此可以看出，《义务教育法》的立法宗旨主要有三个方面：

第一，发展基础教育。基础教育一般指普通中小学教育，它是一个人奠定身心健康发展的基础。基础教育的状况如何，是衡量一个国家文明程度和人口素质高低的重要标志。制定义务教育法就是为了更好地促进我国基础教育的发展。

第二，促进社会主义物质文明建设。我国社会主义物质文明建设的根本任务是发展生产力，集中力量进行现代化建设，它需要千千万万各行各业学有所长的建设者和劳动者，这一切离不开学校教育。《义务教育法》为培养合格的建设者和劳动者打下了基础，从而为社会主义物质文明建设创造了必要的前提条件。

第三，促进社会主义精神文明建设。社会主义精神文明建设包括思想道德建设和教育科学文化建设两个方面，因此，通过《义务教育法》的制定和实施，可以促进整个教育事业特别是基础教育的发展，进而达到促进社会主义精神文明建设的目的。

（三）《义务教育法》的基本内容与实施

《义务教育法》共十八条，对义务教育的指导思想、实施对象及年限、学制、管理体制、办学条件、各方应履行的责任与义务等方面作了具体的规定。

1.关于义务教育的指导思想

《义务教育法》明确规定了我国实施义务教育的指导思想，它的第三条规定："义务教育必须贯彻国家的教育方针，努力提高教育质量，使儿童、少年在品德、智力、体质等方面全面发展，为提高全民族的素质，培养有理想、有道德、有文化、有纪律的社会主义建设人才奠定基础。"第四条规定："国家、社会、学校和家庭依法保障适龄儿童、少年接受义务教育的权利。"这一规定体现了我国义务教育的根本指导思想。

2.关于义务教育的实施对象及年限

《义务教育法》第六条规定，"凡年满6周岁儿童，不分性别、民族、种族，均为适龄义务教育学生；条件不具备的地区，儿童的入学年龄可推迟到7周岁；我国义务教育的年限为9年。"

3.关于义务教育的学制

《义务教育法》规定："义务教育可以分为初等教育和初级中等教育两个阶段。"前一段指小学,后一段指初级中学。我国义务教育的学制年限通常有:小学六年、初中三年的"六三学制";小学五年、初中四年的"五四学制";小学和初中"九年一贯制"。

4.关于义务教育的管理体制

《义务教育法》规定,我国义务教育实行国务院领导下,地方负责、分级管理的管理体制。义务教育的管理权属于地方,但其大政方针和宏观规划仍由国务院决定,中央继续拨款帮助经济困难地区实施义务教育,在师资、财政等方面帮助少数民族地区实施义务教育,加强发展师范教育,加速师资的培训和培养,采取措施保障教师的社会地位和待遇等。

实行义务教育由地方负责,分级管理,是指省、市、县、乡地方各级人民政府在国务院的宏观指导下,对具体政策、制度、规划的制定和实施。对学校的领导、管理、检查和监督,以及在职权上进行具体分工,各司其职,各负其责。这一规定使地方各级人民政府真正担负起管理和发展基础教育的责任。

5.关于义务教育的办学条件

实施义务教育需要一系列的办学条件,其中最重要的是办学经费和师资。

建立稳定、可靠并能不断增长的经费筹措管道,确保必要的教育事业费和基建投资,逐步改善办学条件,是实施义务教育的重要保证。因此,对于国家来说,《义务教育法》规定:"实施义务教育所需事业费和基本建设投资,由国务院和地方各级人民政府负责筹措,予以保证。国家用于义务教育的财政拨款的增长比例,应当高于财政经常性收入的增长比例,并使在校学生人数平均的教育费用逐步增多。"对于地方来说,《义务教育法》规定:"地方各级人民政府按照国务院的规定,在城乡征收教育事业费附加,主要用于实施义务教育。"同时还需要"鼓励各种社会力量以及个人自愿捐资助学",根据实施义务教育对校舍建设的需要,包括改造危房和破旧校舍,拆建、新建校舍等,经由县级人民政府批准,可以发动社会集资。

建设一支数量足够、质量合格、结构合理并相对稳定的师资队伍,是实施义务教育的关键所在。《义务教育法》规定："国家采取措施加强和发展师范教育，加速培养、培训师资，有计划地实现小学教师具有中等师范学校毕业以上的水平，初级中等学校的教师具有高等师范专科学校毕业以上的水平。"国家建立教师资格考核制度，对合格教师颁发资格证书《义务教育法》还规定："全社会应当尊敬教师。国家保障教师的合法权益，采取措施提高教师的社会地位，改善教师的物质待遇，对优秀的教育工作者给予奖励。"此外，《实施细则》还对校舍、图书、仪器、资料和文娱体育卫生的器材等设备，都提出要求，规定"地方各级人民政府应当制定实施规划，使学校分期分批达到办学条件标准，并进行检查验收"。

　　6.关于国家、社会、学校、家庭的责任与义务

　　《义务教育法》及其《实施细则》对国家、社会、学校、家庭所承担的责任和义务分别做了规定。

　　（1）国家。国家在义务教育中负有重要的责任。国家须提供必要的办学条件，保障适龄儿童、少年接受义务教育。《实施细则》第五章"实施保障"各条款对各级政府的职责作了更为具体的规定。

　　（2）社会。《义务教育法》规定，小学和初级中等学校，除国家举办外，鼓励集体经济组织、企业、事业单位和其他社会力量（包括公民个人），在当地人民政府的统一管理下，依法举办实施义务教育的学校。《实施细则》还规定城乡建设发展规划，必须包括相应的义务教育设施。《义务教育法》对社会上妨碍义务教育的各种行为，提出了多种约束措施，如禁止任何组织或者个人招用应该接受义务教育的适龄儿童、少年就业（包括做工、经商、当学徒等）；任何组织或者个人不得侵占、克扣、挪用义务教育经费，不得扰乱教学秩序，不得侵占、破坏学校的场地、房屋和设备；禁止侮辱、殴打教师；宗教活动不得妨碍义务教育实施等等。这些都是保证义务教育在全社会推行的必要规定。

　　（3）学校。小学和初级中等学校是实施义务教育的基本单位，它们负有重大的责任。根据《义务教育法》及其《实施细则》规定：学校必须端正办学指导思想，全面贯彻国家的教育方针，坚持社会主义方向，实行教育与生产劳动相结合，对学生进行德育、智育、体育、美育和劳动教育；根据城乡

经济和社会发展的需要，以及学生身心发展状况，积极进行教育、教学改革，使学生身心都得到健康的发展；必须严格按照国务院教育行政主管部门发布的指导性教学计划、教学大纲（课程标准）和省级教育主管部门制定的教学计划，进行教育、教学活动，不断提高教育、教学质量；使用经国务院教育主管部门审定或者授权并经省级教育主管部门审定的教学用书，不得使用未经审定的教学用书。学校要严格执行国家对接受义务教育的学生免收学费的规定，但可按省级政府和有关主管部门的规定收取杂费；同时学校不得自行扩大收费的项目及提高收费的标准。学校要推广普通话。

校长和教师是实施义务教育的具体组织者和实施者，对义务教育的实施负有重要责任，起着关键的作用。

（4）家庭。《义务教育法》规定："父母或者其他监护人必须使适龄的子女或者被监护人按时入学，接受规定年限的义务教育。"受教育者本人也是义务教育的主体，凡规定年龄的少年儿童，不分性别、民族和种族，应一律入学接受规定年限的国民基础教育。但作为依法履行接受国民基础教育义务的公民，因他们还未成年，尚不具有完全的行为能力，所以《义务教育法》把按时入学接受义务教育的责任，首先规定为家长或监护人应履行的义务。

7.关于义务教育的强制性和处罚措施

为保证义务教育的实施，《义务教育法》对不依法履行所承担义务的各种行为，采取必要的强制手段，包括适当的处罚，乃至依法追究刑事责任。《实施细则》还专设"罚则"一章，作出更具体的规定。这些规定，体现了法律、法规的严肃性、完整性和有法必依、违法必究的精神。

对于不能履行义务教育，如属因病或特殊情况，要由父母或监护人提出申请，经县级以上教育主管部门或乡人民政府批准，可以免学或辍学。一旦原因消失，辍学的仍应入学。

三、小学教育在义务教育中的地位

小学教育在义务教育中的地位主要表现在以下三个方面。

（一）普及性

普及教育问题是一个世界性问题。在社会发展过程中，许多发展中国家把首先普及初等教育、同时发展中等教育和高等教育作为主要任务；发达国家则主要是普及中等教育，同时发展高等教育。近年来，一些发展较快的发展中国家的初等教育的普及问题已接近解决，正在向普及中等教育的方向发展。中华人民共和国成立以后，我国就非常重视普及初等教育的工作，中共中央、国务院曾几次发文要求尽快在全国范围内普及初等教育。《义务教育法》的颁布，从法律上保证了我国普及初等义务教育、初级中等义务教育的实现。

作为初等教育的小学教育，是义务教育的起点，因而要求其具有最大的普及性。小学教育的普及性主要表现在两个方面：一是国家、社会、学校、家庭必须保证依照义务教育法的规定，凡适龄儿童和少年都能受完九年义务教育，做到不让一个适龄儿童和少年不入学或中途退学，并且使他们每个人都能达到基本的教育要求；二是要求教育工作者对所有的入学儿童负责，爱护、关心、教育每一个学生，平等、公正地对待每一个学生。

（二）基础性

我国的教育体系，一般分为初等教育、中等教育、高等教育三大阶段，每个阶段都有其独立的性质和任务。其中，小学和中学都是普通教育性质，并且，小学教育是基础教育。

小学教育是各级各类教育的基础。从个人来讲，它是一个人形成一定的思想品德、掌握科学文化知识的基础阶段，对每个公民个人的思想品德和科学文化素质起着决定性的作用。良好的小学教育是接受中等教育的基础。从国家来讲，只有小学教育普及和提高了，中等教育、高等教育才能逐级普及和提高，小学教育是国家发展中等教育和高等教育的基础。

小学教育在义务教育中的基础性地位是不容忽视的。在现代化的进程中，国家实施义务教育，这不仅是生产力发展的客观要求，而且是现代社会对每个公民素质的基本要求，这表明，义务教育只能是基础教育而非专业教育，其内容应包括国家每一个社会成员必须具有的基础知识和基本技能，包括相应的价值观念和情感态度。小学教育的基础性地位决定了其在完成这一教育任务过程中的主导作用。

（三）强制性

义务教育不仅是受教育者的权利，也是由社会各阶层、各方面和国家各部门共同承担的义务。为了保证义务教育的实施，必须依靠国家法律的强制力量，这就是义务教育的强制性。中华人民共和国成立以来，党和政府曾为小学教育的发展作过许多努力。1980 年 12 月，中共中央、国务院还专门作出了《关于普及小学教育若干问题的决定》。但由于缺少法律的有效保证，我国基础教育的普及工作发展迟缓，少年儿童的受教育权利时被侵犯，国民素质总体上还不尽如人意。

义务教育的实施，使小学教育具有强制性的特征。这不仅保障了少年儿童受教育的权利，更重要的是使我国小学教育的发展从此有了法律"护航"。

第二节　小学教育目的

一、教育目的的概念

目的是行动所要达到的结果。教育的目的就是进行教育工作所要达到的预期结果。所谓教育的预期结果，就是要使教育对象"养成教育者所希望的质量"。因此，教育目的集中体现为培养人的质量标准，主要回答的是教育要培养什么样的人这样一个根本问题。

在我国，教育目的与教育方针是紧密联在一起的。它是教育方针的一个重要组成部分，但不能等同于教育方针。教育方针是指导教育工作的根本方针，它的结构应当包括三个组成部分：教育性质和教育方向（如"教育必须为社会主义建设服务"就体现了我国社会主义教育的性质和方向）；教育目的（如50年代提出的"培养有社会主义觉悟，有文化的劳动者"和现在提出的培养"有理想、有道德、有文化、有纪律"的社会主义新人）；实现教育目的的根本途径和根本原则（如对学生进行德、智、体、美、劳的全面发展教育贯彻"教育与生产劳动相结合"的原则等）。在我国，教育方针由党和国家统一制定，它是从宏观上，全局上指导我国各级各类教育的根本指导思想。至于社会主义初级阶段我国教育方针的内容应当怎样表述则正在研讨的过程中，有待于国家正式颁布。

还需指出，教育目的与培养目标也是既有联系又有区别的概念。教育目的是培养各级各类合格人才总的要求或共同质量标准；培养目标是不同类型、层次的学校或专业培养人的具体质量规格，如高等学校和中、小学的培养目标，高等学校本科、专科以及各个专业的培养目标都是不同的。两者的区别在于：教育目的主要反映了一定的社会和时代对培养人的总的共同要求，它是各级各类学校均应遵循的总的目标，比如：德、智、体、美、劳全面发展，"有理想，有道德，有文化，有纪律"就是对我国社会主义教育所有学校培养人的共同要求；培养目标则是依据教育目的的共同要求，从各级各类学校或专业的培养任务出发，针对培养对象身心发展的特点制订的。因此，两者是一般和个别的关系。培养目标不能脱离教育目的，教育目的要体现、落实在培养目标之中。

教育是培养人的有目的的活动，教育目的可以说是人们对教育活动的一种设计。一般说来，小学教育目的有广义和狭义之分。

广义的小学教育目的是指人们对受教育者的期望，即人们希望受教育者通过教育在身心诸方面发生什么样的变化，或产生怎样的结果。国家和社会教育机构、学生家长、教师等都对新一代寄予期望，这些期望也可以理解为广义的小学教育目的。

狭义的小学教育目的是国家对在小学中培养什么样的人才的总要求。

二、教育目的的意义与依据

（一）教育目的的意义

小学教育目的是小学教育的出发点和归宿，它贯穿于小学教育活动的全过程，对小学教育活动具有指导意义。

1.小学教育目的具有导向作用

任何一种教育都要按照教育目的对教育活动进行目标导向，以便把受教育者培养成一定的社会和时代所需要的人。所谓"教育无目的"是根本不存在的。如果教育目的不正确，或虽有正确的教育目的而不能用它来指导教育实践，教育活动就会偏离正确的方向，达不到应当追求的目标。今天我们讲"端正办学思想"，其核心就是要端正到社会主义的教育方向和目的上来。"片面追求升学率"这种办学思想的根本错误不在于"升学"，而正在于它偏离了"教育必须为社会主义建设"培养多层次合格人才的正确方向和基础教育的培养目标。所以教育目的是一切教育活动的出发点，是保证正确的办学方向的根本依据。同时教育目的和培养目标也是教育对象自我努力的方向，是教育者与受教育者双边活动协调、统一的基础。因此，教育目的必须转化为受教育者自我追求的目标才能真正发挥它的导向功能。

2.小学教育目的具有激励和调控作用

目的反映人的需要和动机，是人们共同活动的基础。因此，共同的目的一旦被人们认识和接受，它不仅能指导整个实践活动过程，而且能够激励人们为实现共同的目标而努力。

教育目的不仅从整体上指引教育活动的方向，而且在实际教育过程中起着支配、控制和调节的作用。它直接制约着教育计划的制订与实施，教育内容的选择与确定，教育方法和手段的运用。教育过程组织是否合理，进行是否妥当，都必须以教育目的或培养目标作为依据不断进行调控，才能协调、有序地进行，取得好的教育效果。总之，教育过程在教育目的的支配下运动，教育目的在教育过程和谐运转中得以实现。

教育改革也必须以教育目的为指导。无论是教育体制改革，还是教育内容和方法的改革，都要以正确的教育目的为指导才能发挥教育改革的整体效用。

3.小学教育目的具有评价作用

小学教育目的是衡量和评价小学教育活动效果的根本依据和标准。对学校的办学方向、办学水平和办学效益的评价；对教育教学工作的质量、教师的教学质量和工作效果的评价；对学生的学习质量和发展程度的评价等，都必须以小学教育目的为根本标准和依据。

总之，教育目的是一切教育活动的出发点和归宿。教育工作者在进行教育前要从教育目的出发来计划和安排工作；在教育过程中要紧紧围绕如何实现教育目的来不断调控教育内容和活动；在教育过程进行到一定阶段要回到教育目的上来评价、分析教育效果和质量。这就是教育活动的辩证法，在实际教育工作中，忙忙碌碌，无视教育目的，是教育水平不高的典型表现；违背正确的教育目的去组织教育活动，更是必须克服的一种危险的教育倾向。

小学教育目的一经确立就成为人们行动的方向。它不仅为受教育者指明了发展方向，预定了发展结果，也为教育工作者指明了工作方向和奋斗目标。因此，小学教育目的无论是对教育者还是对受教育者都具有目标导向作用。

（二）制定小学教育目的的依据

1.特定的社会政治、经济、文化背景

小学教育目的就其本质来说，是要培养社会所需要的人。但是，由于社会制度、经济条件、文化历史背景的不同，小学教育目的的内涵也不尽相同。社会政治、经济、文化的发展水平是制定小学教育目的的客观依据。

首先，不同的社会发展阶段有不同的教育目的。教育目的随时代的变化、社会条件的变化而变化。不同的社会，社会生产力的发展水平不一，对社会成员的教育目的就会有所不同。万古不变的教育目的是没有的。

其次，不同的社会政治制度有不同的教育目的。资本主义制度和社会主义制度从维护各自的社会制度角度出发而确立相应的教育目的。我国社会主义社会的小学教育的基本目的是培养全面发展的人，培养社会主义事业的接班人和建设者。

再次，不同国家的文化背景也使教育培养的人各具特色。例如，世界上有的国家比较重视文化素质，教育的目的强调陶冶学生的人格，注重培养有教养的人；有的国家注重科学技术教育，要求培养具有创新精神和开拓精神的人。这些取向不同的教育目的，反映了这些国家不同的文化背景与传统。

总之，不同的国家、不同时代的教育目的的制定都受到当时的社会政治、经济、文化等因素的影响。

2.少年儿童身心发展的规律

小学教育阶段，其教育对象是6～12岁的儿童，而儿童期是一个人一生中发展最关键的时期，这段时期的身心发展对他们今后的发展有重大的影响。小学教育要适应并促进儿童的身心发展。因此，小学教育目的的制定受制于儿童的身心发展规律。

少年儿童的身心发展是有一定的客观规律的，在他们身心发展的不同阶段，其生理、心理各方面的水平是不同的，他们的身心发展有其基本特征。这些发展特征在生理上主要表现在形体、骨骼系统、肌肉组织、神经系统、心血管等，在心理上主要表现在认知、情感、意志、个性等方面。

但同时，由于遗传、环境、教育及个人主观能动性的不同，少年儿童的身心发展又具有个别差异性。这种个别差异性主要表现在：第一，不同的少年儿童的同一方面，其发展的速度和水平各不相同；第二，同一年龄阶段少年儿童的不同方面的发展状况及其相互关系上有差异性；第三，不同的少年儿童具有不同的个性心理倾向。

制定小学教育目的，要充分考虑到小学生的身心发展水平，要注意小学生年龄发展的阶段特征，尊重他们的兴趣与需要；在考虑小学生身心发展特征的共性时，还要注意到所存在的发展的差异性。

3.人们的教育理想

从根本上说，教育目的是存在于人的头脑中的一种观念性的东西，它反映的是教育者在观念上预先建立起来的关于未来新人的主观形象，因此，教育目的是一种理想。这种理想同政治理想、社会理想等紧密结合在一起，从不同的哲学观点出发就有不同的教育目的，如实用主义教育目的、要素主义教育目的、永恒主义教育目的、存在主义教育目的等。

在教育实践漫长的历史进程中，人们从各自的理想出发赋予了教育所要培养的人以不同的内涵。人文主义者拉伯雷心目中理想的人能读、能写、能唱、能弹奏乐器，会说四种至五种语言，会写诗作文，勇敢、知礼、健壮、活泼，爱做什么就做什么；而启蒙运动的先锋卢梭心目中的理想人是一个自然天性获得了自由发展的人，他身心协调和谐，既有农夫或运动员的身手，又有哲学家的头脑。他心地仁慈，乐于为善，感觉敏锐，理性发达，爱美，既富于情感，更富于理智，还掌握了许多有用的本领。我国近代梁启超主张培养的人应具有的特征是：公德、国家思想、进取冒险、权利思想、自由、自治、进步、自尊、合群、生利分利、毅力、义务思想、尚武。

马克思主义创始人心目中理想的人是个性全面发展的人，即精神和身体、个体性和社会性得到普遍、充分而自由发展的人。马克思主义关于人的全面发展的理论确立了科学的人的发展观，指明了人的发展的必然规律，是我国制定教育目的的理论基础。

二、我国小学教育目的表述

（一）中华人民共和国不同历史时期的教育目的

1.中华人民共和国成立以来我国教育目的在表述上的变化

1957 年，在生产资料所有制的社会主义改造基本完成以后，毛泽东在最高国务会议上提出："我们的教育方针，应该使受教育者在德育、智育、体育几方面都得到发展，成为有社会主义觉悟的有文化的劳动者。"

1982 年，第五届全国人民代表大会第五次会议通过了《中华人民共和国宪法》，其中规定："国家培养青年、少年、儿童在品德、智力、体质等方面全面发展。"

1985 年，《中共中央关于教育体制改革的决定》指出：教育要为我国的经济和社会发展培养各级各类合格人才，"所有这些人才，都应该有理想、有道德、有文化、有纪律，热爱社会主义祖国和社会主义事业，具有为国家富强和人民富裕而艰苦奋斗的奉献精神，都应该不断追求新知识，具有实事求是、独立思考、勇于创造的科学精神"。人们经常把这一表述简称为"四有、两爱、两精神"。

1993 年，中共中央、国务院印发的《中国教育改革和发展纲要》重申，"各级各类学校要认真贯彻教育必须为社会主义现代化建设服务，必须与生产劳动相结合，培养德、智、体全面发展的建设者和接班人的方针"。

1996 年，第八届全国人民代表大会第三次会议通过了《中华人民共和国教育法》，规定教育要"培养德、智、体等方面全面发展的社会主义事业的建设者和接班人"。

中华人民共和国成立以来，党和国家制定的各种文件中有关教育方针及其规定的教育目的，提法虽然不尽相同，但基本内涵或基本精神是一致的，主要表现在两个方面：第一，它们都确定了我国教育的社会主义性质，指明了教育培养人才、学校办学的方向；第二，它们都确定了教育培养的人所应具有的素质，这就是使受教育者在品德、智力、体力等方面全面发展，成为有理想、有道德、有文化、有纪律的社会主义新人。

2.现阶段我国教育目的的基本精神

1999 年 6 月，中共中央、国务院颁布了《关于深化教育改革，全面推进素质教育的决定》（以下简称《决定》），《决定》提出教育要"以培养学生的创新精神和实践能力为重点，造就'有理想、有道德、有文化、有纪律'的、德智体美等全面发展的社会主义事业建设者和接班人"。

《决定》中关于教育目的的表述体现了时代的特点，反映了现阶段我国教育目的的基本精神：

首先，我们要求培养的人是社会主义事业的建设者和接班人，因此要坚持政治思想道德素质与科学文化知识能力的统一。

第二，我们要求学生在德、智、体等方面全面发展，要求坚持脑力与体力两方面的和谐发展。

第三，适应时代要求，强调学生个性的发展，培养学生的创造精神和实践能力。

（二）小学全面发展教育的组成

全面发展的教育目的决定了全面发展教育的整体内容，德育、智育、体育、美育、劳动教育是全面发展教育的基本组成部分。

1.德育

学校德育即学校的思想品德教育。它包含政治教育、思想观点教育和道德质量教育诸方面。在小学阶段，由于受到小学生的年龄特点、知识水平和生活经验的局限，政治教育和基本思想观点教育均应渗透在道德质量教育中进行。重点是培养他们形成良好的道德观念和行为习惯，亦称作文明行为的养成教育。

（1）小学德育的任务。小学思想品德教育的总任务，按照德育的内涵来划分，可以分为下列四个方面：①为培养学生具有正确的政治方向奠定基础；②为形成学生科学的人生观、世界观打下基础；③培养学生正确的道德观念并形成良好的文明行为习惯；④培养学生具有初步的道德评价能力和自我教育能力。这四个方面是相互联系的，其中第三方面是总任务的核心。

（2）我国小学思想品德教育的具体任务。国家教育委员会在 1993 年 3

月颁布的《小学德育纲要》"培养目标"中作了明确规定，它们是："培养学生初步具有爱祖国、爱人民、爱劳动、爱科学、爱社会主义的思想感情和良好品德；遵守社会公德的意识和文明行为习惯；良好的意志、品格和活泼开朗的性格；自己管理自己、帮助别人、为集体服务和辨别是非的能力；为使他们成为德、智、体全面发展的社会主义事业的建设者和接班人，打下初步的良好的思想品德基础。"小学在德育方面的基本要求，初步具有爱祖国、爱人民、爱劳动、爱科学、爱社会主义的思想感情；初步养成关心他人、关心集体、认真负责、诚实、勤俭、勇敢、正直、合群、活泼向上等良好品德和个性质量；养成讲文明、讲礼貌、守纪律的行为习惯；初步具有自我管理以及分辨是非的能力。

（3）小学德育的实施要求。①要坚持正确的方向。我们的德育能否坚持正确的政治方向，为社会主义现代化培养建设者和接班人，是教育成败的关键所在。②要适应小学生的实际。德育具有针对性，才能具有实效性。我们的德育对象是小学生，所以必须适应小学生的实际。这个实际既有年龄阶段生理、心理特征的实际，也有思想水平的实际，还有个别差异的实际。只有了解、适应这些实际，从实际出发，才能取得良好的德育效果。③要联系社会发展的形势。我们的教育对象不仅生活在社会大环境之中，而且将来也要走上社会，为社会的发展和建设服务。所以，我们不能搞封闭式的、世外桃源式的德育，而要积极地联系社会发展的新形势，特别是要研究当前市场经济条件下的新问题，不断改进德育工作，探索新的德育途径，更好地实现我们的培养目标。

2.智育

智育是传授给学生系统的科学文化知识、技能，发展他们的智力和与学习有关的非认知因素的教育。智育对于开发人的聪明才智、增长人的才干和培养人的创造力有极其重要的作用。智育是全面发展教育的重要组成部分，为其他各育的实施提供有效的认识工具，其他各育的进行，都需要科学文化知识做基础，需要科学文化知识和技能的传授和学习。

智育和教学常常被混在一起，以教学代替智育，这是不正确的。智育和教学，两者既有联系，又有区别。智育是全面发展教育的组成部分，智育有着广泛的途径，但它主要是通过教学这个途径来进行的。而教学则是学校的教育途径之一，它不仅仅是智育的途径，也是德育、美育、体育、劳动教育的途径。弄清智育与教学的关系，有助于对智育的进一步研究。

（1）智育的任务。智育的任务是同其他各育的任务相联系的，其基本任务是：

第一，掌握小学的基础知识。知识是人们对客观事物及其规律的认识所作的概括，是从社会实践活动中总结出来的，它表现为各门科学的基本事实及其相应的概念、原理等构成的体系。小学生要掌握的基础知识，就是前人在实践中创造、积累的自然科学、社会科学以及哲学方面的最基本的知识。智育就是要把各学科的基本事实及其概念、原理、定律、法则等反映客观事物实质的初步基础知识，按照学生的接受能力传授给学生。同时，重视规律性知识的传授，引导学生逐步认识周围世界，扩大知识面。

第二，形成学生的基本技能。所谓基本技能，就是学生应用一定的知识，自觉的完成某种活动的能力，也就是把知识应用于生活和实际的能力。技能是通过练习而获得的。在小学，读、写、算、测量、绘图、实验、制作等等，就是一些最基本的技能。知识是形成技能的基础，技能是进一步获得知识的条件。在传授基础知识的同时，就要引导学生在应用、训练过程中形成基本技能。形成学生的基本技能是智育的一项重要任务。学生掌握基本技能不仅是当前学习的需要，也是未来发展的需要。

第三，发展学生的智力。智力是指人的一般能力或认识能力。它包括观察力、注意力、记忆力、想象力、思维能力等。其中思维能力是智力结构中的核心。在小学智育中尤其要注意培养学生的思维能力。思维能力是间接地概括、认识事物的能力，是学生把感性认识上升到理性认识，掌握事物本质和规律的关键。在培养学生思维能力的同时，培养学生丰富的想象力、集中持久的注意力、良好的记忆力等，也都是发展学生智力所不可缺少的。

（2）小学智育的实施要求。

第一，直接经验和间接经验相结合。每个人对客观世界的认识都包括直接经验和间接经验，所谓直接经验，即通过亲身实践获得的知识。在智育过程中，主要是指学生亲自获得的感性认识。所谓间接经验，即从别人的经验中获得的知识，在智育过程中也就是指书本知识。学生获得知识的主要途径是靠间接经验——书本知识的学习，但是对于小学生来讲，由于缺乏个人亲身体验，得来的知识总不免带有片面性。所以教师必须采取补充的手段，把书本知识的学习同小学生现实生活的实践（直接经验）挂钩，使之所学的间接经验以一定的直接经验为基础，并在一定的实践中运用所学的知识。否则，掌握的知识不仅易于脱离实际，而且也影响学生实践能力的培养。

第二，培养独立学习能力。独立学习能力是指学生不依赖教师而顺利完成自学任务的各种心理质量的总和。长期以来，由于传统教育思想的影响，许多教师只偏重于知识的传授，不注意培养学生的自学能力，习惯于让学生跟在自己的后面亦步亦趋。因此，学生也就以记住课本上所讲的内容为满足。既没有独立学习的方法，也没有独立学习的能力，一旦离开了教师就寸步难行。可见，如何使小学生，特别是高年级小学生，在掌握一定数量知识的同时，具有一定的独立学习能力，学会自己去巩固学过的知识、获取新的知识，已成为小学智育的一项重要任务。独立学习能力包括很多的内容，主要有阅读能力，学会利用工具书主动获取知识的能力，具有计划、督促、检查、总结自己学习的能力等。

第三，培养良好的学习习惯。学习习惯是指学生以一定的方式对待和进行学习活动，并使之成为牢固的行为方式和习以为常的需要或倾向。学习习惯的种类很多，如阅读、写作、计算的习惯；观察、思考、记忆的习惯；作业、复习、预习的习惯，等等。培养学生良好的学习习惯，对学生掌握知识和发展能力有着积极的影响作用；对学生已经产生的学习兴趣及形成的学习能力起着巩固和提高的作用；对学生学会学习起着促进的作用。

3.体育

体育是授予学生健康的知识、技能，发展他们的体力，增强他们的自我保健意识和体质，培养参加体育活动的需要和习惯，增强其意志力的教育。

体育是小学全面发展教育的重要组成部分，是进行全面发展教育的物质基础。毛泽东同志在《体育之研究》一文中曾就此明确指出："体育之道，配德育与智育，而德智皆寄于体，无体是无德智也。""体者，载知识之车，寓道德之舍也。"

（1）体育的任务：①结合学生的年龄特征，有计划地组织学生参加体育锻炼，促进学生身体及其机能的正常发育，全面地发展他们的身体素质（如速度、灵敏、力量、耐力、柔韧等）和人体的基本活动能力（如走、跑、跳、投掷、攀登等）；增强体质。②使学生认识到锻炼身体的重要意义，逐步掌握体育运动的基本知识和技能，养成良好的锻炼习惯，学会科学地锻炼身体，培养良好的体育道德、顽强的意志和毅力等。③学校的体育还要与学校的卫生保健工作密切配合，使学生养成良好的卫生习惯，共同保证学生身体健康。

（2）小学体育的实施要求：第一，要全面、经常地进行锻炼。体育锻炼的全面性，一是指通过多种运动的锻炼，使学生身体的各部位、各器官和系统的机能、身体各种基本素质和活动能力都得到发展。一般说来，体育锻炼要注意经常性。增强体质不是短时间内就能见效的，只有经过长期的、系统的锻炼才能达到增强体质、提高运动水平的目的。体育锻炼也不是取得成效就能永远保持的，只有经常、持久地坚持进行锻炼，不搞突击或"一曝十寒"，才能促进身体各系统生理机能的不断发展。所以要教育学生养成经常锻炼的良好习惯，培养坚强的意志与顽强的毅力。

第二，要循序渐进、适量地进行锻炼。事物的发展都是按一定的规律程序进行的，人体的生长发育也是有其规律的。所以，体育必须遵循人体生理变化的规律和动作技能形成的规律，根据身体适应的情况，按合理的顺序循序进行，小学生正处于生长发育的时期，可塑性大，体育锻炼更要遵循他们生长发育的自然规律，有计划、有系统地进行体育活动，逐渐促进他们身体的良好发展。体育锻炼的运动量要适合小学生的年龄、性别和个性差异。运动量过大或过小都不能对学生的身体起积极的作用。运动量过大，会使学生产生过度疲劳，有损健康；运动量过小，则达不到锻炼的目的。所以，只有根据学生不同年龄、性别和个别差异适量地安排体育活动，才能使学生在各自的基础上增强体质。

第三，要因地、因时制宜组织学生进行锻炼。因地、因时制宜组织学生进行锻炼，就是要从实际出发。首先，要充分利用当地的自然条件，发掘各种有利的因素，开展多种形式的、丰富多彩的体育活动。其次，要自己动手，因陋就简。因为教育经费不足，尤其是农村小学，体育场地、设备极少，这就需要自力更生，创造条件，因地因时制宜，就地取材，以保证体育活动的开展。

4.美育

美育是培养学生正确的审美观点，发展他们感受美育是全面发展教育的重要组成部分，是建设社会主义精神文明的一个重要内容。在促进学生身心各方面良好的、和谐的发展过程中，美育具有特殊的重要意义。美育运用审美对象进行教育，具有形象教育的特点，它以整体形象和具体细节直接作用于人的感官，广泛地、深入地影响着人的心理活动的各方面——情感、想象、思想、意志、性格，特别是它富有感情的优美的艺术形象，最能感染人。所以，美育也是小学生最易于和乐于接受的教育。美育可以促进学生智力的发展、扩大和加深学生对客观世界的认识；可以给学生思想以影响，促进思想质量的形成；可以促进学生身体的健康发展，提高体育运动的质量。

（1）美育的任务

一是培养学生正确的审美观点和感受美、鉴赏美的能力。所谓审美观点，主要指的是对美的认识，这是形成审美能力的认识基础。在审美活动中以马克思主义的哲学观和审美观为指导，通过感性体验进一步树立正确的审美观，是美育的首要任务。所谓感受美，就是要求学生通过自己的感官反映客观存在的美，对现实和艺术中美好的事物有敏锐的感受能力。对于美的感受，每个人都乐于追求，但是存在于客观世界中的许多美好的东西，并非人人都能准确而全面地感受到它。所以，美育的基本任务就在于有意识有目的地培养和提高小学生对美的感受能力，使之在对美的事物的感受中，产生美好的情感体验，陶冶性情，从而为培养他们高尚的情操和良好的品德打下基础。所谓鉴赏美，是指对美的事物的鉴别和评价能力。鉴赏美的能力是审美能力的进一步发展，是从对美的现象的感受，进入到对美的本质的认识和理解。培养学生鉴赏美的能力，就要按学生的接受能力，给予他们一些有关美学和艺术欣赏的初步知识，使学生掌握基本的评价美的标准，对美与丑能够作出正确的分辨，对事物为什么美、美在哪里、美的程度能够加以评价。使他们具有鉴赏的自觉性，增加他们进行审美活动的动力。

二是培养学生创造美的才能和兴趣。培养学生的审美观点和感受美、鉴赏美的能力，这是美育的起点，而更重要的则是培养和发展学生创造美的才能和兴趣，这是美育的重要任务。只有具备创造美的才能和兴趣才能把美体现在生活中、劳动中、言行中，体现在艺术作品和艺术表演中；才能有能力按照美的原则去改造物质世界、美化环境、净化灵魂，同时，在创造美的过程中，进一步提高审美能力和情趣；所以，要给予学生必要的条件，提供各种机会，使他们在美化环境和生活过程中，养成爱美的习惯；要有意识、有目的地组织和指导学生进行各种健康的、进步的艺术实践活动，丰富他们的审美体验，培养他们创造美的兴趣。

（2）小学美育的实施要求

第一，思想性与艺术性相结合。美育作为全面发展教育的重要组成部分和社会主义精神文明建设的重要内容，首先就要具有高度的思想性，在美育的思想内容上要坚持正确的政治方向和思想观点。美育的思想性只有通过完美的艺术形式来表现，才能生动地感染学生、教育学生，离开美的艺术形象，就会变成空洞的说教。所以，在美育过程中要坚持思想性与艺术性的统一，内容与形式的统一，寓教育于美的形象、美的欣赏之中。这就要求小学美育要以优秀的社会主义、现实主义的艺术作品为主，大力宣传社会生活中美好的事物。对古代的、外国的进步艺术，要批判地加以选择，使之成为美育内容的一部分。思想性与艺术性相结合，不仅要求教师具有一定的思想水平，而且要求培养学生具有一定的分析、识别能力。

第二，普遍要求与因材施教相结合。美育是全面发展教育的组成部分，应该普及于全体学生，对全体学生进行美育。但是，在普遍要求之下，又要根据学生的现实来进行，特别要注意发现不同学生在艺术才能方面具有的不同天赋素质、兴趣爱好，并积极创造条件，因材施教、个别指导，使其爱好和才能得到充分发展。

第三，要充分发掘利用教材中的美育因素。从各门课程的教学内容来看，既有自然科学和社会科学的内容，又有文学艺术方面的内容，它们均涉及艺术美、社会美和自然美。语文课中的诗歌、散文、寓言、童话、小说等，都反映着自然、社会的现实，塑造出典型的形象和性格，其生动精辟的语言，富有哲理的启迪，都给学生以美的感受；数学课的基础是数、法则和对图形的精确表达，它们构成了一个独特的语言领域，给人以一种美感；音乐课是通过音响来抒发和反映人们思想感情的艺术，具有高尚的艺术美；体育课是健康与美结合的艺术，也含有美的教育；自然课，自然界的光、色彩、形态，自然界的和谐性和整体性，不可避免地会涉及它们对人类的审美作用；劳动课，从自我服务劳动到生产性劳动，都可以使学生得到创造美的感受，心灵美的陶冶，劳动场面美的体验；美术课与美育更有着特殊的内在联系，它与实施美育是紧密结合在一起的。由此可见，小学教学内容中存在着丰富的美育因素，这些因素是有机地渗透在教学过程之中的。只有把握了教材中的美育因素，才能在教学过程中体现美感，揭示各学科的审美价值。

第四，要与现实生活相结合。美是现实的反映，离开了现实，美也就成了无源之水。小学美育要联系小学生的现实生活，一是自然，一是社会。自然是美育的丰富源泉，是最容易为学生所接受的审美对象。自然之美，千姿百态，生机勃勃，可以给人以情感上的陶冶，精神上的振奋，思想上的启迪，灵感上的激发。社会美比自然美更丰富，因为社会生活天地广阔，不仅有社会物质产品之美，还有精神之美、行为之美，社会生活中美的事物更能感染人和熏陶人。所以，社会生活中美的人、美的事都是进行美育的重要内容。联系实际生活进行美育，可以使小学生更深刻地理解美的含义，进而去主动发现美、鉴赏美、创造美。

小学在美育方面的要求是：初步具有广泛的兴趣和健康的爱美情趣；培养审美能力。

5.劳动技术教育

劳动技术教育是向学生传授现代生产过程的基本原理和基本技能、培养劳动观点和劳动习惯的教育。劳动技术教育是全面贯彻教育方针；培养德、智、体等方面全面发展的社会主义事业的建设者和接班人的重要组成部分。马克思曾断言，教育与生产劳动相结合是"造就全面发展的人的唯一方法"。劳动创造了世界，也创造了人本身，要培养全面发展的人就必须进行劳动技术教育。

劳动过程生动地展现了人与自然、人与社会和人与人之间的关系，通过劳动可以培养集体主义、团结友爱、吃苦耐劳、热爱劳动和劳动人民、对集体继而对国家的责任感、遵守纪律等美德；劳动过程也是欣赏美、鉴赏美、创造美的过程，在劳动中按照美的规律创造劳动产品，既体现了创造的力量和智慧，又体现着劳动者的审美观点、情操和对美的感受、理解；劳动又是体力与脑力、理论与实践紧密结合的过程。在这个过程中学生的独立能力、实践能力、创造能力、分析问题和解决问题的能力等得到发展；通过经常的和顽强的劳动，能够使体质得到增强，对身体的发展及人体的灵活性和耐力，都起着积极的促进作用。所以，我们要培养全面发展的建设者和接班人，就不能不重视劳动技术教育。

（1）劳动技术教育的任务

小学劳动技术教育的任务就是要培养学生正确的劳动观点和良好的劳动习惯，使学生具有初步的生活自理能力，并掌握一些简单的劳动知识和劳动技能。

一要培养学生正确的劳动观点。劳动观点是指人们对劳动的看法。小学生应该懂得："劳动创造世界"，没有劳动，人类就无法生存，社会就不会进步和发展，"劳动创造社会财富""劳动果实是用辛勤的劳动换来的""劳动没有高低贵贱之分""诚实劳动光荣，不劳而获可耻"，等等。树立正确的劳动观点，才能具有热爱劳动、热爱劳动人民的思想感情。而且这些观点的培养，与辩证唯物主义和历史唯物主义世界观的形成有密切联系，所以，可以说，培养学生的劳动观点是劳动教育的重要任务之一。

二要培养学生的劳动习惯。对于学生来讲，具有良好的劳动习惯，可以使他们热爱劳动，在劳动中不怕苦、不怕累，并能创造性地发挥自己的能力。有了良好的劳动习惯，学生就会自觉地做到，"自己的事情自己做""家务劳动帮着做""集体劳动积极做"，在劳动中接受更深刻的教育。

三要使学生掌握简单的生产劳动知识和技能。使学生掌握简单的生产劳动知识和技能，是小学劳动教育的重要任务之一。简单的生产劳动知识和技能，包括对部分生产工具的认识和使用，以及工艺制作、农业种植、饲养和最基本的工业生产方面的内容。如在工业方面，认识常用的木工、金工、电工工具，懂得这些工具的用途和维护方法，会使用这些工具修理桌凳，修理和制作玩具、简易的教具等；在农业方面，认识当地的粮食作物、经济作物、瓜果蔬菜、食用菌、果树、花卉、药用植物、常用农机具、家禽、家畜和观赏动物等。使学生初步学会种植、浇水、施肥、除虫、喂养和进行简单的管理，等等。学习一些简单的生产劳动知识和技能，可以促使学生手脑并用，在劳动中发展他们的智力和体力，并为将来从事复杂的生产劳动做好准备。

（2）小学劳动技术教育的实施要求

一是劳动技术教育要和思想品德教育相结合。要实现劳动教育的目的，就必须在劳动教育中贯穿思想品德教育，使劳动教育与思想品德教育相结合。因为单纯的劳动不能自然而然地形成正确的劳动观点和习惯，如果不有意识、有目的地教育引导学生，劳动就可能成为一种无目的的劳累过程，甚至还会产生怕苦、怕累，轻视厌烦劳动等思想情感。所以在劳动中，教育学生树立正确的劳动观点，热爱劳动和劳动人民，养成劳动习惯以及勤劳、节俭、不怕苦、不怕累、勇于和困难作斗争、助人为乐等思想质量，是提高劳动教育质量的保证。

二是劳动教育要和各科教学相结合。劳动教育与其他各科教学各有自己独立的体系和逻辑结构，但客观上却存在着极其密切的相互作用关系。一方面，劳动教育的理论知识和实践技能是以其他各科的知识和技能为基础的，如各科的基本知识原理、定义、公式及读、写、算的技能等。而且劳动教育还可以结合实际需要，在劳动中有意识地应用所学的其他各科知识、技能，达到巩固知识之目的。另一方面，各科教学可以借助劳动教育，联系实际，充实教学内容。如数学课的教学可以编农作物产量、测量土地等习题；语文课的教学可以引导学生利用劳动过程中的各种素材写作文、记日记等等。劳动教育与各科教学的有机结合、相互促进，也是教育与生产劳动相结合的一个有效途径。

三是劳动技术教育要有利于学生体质的增强。这一要求有两层含义：一是劳动工种的选择和劳动负荷必须符合小学生的身体发育规律。小学生正处在身体发育成长的旺盛时期，适当的工种和合理的劳动负荷才会促进其体质的增强，使大脑和神经系统、骨骼和肌肉、心血管系统等得到健康的发展。否则，将对身体某些器官的生长发育造成不良的影响。二是劳动过程中，要根据劳动工种、劳动条件等采取必要的安全防护措施。要保障学生的安全，以免学生的健康受到危害。同时对学生也要进行劳动安全教育，严格遵守有关规章制度。这也是保证增强学生体质的一个方面。

四是劳动技术教育要因地制宜来进行。劳动技术教育有统一的要求，那就是培养学生的劳动观点、劳动习惯，使学生初步掌握一些简单的劳动知识和技能。但是由于我国幅员辽阔，既有城乡之分，又有山区、平原、水乡等地理环境之别，还有经济和教育发展之差异。所以，劳动教育就要在统一要求下，从当地的实际出发，量力而行，因地、因时、因校制宜地选择、安排劳动教育的内容和具体劳动项目，使劳动教育具有多样性和多层性，积极创造条件，充分发挥当地的特点和优势，这样既有利于小学劳动教育目的的实现，又能为当地的经济建设服务。

小学在劳动技术教育方面的要求是：初步学会生活自理；会使用简单的劳动工具；养成爱劳动的习惯。

总之，德育、智育、体育、美育、劳动技术教育关系密切，相互促进，相互制约，在人的全面发展中，缺一不可。因此，为了培养社会主义事业的建设者和接班人，我们要坚持政治思想道德素质与科学文化知识能力的统一；要求学生在德、智、体等方面全面发展，要求坚持脑力与体力两方面的和谐发展；要求所培养的学生能适应时代要求，因此要强调学生个性的发展，培养学生的创造精神和实践能力。

三、全面推进素质教育

当今世界，国力竞争日趋激烈。教育在综合国力的竞争中处于基础地位，国力的强弱越来越取决于劳动者的素质，取决于各类人才的质量和数量，这就对培养和造就 21 世纪的一代新人提出了更加迫切的要求。为此，要以提高国民素质为根本宗旨，全面推进素质教育，为实施科教兴国的战略奠定坚实的人才和知识基础，为 21 世纪的全面振兴培养一代新人。

1999 年 6 月 13 日中共中央、国务院《关于深化教育改革全面推进素质教育的决定》指出，"实施素质教育，就是全面贯彻党的教育方针，以提高国民素质为根本宗旨，以培养学生的创造精神和实践能力为重点，造就'有理想、有道德、有文化、有纪律'的、德智体美等全面发展的社会主义事业建设者和接班人"，把"全面实施素质教育"作为全面贯彻教育方针的紧迫任务，反映了我国现代化建设和时代进步对教育的新要求，反映了教育理论和实践的新发展。

素质教育的理论要点有：

（一）素质教育是面向全体学生的教育

中共中央国务院《关于深化教育改革全面推进素质教育的决定》指出："全面推进素质教育，要坚持面向全体学生。"

素质教育倡导人人受教育的权利，强调在教育中每个人都得到发展，而不是只注重一部分人，更不是只注重少数人的发展。每个人、每一位学生都能得到发展，不仅是民主的基本理念，而且是每一个人、每一个学生的基本权利，我们应该尊重这种权利，保护这种权利，创造条件实现这种权利。因此，素质教育区别于应试教育，应试教育注重选拔性、淘汰性，只照顾到一部分人甚至是很少一部分人的发展。在很多情况下，多数人成了陪衬者。

（二）素质是促进学生全面发展的教育

素质教育强调培养学生在德智体美等方面全面发展。实施素质教育，必须把德育、智育、体育、美育有机地统一在教育活动的各个环节中。学校教育不仅要抓好智育，更要重视德育，还要加强体育、美育、劳动技术教育和社会实践，使诸方面教育相互渗透、协调发展，促进学生的全面发展和健康成长。

（三）素质教育是以培养创新精神为重点的教育，创新能力是一个民族进步的灵魂，是国家兴旺发达的不竭动力

一个没有创新能力的民族，难以屹立于世界前列。作为国力竞争的基础工程的教育，必须培养具有创新精神和能力的新一代人才，这是素质教育的时代特征。

第一，创新能力不仅是一种智力特征，更是一种人格特征，是一种精神

状态。创新能力离不开智力活动，离不开大量具体的知识，但创新能力绝不仅仅是智力活动，它不仅表现为对知识的摄取、改组和运用，表现为对新思想、新技术的发明，而且是一种追求创新的意识，是一种发现问题、积极探求的心理，是一种善于把握机会的敏锐性，是一种积极改变自己并改变环境的应变能力。

第二，创新能力的培养是素质教育的核心，是素质教育区别于应试教育的根本所在。面对多样的、多变的世界，任何一个人、一种职业、一个社会都缺少不了创新能力。对教育来说，培养创新能力不是一般性的要求，更不是可有可无的事，而应成为教育活动的根本追求，成为素质教育的核心。应试教育不仅加重学生的学习负担，牺牲多数学生的发展，更重要的是应试教育忽视甚至是扼杀学生的创新能力。因此，能不能培养学生的创新能力是应试教育和素质教育的本质区别。

第三，重视创新能力的培养也是现代教育与传统教育的根本区别之所在。传统教育是以教学内容的稳定性和单一性为基本出发点，以知识记忆和再现为基本学习目标，它强调的是掌握知识的数量和准确性，强调的是对过去知识的记忆。因此，传统教育把掌握知识本身作为教学目的，把教学过程理解为知识积累的过程。在这样的教学过程中，创新能力的培养没有也不可能得到重视。现代社会，知识创造、更新速度的急剧加快，改变着以知识的学习、积累为目的的教育活动。知识的学习成为手段，成为认识科学本质、训练思维能力、掌握学习方法的手段。在教学过程中，强调的是"发现"知识的过程，而不是简单地获得结果；强调的是创造性解决问题的方法和形成探究的精神。在这样的教学过程中，学生的应变能力、创新能力也就在解决问题的过程中得到了培养和发展。

（四）素质教育与应试教育的区别

素质教育与应试教育是根本对立的两种教育观。所谓应试教育，是在我国教育实践中客观存在的偏离受教育者群体和社会发展的实际需要，单纯为应付考试、争取高分和片面追求升学率的一种倾向。素质教育与应试教育的区别主要体现在以下几点：

1.教育目的不同

应试教育着眼于分数和选拔，以考取高分获得升学资格为目的，属急功近利的行为；而素质教育则着眼于受教育者个体发展和社会发展的需要，旨在提高国民素质，追求教育的长远利益与目标。

2.培养目标不同

应试教育培养少数高分和听话的书生型人才；而素质教育是培养全面发展加特长的社会主义建设者和接班人。

3.教育体系不同

应试教育构建以学科知识系统为中心的教育体系；而素质教育构建以人的全面发展为中心的教育体系。

4.教育对象不同

应试教育重视高分学生，忽视大多数学生和差生。重视高分学生，更确切的说是重视高分。这就违背了义务教育的宗旨，违背了"教育机会人人均等"的原则。素质教育面向全体学生，它是一种使每个人都得到发展的教育，每个人都在他原有的基础上有所发展，都在他天赋允许的范围内充分发展。

5.学习动力不同

应试教育下学生以分数、升学和个人得失为学习动力；而素质教育是学生以国家和民族的振兴、社会的发展和体现个人价值为学习动力。

6.教育内容不同

应试教育紧紧围绕考试和升学需要，考什么就教什么，所实施的是片面内容的知识教学。只教应试内容，忽视了非应试能力的培养，如语文、外语学科忽视听说能力的训练，学生无法充分发挥语言的交际功能；在数理化学科中忽视对理论知识的运用及动手操作，以致学生在实际问题面前束手无策。而素质教育全面贯彻教育方针，按国家计划全面开设课程，重视双基，发展智力，培养能力，使学生德、智、体、美、劳全面发展。

7.教育方法不同

应试教育采取急功近利的做法，大搞题海战术、猜题押题、加班加点、死记硬背、"填鸭式"教学等，不仅加重了学生的课业负担，也使学生的能力得不到全面的培养。素质教育则要求开发学生的潜能与优势，重视启发诱导，因材施教，使学生学会学习，生动活泼地发展。

8.教育过程不同

应试教育强调统一性和同步性，加重课业负担，用应考压抑学生的个人兴趣和才能的发挥；素质教育则发展学生的兴趣爱好，重视学生个性的健康发展，提倡因材施教。

9.教育评价标准不同

应试教育要求学校的一切工作都围绕着备考这个中心而展开，要求学生积累与考试有关的知识、形式、应试技能，考取高分，要求老师将分数作为教学的唯一追求，以分数作为衡量学生和老师水平的唯一尺度；素质教育则立足于学生素质的全面提高，以多种形式全面衡量学生素质和教师的水平。

10.师生地位不同

应试教育以教师为中心，把学生当成被加工的对象，使之处于被动和从属地位；而素质教育以教师为主导，以学生为主体，尊重学生的主体地位，引导学生参与教学过程，教学相长。

11.人际关系不同

应试教育为了追求高分数和升学率，形成了一种保守的、强迫性和不正常的竞争关系；素质教育强调平等、合作、和谐的师生关系以及教育工作者之间的团结、合作关系。

12.教育结果不同

在应试教育下，多数学生受到忽视，产生厌学情绪，片面发展，个性受到压抑，缺乏继续发展的能力。在素质教育下，全体学生的潜能得到充分发挥，获得素质的全面提高，个性得到充分而自由的发展，为今后继续发展打下扎实基础。

（五）素质教育实施的意义

1.实施素质教育是时代的呼唤，是社会发展的需要

实施素质教育是我国社会主义现代化建设的需要和迎接国际竞争的迫切需要。21世纪已经到来，我国的经济体制从计划经济体制转变为社会主义市

场经济体制，经济增长方式从粗放型转变为集约型。我们正在实施"科教兴国"战略和"可持续发展"战略，我们要在 21 世纪激烈的国际竞争中处于战略主动地位。在实现现代化这一宏伟实践当中，在完成新的社会转型的过程当中，我们面临着资金、技术和物质资源不足的问题，而最大的问题是素质和人才问题。在我国这样一个人口多、底子薄的发展中国家，如何把沉重的人口负担转化为人力资源的优势，是现代化建设的关键所在。

2.实施素质教育是面对 21 世纪科技挑战的需要

当代科学技术发展的特点是：发展速度加快，新领域突破增多；学科高度分化而又高度综合；科学技术转化为生产力的周期大大缩短；知识信息的传播超越时空。当代科学技术的飞速发展，同时也就带来了产业结构的不断调整和职业的广泛流动性。所有这些都对未来的人的素质的培养和教育提出了新要求。

3.实施素质教育既是社会的要求，又是教育领域自身的要求

我国正在实施九年义务教育。所谓义务教育，指的是依据法律，国家、社会、家庭必须予以保证，适龄儿童青少年必须接受的一定年限的教育。义务教育的实施，标志着社会教育观念从少数到全体、从权利到义务、从家庭和个人的事情到社会公务的革命性转变。

（六）怎样实施素质教育

1.转变教育观念

提高民族素质，实施素质教育，关键是要转变教育观念。教育要面向全体学生，让每一个学生在各自的基础上全面提高，积极推进义务教育普及。在义务教育阶段要淡化选拔意识，要承认受教育者都能在各自原有的基础上，调动个体自身的积极性、主动性，使自身个性得以充分发展，使整体素质在各自的基础上得到改善和提高。

2.转变学生观念

学生是教育的主体，学生的成长主要依靠自己的主动性。要充分发展学生的个性，必须唤起学生的主体意识，发挥学生积极主动的精神，发挥学生的个性特长。素质教育作为一种教育思想，是以育人为本。

3.加大教育改革的力度

素质教育是一种新的教育思想、教育观念，而不是一门具体的课程或一种具体的方法，是通过学校的各种教学活动来进行的。课堂教学是实施素质教育的主渠道，只有通过课堂教学，才能把素质教育真正落实到实处，因此我们必须改革课堂教学方法。改革课堂教学方法：一是要从时代和社会发展的特征和趋势来审视过去的教学方法；二是要研究文化传统问题；三是要吸收科学技术的新成果。

第六章　教育与个人的发展

第一节　儿童身心发展概述

小学教育的对象是六七岁至十一二岁的儿童。小学教育能不能对社会发展起作用，归根到底要看小学教育能不能促进儿童的发展。为使小学教育能够真正地促进儿童发展，就必须正确认识小学教育与儿童发展的关系，因此就必须了解儿童身心发展的一般规律以及影响儿童发展的主要因素及其作用。

一、身心发展的概念

人的发展，这里的"人"确切的说是指受教育者个体。人的发展是指个体从出生到死亡的变化过程。这个变化既有连续的、渐进的量的变化，又有质的变化；这个过程不是简单的增长和单纯的量变，而是从低级到高级，从简单到复杂、从量变到质变、从旧的质到新的质的不断完善的过程。

人的发展的内容包括生理发展和心理发展两个方面。生理发展是指机体的各种系统（骨骼、肌肉、心脏、神经系统、呼吸系统等）的发展及其机能的增长，是人身体方面的发展。心理发展是指认知（感觉、知觉、记忆、思维、想象等）和意向（需要、兴趣、情感、意志等）方面心理活动能力的发展及性格、能力等个性心理特征的形成，是人精神方面的发展。

人的生理发展和心理发展是互相紧密联系的，共同构成人的发展的统一体。生理的发展，特别是大脑和神经系统的发展是心理发展的物质基础，制约和影响着心理的发展；而心理的发展也影响着生理的发展。特别是随着社会生产和生活的日益复杂，人们处于瞬息万变的信息社会，培养受教育者具有优良的心理素质已成为现代教育的一项重要任务。

二、身心发展的动因

人的身心发展的动力是什么？对这个问题，不同的观点有不同的回答。

（一）内发论（遗传决定论）

内发论者一般强调人的身心发展的力量主要源于人自身的内在需要，身心发展的顺序也是由身心成熟机制决定的。孟子可以说是中国古代内发论的代表。他认为，人的本性中就有恻隐、羞恶、辞让、是非四端，这是仁、义、礼、智四种基本品性的根源，人只要善于修身养性，向内寻求，这些品性就能得到发展。现代西方的内发论者进一步从人的机体需要和物质因素来说明内发论。如奥地利精神分析学派的创始人弗洛伊德，认为人的性本能是最基本的自然本能，它是推动人的发展的潜在的、无意识的、最根本的动因。当代生物社会学家威尔逊把"基因复制"看作是决定人的一切行为的本质力量，而心理学家格塞尔则强调成熟机制对人的发展的决定作用。他认为，人的发展受基因决定的特定的顺序支配，完成了一定顺序后机体达到成熟，教育要想通过外部训练抢在成熟的时间表前面形成某种能力是低效的甚至是徒劳的。格塞尔不仅认为人的机体机能发展程序受到生长规律的制约，而且"所有其他的能力，包括道德都受成长规律支配"。

（二）外铄论（环境决定论）

外铄论的基本观点是人的发展主要依靠外在的力量，诸如环境的刺激和要求、他人的影响和学校的教育等。对于人自身的需要和儿童已有心理水平或心理状态之间的矛盾，是儿童心理发展的内因或内部矛盾。这个内部矛盾也就是儿童心理不断向前发展的动力。

三、身心发展的一般规律

个体的身心发展遵循着某些共同的规律，这些规律制约着我们的教育工作。遵循这些规律，利用这些规律，可以使教育工作取得良好的效果，反之，则可能事倍功半，甚至挫伤学生。

（一）身心发展的顺序性

个体的身心发展是两个由低级到高级、由简单到复杂、由量变到质变的连续不断的发展过程，在这一发展过程中，其整个身心发展具有一定的顺序性。如从身体发展来看，是按着"从头部向下肢"和"从中心部位向全身的边缘方向"进行的。骨骼和肌肉的发展，先是发展大骨骼、大肌肉，随后才发展小指骨和小肌肉。神经系统结构的发展是先快后慢，初生婴儿脑重约 390克，为成人脑重量的 1/3，但这时婴儿的体重只达到成人的 5%，儿童生长到 6岁，大脑重量达 1200 克左右，是成人脑重的 90%，以后的发展便缓慢下降，生殖系统的发展则是先慢后快，儿童 10 岁以前发展是不明显的，到青春发育期则迅速发展。从心理发展来看，个体的记忆总是从机械记忆发展到意义记忆；个体的思维总是由形象思维发展到抽象思维；个体的情感，总是由喜、怒、哀、乐、恐惧等一般情感发展到道德感、理智感以及美感等高级的社会性情感。瑞士儿童心理学家皮亚杰关于发生认识论的研究揭示出个体认知发展的一般规律，即按照感知运算水平、前运算水平、具体运算水平、形式运算水平顺序发展的特征。

美国心理学家柯尔伯格研究证明，皮亚杰的发生认识论在个体的道德认识过程中，也具普遍的推广意义，人的道德认知遵循着从前世俗水平到世俗水平，再到后世俗水平的发展过程。

个体身心发展的顺序性要求教育工作要循序渐进，一切知识技能的传授、智力的发展、体质的增强、思想品德的培养，都要遵循由具体到抽象、由浅入深、由简到繁、由低到高的顺序，既不能"拔苗助长"，也不要压抑学生的发展。循序渐进并不意味着消极的迁就学生现有的发展水平，而是要向学生不断提出高于现有发展水平又是学生经过努力又能够达到的要求，以此来促进学生身心的发展。

（二）身心发展的阶段性

个体在不同的阶段表现出身心发展不同的总体特征及主要矛盾，面临着不同的发展任务，这就是身心发展的阶段性。前后相邻的阶段进行着有规律的更替，在前一个阶段内准备了向后一个阶段的过渡。每一发展阶段，经历着一定的时间，在这一阶段内，其身心发展主要表现为数量的变化，经过一个时期，这种发展就由量变到质变，从而使其身心发展推进到一个崭新的阶段。青少年身心发展的年龄特点，是在发展的不同年龄阶段中形成的一般的、典型的、本质的生理心理特征。现代心理学将人的发展的顺序与阶段概括为：乳儿期（出生 1 岁）、婴儿期（1～3 岁）、幼儿期（3～6 岁）、童年期（6～12 岁）、少年期（12～15 岁）、青年期（15～18 岁）、成年期（18 岁以后），成年期又可分为青、壮年期和老年期。以童年期学生的心理发展为例，童年期学生的思维特点具有较大的具体性和形象性，抽象思维能力还比较弱；少年期的学生，抽象思维已有很大发展，但经常需要感性经验作为支持；青年期的学生，抽象思维居于主要地位，能进行理论的推断，具有一定的独立性、批判性和创造性。总之，个体的身心发展具有明显的阶段性，不同发展阶段之间是互相关联的，上一阶段影响着下一阶段发展方向的选择。所以，人生的每一个阶段对于人的发展来说，不仅具有本阶段的意义，而且具有人生全程性的意义。

个体身心发展的阶段性决定了教育工作必须根据不同年龄阶段的特点分阶段进行。在教育教学的要求、内容与方法上不能搞"一刀切"，既不能把小学生当中学生看待，也不能把初中生和高中生混为一谈。与此同时，还应看到个体年龄阶段又是相互联系的，不能人为地截然分开，要注意各阶段间的"衔接"和"引渡"工作。例如，对于初入学的儿童要考虑到他们具有的学前期的特征，而对十一二岁的儿童则又应考虑到已具有的少年期的特征。

（三）身心发展的不平衡性

个体身心发展的进程不总是以相等的速度直线发展的，而是时而猛长、时而缓慢，在发展过程中表现出一种不平衡性。个体身心发展的不平衡性表现在两方面。首先是同一方面的发展速度，在不同的年龄阶段变化是不平衡的。如身高、体重的增长，有两个高峰期，第一个高峰期在出生后的一年内，第二个高峰期在青春发育期。在高峰期内，身高体重的发展比其他时期要快得多。其次，发展速度的不平衡性表现在不同方面的发展上，有的方面在较早的年龄阶段就已达到较高的发展水平，有些方面则要到较晚的年龄阶段才能达到较为成熟的水平。如在生理方面，神经系统、淋巴系统成熟在先，生殖系统成熟在后。在心理方面，感知成熟在先，思维成熟在后，情感成熟更后。

人的身心不同方面有不同的发展现象，据此心理学家提出了发展关键期或最佳期的概念。所谓发展关键期是指身体或心理的某一方面机能和能力最适宜于形成的时期。在这一时期中，针对个体某一方面的训练可以获得最佳成效。如心理科学研究提出了2～3岁是学习口头语言最佳期；4～5岁是开始学习书面语言的最佳年龄；学习外语应从10岁以前就开始；学习乐器5岁左右为佳。

认识个体身心发展的不平衡性，对教育教学工作具有十分重要的意义。美国著名的心理学家布卢姆曾对近千名儿童进行研究，认为5岁以前是儿童智力发展最迅速的时期。

如果17岁所达到的智力水平定为100%，那么，从出生到4岁就获得50%的智力，4～8岁，又获得30%（达到80%），其余的20%在8～17岁这9年中获得。因此，为了有效地促进个体身心的发展，教育、教学工作要抓住关键期，以求在最短的时间内取得最好的效果。

人的身心的不同方面有不同的发展期的现象，越来越引起心理学家的重视，在关键期中，对个体某一方面的训练可以获得最佳成效，并能充分发挥个体在这一方面的潜力。错过了关键期，训练的效果就会降低，甚至永远无法补偿。

（四）身心发展的互补性

互补性反映个体身心发展各组成部分的相互关系。从生理方面来看，如果机体某一方面的机能受损甚至缺失以后，可以通过其他方面的超常发展得到部分补偿。失明者通过听觉、触觉、嗅觉等方面的超常发展得到补偿。机体各部分存在着互补的可能，为人在自身某方面机能缺失的情况下依然能与环境协调，从而为能继续生存与发展提供了条件。

从心理机能与生理机能之间的相互关系来看，互补性也存在于心理机能与生理机能之间。人的精神力量、意志、情绪状态对整个机能起到调节作用，帮助人战胜疾病或残缺，使身心依然得到发展。我们身边有很多这样出色的人物。如张海迪、海伦·凯勒的励志人生。相反，如果一个人的心理承受能力太差，缺乏自我调节能力和坚强的意志，那么，即使不是很严重的疾病或磨难也会把他击倒。互补性告诉我们，自己的命运掌握在自己的手里，培养自信和坚韧不拔的意志质量是教育工作的重要内容。

个体身心发展的互补性，首先要求教育者能够面向全体学生，特别是生理或心理机能发生障碍、学业成绩落后的学生，帮助他们树立起坚定的信心，相信他们可以通过其他方面的补偿性发展来达到与一般人一样或相似的发展水平。其次，要掌握科学的教育方法，特别是要善于发现他们的优势，做到扬长避短，以激发他们自我发展的信心和积极性，使他们能够通过自己的精神力量来达到身心的协调、统一发展。

（五）个体身心发展的个别差异性

个体差异性在不同层次上存在。从群体的角度看，首先，表现为男女性别的差异，它不仅是自然性上的差异，还包括由性别带来的生理机能和社会地位、角色、交往群体的差别。其次，个别差异还表现在身心的所有构成方面。这些差异主要是由于遗传、环境、教育、主观努力程度、自我意识水平和自我选择方向等多方面因素影响的结果，这就使得同一年龄阶段的儿童和青少年，在发展速度、发展水平、发展倾向等方面都具有不同的个人特点，表现为发展的差异性。如不同儿童同一方面的发展，其速度和水平不同，有人早慧，有人大器晚成。再次，个体身心发展的差异性还表现在不同个体所具有的不同的个性倾向上，如同龄的儿童具有不同的兴趣、爱好和性格等。

在教育工作中，教育工作者不仅要认识学生发展的共同特征，还应充分重视每个学生的个别差异；做到因材施教，有的放矢，能够发挥每个人的潜力和积极因素，选择最有效的教育途径，使每个学生都能获得最大限度的发展。

第二节　影响身心发展的因素及作用

影响人身心发展的因素，概括起来有遗传素质、社会生活条件、教育及个体的实践活动。

一、遗传及其作用

（一）遗传的概念

遗传是指从上代继承下来的解剖生理上的特点，这些生理特点也叫遗传素质。遗传是个体发展的物质前提。"遗传决定论"的创始人是英国的高尔登。

（二）遗传的作用

1.遗传素质为人的发展提供了可能

遗传素质是人身心发展的物质前提。人的发展总是要以从遗传获得的生理组织、一定的生命力为前提的。否则，任何发展都是不可能的。现代生物学表明，受精卵共有 23 对染色体，第 21 对决定脑神经系统，第 23 对决定人的性别。每对染色体一半来自父体，一半来自母体。每条染色体都带有决定遗传特征的基因，并能交换基因，将父母的生物构造和生理机能上的特点遗传给下一代。因而人的亲代能够繁殖与自己性状相似的亲代。如果遗传因素有缺陷，人的身心发展就会受到影响。特别是人的发展受制于大脑及神经系统的发展。

人脑有多达 100 亿至 150 亿数量的神经元，各种神经元靠它的突起组织跟别的神经元形成无数个网络，进行着复杂的排列组合。所谓"学习"，就是凭借着这种神经系统中的无数的连接线路才成立的。人脑的复杂性，表明了人的巨大的可塑性，也是一种从遗传上获得的潜力。新生儿刚生下时，孱弱的不如一只刚出壳的小鸡，但人的遗传素质却蕴藏着丰富的潜在力，为人的发展提供物质基础，这个基础是任何动物种群不具有的。

人的发展总是要以遗传获得的生理组织、一定的生命力为前提的。没有这个前提，任何发展都不可能。遗传下来的特点，特别是人的大脑神经系统对人的发展有直接关系。例如，神经系统是一切心理发展的物质前提，无脑畸形儿不但不能产生心理，而且也活不长。色盲是由遗传而来的，后天不能补救。所以，色盲者不能成为画家，也不能从事需要辨别颜色的工作。

2.遗传素质的差异是造成个体间个别差异的原因之一

人的遗传素质的差异性是客观存在的，它对人的个性与才能的形成有重大影响。由于遗传素质使每个人具有不同的气质和神经活动类型，这些神经活动的类型可能向积极的或消极的不同方向发展。

新生儿呱呱落地，有的安安静静，有的大哭大叫……这表明神经类型的特点不同。天资高的儿童，就可能比一般儿童发展得快一些、高一些。父母身高都比较矮的人，孩子大多个子也不会高，从事篮球等需要高个的职业就不可能。

3.遗传素质的成熟制约身心发展的水平及阶段

儿童的遗传素质是逐步成熟的。人刚出生时，各种身体器官的构造和机能是不完备的，它随年龄的增长而不断成熟，都服从年龄解剖学规律。

遗传素质的成熟程度制约着身心发展的年龄特点。它为一定年龄阶段的身心特点的出现提供了可能和限制。有些早期运动机能是直接建立在成熟的生理基础上的，只要机体某一部分达到成熟，某种技能就能出现，如抓握动作。有些机能是靠学习获得的，但也受成熟水平的限制。如让6个月的婴儿进行步行训练，不但没好处，而且会有害于他的发展。同样，小学生学高等数学也是不可能的。心理学家都认为，早于或迟于成熟期的学习都无助于发展。

遗传素质仅为人的发展提供物质前提，而不能决定人的发展遗传素质有差异，但就一般人而言并不是相差很大。马克思说："搬运夫和哲学家的原始差别要比家犬和猎犬之间的差别小得多，他们之间的鸿沟是由分工造成的。"遗传素质为人的发展提供了巨大的可能性，但这种可能性能否变成现实则取决于后天的环境，如王安石的《伤仲永》记述了一个叫仲永的人，小时聪颖异常，五岁即能写诗，但由于缺乏足够的教育，十二三岁时写的诗已大不如前，20 岁左右便"泯然众人矣"。而有些生来似乎愚笨的人经过后天的教育也能成为一代英才。如《天才的教育》一书中记录的威特，小时几近于白痴，但经过他父亲的悉心教育，掌握了多门外语，取得了两个博士学位，成了法学权威和研究但丁的专家。

二、环境及作用

人是在一定的环境中生存和发展的，环境在很大程度上决定着人的发展。"环境决定论"的代表人物是美国行为主义心理学家华生。

（一）环境的概念

环境泛指个体生活其中，影响个体身心发展的一切外部因素。若按环境的性质来分，环境可分为自然环境（包括自然条件与地理位置）和社会环境（包括政治、经济、文化以及与个体相关的其他社会关系）。若按环境的范围分，可分为大环境（指个体所处的总体自然环境与社会环境，如某一国家、某一地区）和小环境（与个体直接发生联系的自然环境和社会环境，如一个家庭、一所学校）。

环境对人的发展起决定作用，并不是机械的决定，人接受环境的影响不是消极的、被动的，而是积极的、能动的。环境在人的发展中起决定作用，对儿童而言，常常是通过教育活动实现的。

（二）环境对人的作用

1.环境使遗传提供的发展可能性变成现实

与生俱来的遗传素质能否适时发展，以及向什么方向发展，并不是由遗传本身决定，而是由环境决定的。如同卵双生子，遗传素质应该是差不多的，但如果分开养大，比如说一个放在贫穷的山区，一个放在富庶的大城市，那么，就很可能发展成完全不同的心理特点和个性特征。遗传提供的可能只有在一定的社会条件下才能变为现实。

2.环境决定人的发展方向、水平、速度和个别差异

在不同的社会生活条件下，人的发展方向、水平、速度均不相同，如原始人与现代人发展水平相差很大，这主要取决于社会生产、科学文化发展的水平。在资本主义制度下和社会主义制度下人的发展也不同，这取决于社会制度与社会意识形态的不同。同一社会制度下，不同的阶段、不同的家庭、不同的地位、不同的教育，人的发展也不同，这取决于社会关系。因为人一生下来，就必须要与周围的人发生各种关系，周围人的生活方式和思想、习惯、作风必然对他本身发生各种影响。

三、学校教育及作用

教育包括家庭教育、社会教育、学校教育。

（一）学校教育在人的发展中起主导作用

学校教育，在一定意义上是一种特殊的环境，学校把改造过的自然、人与人之间的关系、社会意识形态等因素，经过有目的的选择和提炼，按照人的发展特点，以系统化的形式作用于学生，对人的影响巨大而深远，其原因如下：

1.学校教育是有目的、有计划、有组织的培养人的活动

相比而言，遗传与社会生活条件具有不可控制、不能选择的特性，而学校教育是按照一定的目标，选择合适的内容，采取有效的方法，利用集中的时间，对人进行有系统的培养。

2.学校教育是通过专门训练的教师来进行的，相对而言效果较好

严格地说，教师应该受过严格而专门的训练，他们不仅精通自己所教的学科，而且熟悉儿童心理，懂得采取恰当的方法，根据学生的实际情况而进行教学，因而能够有效地培养学生，达到预期的效果。

3.学校教育能有效地控制、影响学生发展的各种因素

影响学生发展的因素很多。学校尽管不能全部加以控制，但能在一定程

度上协调各种因素，让学生处于最佳的发展环境之下，如按年龄分班，按智力分班等等。

（二）学校教育在影响人的发展上的独特功能

1.学校教育对个体发展作出社会性规范

从总体来看，社会对个体的基本要求不外乎体质、道德、知识水平与能力等几个方面，并提出一系列规范。这些规范的具体内容对学校教育来说，又随着社会性质与发展水平、不同教育阶段的人才培养而变化，并有意识地以教育目标和目的的形成去规范学校的其他工作，通过各种教育活动使学生达到规范的目标。所以，受过学校教育的人与未受过学校教育的人相比，在接受人类积累起来的各种文化上，不仅具有数量、质量和程度的差异，而且具有态度与能力上的差异。可见，学校教育对人的社会化具有规范与自觉化的特殊功能。

2.学校教育具有加速个体发展的特殊功能

在日常生活和工作实践中，个体的身心同样会发展。学校的作用在于尽可能加快这一变化的速度和缩短实现发展目标的时间。这是因为学校教育是目标明确、时间相对集中、有专人指导并进行专门训练的社会活动。此外，学校教育使个体处于一定的学习群体中，个体之间发展水平有差异，这也有助于个体的发展。如果学校教育能正确判断学生的最近发展区，这种加速将更明显、更有意识和富有成效。最近发展区是维果茨基提出的一个概念，是指儿童已经达到的发展水平与儿童可能达到的发展水平之间的差距。

3.学校教育对个体发展的影响具有实时和延时的价值

小学教育的内容具有普遍性和基础性，因而对人今后的进一步学习具有长远的价值。此外，学校教育提高了人的需要水平、自我意识和自我教育能力，但对人的发展来说，更具有长远意义。学校教育能帮助个体形成对自身发展的自主能力，使个体的发展由自发提高到自觉阶段。

4.学校具有开发个体特殊才能和发展个性的功能

在开发特殊才能方面，小学教育内容的多面性和同一学生集体中学生间表现出才能的差异性，有助于个体特殊才能的发现，而专门学校对这些才能的发展、成熟具有重要的作用。在个性发展方面，教师的心理学、教育学素养是关键因素，它决定教师是否善于发现每个学生的独特性和独特性的价值，是否尊重和注重学生个性的健康发展，是否积极地在教育活动中为学生的个性发展创造客观条件和提供活动的舞台。小学生在个性形成过程中需要教师的指点和帮助，而后才会走上自觉发展自己个性的道路。此外，学校中富有生气的学生集体也为每个学生个性的发展提供了独特的土壤。

四、个体在社会实践中主观能动性的巨大作用

个体与环境之间真实的相互作用，人对外界存在的摄取、吸收（无论是精神的，还是物质的）都要通过个体的不同性质、不同水平的生命活动来实现。我们把这些活动统称为个体的实践活动，并确认它们是个体发展得以实现，从潜在的可能状态转向现实状态的决定性因素。个体的实践活动从过程结构的角度看，包括活动主体的需要与动机、指向的客体对象，活动的目的、内容、手段与工具，行为程序、结果及调控机制等基本要素。从活动水平的角度看，由生理、心理和社会三种不同层次和内容的活动构成。每一层次的活动对个体身心发展都具有特殊的和整体性的影响。

个体的实践活动体系中第一层次的活动是人作为生命体进行的生理活动。它是人这一有机体与环境中的物质发生交换的过程，为维持人的生命服务，与人的身体发展直接相关，也是其他方面发展的基础。第二层次是个体的心理活动。心理活动的内容丰富多彩，它是人对外部世界能动的、带有个体性的反映，也包括人对自己的意识、态度与倾向。其中最基本的是认识活动，最高层次是社会实践活动。对个体来说，具有满足人的生存、发展和创造需要的意义，是人与环境之间最富有能动性的交换活动，是一种能量的交换。它具有鲜明的目的性、指向性和程序性，体现了人的主动选择。

以上三类不同水平的个体活动及其作用，实际上是共时、交融的。人的生理活动和心理活动渗透在一切社会活动中，人的一切社会活动又受到它们的"支持"和影响。人的社会实践活动从综合的意义上把主体与客体、个体与社会、人的内部世界与外部世界联系起来，成为推动人本身发展的决定性

因素。教育需要非常重视对学生主观能动性的发挥。

第三节　小学教育促进儿童发展的特殊任务

　　小学生大约处在六七岁到十二三岁这个年龄阶段。儿童进入小学后，生活环境发生了很大变化，不能像幼儿那样以游戏为主导，而必须以学习为主导，身心发展进入一个新的阶段。小学教育根据童年期儿童身心发展的特点提出相应的特殊任务。

一、童年期儿童发展的主要特征

（一）童年期儿童生理发展的主要特征

　　童年期是生理发展相对稳定与平衡的时期，身高、体重、肌肉的强度和耐力、肺活量的增长都相当均匀。童年期的儿童骨骼增长较快，但骨化尚未完成，因此，小学生的骨骼富于弹性，但不坚硬，易弯曲变形。尤其是脊椎的软骨成分丰富，骨盆骨化尚未完成。童年期儿童肌肉含水分相对较多，含蛋白质、脂肪、糖和无机盐较少，富有弹性，而肌力较弱，容易疲劳，但恢复快。大肌肉、上肢肌发育较早，小肌肉与下肢肌发育较迟。小学生心肌纤维较细，心脏功能较差。

（二）童年期儿童心理发展的主要特征

　　1.观察

　　小学生的观察常注意一些感兴趣的、新鲜的东西，而忽略主要的东西。教师应引导儿童从知觉事物表面特征发展到知觉事物的本质特征。小学生，尤其是低年级学生观察事物缺乏兴趣、缺乏系统性。

　　2.注意

　　小学生的有意注意不断发展，但无意注意仍起着作用。低年级学生注意力容易分散，需要教师及时提示和提出要求。

3.记忆

儿童年龄越小，识记具体的知识、事件、人物、对象、事实要比识记定义、解释、描写等好一些，并且记得巩固些。小学生记忆的主要方式是形象记忆。对低年级儿童而言，直观形象记忆、逻辑记忆占主要方面，因此，教学中要注意运用直观教学，并使记忆系统化。

4.思维

小学生的思维正处于具体形象思维向抽象逻辑思维过渡阶段。小学生的思维缺乏自觉性、灵活性。小学生在概念获得方面尚有困难，因为概念的形成需要经过分析、综合、抽象、概括的过程。所谓抽象思维，就是掌握概念，并运用概念组成恰当的判断、进行合乎逻辑的推理的思维活动。因而小学生的抽象思维能力相对较差。

5.情感

儿童入学后，学校不断向儿童提出新的要求，从而情感的倾向性、深度、稳定性及效能等各方面都发生了变化。但小学生的道德感是比较模糊的，常依靠教师的评价来衡量事物的好坏，而且小学生的理智感大多是和具体事物相联系的。

6.自我意识

自我意识包括对自己的感知以及对自己情绪、意志的自我意识。属于对自己感知方面的有自我观察和自我评价等。属于情感、情绪方面的有自爱、自尊、责任感和义务感等。属于意志方面的有自制、自我纪律、自我调节等。

小学低年级儿童独立评价自己的能力相对较差，中年级开始逐步学会把自己的行为和别人的行为加以比较来评价自己的行为。教师与父母对儿童活动的及时评价以及言行的潜移默化对儿童自我意识的形成有重大作用。

（三）童年期儿童的学习特征

1.低年级儿童难以深刻理解学习的意义

低年级小学生对学习的价值不甚了解，对学习和游戏也难以分得很清楚。教师应尽快让学生习惯新的生活制度，使儿童认识到学习不完全是游戏，而是一项认真的工作，学习能知道很多有价值的东西。

2.学习动机是希望得到老师的称赞、父母的夸奖

对小学生而言，努力学习的目的就是希望获得老师的表扬，所以，他们对老师怎样对待他，对他的学习有什么反应十分敏感。分数带有教师的评价，所以学生很快就了解到分数的作用，取得高分就成为小学生的学习动机。

3.学习兴趣与习惯

低年级学生对学习过程的形式感兴趣，而对学习内容和结果的兴趣相对较弱，教师应善于利用这一点安排教学过程。

另外，他们的学习习惯也还没有完全形成，对学习的常规也缺乏足够的了解。随着年龄的增长，儿童逐渐重视学习的结果，对学习内容的兴趣常常和自己对成绩的满足感的体验联系在一起。这种满足感是伴随着教师的称赞、夸奖而增强的。因此，教师需要对学生多鼓励，这对良好的学习态度的形成非常重要。

二、小学教育的特殊任务

根据小学生的生理和心理特点，可以确定小学教育的特殊任务如下。

（一）小学教育的总任务

小学教育是基础教育，既是各级各类学校教育的基础，也是个体身心健康发展的基础。所以，小学教育的根本任务就是打好基础，即要求学好语文、数学，打好读、写、算的基础；全面推进素质教育，为全面发展奠定基础；使小学生初步学会运用自己的手和脑，运用自己的智慧与体力，为培养具有高素质的公民打下基础，为全民族文化素质的提高打下基础。

（二）小学教育的具体任务

根据童年期儿童的生理发展水平，允许他们进行系统的学习，但不应过度疲劳和过度紧张。老师应培养小学生坐、立、写字与看书的正确姿势，注意锻炼儿童的小肌肉，逐步锻炼手部的精细动作，但应避免剧烈的运动。

培养小学生有目的、有顺序地进行观察，引导儿童从知觉事物表面特

征发展到知觉事物的本质特征。不断地向学生提出要求并及时提示，使小学生的有意注意得到发展。在教学活动中教师要帮助学生学会分析、综合、抽象、概括，逐步发展逻辑思维的能力。

注意培养小学生的自我意识和自我评价能力，使小学生了解学习在人一生中的重大价值，培养小学生对学习的兴趣，并形成良好的学习习惯。养成儿童认真学习、积极思考的优良的学习质量。

培养小学生初步的分辨是非的能力，逐步发展儿童对道德的理解能力，能对社会上的各种现象进行初步的分析与思考，逐步学会科学地看待社会和人生问题。培养儿童初步的自我评价和自我认识。

第七章　学生与教师

第一节　学生

　　教育活动是一种培养人的社会活动，教育系统是一个以人的集合为主要构成要素的社会系统。在诸种要素中，学生和教师是其最基本的要素。要研究教育系统，研究教育系统中人的活动，首先必须研究学生和教师，研究师生之间的关系。

　　学生虽然是教育过程和教学过程的最基本的要素之一，是教师工作的对象，但我们以往的教育学对学生的分析和研究却很不够。虽然我们强调教师应该吃透两头，即充分理解教材和充分认识学生，但无论在理论上还是在教师的实际工作中，前一点往往比较重视，后一点却重视得不够。

一、学生的本质属性

　　（一）学生是具有发展潜能和发展需要的人

　　学生是人，这是不需证明的、人所共知的命题。但是在教育的实际活动中，甚至在教育理论中，却往往会出现否定学生的人的属性的情况。学生是人，这里所指的人应当包括以下几方面的含义。

　　1.学生是能动的主体

　　与生产劳动的对象不同，教育的对象——学生，不是死的自然材料，也不是没有意识的动物和植物，而是活的能动体。他们不仅与其他生物一样能够通过对外界的摄取活动，使自己的身体得以保存和发展，更重要的是他们还表现出人所特有的能动性，能创造和满足自己的物质和精神需要，以发展自己的身心。同时，他具有主观能动性，具有不同特殊素质，即具有个人的爱好、兴趣、追求，有个人的独立意志。他们不是消极被动地接受塑造和改造，而是能够意识到自己是被他人所塑造和改造的，从而有可能自觉地参与到教育过程中去。

学生是具有思想感情的个体。学生是有血有肉的人，各具其思想感情。在教师的心理上，应不仅把学生作为一种认识对象，而且应与学生在其他心理系统，诸如情感、需要等方面建立联系，这种心理联系是双向的，如教师对学生产生某种感情，学生对教师也有感情。

学生是一个具有思想感情的个体，又意味着他具有自身独立的人格，他有自己的需要、愿望和尊严，这一切都应当得到正当的满足和尊重，学生不同于其他的物品可以听任摆布，屈从于人。

学生具有独特的创造价值。世界上一切有价值的东西，都是由人所创造的，从这个意义上，人是世界上最可宝贵的。处于学习期间的学生虽然尚未进入创造价值的过程，但是通过教育可以使他们对社会、对人类作出积极的贡献，甚至创造出伟大的价值。因此，在教育过程中应当珍视学生作为人的无与伦比的价值，不能任意损伤和残害他们。

2.学生是发展中的人，具有发展的可能性和发展的需要

（1）学生具有与成人不同的身心特点。少年儿童不是成人的雏形，而是具有其自身的身心发展的特点。我们不能只是把儿童看作是一种"小大人"，认为他们与成人没有什么质的差别，应认识到儿童所特有的需要和发展的特点。因此，在教育过程中，不能抹杀学生的特殊性，而向他们提出与成人同等的要求与行为标准。

（2）学生具有发展的可能性与可塑性。学生是发展中的人，小学阶段，是一个人的生理、心理发育和形成的重要时期，在小学生身上所展现的各种特征都还处于变化中，具有极大的可塑性；这一阶段也是学生逐渐从不成熟到基本成熟、从不定型到基本定型的方向发展的关键阶段，在他们身上潜藏着各方面发展的极大的可能性。即使在小学生身上已经出现某种身心发展的不足之处，思想行为上的缺点错误，较之成人来说，一般也有较大的矫正的可能。在这一段时期，他们的身心发展能否得到满足，能否得到积极、良好

的教育，对于他们的发展将产生极大的影响。

（3）学生是具有发展需要的人。学生发展的可能性和可塑性转变为现实性取决于学生发展的需要和个体与环境的相互作用。人是自然性与社会性的统一，个体的早期发展更多地体现了自然的属性，受自然属性的制约。推动个体由自然人向社会人转变的动力是社会环境对个体的客观要求所引起的需要与个体的发展水平之间的矛盾运动，这一矛盾运动是个体和客观现实之间相互作用的反映；是通过个体的社会实践活动实现的。在活动中，个体不断作用于客观现实，反映客观事物的特性和关系，形成一定的发展水平。客观现实也不断作用于个体，对个体提出新的要求，这些要求反映在个体的头脑中，转变为个体的需要。而需要的满足，同样要通过个体自身的活动即与客观现实的相互作用实现。因此，没有活动，没有个体与环境的相互作用，也就没有个体的发展。学校作为为个体发展而有意识地安排的一种特殊环境，其要求、内容及各种活动能否引起并满足学生发展的需要，与教师对这种环境的安排有极大的关系。

（二）学生是教育的对象

学生的发展性与学生的不成熟性是一个问题的两个方面，因为不成熟，才有巨大的发展潜力；也因为不成熟，学校和教师才大有可为。学校教育是有计划、有目的、有组织的培养人的社会活动，由教育者按照一定的教育目的、具体的教育对象和特定的教育场景来选择教育内容，组织教材和教学活动，并采取一定的教育方法来对学生施加影响。与环境对个体自发的、零碎的、偶然的影响相比，学校教育对学生的成长起着主导的作用。

在教育这种特定环境下，作为教育对象的学生是学习者，是受教育者，其主要任务是学习，通过学习获得身心的发展。但是，学生的学习是人类学习的一种特殊形式，它的特殊性表现在：学生以学习为主要任务以学习为主要任务是学生学习的一个特点，这种特点区别于日常生活和工作中的学习，也是学生区别于其他人的特点。学生的主要职能是学习，就是赋予了他们认真接受教育的社会义务。

（三）学生在教师指导下学习

学生的学习是在教师指导下进行的，这是学生与从事学习活动的其他社会成员的区别之一。教师的指导不仅使学习更具成效，也是在一定情况下使学习活动得以产生的前提条件。相对于教师来说，学生知识较少，经验贫乏，独立能力不强，加上传统的教师权威的文化影响，学生具有依赖性和向师性，教师在学生心目中具有天然的权威性，这种天然的权威性是教师进行教育工作的重要条件。因此，教师能否珍惜和巧妙地运用其权威性，指导学生学习，引导学生积极发展，是对教师素质的考验。教师只有在尊重和调动学生主动性、积极性的基础上运用自己的权威，才能促进学生的发展。如果教师不珍惜甚至是滥用权威，将阻碍学生的发展。

二、学生的社会地位

学生的社会地位属学生权利问题。由于学生是尚未成熟的少年儿童，是未进入正式成人社会的"边际人"，因此，他们的独立人格和独立地位常常被忽视，他们经常处于从属和依附的地位。还有许多成人出于"为了孩子、关心孩子"的好心，一厢情愿地把自己的价值观念、主观愿望强加给儿童，并不研究和重视学生自身的需要，这是因为对少年儿童在社会中的主体地位和合法权利尚缺乏正确的认识。

（一）学生社会地位的保障

1.少年儿童是权利的主体

从道义上讲，少年儿童是社会的未来、国家的希望。从法制的角度讲，少年儿童是独立的社会个体，有着独立的法律地位，他们不仅享有一般公民的绝大多数权利，并且受到社会特别的保护。1989年11月20日联合国大会通过的《儿童权利公约》的核心精神，正是维护少年儿童的社会权利主体地位。这一精神的基本原则是：儿童利益最佳原则、尊重儿童尊严原则、尊重儿童观点与意见原则、无歧视原则。

我国的《宪法》《未成年人保护法》《教育法》等法律法规，对学生的法律权利都作了详细的规定，从法律制度和司法保护制度来看，毋庸讳言：学生有权利，一旦受到侵害，即可起诉。

但从我国传统社会观念和传统教育对待学生的态度看，并不把学生作为具有个性和主体意识的个人看待，总把他们看作管理的对象，尊重学生权利的意识淡漠。于是，常引起侵害学生权利的教育纠纷。这些冲突实质上是教育者一方如何看待学生的滞后观念与学生崛起的主体权利意识之间的冲突，是关于学生权利法律制度规定与学生管理制度中不当因素的冲突。冲突的焦点是学生，冲突的主要内容是学生的权利是否受到尊重和侵害。

2.学生的身份和法律地位

（1）学生的身份。个人的身份是由其在社会关系中所扮演的角色和地位的不同所决定的。在教育领域，中小学生的身份从我国颁布的《宪法》《未成年人保护法》《教育法》《义务教育法》《教师法》等法律法规中可得知，我国中小学生身份的定位有三个层次：第一，中小学生是国家公民；第二，中小学生是国家和社会未成年的公民；第三，中小学生是接受教育的未成年公民。因此，对中小学生的全面表述是：中小学生是在国家法律认可的各级各类中等或初等学校或教育机构中接受教育的未成年公民。

（2）学生的法律地位。身份的确定有利于中小学生法律地位的确立。法律地位是由双方主体在法律关系中所享有的权利和履行的义务决定的。在教育领域中，作为未成年公民，在与教师、校长或行政机关双方形成的关系中，中小学生享有未成年公民所享有的一切权利，如身心健康权、隐私权、受教育权等，并受到学校的特殊保护；作为学生，在教育过程中，中小学生享有受教育的平等权、公正评价权、物质帮助权等。作为中小学生相对方的学校教师或行政机关，不能因为教育职能的履行而侵害学生的权利。当然，在教育过程中，学校和教育行政机关有权教育和管理学生，学生负有接受教育和管理的义务。

（二）少年儿童的合法权利

少年儿童是社会权利的主体，享有法律规定的各项社会权利。国际社会及许多国家都对未成年学生所享有的权利作了具体的规定。我国作为《儿童权利公约》的缔约国之一，在履行《公约》的同时，在一系列有关法律、法规和政策中也对青少年享有的权利作出了规定，如《宪法》《婚姻法》《教育法》《义务教育法》《未成年人保护法》等等。在这些规定中，未成年学生享有的主要权利概括起来有：

1.学生的受教育权

我国《宪法》规定："中华人民共和国公民有受教育的权利和义务""国家培养青年、少年、儿童在品德、智力、体质等方面全面发展"。《义务教育法》规定："国家、社会、学校和家庭依法保障适龄儿童、少年接受义务教育的权利""凡年满六周岁的儿童，不分性别、民族、种族，应当入学接受规定年限的义务教育"。《未成年人保护法》规定："学校应当尊重未成年学生的受教育权，不得随意开除未成年学生。"

学生的受教育权包括受完法定教育年限权、学习权和公正评价权。受完法定教育年限权是指年满6周岁的儿童应入学接受义务教育，并受满法律规定的教育年限，学校和教师不能随意开除学生。学习权是指学生有权利在义务教育年限内在校学习，在教育教学过程中，教师不得以任何借口随意侵犯或剥夺学生参加学习活动，诸如听课、作业等的权利。公正评价权是指学生在教育教学过程中，享有要求教师、学校对自己的学业成绩、道德质量等进行公正的评价，并客观真实地记录在学生成绩档案中，在毕业时获得相应的学业成绩证明和毕业证书的权利。

从我国有关法律法规的规定看，普通公民的受教育权和中小学生的受教育权有所不同，负有中小学生受教育权实现义务的主体主要是国家、国家教育行政机关、社会和家庭、学校和教师等。国家的责任在于：按时核拨教育经费、保证学生享有正常的接受教育所需的物质条件和环境；为贫困、残疾、轻微违法犯罪的中小学生创造适合他们接受义务教育的机会和条件等等。国家教育主管部门的责任表现为：根据国家的法律法规和方针政策，结合中小学生身心发展特点，确定义务教育的教学制度、课程设置，审定教科书，管理和组织教学，地方教育行政机关及时传达和贯彻国家教育部门等。学校教师要贯彻国家教育主管部门制定和下达的教学内容和要求，促进学生的身心全面发展，保障学生参加各类实现教育目的的活动等。社会和家庭的责任在于保证子女正常上学、不中途辍学等。

2.学生的人身权

人身权是公民权利中最基本、最重要、内涵最为丰富的一项权利。由于未成年学生正处于身心发育的特殊成长阶段，因此人身权的重要方面受到国家、社会、家庭和学校的特殊保护。国家除了对未成年学生的人身权进行一般保护外，还对中小学生的身心健康权、人身自由权、人格尊严权、隐私权、名誉权、荣誉权等进行特殊保护，并要求教师、学校、家庭、社会尽到特殊的保护责任。

身心健康权是人身权的最基本权利，包括保护中小学生的生命健康、人身安全、心理健康等内容。人身自由指未成年学生有支配自己人身和行动的自由，非经法定程序，不得非法拘禁、搜查和逮捕，如教师不得因为各种理由随意对学生进行搜查，不得对学生关禁闭。人格尊严指学生享有受他人尊重，保持良好形象及尊严的权利，如教师不得对学生进行谩骂、体罚、变相体罚或其他有侮辱学生人格尊严的行为。隐私权指学生有权要求私人的、不愿或不便让他人获知或干涉的、与公共利益无关的信息或生活领域。教师不应该随意宣扬学生的缺点和隐私，不应该随意私拆、毁弃或采取强硬态度拆毁学生的信件、日记等。名誉权和荣誉权指学生有权保有大家根据自己日常生活行为、作风、观点和学习表现而形成的关于其道德质量、才干及其他方面形成的正常的社会评价，有权保有根据自己的优良行为而由特定社会组织授予的积极评价或称号，他人不得歪曲、诽谤、诋毁和非法剥夺。教师对学生的荣誉称号及智力劳动成果，不得随意剥夺和侵占。

为了保障学生的人身权，国家和社会、学校和教师、家庭及其他社会成员应各自履行特定的职责。对于学校和教师，其职责是：

第一，全面贯彻国家的教育方针。学校和教师要对学生进行适应全体学生身心发展的德、智、体、美、劳等教育；应当关心、爱护学生，对品行有缺陷、学习有困难的学生，应当耐心教育，不得歧视；应当尊重未成年学生的人格尊严，不得对他们施以体罚、变相体罚或其他侮辱人格尊严的行为。

第二，保护学生的身心健康。认真贯彻国家制定的《学校体育工作条例》《学校卫生工作条例》等，按体育锻炼标准安排学生的课间操、课外活动及校外活动；合理安排学生的学习时间和作业量，严格控制考试的科目与次数，以免加重学生负担；定期组织学生进行身体检查，做好疾病防治工作。学校和教师安排学生参加集会、文化娱乐、社会实践等集体活动时，应当有利于未成年人健康成长，防止发生人身安全事故。

第三，学校和当地教育主管部门应当共同做好校舍维护和防护工作，不得使未成年的学生在危及人身安全和生命健康的校舍中及教学设施中进行学习和活动。

第四，对侵害学生各项人身权的行为应积极予以劝阻、制止或及时向公安机关报告。面对青少年儿童在社会中的主体地位和愈来愈多的有关学生权利的法律规定，要切实保障青少年儿童的合法权益，教师、校长和教育行政官员应注意如下问题：从观念的层面上讲，要正确认识学生的身份和法律地位，树立现代的学生观；从制度层面上说，要懂得法律规定的学生的权利和义务，尊重学生的权利，确定恰当的学生管理制度，科学地教育和管理学生。

（三）学生的义务

中小学生作为法律的主体，在享有法律规定的各项权利的同时，也负有履行法律规定的各项义务。教师有责任教育学生了解自己的义务，履行自己的义务，如果之后学生仍然在日常生活和教育活动中未尽义务或违反规定，由此造成的后果则应由学生自负。《中华人民共和国教育法》中规定学生应尽的义务有：一是遵守法律、法规。二是遵守学生行为规范，尊敬师长，养成良好的思想品德和行为习惯。三是努力学习，完成规定的学习任务。四是遵守所在学校或者其他教育机构的管理制度。

第二节　教师

　　教师职业是人类社会最古老的职业之一，人类历史上不少思想家、教育家都热情赞美教师。捷克教育家夸美纽斯说："太阳底下再没有比教师职业更高尚的了。"法国教育家卢梭说："在所有一切有益人类的事业中，首要一件，即教育人的事业。"德国教育家黑格尔说："教师是孩子们心中最完美的偶像。"我国也有许多为人们所熟知的说法，如"师者，人之模范也"等。随着人类社会的发展与进步，今天，教师已成为推动经济发展和社会进步的重要力量。在新一轮基础教育课程改革中，教师被赋予更多的责任，被寄予更多的希望。可以这样说，新世纪中国课程改革中的教师职业，将是21世纪中国社会最具变化的职业，认识和了解自己所从事职业的性质与特点，把握其发展趋势，有助于我们搞好教育教学工作。

一、教师职业的性质与特点

（一）教师职业的性质

　　《中华人民共和国教师法》第一章第三条对教师的概念作了全面科学的界定：教师是履行教育教学职责的专业人员，承担教书育人、培养社会主义事业建设者和接班人、提高民族素质的使命。第一次从法律上确认了教师的社会地位的专业性。

　　1.教师职业是一种专门职业，教师是专业人员

　　1966 年，联合国教科文组织在《关于教师地位的建议》中提出，教师工作应该视为一种专门职业，认为它是一种要求教师必须具备经过严格训练而持续不断地研究才能获得并维持专业知识及专门技能的职业。1986 年 6 月 21日，我国国家统计局和国家标准局发布的《中华人民共和国国家标准职业分类与代码》中，将所有职业分为 8 大类、63 个分类和 303 个小类，其中，各

级各类教师被列入了"专业、技术人员"这一类别。

2.教师是教育者，教师职业是促进个体社会化的职业

个体从自然人发展成社会人，是在学习、接受人类经验，消化、吸收人类文化的社会化过程中逐步实现的。人类早期社会教化的主要承担者是部落、氏族首领和经验丰富的长者，随着社会的发展，产生了专门以教化年青一代成为合格成员为己任的劳动集团——教师。他们根据一定社会要求向年青一代传授人类长期积累的知识经验，规范他们的行为品格，塑造他们的价值观念，引导他们把外在的社会要求内化为个体的素质，实现个体的社会化。

（二）教师职业的特点

不同职业的性质，使不同职业所扮演的角色、承担的职责都表现出不同的特点。教师职业的最大特点在于职业角色的多样化。角色是个人在一定的社会规范中履行一定社会职责的行为模式。每个人在社会中同时扮演许多角色，但职业角色是相对单一的，而教师这一职业却具有多种角色的特点。一般说来，教师的职业角色主要有：

1.传道者角色

教师负有传递社会传统道德、价值观念的使命，"道之所存，师之所存也"。进入现代社会，虽然道德观、价值观呈现出多元化的特点，但学校、教师的道德观、价值观总是代表着居社会主导地位的道德观、价值观，并用这种观念引导学生。除了社会一般道德、价值观外，教师对学生的"做人之道""为业之道""治学之道"等也有引导和示范的责任。

2.授业、解惑者角色

教师是社会各行各业建设人才的培养者，他们在掌握了人类经过长期的社会实践活动所获得的知识经验、技能的基础上，对其精心加工整理，然后以特定的方式传授给年青一代，并帮助他们解除学习中的困惑，启发他们的智慧，形成一定的知识结构和技能技巧，成为社会有用的建设者。

3.示范者角色

教师的言行是学生学习和模仿的榜样。夸美纽斯曾说过："教师的职务是用自己的榜样教育学生。"学生具有向师性的特点，教师的言论行为、为

人处世的态度会对学生具有耳濡目染、潜移默化的作用。

4.管理者角色

教师是学校教育教学活动的组织者和管理者，需要肩负起教育教学管理的职责，包括确定目标、建立班集体、制定和贯彻规章制度、维持班级纪律、组织班级活动、协调人际关系等等，并对教育教学活动进行控制、检查和评价。

5.父母与朋友角色

教师往往被学生视为自己的父母或朋友。小学低年级的学生倾向于把教师看作是父母的化身，对教师的态度类似于对父母的态度。高年级学生则往往愿意把教师当作他们的朋友，也期望教师能把他们当作朋友看待，希望得到教师在学习、生活、人生等多方面的指导，希望教师能与他们一起分担痛苦与忧伤，分享欢乐与幸福。

6.研究者角色

教师的工作对象是充满生命力的、千差万别的活的个体，传授的内容是不断发展变化着的人文、科学知识，这就决定了教师要以一种变化发展的态度来对待自己的工作对象、工作内容，要不断学习、不断反思、不断创新。

教师职业的这些角色特点，决定了教师职业的重要意义和重大责任，决定了对教师的高素质要求。

二、教师职业专业化的条件

一个国家对教师职业往往都有一些明确的规定，比如学历的要求，教师资格证书的要求等。我国颁布的《教师法》第十条规定："国家实行教师资格制度。中国公民凡遵守宪法和法律，热爱教育事业，具有良好的思想品德，具有本法所规定的学历或经国家教师资格考试合格，有教育教学能力，经认定合格的，可以取得教师资格。"但一名教师是否真正具备从事教师的职业条件，能否合格履行教师角色，根本上还在于教师的专业素养。教师的专业素养是当代教师质量的集中体现。

（一）教师的学科知识素养

教师的学科知识素养是教师胜任教学工作的基础性要求，有别于其他专业人员学习同样学科的要求。教师必须精通所教学科的基础性知识和技能，熟悉学科的基本结构和各部分知识之间的内在联系，了解与该学科相关的知识、学科的发展动向和最新的研究成果以及学科领域的思维方式和方法论。教师所掌握的学科知识必须大大超出教学大纲的要求，要能做到"多走一步，深入三分"，教师在学科专业知识方面造诣愈深，教学才能愈有足够的回旋余地。

有人认为，小学教师所教的都是一些浅显的知识，只要熟悉自己所教的内容、弄懂教材就足以应付了，没有必要有高深的学问，这实在是一种肤浅的看法。基础知识与高深的知识之间有着密切的联系，教师不能深入，哪能浅出？不能居高，岂能临下？如果教师所掌握的只是教材上的那点知识，只能勉强应付当天要教的一段教材，是无论如何也培养不出人才来的，也得不到学生的尊敬，因为尊师与敬道是分不开的。马卡连柯曾说过："如果教师在工作上、知识上和成就上有光辉卓越的表现时，那你自然就会看到，所有的学生都会倾向你这一方面了；相反的，如果你表现出无能和平庸，那么，不管你如何温柔，在谈话时如何耐心，如何善良、殷勤，不管你如何关心体贴学生，仍不会博得学生真正的尊敬。"对于一个教师来说，对所教的内容不仅要知其然，而且要知其所以然，要能够把所教内容放在更为深广的学术背景和社会背景上考虑，这样才能够全面理解所教内容的价值和意义，才能取其之左右而逢源。

（二）教师广泛的文化素养

教师在具有一定的学科专业素养之外，还必须有比较广博的文化素养。首先是因为各门学科的知识都不是孤立的，学科呈现综合化的趋势，教师必须适应这一趋势。其次是因为正在成长中的小学生，兴趣广泛，求知欲强，上至天文，下至地理，从远古到未来，从宏观到微观，无所不想知。而且今天的小学生可以通过大量的信息管道了解到许多新鲜知识，他们能够提出形形色色、五花八门的问题，往往使教师汗颜，这就对教师提出了更高的要求。当然，一个教师不可能什么都懂，但广泛涉猎各种知识，形成比较完整的知识结构，是十分必要的。同时，教师的任务不仅是"教书"，更重要的是要教会学生怎样做人、怎样学习、怎样做事、怎样健体，没有广泛的文化素养和宽厚的文化底蕴是不行的。

（三）教师的教育专业素养

教师职业是教书育人，因此教师不仅要有所教学科的专业素养和广泛的文化素养，还要有教育专业素养。教师的教育专业素养包括：

1.敬业

作为教师，敬业是使其他素养成为可能的重要特征，也是其成为一名优秀教师的第一要素。也就是说，热爱教育事业，是做好教育工作的基本前提。许多优秀教师的经验证明，热爱教育事业，愿意为学生的成长贡献自己毕生的精力，是他们从事教育工作的巨大的动力和力量源泉。热爱教育事业在教育程中具体体现在热爱学生上。教育是爱的共鸣，教师只有热爱学生，才能教育好学生，才能使教育发挥最大限度的作用。教师对学生的爱是一种巨大的教育力量，也是一种重要的教育手段。教师只有以自己的爱才能赢得学生的爱，才能使学生乐意接近教师，愿意接受教师的教育。一个热爱学生的教师，会耳聪目明，思路敏捷，能发现最不起眼的学生身上微不足道的萌芽状态的种种因素，而机智地肯定之、鼓励之，或预防之、消除之；能在别人看来毫不起眼的材料中汲取教育的营养，把握教育学生的良机。教师对学生的爱应表现在对学生学习、思想和身体的全面关心上，严格要求学生，尊重、信任学生。

2.树立正确的教育观念

（1）要具有时代特征的教育观。时代特征的教育观要求教师对教育功能有全面的认识，对素质教育有全面的理解。

（2）要具有时代特征的学生观。时代特征的学生观要求教师全面理解学生的发展，理解学生全面发展与个性发展、全体发展与个体发展、现实发展与未来发展的关系。

（3）要具有全面发展的教育质量观。全面发展的教育质量观要求教师能够认识到，评价教育教学质量高低的是学生整体素质的发展状况，而不是仅凭考试成绩；考试成绩可以作为评价教学质量的一个标志，但不应成为主要和唯一的标准；教育质量的评价标准，应当是德智体综合素质的全面发展；教学质量的评价标准，应当根据学科的性质和特点，衡量学生各项基础素质的发展状况。

3.掌握教育理论和具有良好的教育能力

掌握教育理论，懂得教育规律，是提高教师向学生传播知识、施加影响的自觉性，达到良好的教育效果所必需的。教师仅仅有学科知识和文化素养是不够的，他还要善于把这些知识传授给学生，教会学生自己学习，这就要求教师必须有良好的教育学、心理学、学科教育学的知识，懂得青少年身心发展、个性和品德形成的规律，以及如何根据这些规律教育学生等。

教师的教育能力是成功地进行各种教育活动的重要条件之一，也是教师职业的特殊要求。

（1）了解学生的能力。学生是教育的对象，善于了解学生是完成教育工作任务，实现教育目的所必备的重要教育才能，经常了解和掌握学生德、智、体诸方面发展的情况，对于教师来说是至关重要的，它能够帮助教师选择切实可行的教育方式，并预见教育行为的后果，一个教师，即使掌握了广博而深厚的基础知识和教育理论知识，如果不注重对学生的研究，不注重对教育、教学方法的选择，他就难以达到良好的教育效果。

（2）教师这方面的能力的形成，首先基于教师高度的教育事业心和高涨的工作热情，也来源于教师的教育学、心理学知识的修养以及丰富的教育实践经验，这种事业心、知识和经验，通过反复的实践训练就能转化为能力。

（3）对所教知识进行加工处理的能力。教师的一项主要任务是向学生传授知识。小学教师用以向学生传授的知识，主要储存在教学大纲和教科书之中，要将这种处于储存状态的知识传授给学生，教师必须对他们进行一番加工处理。通过加工处理，使得即将讲授的知识既符合知识本身的逻辑结构，又符合学生的认知水平和心理特点。要做到这一点，教师必须学会下述本领，即把复杂的问题变成简单的问题，把困难的问题变成容易的问题，把抽象的问题变成具体的问题，把枯燥无味的内容变成生动的讲授。最后，把所要传授的知识加工处理成既符合教学大纲的要求，又适合教师自己的特点和学生的特点；既能充分发挥教师的优势，又能适合学生的水平和兴趣的形式。

教师的这种能力，实质上是一种高超的教学艺术。这种能力的形成，来自教师对教材的通盘掌握和对学生的充分了解，并在此基础上进行深思熟虑，设计好所要讲的知识的结构和师生的行为方式，在"深思熟虑"这四个字上下的功夫越深，"加工处理"的能力就可能会越高，传授知识的准备工作就会做得越好。

（4）向学生传授知识、施加影响的能力。经过教师加工设计过的各种方案，要使之实施并作用于学生还必须经过一个传导和施加影响的过程，这种传导和施加影响的能力，也是教师能力的一个重要方面。这主要体现在：

第一，语言表达能力。语言是教育工作者的重要工具，是传播知识和影响学生的重要手段。没有较强的语言表达能力的教师，很难成为一名优秀教师。教师的语言首先要求准确、明了，有逻辑性，其次是要求富有感情，有感染力。再高一步的要求是富有个性，能够体现出一名教师的独特风采。教师不仅要善于独白，还需要掌握对话艺术。教师在对话过程中，要善于对学生的谈话作出迅速而有针对性的语言反应，在对话中，鼓励学生发表意见，完整、准确地表达思想，形成活泼开朗的性格。

第二，组织管理能力。教师所面临的对象是构成一个集体的班级，需要有一定的组织和管理能力。组织和管理是教育过程中一个不可忽视的因素，它是使教育影响发生作用的组织保证。组织管理能力是教师不可缺少的能力。

4.具有一定的研究能力

研究能力是综合地、灵活地运用已有的知识进行创造性活动的能力，是对未知事物的探索性的、发现性的心智、情感主动投入的过程。"纸上得来终觉浅，绝知此事要躬行"，重视进行科研的教师，才能不停留于照本宣科，在教学过程中贯注进自己的思想感情，激励学生的探索精神。比如一位语文教师指导学生写作文，分析文章的成败得失，如果自己没有一定的创造性活动，没有自己的亲身体验，就很难分析得入木三分、切中要害。教师的研究还包括教育研究，教师通过教育研究不断改进自己的教育教学工作，促进学生更好地发展。教师的教育研究应本着改善实践的宗旨，着重于对自己实践行为的研究，即为行动而研究，在行动中研究。

三、教师的人格特征

教师的人格特征是指教师个性的质量特征，良好的个性质量是教师从事教育工作的必要条件。教师面对的是变化发展的学生，是有思想、有情感的个体，作为一个称职的或优秀的教师，必须不断学习、探索、研究、创新，而只有具有良好个性质量的人才能做到这一切。因此，良好的人格特征应是作为一名称职教师或优秀教师必须具备的素质。

（一）情绪稳定，性格开朗，兴趣广泛

作为一名教师，应该情绪乐观、稳定。教师的情绪应稳定，生活中有广泛兴趣，对他人和社会富有同情心、责任心，才会有高度的责任感和事业心，才会与学生有较多的共同语言，易于与学生打成一片。反之，性格孤僻、沉默寡言、兴趣单一、不爱活动的教师则容易脱离学生，难于深入了解和教育学生。

（二）坚定的意志和积极的进取精神

具体表现为有较高的自信心和勇于接受现实生活和未知世界的挑战。作为一名教师，应相信通过自己和学生的共同努力，能提高教育质量，获得成功。教师对自己影响学生学习行为和学习成绩的能力的主观判断与他们的教学效果之间密切相关，人们通常把教师的这种主观判断定义为教师的教学效能感，它包括个人教学效能感和一般教学效能感两方面。教师的个人效能随着教师教龄的增长表现出上升趋势，原因之一是随着教师教学经验的不断丰富，其自信心也不断增强。作为教师要有克服困难的坚强意志，有经受困难和失败的自我稳定能力。积极的进取精神表现为不安于现状，保持不断探索、进取、主动的精神状态不仅证明自己的能力和价值，而且能发挥自己的潜能，实现自己的理想。

（三）心胸开阔，兼容并包

现代人的一个重要的素质是要学会与人合作。要与人合作，首先要与人交往，与他人建立良好的关系。要能与人同心协力地合作共事，为他人和集体谋求幸福。教师工作具有个体性和协作性相统一的特点，教师为促进学生的发展而工作，更应具有这一心理素质。

兼容并包，不仅要接受新观点、新思想，而且应该对各种新事物、新观念具有敏感度，能通过多种管道，随时敏感地从他人那里获得有益的启发。对不同的思想有判断分析能力，且有归纳加工能力。

第三节　学生和教师的关系

师生关系是指学生和教师在教育、教学活动中结成的相互关系，包括彼此所处的地位、作用和相互对待的态度。学校的教育活动是师生双方共同的活动，是在一定的师生关系维系下进行的。因此，良好的师生关系是教育教学活动取得成功的必要保证。

一、教学上的授受关系

师生在教育内容的教学上结成授受关系，这是有关师生在教学中关系的最简单的表述。在教育活动中，教师处于教育和教学的主导地位，从教育内容的角度说，教师是传授者，学生是接受者。作为处于主导地位的教师，能否建立正确的学生观，在相当大的程度上决定了教育的水平和质量。

（一）从教育内容的角度说，教师是传授者，学生是接受者

从教师与学生的社会角色规定意义上看，在知识上，教师是知之较多者，学生是知之较少者；在智力上，教师是较发达者，学生是较不发达者；在社会生活经验上，教师是较丰富者，学生是欠丰富者。教师较之于学生有明显的优势。教师的任务是发挥这种优势，帮助学生迅速掌握知识、发展智力、丰富社会经验。但这一过程并不是单向传输过程，它需要有学生的积极的、富有创造性的参与，需要发挥学生的主体性。

（二）学生主体性的形成，既是教育的目的，也是教育成功的条件

我们的教育所要培养的生动活泼、主动发展的个体，是具有主人翁精神的全面发展的人，而不是消极被动、缺乏主动性和责任心的下一代；要培养主动发展的人，就必须充分调动个体的主动性，不能想象，消极被动的教育能够培养出主动积极发展的人来。但同时个体身心的发展并不是简单地由外

在因素施加影响的结果，而是教师、家庭、社会等外在因素通过学生内在因素起作用的结果。没有个体主动积极的参与，没有师生之间的互动，没有学生在活动过程中的积极内化，学生的主动发展是难以实现的。

（三）对学生指导、引导的目的是促进学生的自主发展

教师的责任是帮助学生由知之不多到知之较多，由不成熟到成熟，最终是要促成学生能够不再依赖于教师，学会学习，学会判断，学会选择，而不是永远牵着他们的手。社会是在不断发展变化的，学习的标准、道德的标准、价值的取向也是不断变化的，整个世界发展的基本特点之一就是多元化。我们不可能期望在学校里教授的东西能使学生受用终生。我们不仅要认可而且要鼓励学生善于根据变化着的实际情况有所判断、有所选择、有所发挥。所以，有关"授受关系"的提法是有局限性的，只是最初级的表述。

二、人格上的平等关系

师生关系在人格上是平等的关系。教育工作的最大特点在于它的工作对象都是有思想、有感情的活动着的个体，师生关系是教育活动中的基本关系，反映着不同的社会发展水平，也对教育工作者提出了不同的素质要求。

（一）学生作为一个独立的社会个体，在人格上与教师是平等的

封建社会三纲五常的等级制度，推演到师生关系上就是师为生纲。在封建的师生关系看来，教师之于学生，有无可辩驳的真理和权威性，学生服从教师是天经地义的，所谓"师严乃道尊"也。这种不平等的师生观，其影响今天仍在。不彻底消除这种影响，不充分认识到学生独立的社会地位和法律地位，就不可能建立社会主义的新型师生关系。

社会主义学校师生的民主平等关系特别强调教学民主，教师对学生负有教育管理的职责，学生要听从教师的教诲，虚心接受教育，但教师也要向学生学习，征求学生意见，认真接受学生提出的合理意见和要求。教师允许和鼓励学生提出疑问和不同见解，师生共同服从真理、探讨真理。

（二）严格要求的民主的师生关系，是一种朋友式的友好帮助的关系

传统的"师道尊严"的师生关系，在管理上表现为"以教师为中心"的专制型的师生关系，这种关系的基础是等级主义的，其必然结果是导致学生的被动性和消极态度，造成师生关系紧张。作为对这种专制型师生关系的反抗，19世纪末以后，出现了以强调"儿童为中心"的师生关系模式，在哲学上它强调学生的主体地位，强调儿童的积极性和创造性，这对改变传统的师生对立状态起到了明显的促进作用。这对于学生活动的积极性和形成良好的师生关系同样是不利的。所以，严格要求的民主的师生关系，是一种朋友式的友好帮助的关系。在这种关系下，不仅师生关系和谐，而且学习效率高。现代的师生关系是以教师尊重学生的人格、平等地对待学生、热爱学生为基础，同时，又看到学生是处在半成熟、发展中的个体，需要对他们正确指导。但在管理上却出现了一种放任主义的倾向。

三、社会道德上的相互促进关系

师生关系在社会道德上是相互促进的关系。

首先，师生关系从本质上讲是一种人一人关系，但这种关系在现今的学校教育中被异化为人一物关系，使师生关系变得机械而毫无生气。有些西方学者把教育活动等同于一般的经济活动，把教师职业看作是一种出卖知识的职业，把师生关系看作是一种买卖关系，这种观点把教育活动和师生关系的理解引入误区，使师生关系失去了道德上的规范。从教学的角度看，师生关系是一种教与学的关系，是教师角色与学生角色的互动关系；并且学校也是社会，从社会的角度看，师生关系在更深刻的意义上是师生间思想交流、情感沟通、人格碰撞的社会互动关系。儿童、青少年将成长为怎样一个人，与家长、与教师以及其他教育成员有着非常密切的关系。

其次，教师对学生的影响不仅仅是知识上的、智力上的影响，更是思想上的、人格上的影响。学校的教师对孩子的发展有着特别的意义。教育工作者作为一个人，作为社会中的一个人，对成长中的儿童和青少年有着巨大的又是潜移默化的影响。但这种精神上的、道德上的影响并不是靠说教就能产

生的。精神需要精神的感染，道德需要道德的濡化，一位教育工作者的真正威信在于他的人格力量，它会对学生产生终身影响。同样，学生不仅对教师的知识水平、教学水平作出反应，对教师的道德水平、精神风貌更会作出反应，用各种形式表现他们的评价和态度。这对从事教育工作的人来说确实是其他任何职业都无法比拟的精神挑战。

再次，从师生之间人际关系的角度看，师生之间的心理兼容也是非常重要的。心理兼容是指教师和学生集体之间、学生个人之间，在心理上彼此协调一致，并相互接纳。师生心理兼容是他们彼此相互了解，观点、信念、价值观一致的结果。它意味着教师的行动能引起学生集体和个人相应的反响，得到学生集体和个人的肯定。心理兼容造成师生之间的融洽气氛，它对维系正常的师生关系起着重大的情感作用。如果师生之间心理不兼容，就会发生各种冲突，一方的行为引起另一方行为的否定反应，严重下去就会导致师生正常关系的破坏和瓦解。

第八章　小学教学管理

第一节　教学的意义与任务

一、教学的概念

教学是教育目的规范下的，教师的教与学生的学共同组成的一种教育活动。在我国，教学是以知识的授受为基础的，通过教学，学生在教师的有计划、有步骤的积极引导下，主动地掌握系统的科学文化知识和技能，发展智力、体力，陶冶品德、美感，形成全面发展的个性。教学与教育这两个概念是部分与整体的关系。教育是个大概念，包括学校培养人的全部工作，而教学只是学校进行教育的一条基本途径。除教学外，学校还通过课外活动、校外活动及其他社会实践对学生进行教育。

教学不同于智育。智育是指向受教育者传授系统的文化科学知识和技能，专门发展受教育者智能的教育活动。教学是智育的一条主要途径，但并不等同于智育。

教学也不等于上课。上课是教学工作的基本组织形式。但教学工作还包括课外辅导、作业批改、成绩检查与评定等重要环节。

教学，是学校进行素质教育的基本途径，是教师教、学生学的统一活动。它包含以下几个方面：第一，教学是以培养全面发展的人为根本目的，是通过系统知识技能的传授和掌握，促进学生的身心发展。第二，教学是师生双方的共同活动，教学双方在活动中相互作用，失去任何一方，教学活动便不存在。第三，教学具有多种形态，是共性与多样性的统一。教学，作为学校进行全面发展教育的一个基本途径，具有课内、课外、班级、小组、个别化等多种形态。教师和学生共同进行的课前准备、上课、作业练习、辅导、评定等都属于教学活动。随着现代社会的发展，教学既可以通过师生间、学生间的各种直接交往活动进行，也可以通过印刷物、广播、电视、录音录像等远距离教学手段开展。教学作为一种活动、一个过程，是共性与多样性的统一。

二、教学的意义

教学在学校工作中居于十分重要的地位。学校要卓有成效地实现培养目标、造就合格人才，就必须以教学为主，并围绕教学这个中心安排其他工作，建立学校的正常秩序。教学的意义表现在如下几个方面：

（一）教学是传授系统知识、促进学生发展的最有效的形式

教学是一种专门组织起来的有计划有目的的活动，通过教学能较简捷地将人类积累起来的科学文化知识转化为学生个人的精神财富，从而促进学生的身心发展，保证社会的延续和发展。尤其在当今科学技术迅猛发展，人类即将进入知识经济的时代，如何使小学生适应这种时代的发展，教学无疑是最有效的途径。

（二）教学是进行全面发展的素质教育，实现培养目标的基本途径

1998 年，教育部制定的《面向 21 世纪教育振兴行动计划》中强调，要实施跨世纪素质教育工程，整体推进素质教育，全面提高国民素质和民族创新能力。素质教育是以提高民族素质和民族创新能力为根本宗旨的教育，从本质上说，就是全面贯彻党的教育方针，促进学生德智体美等方面生动、活泼、主动、全面地发展。教学是学校实现教育目的的基本途径。学校要培养德智体美劳全面发展的社会主义事业建设者和接班人，主要是通过教学这条基本途径实现的。教学是师生合作的共同活动，它使智育突破时空的限制和个体直接经验的局限，扩大了学生的认知范围，提高了学生的认识效率，使学生能在短短的时间，用较少的精力顺利地掌握人类历经几千年所积累的科学知

识，促进其智能的发展。教学是德育的重要途径，它既为德育提供了科学的认识基础，又包含着丰富的德育因素，是强有力的德育阵地。教学为学生的身体发展提供了有利条件，专门的体育课增强了学生的体质，并为科学地锻炼身体提供了理论知识和方法指导。教学也为学生的审美能力和劳动技术能力的培养和发展提供了有效途径。可见学校教学对学生的德、智、体、美、劳诸方面的发展起着非常重要的作用。教学工作是培养人才、实现教育目的的基本途径。

（三）教学是学校工作的中心环节，学校工作必须坚持以教学为主

学校工作要以教学为主。教学在学校教育工作中所占时间最多，涉及面最广，对学生的发展影响最全面深刻，对学校教育质量的影响也最大。因此，要提高学校教育质量，培养高素质人才，就要坚持以教学为主的工作方针。教育实践的经验和教育发展的历史告诉我们，什么时候坚持以教学为主，学校教学秩序就稳定，教学质量就提高，教育事业就健康发展，学校就能有效地实现其社会职能；反之，教学秩序就混乱，教育质量就下降。因此，要办好学校，提高教育质量，培养优质人才，就必须坚持以教学为主，全面安排。在时间上，大部分用于教学；在内容上，以间接知识为主；在组织形式上，以课堂教学为主。当然，以教学为主，并非教学唯一。要培养德、智、体、美等全面发展的人才，不仅要通过教学，而且要通过课外活动、校外活动、劳动等途径才能实现。

三、小学教学的任务

（一）引导学生掌握科学文化基础知识和基本技能

教学的首要任务是引导学生掌握科学文化基础知识和基本技能，因为教学的其他任务只有在引导学生掌握基础知识和基本技能的基础上才能实现。所谓基础知识，是指构成各门学科的基本事实及其相应的基本概念、原理和公式及系统。它是组成一门学科知识的基本结构，揭示了学科研究对象的规律性，反映了科学文化发展的现代水平。所谓技能，是指学生运用所掌握的

知识去完成某种实际任务的能力，而基本技能，则是指各门学科中最主要、最常用的技能。技能通过多次操作，可以发展成为技巧。今天，世界各国都十分重视加强双基教学，我国也不例外，无论什么时候，进行什么样的改革，都要坚持加强双基教学而不应有所削弱，这样才能完成教学任务，保证教学质量。

（二）发展学生智力，培养学生的创造能力

所谓智力，是指个人在认知过程中表现出来的认知能力系统。它包括观察力、记忆力、想象力和思维能力，其中思维能力是智力的核心。创造能力不仅是智力发展的高级形式，而且是学生个人的求知欲望、进取心和首创精神、意志力与自我实现决心的体现。只有注意发展性教学，善于启发诱导学生进行思维操作，进行推理，证明，去解决创造性作业，才能培养学生的智力和发展他们的创造才能。人们的智力是先天遗传素质、后天环境、教育影响和个人努力三者相互作用的产物，但对小学生来说，教学对他们的智力发展起着主导作用。尤其是面对当今的知识经济时代，如何才能解决学生的有限学习时间和人类不断积累的巨量知识之间的矛盾？一是要有选择地引导学生掌握基本知识；二是要发展学生的智力，让学生学会学习。这是当今教学改革的一个重要课题。

（三）发展学生体力，提高学生的身心健康水平

教学还要注意发展学生的体力。所谓体力，主要指身体的正常发育成长与身体各个器官的活动能力。教学特别要注意教学卫生，要求学生在坐、立、阅读、书写和其他学习活动中保持正确的姿势，保护学生的视力，防止学生课业负担过重，使学生有规律有节奏地学习与生活，保持旺盛的精神，发展健康的体魄。

身体健康，是指人体各部分器官系统发育良好、功能正常、体质健壮、精力充沛并具有良好劳动效能的状态。

心理健康，表现于认知质量和情绪、意志、人格特征方面，一般指智力正常、心情愉快、情绪稳定、有毅力、耐挫折、人际关系和谐，对外界事物

的刺激反应不异常过敏也不过分冷漠等。

促进小学生身体和心理健康发展，需要通过多条途径，教学是一条十分重要的途径。促进小学生身体和心理健康发展，是各科教学的共同任务。除了体育课要进行专门的教育，使小学生掌握体育、卫生、保健的基础知识和简单的体育运动技术，养成锻炼身体和讲卫生的习惯，增强他们的体质以外，各科教学都要结合各自的特点，向学生进行卫生保健和心理卫生方面的教育。同时，各科教师都要严格遵循生理卫生和心理卫生的要求进行教学工作。

（四）培养小学生高尚的审美情趣，养成良好的思想品德，形成科学的世界观基础和良好的个性心理素质

世界观是对世界的总的看法和态度。科学的世界观的形成，必须建立在科学知识的基础之上。小学生的品德、审美情趣和世界观正处在急速发展和逐步形成的重要时期，教学在使学生形成科学的世界观、培养优良的道德质量方面起着重要作用。因为，教学始终具有教育性。学生在教学中进行的学习和交往，是他们生活中认识世界和进行社会交往的组成部分。他们在掌握自然科学、社会科学知识和联系实际过程中，将提高自己的道德修养和科学的世界观、培养优良的道德质量方面起着重要作用。因为，教学始终具有教育性。学生在教学中进行的学习和交往，是他们生活中认识世界和进行社会交往的组成部分。他们在掌握自然科学、社会科学知识和联系实际过程中，将提高自己的道德修养和审美情趣，他们在班级的集体教学活动中，将依据一定的规范和要求来调节自己的思想和行为，这都为学生形成科学的世界观提供了坚实基础。教学在强调共性的同时，要关注小学生的个性。个性是生来具有与后天习得的一系列生理、心理、社会性的稳定特点的综合。它通过需要、兴趣、智力、能力、气质、性格等反映出来。通过教学，激发每个学生的主体性，不仅使他们有现代科技文化知识，而且有自觉能动性、独立自主性和开拓创新性，有强烈的竞争意识、平等观念和合作精神。

第二节　教学过程

一、教学过程概述

（一）教学过程的概念

教学过程是教师根据一定社会的要求和学生身心发展的特点，指导学生有目的地、有计划地掌握系统的文化科学基础知识和基本技能，同时身心获得一定的发展，形成一定的思想品德的过程。教学过程是在一定的时空条件下，通过一系列的教学活动分阶段完成教学任务，以实现教学目的的发展进程。它由活动的主体、活动的内容、活动的条件和方式组成。在教学过程中，教师和学生都是活动的主体，不过两者在教学过程中的地位有所不同。教师处于主导地位，学生处于服从地位，这是由教师的社会角色、资历和智能水平所决定的；活动的内容是师生在课堂教学过程中传授和学习的对象，也是学生得以发展的中介和工具；活动的条件和方式包括教学的时空条件、教学的组织形式、教学的手段和方法等。

（二）教学过程的理论

教学过程的理论是教学的基本理论，历代中外教育家曾以不同观点、从不同角度对教学过程做过种种探索，提出了各自的见解。

早在约公元前 6 世纪，我国伟大的教育家孔子在丰富的教学实践基础上，把学习过程概括为学—思—行的统一过程。后来的儒家思孟学派进一步提出"博学之、审问之、慎思之、明辨之、笃行之"（《中庸》）。其重点在说明学习过程。17 世纪捷克教育家夸美纽斯认为，"一切知识都从感官的知觉开始的"，主张把教学建立在感觉活动的基础上。这是以个体认识论为基础提出的教学论。19 世纪德国教育家赫尔巴特试图以心理学的"统觉"原理来说明教学过程，认为教学过程是新旧观念的联系和系统化的过程。19 世纪末美国实用主义教育家杜威则认为教学过程是学生直接经验的不断改造和增大意义的过程，是"从做中学"的过程。它以新的知识观和知识形成观作为教学理论的基础。20世纪40年代，前苏联教育家凯洛夫认为教学过程是一种认识过程。20世纪50年代以来，学者们以强调师生交往、认知结构的构建、信息加工以及系统状态变换等不同观点来对这一过程进行解释。这些不同观点，各有其哲学、心理学的理论依据，并在一定程度上反映着对教学实践认识的不断发展。

（三）教学过程的本质

如何认识教学过程的本质，理论界有不同的看法。在我国，长期通行的看法是把教学过程看作是一种特定的认识活动，是实现学生身心发展的过程。其主要观点为：

1.教学过程主要是一种认识过程

教学过程首先是一种认识过程，是学生在教师指导下，借助教材或精神客体的中介，掌握科学认识方法，以最经济的途径认识现实世界并改造主观世界、发展自身的活动过程。教学认识的主体是学生，是在教师主导下进行学习活动的主体，具有发展性和可塑性。教学认识的客体以课程教材为基本形式，是人类社会历史经验凝聚的精神客体，既是学生认识的对象，又是他们认识和发展自身的工具，具有中介性。

教学过程是教师教学生认识世界的过程，教学过程包括教师的教与学生的学这两个既有区别又相互依存的有机统一的活动。其内部发展动力是教师提出的教学任务同学生完成这些任务的需要、实际水平之间的矛盾。教学过程同样受一般认识过程的普遍规律所制约，也就是说，认识的普遍规律为揭示教学过程的规律指明了总的方向和根本线索。

2.教学过程是一种特殊的认识过程

教学过程是认识的一种特殊形式，其特殊性在于：它是学生个体的认识，是由教师领导未成熟的主体通过学习知识去间接认识世界。其目的在于：学生在教师指导下，把社会历史经验变为学生个体的精神财富，不仅使学生获得关于客观的映象即知识，也使学生个体获得发展。学生个体的认识的特殊性表现在：

（1）认识的间接性。学生学习的内容是已知的间接知识，并在教学中间接地去认识世界，教学认识的基本方式是"掌握"，是一种简约的经过提炼了的认识过程，同样以教学实践活动为基础。

（2）认识的交往性。教学活动是教师的教和学生的学组成的双边活动，教学活动是发生在师生间（学生间）的一种特殊的交往活动。学生的认识如果离开了师生间在特定情境和为特殊目的进行的交往，教学活动的概念就可以扩大到生活教育的领域。

（3）认识的教育性。教学中学生的认识既是目的，同时也是手段。认识是发展，在认识中追求与实现着学生的知、情、意、行的协调发展与完全人格的养成。

（4）有指导的认识。学生的个体认识始终是在教师的指导下进行的。区别于一般的认识过程，教学认识是在主客体之间"嵌入"一个起主导作用的中介因素——教师，形成学生（主体）——课程与教材（客体）——教师（指导）相互作用的特殊的"三体结构"。学生的认识实际上走的是人类认识的捷径。

二、教学过程的特点

（一）直接经验与间接经验相结合

直接经验就是学生通过亲自活动，探索获得的经验；间接经验，就是指他人的认识成果，主要指人类在长期认识过程中积累并整理而成的书本知识，此外还包括以各种现代技术形式表现的知识与信息，如磁带、录像带、电视和影片等。间接经验与直接经验相结合，反映教学中传授系统的科学文化知识与丰富学生感性知识的关系，理论与实践的关系，知与行的关系。

学生认识的主要任务是学习间接经验，教学中学生主要是学习间接经验，并且是间接地去体验。以间接经验为主组织学生进行学习，这是学校教育为小学生精心设计的一条认识世界的捷径。它的主要特点是，把人类世世代代积累起来的科学文化知识加以选择，使之简约化、洁净化、系统化、心理化，组成课程，引导学生循序渐进地学习，这样可以避免人类在认识发展中所经历的错误与曲折,使学生能用最短的时间、最高效率地掌握大量的系统的文化科学基础知识,同时,还可以使学生在新的起点上继续认识客观世界,继续开拓新的认识领域。

学生学习间接经验要以直接经验为基础要使人类的知识经验转化为学生真正理解掌握的知识,必须依靠个人以往积累的或现时获得的感性经验为基础。因为学生的书本知识是以抽象的文字符号表示的,是前人生产实践和社会实践的认识和概括,而不是来自学生的实践与经验。所以,教学中要充分利用学生已有经验,增加学生学习新知识所必须有的感性认识,以保证教学的顺利进行。可见,教学以学习书本知识为主,是学生个人认识赶上人类认识,获得自身发展的捷径,要使学生便捷而高效地掌握书本知识,则必须根据教学的需要充分利用和丰富学生的直接经验,这是间接经验与直接经验之间的必然联系。

因此,在教学过程中,学生获取知识,既要通过学习书本知识,接受他人的认识成果,又要通过亲身实践,得到直接经验。他们的知识应当包括书本知识和直接经验两部分,是这两部分知识的结合。在这两部分知识中,书本知识居于主要的和主导的地位,直接经验则是学生理解和运用书本知识的必要条件。所以,在这个意义上说,教学过程作为学生的认识过程,是在直接经验的基础上把书本知识、他人的认识成果转化为学生个体的精神财富的过程。

(二)掌握知识与发展智力相统一

掌握知识与发展智力相互依存、相互促进,两者统一在同一教学活动中。

1.掌握知识是发展智力的基础

学生认识能力的发展有赖于知识的掌握,知识为智力提供了广阔的领域,只有有了某方面的知识,才有可能从事某方面的思维活动,同时知识中也包含有认识方法的启示,向学生介绍关于归纳、演绎、解决问题等思维方法的知识,要求学生积极进行认识、思考和判断。这里需要指出的是,知识不等于智力,学生掌握知识的多少并不完全表明其智力的高低,而发展学生的智力也不是一个自发的过程,必须探索两者之间的差异以及相互转化的过程和条件,以引导学生在掌握知识的同时,有效地发展他们的智力和认识能力。

智力发展是掌握知识的重要条件。学生对知识的掌握依赖于他们的智力发展。发展学生的智力是顺利进行教学的重要条件，是提高教学质量的有力措施。特别是在科学技术迅猛发展的现代，教学内容迅速增多，程度不断提高，难度不断加大，尤其需要在教学中培养和提高学生的智力，发展他们的创新能力，这样才能迎接未来的挑战。

2.防止单纯抓知识教学或只重能力发展的片面性

在近代教育史上，对于掌握知识和发展智力的问题，形式教育论者和实质教育论者曾经有过长期争论。形式教育论者认为，教学的主要任务在于训练学生的思维形式，知识的传授则是无关紧要的。实质教育论者认为，教学的主要任务在于传授对实际生活有用的知识，至于学生的智力，在他们看来，则无需特别训练。显然，这两派的主张都是片面的。形式教育论者虽然强调了对学生认识能力加以训练的必要，但是，他们看不到认识能力的发展依赖于知识的掌握，错误地把思维形式和思维内容、发展认识能力和掌握科学知识割裂开来，认为思维形式是离开科学知识的掌握而得到训练和发展的。实质教育论者虽然强调了对学生传授知识的必要，但是，他们看不到智力的发展和知识掌握的区别，错误地认为掌握了知识也就自然地发展了认识能力。两者都有片面性，都把掌握知识与发展智力人为地割裂开来。我们要防止这两种倾向。

教学过程既是给学生传授知识的过程，又是发展学生智力的过程。教师应当把这两个方面很好地结合起来，使其互为因果，互相促进，以便提高教学质量。在实际的工作中，常有这种情况，只重视学生掌握知识，把它当作教学的重要任务，而忽视发展他们的智力，结果，认识能力提不高，也影响了对知识的进一步掌握。因此，教师要高度重视对学生智力的培养和训练，在传授知识时，要注意引导学生的认识活动，指导学生的学习方法，使教学过程成为提高学生智力水平的过程。

（三）掌握知识与提高思想觉悟相结合

1.学生思想的提高以知识为基础

人们的思想观点和世界观的形成都离不开人们的认识，都需要以一定的经验和知识为基础。尤其是要培养学生的正确的人生观、科学的世界观，更需要有一定的科学文化知识为基础。在教学中，向学生传授科学文化知识，引导他们接触自然和社会，认识人生、社会和宇宙及其发展，不仅可以增长学生的知识、智慧和才能，而且可以帮助学生认识社会发展的规律，掌握时代的潮流，人民的意愿，分辨是非，评价善恶，培养社会主义品德，为树立正确的人生观、科学的世界观奠定良好的基础。但是学生掌握了知识并不一定能够提高思想。这里有一个态度问题、情感问题，由知识到思想的转化问题。因此，要使教学中传授的知识能给学生以深刻的思想影响，不仅要使学生深刻领悟知识，而且要善于引导和激发学生对所学知识的社会意义产生积极的态度，在思想深处产生共鸣，受到熏陶与感染，形成自己的善恶观念、爱憎情感和价值追求。

2.学生思想的提高又推动他们积极地学习知识

学生掌握文化科学知识的过程是个能动的认识过程，他们的思想状况、他们的学习动机、目的与态度，对他们的学习起着十分重要的作用。如果我们能够在教学中不断提高学生的思想，端正他们的学习态度，树立远大理想和抱负，把个人的学习与文化的昌盛、科技的发展、祖国的建设、人类的幸福联系起来，那么就能给学生的学习以正确的方向和巨大的动力，推动他们自觉地、主动地进行学习，尽个人最大的努力来增长自己的知识、智慧和才干。可见，教学具有教育性，但在引导学生正确理解知识的过程中，必须使他们对所学的知识产生积极的态度，才能使掌握的知识转化为他们的观点，促进他们思想的提高；学生思想提高了又必将积极推动他们进一步努力学习。

3.在教学中要防止两种偏向

一种倾向是单纯传授知识、忽视思想教育的偏向。持这种观点的人以为教材富有思想性，学生学了思想自然会提高，无需教师多讲什么。另一种倾向是脱离知识的传授而另搞一套思想教育的偏向。这种思想教育显然是无本之木，不仅不利于学生思想的提高，而且有害于系统文化科学知识的教学。

学生掌握文化科学知识有助于他们思想的提高，但是，掌握了知识并不等于提高了思想。要使知识转化为学生的思想观点，成为调节他们行为的力量，不仅要求教师在传授知识的基础上，有的放矢地针对学生思想情况进行教育，而且要引导学生联系实际，自觉地从所学的知识中吸取思想营养，在情感上产生共鸣，受到感染，只有这样，文化科学知识才能转化为他们的观点、信念。列宁在讲到青年的学习时指出："必须善于吸取人类的全部知识，使你们学到的共产主义不是生吞活剥的东西，而是经过你们深思熟虑的东西，是从现代教育观点上看来必然的结论。"在教学过程中，教师要启发学生的思想，组织他们的活动，引导他们自觉得出结论，培养他们的道德信念和道德行为。

（四）教师主导作用与学生主动性相结合

教学活动是教师的教和学生的学组成的双边活动，如何处理好教与学的关系一直是教育史上的一个主要的理论和实践问题。传统教育倾向于把师生关系看作是单向的传与受的关系，以教师为中心，不适当地强调教师的权威和意志，把学生看成是被动的知识接受者。儿童中心主义走向另一极端，在教学中把教师降到从属地位。现代教学论强调教与学两者的辩证关系，教学是教师教学生去学，学生这个学习主体是教师组织的教学活动中的学习主体，教师对学生的学习起主导作用。

1.教师在教学过程中处于组织者的地位，应充分发挥教师的主导作用

教师的主导作用表现在：教师的指导决定着学生学习的方向、内容、进程、结果和质量，起引导、规范、评价和纠正的作用。教师的教还影响着学生学习方式以及学生学习主动性、积极性的发挥，影响着学生的个性以及人生观、世界观的形成。

2.学生作为学习的主体，应充分发挥学生参与教学的主体能动性

在教学中，学生是学习的主体，其能动性具体表现在：受学生本人兴趣、需要以及所接受的外部要求的推动和支配，学生对外部信息选择的能动性、自觉性；受学生原有的知识经验、思维方式、情感意志、价值观等制约，学生对外部信息进行内部加工的独立性、创造性。

3.建立合作、友爱、民主平等的师生交往关系

教学过程是师生共享教学经验的过程，在此过程中师生共同明确教学目标，交流思想、情感，实现培养目标。在师生交往活动中，教师要善于创设

和谐情境，鼓励学生合作学习；教师要善于体验或引起学生的兴趣和需要，鼓励学生积极学习，主动参与；善于从学生的年龄特征和个别差异出发，对学生提出严格的要求；善于洞察学生的内心世界，尊重学生的个性和才能；善于引起学生在思想和情感上的共鸣，培养学生的自我调控能力，鼓励学生大胆创新，同时创设自我表现的机会，使学生不断获得成功体验。

学无止境，教也无止境，教师应当坚持教学相长的原则，在教的过程中继续学习，包括向自己的教育对象学生学习，不断提高思想业务水平，不断改进教学，这样才能更好地发挥主导作用。

总之，在教学过程中，要把发挥教师的主导作用和调动学生的学习主动性结合起来，不论是片面强调教师的主导作用，否定学生的学习主动性，还是片面强调学生的学习主动性，否定教师的主导作用，都不能很好地提高教学质量。

三、教学过程的结构

教学过程的结构指教学进程的基本阶段。学科性质不同，教学目的任务不同和学生的年龄阶段不同，教学过程的展开、进行和发展的程序也不完全相同。

（一）引起学习动机

学习动机是推动学生学习的一种内部动力。学习动机往往与兴趣、求知欲和责任感联系在一起。教师要使学生明确学习目的，启发学生的责任感，激发学生学习的积极性。

教师要培养和激发学生的学习动机，并重视以下几点：

1.设法使学生在每个章节、每个课题前，明确学习的目的、意义，变社会教育要求为学生自己的学习需要。

2.进行新颖生动、富有启发性的教学，运用各种直观教学手段，增强教学的形象性、生动性、趣味性，使学生对学习本身产生兴趣。

3.设置中等难度的学习目标，让学生体验成功。

4.培养学生独立进取的个性，使学生自我激励。

（二）领会知识

这是教学的中心环节，领会知识包括使学生感知和理解教材。

1.感知教材

教师要引导学生通过感知形成清晰的表象和鲜明的观点，为理解抽象概念提供感性知识的基础并发展学生相应的能力。感知的来源包括：学生已有的知识经验，直观教具的演示，参观或实验，教师形象而生动的语言描述和学生的再造想象以及社会生产、生活实践。

2.理解教材，形成科学概念

引导学生在感知基础上通过分析、比较、抽象概括以及归纳演绎等思维方法的加工，形成概念、原理，真正认识事物的本质和规律。

理解教材可以有两种思维途径：一是从具体形象思维向抽象逻辑思维过渡；二是从已知到未知，不必都从感知具体事物开始。

（三）巩固知识

通过各种各样的复习，对学习过的材料进行再记忆并在头脑中形成巩固的联系。知识的巩固是不断吸收新知识、运用知识形成技能的基础。巩固知识往往渗透在教学的全过程，不一定是一个独立的环节。

巩固知识在学生掌握知识的过程中是尤其重要的。这主要有两个原因，其一是学生学习的主要是间接经验、书本知识。这些知识没有经过学生自己的直接实践，因此学生在学习中往往感受不深，易于忘记；其二是学生在各科教学中是连续不断地接受多方面的新的科学知识，如果教学中不帮助学生对知识进行巩固，教师是无法继续教学的，学生也是无法继续学习下去的。因此，学生巩固知识阶段在教学过程中占有十分重要的地位。巩固知识的方法是多种多样的，主要有作业、练习和复习等。

（四）运用知识

学生掌握知识的目的在于运用，教师要组织一系列的教学实践活动引导学生动脑、动口和动手，以形成技能技巧，并把知识转化为能力。

这一阶段是学生把知识转变为技能和技巧的阶段。学生只有运用知识，做大量的练习和作业，或者是进行实习、实验和操作，才能实现这一转化，基本的技能、技巧也才能得到训练。学生运用知识又分为两个小的阶段，一是最初运用阶段，这个阶段主要是培养学生运用知识的正确性和准确性；二是熟练运用阶段，这个阶段主要是培养学生运用知识的速度和效率。教学中要在学生能正确地、准确地运用知识的基础上，大力加强他们熟练运用知识的程度，使其阅读速度、计算速度和写作速度逐步加快，教师在教学中要特别注意培养和训练这一点。

（五）检查知识

检查学习效果的目的在于，使教师及时获得关于教学效果的反馈信息，以调整教学进程与要求；帮助学生了解自己掌握知识技能的情况，发现学习上的问题，及时调节自己的学习方式，改进学习方法，提高学习效率。

学生掌握知识的基本阶段对组织进行教学过程具有普遍的指导意义，但是，也要防止在运用中出现简单化和形式主义的偏向。因此在运用时要注意以下几点：

根据具体情况灵活运用学生掌握知识的过程实际上是生动活泼、多种多样的。它不可能千篇一律采用"基本式"，都按五个阶段进行教学，往往更多地采用"变式"，即根据实际情况对基本式作些改变，灵活地加以运用。

注意阶段之间的内在联系不要割裂教学中引导学生掌握知识不能按部就班，一个阶段、一个阶段界线分明地机械进行，而是要按学生掌握知识的规律性和学生在教学中的具体情况，引导他们从一个阶段很自然地能动地发展到下一个阶段。

每个阶段的功能都是整个教学过程中不可缺少的因素在设计和组织教学过程时，可以根据具体情况减去某些阶段，如不进行专门的感知，不作专门的复习巩固等。但是，在教学过程中却不能忽视这些阶段的功能，因为这是有效地进行教学必须考虑的因素。

第三节　教学原则和教学方法

一、教学原则

（一）教学原则概述

1.教学原则的概念

教学原则是根据一定的教学目的，反映教学过程规律而制定的对教学工作的基本准则和要求。教学原则贯穿于各项教学活动之中，它的正确和灵活运用，是提高教学质量的重要保证。

2.教学原则是对教学规律的反映

教学原则与教学规律是两个不同的概念。教学规律是教与学内部矛盾运动的客观规律，人们只能去发现它，掌握它，但不能制造它；而教学原则则是人们在认识教学规律的基础上制定的一些教学的基本准则，它反映教学规律。人们对教学规律的不断发现和掌握，才会使人所制定的教学原则不断发展和完善。

3.教学原则是人们教学实战经验的总结

由于人们对教学过程规律的认识不同，在教学实践中所面临的课题不同，所制定的教学原则就有所不同。古今中外教育家对教学原则都有不同的论述。

我国古代《学记》中便总结了"教学相长""启发诱导""藏息相辅""'预''时''孙''摩'""长善救失"等教学的宝贵经验，这些都属于教学原则范畴，只不过未加科学论证。

随着科学与教学实践的发展，教育界对教学原则的探讨便日益深入。夸美纽斯在《大教学论》中，提出了37条教学原则，并试图给予论证。此后，各国的教育家如瑞士的裴斯泰洛齐，德国的赫尔巴特、第斯多惠，俄国的乌申斯基等对教学原则都做了研究。这样，到了近代以后，在教学理论中，逐步形成了直观性、系统性、巩固性、可接受性、教育性等传统的基本原则。

（二）我国目前小学教学原则及运用

1.直观性原则

直观性原则是指在教学过程中，教师通过语言的形象描述，或组织学生直接观察所学事物，引导学生形成有关事物、过程的清晰表象，丰富他们的感性认识，从而为学生正确理解书本知识奠定基础，并发展其认识能力。

直观性原则的提出是教育史上的一个进步，它给中世纪脱离儿童实际生活的经院式教学以沉重打击，使书本知识与其反映的事物联系起来。在教育史上首先明确提出直观性原则的是捷克教育家夸美纽斯，他说："知识的开端永远必须来自感官。在可能的范围内，一切事物都应该尽量地放到感官跟前。应该尽可能地把事物本身或代替它的图像放在面前让学生去看看、摸摸、听听、闻闻等等。"他认为这是教师教学的"金科玉律"。乌申斯基也指出，一般说来，儿童是依靠形式、颜色、声音和感觉来进行思维的。

直观性在教学中是非常重要的。这是因为小学生缺少直接经验，对教材的理解总是建立在对事物感知的基础上的，并且小学生的心理特点决定了他们的思维是由具体形象思维占优势向抽象逻辑思维占优势的趋势发展的，因此，在教学过程中，要适应学生的认识特点，促进学生的认识过程。

直观性原则是根据教学过程的认识规律和学生认识活动的特点提出来的。教学中贯彻直观性原则，有助于提高学生的学习兴趣和积极性，有利于学生对书本知识的理解和概念的形成，并发展认识能力。

贯彻直观性原则的基本要求是：

（1）正确选择直观教具和现代化教学手段。在教学中要根据教学的任务、内容和学生年龄特征正确选用直观教具。直观教具可分两类：一是实物直观，包括各种实物、标本、实验、参观；二是模像直观，包括各种图片、图表、模型、幻灯片、录像带、电视和电影等。

教师必须明确直观是手段，不是目的；直观是为了帮助学生获得必要的感性经验，以便形成科学概念，不能为直观而直观。运用时，要把握好直观材料呈现的时机，要以教学进程的需要和有利于集中学生的注意力为原则，不要使之变成干扰性因素；要根据教学需要，注意运用各种变式；要尽可能地引导学生多种感官的参与；还要根据具体情况选择不同的直观方式，或者是实物直观，或是模像直观。

（2）直观要与讲解相结合。教学中的直观不是让学生自发地看，而是要在教师的指导下有目的地观察，教师通过提出问题引导学生去把握事物的特征，发现事物之间的联系；教师要用确切的指导语，指示学生必须明确感知的目标；对于复杂的事物，教师要指导观察的步骤；对于学生容易忽略的地方，要进行适当的提示；进行对照性观察时，教师引导学生进行对比。并通过讲解以解答学生在观察中的疑难，获得较全面的感性知识，从而更深刻地掌握理性知识。

（3）重视运用语言直观。教师用语言作生动的讲解、形象的描述，能够给学生以感性知识，形成生动的表象或想象，也可以起直观的作用。

直观性原则是根据教学过程的认识规律和学生认识活动的特点提出来的。教学中贯彻直观性原则，有助于提高学生的学习兴趣和积极性，有利于学生对书本知识的理解和概念的形成，并发展认识能力。

贯彻直观性原则的基本要求是：

（1）正确选择直观教具和现代化教学手段。在教学中要根据教学的任务、内容和学生年龄特征正确选用直观教具。直观教具可分两类：一是实物直观，包括各种实物、标本、实验、参观；二是模像直观，包括各种图片、图表、模型、幻灯片、录像带、电视和电影等。

教师必须明确直观是手段，不是目的。直观是为了帮助学生获得必要的感性经验，以便形成科学概念，不能为直观而直观。运用时，要把握好直观材料呈现的时机，要以教学进程的需要和有利于集中学生的注意力为原则，不要使之变成干扰性因素；要根据教学需要，注意运用各种变式；要尽可能地引导学生多种感官的参与；还要根据具体情况选择不同的直观方式，或者是实物直观，或是模像直观。

（2）直观要与讲解相结合。教学中的直观不是让学生自发地看，而是要在教师的指导下有目的地观察，教师通过提出问题引导学生去把握事物的特征，发现事物之间的联系；教师要用确切的指导语，指示学生必须明确感知的目标；对于复杂的事物，教师要指导观察的步骤；对于学生容易忽略的地方，要进行适当的提示；进行对照性观察时，教师引导学生进行对比。并通过讲解以解答学生在观察中的疑难，获得较全面的感性知识，从而更深刻地掌握理性知识。

（3）重视运用语言直观。教师用语言作生动的讲解、形象的描述，能够给学生以感性知识，形成生动的表象或想象，也可以起直观的作用。

2.启发性原则

启发性原则是指在教学中教师要承认学生是学习的主体，注意调动他们的学习主动性，引导他们独立思考，积极探索，生动活泼地学习，自觉地掌握科学知识和提高分析问题和解决问题的能力。

中外教育家都很重视启发式教学。孔子提出了"不愤不启，不悱不发"的著名教学要求，这是"启发"一词的来源。《学记》中提出"道而弗牵，强而弗抑，开而弗达"的教学要求，阐明了教师的作用在于引导、激励、启发，而不是牵着学生走，强迫和代替学生学习。苏格拉底在教学中重视启发，善于用启发式来激发和引导学生自己去寻找正确答案，形成著名的"产婆术"，这个方法是说明，教师在引导学生探求知识过程中起着助产的作用。第斯多惠也有一句名言："一个坏的教师奉送真理，一个好的教师则教人发现真理。"所有这些，都表明了启发性原则在教学中的作用。

启发性原则是在继承有关启发教学优秀遗产的基础上，根据学生的认识规律，在现代心理学和教学实践经验的基础上提出来的。学生的认识过程，是在教师指导下进行的能动认识过程，没有教师的指导，学生的学习就不能迅捷和高效；没有学生的主动性、积极性，教师所传授的知识经验也不可能转化为学生自己的精神财富，成为自己主体知识结构和能力的一部分。

贯彻启发性原则的基本要求是：

（1）调动学生学习的主动性。调动学生学习的主动性是启发的首要问题。学生学习的主动性受许多因素影响，如学生的好奇心、兴趣、爱好、求知欲，获得优良成绩或得到表扬、奖励的愿望，为实现某个远大理想等，教师要善于机智地运用各种方法，使许多一时的欲望和兴趣，汇集和发展为推动学习的持久动力。

（2）启发学生独立思考。教师要注意提问、疑问，启发他们的思维，只要提问切中要害发人深思，脑子一开窍，学生的思想一下便活跃起来，课堂上将出现令人兴奋、紧张有趣的生动局面。

教师在启发学生思考过程中，要有耐心，给学生以思考时间，要有重点，问题不能多，不能蜻蜓点水，启而不发。教师要提出补充问题引导学生去获取新知，不仅要启发学生理解知识，而且要启发学生理解学习的过程，掌握获取知识的方法。教师要鼓励学生多问。问必有疑，疑的过程是学生动脑思考的过程，也是求解的过程，这是学生求知欲的表现。教师要鼓励学生多问，并在回答问题中使学生的思维能力得到提高。

（3）启发学生将知识创造性地用于实际。启发不仅要引导学生动脑，而且要引导他们动手。学生掌握知识有一个逐步深化的过程，懂了不一定会做，会做还不一定有创造性。所以教师要善于向他们布置由易到难的各种作业，或提供素材、情境、条件和提出要求，让他们去独立探索，克服困难，解决问题，别出心裁地完成作业，以便发展创造才能。

（4）发扬教学民主，形成良好的师生关系。学生不是一个被动的接受知识的容器，而是认识的主体。教师传递的知识内容和主导性要求，要转变为学生的主体性知识和能力，必须经过学生主体意识选择和认知加工过程，方能实现由教到悟到化的转变。只有建立民主平等的师生关系，创造鼓励学生发表不同见解、允许学生向教师质疑问难的教学气氛，形成教学相长的教学风气，学生才能积极参与教学活动，敢于发表自己的见解，使自己的聪明才智充分发挥出来。教师的主导作用体现在学生主体作用的激发上，表现在学生的主体能力的发展过程中。

3.巩固性原则

巩固性原则，要求引导学生在理解的基础上牢固地掌握所学的知识和技能，使所学的知识和技能持久地保持在记忆中，当需要的时候，能准确无误地再现出来，加以运用。

知识的巩固程度是学生掌握知识的重要标志之一。学生在短短的时间里学习了大量的书本知识，而这些知识又不是他们亲身实践得来的，这就不能不特别注意知识的巩固。否则，就会边学边忘，头脑空空，谈不上掌握知识。知识的巩固也是学生接受新知识的基础。如果学生不能牢固地掌握学过的知识，他们就不能很好地领会新知识，不能使新旧知识发生联系，获得系统的知识。知识的巩固又是学生运用知识于实际的必要条件。要运用知识，首先要能理解知识并在记忆中随时再现知识。只有在记忆中能随时再现的知识，才有助于提高分析问题和解决问题的能力。小学教育是基础教育，应当让学生牢固地掌握基础知识，这对他们未来的学习、工作和生活来说，都是必不可少的精神财富。

历代的许多教育家都很重视知识的巩固。孔子就说过："学而时习之""温故而知新"。夸美纽斯提出了"教与学的彻底性原则"，他形容只顾传授知识而不注意巩固，就等于"把流水泼到一个筛子上"。俄国教育家乌申斯基认为，"复习是学习之母"，他形象地把学习中不注意巩固知识的现象，比喻为醉汉拉货车，边拉边丢，最后到家时，只剩下一辆空车。这些见解具有极其深刻的意义。有的人把知识的巩固和呆读死记混为一谈，似乎牢固地掌握知识，必然会妨碍理解知识和发展认识能力。这是极其错误的，我们当然要反对呆读死记，但是，我们并不反对知识的巩固，而且认为，没有知识的巩固，也就没有知识的积累、理解和运用。同时也就不可能发展记忆力和其他的认识能力。也就谈不上教学质量的提高。

巩固性原则是小学教学必不可少的指导性原则。在教学过程中，学生在短时期内集中地学习大量未经自己亲身感受的间接知识与经验，又不能立刻地、全部地运用于实践，遗忘的可能性是很大的，因此，加强对学生所学知识的巩固工作就显得特别重要。

贯彻巩固性原则的基本要求是：

（1）在理解的基础上巩固。理解知识是巩固知识的基础。为了使学生牢固地掌握知识，首先应当帮助学生深刻地理解知识，并留下极深的印象。如果教师的教学能够使学生对知识理解得比较透彻，留下的印象比较清晰，那么，学生对知识的牢固掌握也就会比较容易。所以，在教学中应当使学生把理解知识和记忆知识结合起来。当然，这不是说，不需要机械记忆。对于一些无意义的或意义较少的或暂时还不能理解其意义的而又必须记住的材料，如某些历史年代、地名、人名、物体比重、元素符号等，还是要靠机械记忆。

（2）重视组织各种复习。复习就是重温已经学过的知识。它可以使知识在记忆里的痕迹得到强化，是学生巩固知识的主要手段。

根据教学要求的不同，复习有以下几种类型：

第一，学期开始的复习。这种复习的目的是为了恢复学生可能遗忘的知识，保证新课的顺利进行。这种复习是重点复习，不需重复全部教学内容。

第二，经常性复习。这种复习的目的是为了及时地巩固所学知识，它的方法是多样的。在讲授新知识前，要注意复习已学的有关知识，为学生接受新知识做好准备；在讲授新知识时，要注意后次复习前次的概念，或者从旧课导入新课，运用已有的知识来理解新知识；或者在学习新知识的过程中结合复习旧知识，不仅巩固已有知识，而且有助于深刻理解新知识，在讲完新知识之后，要重视通过教师小结、学生复述、作业等，进行及时的巩固。此外，还可以要求学生在课外复习巩固当天或过去学过的功课。

第三，阶段复习。这种复习是在一个单元（课题）的教学结束时进行的，目的是为了把这一阶段所学知识系统化、深化，并弥补学生在这一段学习中掌握知识上的缺陷，进一步牢固掌握所学知识。

第四，期末复习。这是期末进行的总结性复习，目的是使学生把一学期所学知识进行全面系统复习。教师要提纲挈领地帮助学生弄清本学期教材的基本内容、重点和关键；前后章节之间的内在联系；进一步分清易于混淆的概念，防止运用知识于实际时容易犯的错误等，使学生所学知识能真正得到全面巩固。

为了组织好学生的复习，教师要根据教学的需要，向学生提出记忆的任务，例如牢记要点或熟读课文，区分出教材中的必须记住的主要部分和不必记住的细枝末节；还要安排好复习时间，适时地组织学生进行复习，逐步巩固，防止遗忘，不要在考试前"临时抱佛脚"；要注意复习材料的组织，使学生通过复习有新的收获，避免单纯重复；注意使复习的方法和内容有所交换，以保持记忆的积极性和复习的兴趣；为了提高复习的效果，发展学生的记忆力，还可以尽量调动学生的各种感官，通过读、写、听、算、说、想等多种途径进行复习；也可以指导学生通过整理、编排知识，写成提纲、口诀，帮助记忆。

（3）在扩充改组和运用知识中积极巩固。复习是巩固的重要方法，但不是唯一方法。在教学实践中，许多师生还常常通过努力学习新知识，不断扩大加深原有知识进行巩固。这是一种比复习更为积极的巩固。因为学习如"逆水行舟，不进则退"。事实证明，通过简单重复来巩固知识是不能持久的，只有引导学生不断前进，积极运用已有知识去解决新课题，或在学习新知识中扩大、加深已有知识，才能使他们所学知识真正得到巩固。前苏联教育家赞科夫主张以知识的广度来达到知识的深度（巩固性），这是很有道理的。

运用知识是巩固知识的重要方法，那些需要培养学生技能技巧的学科，尤其要注意通过运用来巩固知识。如果学生不能运用知识，没有掌握基本的技能技巧，就谈不上巩固地掌握了知识，甚至可能没有很好地理解知识。所以，教学中要重视作业的布置检查、批改和讲评等工作，使学生通过多读、多想、多议、多写、多算、多练等方法，反复思考和练习，掌握技能、技巧，在运用知识的过程中巩固知识。

（4）注意对学生知识质量的检查。为了巩固知识，必须检查知识。因为只有通过检查，才能了解学生对知识理解和掌握的情况，以便采取相应的措施，弥补缺漏，纠正错误，同时使复习巩固的目的更为明确，方法更切合实际。我们应当使检查知识与巩固知识同时并进。不仅要发挥教师在检查知识中的主导作用，同时还要培养学生自我检查和评价知识质量的能力。

4.循序渐进原则

循序渐进原则是指教学要按照学科的逻辑系统和学生认识发展的顺序进行，使学生系统地掌握基础知识、基本技能，形成严密的逻辑思维能力。

教学的循序渐进原则，是科学知识本身的特点决定的。任何科学知识，都具有严密的逻辑系统，学校设置的各门学科，都是以相应科学的体系为基础，并考虑到教学法上的要求，是具有严密逻辑系统的。教学如果违背了这一系统，学生不仅无法获得系统的知识和技能，而且还不可能培养学生系统周密的思维能力。循序渐进的原则，也是学生认识规律的反映。由于学生的认识总是从已知到未知，从简单到复杂的逐步深化的渐进过程，因而只有循序渐进地进行教学，他们才能顺利地进行学习，违背了这个原则，就会给学生的学习造成困难，影响教学质量。

我国古代教学注重按一定顺序进行。《学记》要求"学不躐等""不陵节而施"，提出"杂施而不孙，则坏乱而不修"。如果教学不按一定顺序，杂乱无章地进行，学生就会陷入紊乱而没有收获。朱熹进一步提出"循序而渐进，熟读而精思"，明确提出了循序渐进的教育要求。在国外，夸美纽斯主张"应当循序渐进地来学习一切，在一段时间内只应当把注意力集中在一件事情上"。另外，乌申斯基、布鲁纳等都很强调系统知识的学习。

贯彻循序渐进原则的基本要求是：

（1）按教材的系统性进行教学。教师要按教学大纲和教科书来组织教学内容，以免破坏知识的体系，影响知识的完整性。但是，这并不是要用大纲和教科书来代替教师编写的讲授提纲。讲授提纲是教师领会教材的结晶。教师只有在钻研教材、细致了解学生情况和认真考虑教学法上的要求后，才能编写出系统而有重点的讲授提纲，保证教学系统地进行。在教学过程中，还要注意教材前后的连贯，新旧知识的衔接，尽量使新教材与学生的已有知识联系起来，逐步扩大和加深学生的知识，使新知识成为旧有知识的合乎逻辑的发展。还要注意各门学科间的联系，注意相关学科间的相互照应。

注意主要矛盾，解决好重点与难点的教学。贯彻循序渐进原则，并不意味着教学要面面俱到，平铺直叙地进行讲授。与此相反，只有区别出主次，分清难易，有详有略地教学，才能收到条理清楚，层次分明，重点突出的效果。

抓好重点、难点，是教师上好课的基本功。在教学中，应做到突出重点、突破难点，保证教学质量。突出重点，就是要把较多的精力用在教学重点上，围绕重点进行启发诱导，开展双边活动，对基本的东西一开始就要向学生讲清楚，保证学生明确而牢固地掌握基本概念。在重点问题上不能草率，搞成"夹生饭"，否则，即使教师虽多次重复，学生仍不容易理解和掌握。难点不一定是重点，它是指学生较难理解和掌握的地方。因而，突破难点，要针对学生的具体情况采取有效的方法，如果学生缺乏感性知识，要加强直观；学生基础知识太差，要适当补课或复习有关的知识；教材难点太集中，可以适当分散；对比较难于掌握的复杂的原理、公式等，可以将难点分解为几个较容易掌握的部分或步骤，化难为易，便于学生掌握。只有善于解决教学体系上的关键问题，突破教学的难点，才能保证循序渐进地进行教学，使学生掌握系统的文化科学知识。

（3）由浅入深，由易到难，由简到繁。引导学生扎扎实实，循序渐进地掌握知识和技能。循序渐进，不是循序慢进，它与加快教学速度并不矛盾。如果学生的接受能力强，可以根据具体情况，适当增添教学内容，加快教学速度，但仍然需要循序渐进。而且也只有循序渐进地进行教学，使学生有扎实的基础，认识能力有了提高，才会加快教学的进度。如果，企图赶进度，搞突击，背离这一原则，跳跃前进，那么学生学得的知识就将不系统，不牢靠，他们的认识能力也不能得到发展。这样，就欲速则不达了。《学记》说："学不躐等"，正是表述了这个要求。

这是循序渐进应遵循的一般要求，是行之有效的宝贵经验，符合学生的认识规律，不可违反。学生的基础打好了，认识能力提高了，学习进度就会加快，效率就会提高。

5.因材施教原则

因材施教原则，要求教师从学生的实际情况出发，依据学生的年龄特征和个别差异，有的放矢地进行教学。这包括两方面的意义：一是教学的深度、进度要适合学生的知识水平和接受能力；二是教学必须考虑学生的个性特点和个别差异，发挥每个学生的积极性，使他们的才能都得到充分的发展。

因材施教原则是学生身心发展的客观规律在教学中的反映。一定年龄阶段的学生，他们的生理、心理特点既具有一定的稳定性和普遍性，又具有一定程度的可变性和特殊性。这是因为一定年龄阶段的学生，在生理上，特别是在大脑和神经系统的发展上都要经历一定的过程，他们所掌握的社会经验、知识和行为规范的深度也都有一定的顺序性，这就使一定年龄阶段的学生，在生理和心理的发展上具有一定的典型的共同特征。又由于各个学生的生理条件、周围环境和所受教育的具体情况的不同，同一年龄阶段的各个学生，在心理发展的速度和面貌上又具有显著的不同，形成学生的个性特点和个别差异。教学中只有针对学生的共同特点和个别差异因材施教，才能更充分地调动学生学习的自觉性和积极性，既有利于争取大多数学生达到培养要求，又有利于造就一批优秀的人才，这对早出、快出人才具有深远意义。如果教师忽略了这一原则，不管他的主观愿望多么好，也难收到良好的教育效果。

我国古代孔子善于根据学生的不同特点有针对性地进行教育以发挥他们的各自专长。宋代朱熹把孔子这一经验概括为"孔子施教，各因其材"。这是"因材施教"的来源。

贯彻因材施教原则的基本要求是：

（1）针对学生的特点进行有区别的教学。教师要经常了解和研究学生，既要掌握全班学生的一般特点，如全班的知识水平、接受能力、学习风气和学习态度等；还要了解每个学生的具体情况，如每个学生的兴趣、爱好、注意、记忆、理解能力、知识储备和努力程度等方面的特点。教师要在充分了解学生的基础上，采取不同的方法，有的放矢地进行教学。

教师在了解学生的基础上，还要处理好一般与个别，集体与个人的关系。教学中要把主要的精力放在面向全班的集体教学上，同时也要善于在集体教学中兼顾个别学生，如把各个学生在学习中的问题，他们学习的优缺点、经验、成绩等反映到课堂教学中来；也可以在课堂教学的基础上，针对学生的不同要求，进行个别辅导，布置课外补充作业，有目的、有计划地进行个别教学，使教学中的统一要求与因材施教相结合。

通过经常地、有计划地布置作业，复习、检查学生的知识和技能；培养学生系统地、循序渐进地掌握知识和认真进行学习的习惯；培养他们有组织、有计划、坚持不懈地进行学习的良好品质。

（2）面向学生的大多数，使教学的深度、进度是大多数学生经过努力能够接受的。教学必须从大多数学生的实际出发，按照他们所能接受的程度进行教育。对学生的程度，既不能估计过低，降低教学要求，放慢教学进度，使学生"吃不饱"，影响培养规格；也不能估计过高，使教学内容过难、分量过多、进度过快，学生"吃不了"，消化不良，完不成学习任务。所以，因材施教，要根据大多数学生的情况，正确处理好教学中的难与易，快与慢，多与少的关系，从而使教学内容和进度适合大多数学生的知识水平。前苏联心理学家维果茨基把学生的发展水平分为现有发展水平和最近发展区，主张教学要依靠那些正在形成或将要成熟的心理过程，走在发展的前面，促进学生的发展。这是很有道理的。

（3）正确对待个别差异，善于发现和培养具有特殊才能的学生。我们承认学生中的个别差异，是为了发挥他们的所长，弥补他们的所短，做到"长善救失"，把他们培养成国家所需要的人才。因此，对待学生，无论是对特别好的或特别差的，都要热情关怀，耐心地辅导和帮助，使好的充分发挥他们的潜力，百尺竿头更进一步；使差的增强信心，通过刻苦努力逐步赶上去。还要注意发现那些在某一学科上初露头角的学生，对于他们在某些方面所表现出来的特殊才能，要认真培养，打破常规，采取特殊措施，促进其迅速成长。

（4）针对学生的个性特点，提出不同的要求。学生对待学习的态度和性格特点，是影响学习质量的重要因素，应当针对不同特点提出不同的要求，如对观察力薄弱、感性经验储备少的学生，要注意引导他们观察，培养他们的观察能力，丰富他们的感性认识；对学习粗心大意的学生，要求他们完成作业要认真细致；对行动缓慢、反应迟钝的学生，多鼓励他们提高作业速度，勤于思考问题；对思维能力较强，但学习不够勤奋的学生，多给以难度较大的作业，要求他们精益求精；对语言表达没有条理、不准确的学生，要训练他们的语言表达力；对注意力不集中、学习不专心的学生，多检查提问，随时引导他们集中注意学习；对视觉听觉不好的学生，照顾他们的视听，让他坐在在合适的地方；对信心不足缺乏毅力的学生，多鼓励表扬他们的进步，要求他们坚持学习，克服困难。总之，教学要注意个别对待，加强个别指导。

6.理论联系实际原则

理论联系实际的原则，要求教师加强基础知识的教学，引导学生以学习基础知识为主，从理论与实际的联系中去理解知识，并运用知识去分析问题和解决问题，做到学懂会用、学以致用。

由于教学的中心任务是向学生传授书本知识，而书本知识对学生来说又是间接经验，因而书本知识的教学应当特别注意联系实际。而且只有认真贯彻这个原则，才能正确解决教学中的间接经验与直接经验、感性认识与理性认识、讲与练、学与用的关系，使学生深刻地理解知识，牢固地记忆知识，灵活地运用知识，保证学生获得比较完全的知识。

我国古代教育家十分重视知与行关系的研究。在西方，古希腊智者派认为，没有实践的理论和没有理论的实践都没有意义，裴斯泰洛齐很重视"知识与知识的应用"，他指出："你要满足你的要求和愿望，你就必须认识和思考，但是为了这个目的，你也必须行动，知和行又是那么密切地联系着，假如一个停止了，另一个也随之而停止。"乌申斯基也指出："空洞的毫无根据的理论是一点用处也没有的。理论不能脱离实际，事实不能离开思想。"

贯彻理论联系实际原则的基本要求是：

（1）书本知识的教学要注重联系实际。理论联系实际，一定要强调学好理论，对学生尤其是这样，没有理论就谈不上联系实际。各科教学大纲，精确地规定了学生所要掌握的各门学科的基础知识和基本技能的范围，教师应当按照所教学科教学大纲的规定进行教学，保证学生全面系统地掌握这门学科的基本知识和基本技能，努力做到使学生的知识、才智不断有所增长。为了做到这一点，在教学中必须广泛联系实际进行讲授，如联系学生的生活经验，已有的知能力、兴趣、爱好和思想品德的实际，联系科学知识在生产建设和社会生活中运用的实际，联系当代最新科学成就，特别是我国社会主义现代化建设的最新成就的实际。只有这样，才能使学生掌握的知识是生动活泼的，易于理解和确实有用的，而不是一大堆枯燥无味的死板的概念、公式和结论。当然，在一节课上联系哪些实际，应根据教学的需要而定，在这个问题上要求教师进行创造性劳动。

（2）重视培养学生运用知识的能力。在教学中，教师要注意学以致用的问题。只有认真引导学生运用知识于实际，才能巩固和深化所学知识，掌握技能，获得比较完全的知识。

教学中怎样培养学生运用知识于实际的能力呢？这首先要重视教学实践，如练习、实验、实习、参观等，是教学理论联系实际的主要方面，它对学生掌握知识、培养技能和技巧是很重要的。教师应当引导学生积极进行这种实践活动，严格要求学生做好各种练习、实验、实习和观察等。通过教学实践活动，使他们熟练地掌握基础知识和基本技能。这不仅对学生的进一步学习具有重要意义，而且，也为学生参加社会实践创造必要的条件。

为了培养学生运用知识于实际的能力，还要重视组织学生参加课外活动和社会实践。学生以学习文化科学知识为主，但也要密切联系社会实际，这就要求教师在掌握教材的基础上，从教学的实际需要出发，进行调查研究，吸收实践经验和实际知识，来充实基础知识和基本技能的教学，克服从书本到书本，从理论到理论的毛病。还要恰当地组织学生参加一定的生产劳动，社会政治活动和科学实验活动，使学习书本知识与适当地参加实践活动结合起来。这样不仅使学生可以通过实践来验证书本知识，学习运用知识，还可以丰富他们的直接经验，补充学习书本知识的不足，掌握比较完全的知识。为了培养学生运用知识于实际的能力，还要提高他们对理论联系实际的认识。因此，在教学中，教师要善于通过传授系统的基础知识和基本技能，引导学生认识实践是人类认识活动的基础，了解知识不但产生于实践，还要再应用到实践的道理，养成理论联系实际的作风，提高学习书本知识的自觉性和目的性。还要善于启发学生独立思考，通过实践活动，培养他们的创造才能。

（3）正确处理知识教学与技能训练的关系。在课堂教学中，教师既要加强基础知识的教学，又要加强基本技能的训练，两者不可偏废。只讲不练，或将练全部放在课外，都不能提高教学质量。为此，教师要处理好讲与练的关系，做好精讲巧练。精讲就是讲得好，做到重点突出，中心明确，言简意赅，能解决学生的疑难问题；巧练就是要练得好，不仅要保证课堂练习的数量和时间，而且要讲求练的方法，提高练的质量。只有将讲授、阅读、议论和练习有机结合、巧妙搭配起来，才有利于使学生对所学的知识做到懂、熟、会，争取在课堂上基本解决问题。

在教学中，只有将两者结合起来，学生才能深刻理解知识，掌握技能，达到学以致用。如果教师讲，学生听，而无技能的训练，那么学生是否理解难以检验，即使他们理解了也缺乏动手能力。

（4）补充必要的乡土教材。由于我国幅员广大，南方与北方，沿海与内地，在自然条件、生产建设，直至社会生活等各方面都有很大差别，为了更好地掌握统一的大纲和教科书，要因地制宜，联系当地实际，必要时应补充乡土教材，或请当地的工人、农民或其他有关人士向学生介绍情况，讲解当地的实际问题，以帮助学生掌握知识和运用知识。

以上各个原则并不是孤立的，它们是相互联系组成一个统一的体系的。教师在教学中要善于把他们配合起来运用，全面地加以贯彻，以提高教学质量。

二、教学方法

（一）教学方法概述

1.教学方法的概念

教学方法，是在教学过程中，教师和学生为实现教学目的，完成教学任务而采取的教与学相互作用的活动方式的总称这个定义明确体现了以下几个方面的思想和内容：（1）教学方法具有双边性，它既包括教师的教法又包括学生的学法；（2）教师的教法和学生的学法是相互联系和相互作用的；（3）教学方法不等同于教学工具或教学手段，而是对工具和手段的运用；它也不是某种固定的方式或动作，而是师生有目的、相互作用、以一定方式结合的一系列活动。

教学方法是教学过程整体结构中的一个重要组成部分，是教学的基本要素之一。它直接关系着教学工作的成败，教学效率的高低和把学生培养成什么样的人。因此，教学方法问题解决的好与坏；就成为能否顺利实现教学目的、完成教学任务的关键。在教学中，存在两种对立的教学方法的指导思想：一是启发式，一是注入式。启发式强调教师把学生看成是学习的主体，从学生的实际出发，采取一切有效的形式和手段，调动学生学习的积极性、主动性和创造性，教给学生科学的学习方法，培养学生的学习能力，发展其智力，变苦学为乐学、被动地学为主动地学。学校成为学生生动活泼、全面发展的乐园。注入式则把学生看成是没有主观能动性的单纯接受知识的容器，教师的教只从主观愿望出发，向学生灌输知识，很少考虑学生的接受水平和兴趣需要。在教学中，教师仅起信息的载负和传递作用，学生则起接受储存作用。在这种思想指导下的教学成为记诵式教学，学生机械学习、死记硬背，教师一味灌输，不讲效率，导致学生课业负担过重，产生苦学、厌学、流学、逃学的现象。有的教师简单地把教学方法的某些表面形式作为判别启发式与注入式教学的标志，认为凡是课堂上采取提问的教学就是启发式，教师一讲到底就是注入式，这完全是对启发式教学的误解。判别一种教学是启发式还是注入式，关键在于是否充分调动了学生学习的积极性和主动性，即学生主体作用发挥的程度。

2.选择与运用教学方法的基本依据

其一，教学目的和任务要求。每堂课都有具体教学目的和任务，教师可采用不同的教学方法。其二，课程性质和教材特点不同，选择的教学方法也不同。其三，学生年龄特点。学生所处的年龄阶段不同，他们的知识准备程度和个性发展具有不同的特点和水平。其四，教学时间、设备、条件。有些方法需要较长的时间，有些方法对教学设备要求较高。其五，教师业务水平、实际经验及个性特点。这些因素也制约着教师对教学方法的选择。

（二）小学常用的教学方法

我国小学常用的教学方法有：讲授法、谈话法、讨论法、演示法和练习法等。

1.讲授法

讲授法就是教师通过口头语言并结合运用无声言语及其他媒体工具，向学生系统地传授文化科学知识，发展学生能力的方法。由于语言是交流思想、传递经验、传播文化的主要工具，所以讲授法是教学的一种主要方法。即使运用其他教学方法，也都需要一定的讲授相配合。

讲授法具体又可分为讲述、讲解、讲演、讲读四种方式。

（1）讲述是教师运用具体生动的语言对教学内容作系统叙述和形象描绘的一种讲授方式。一般在语文、历史、政治等人文学科教学中用得比较多。讲述又可分为科学性讲述和艺术性讲述两大类。

（2）讲解是教师运用通俗易懂、科学准确的语言对教材内容进行解释、说明、论证的一种讲授方式。一般用在数学、物理、化学、生物、计算机等自然学科教学中。它和讲述的主要区别在于，讲述偏重叙述与描绘，强调形象生动、妙趣横生；讲解则注重解释、说明和论证，主要用于说明解释推算概念、公式和原理。

（3）讲读是教师把讲述、讲解同阅读教材有机结合，讲、读、练、思相结合的一种讲授方式。一般用于语文、外语课的教学之中，但也可用于数理化等其他学科的教学中，讲读便于培养学生的语感和自学能力，培养学生的移情体验能力，强调"读书百遍，其义自见"。

（4）讲演是以教师的演说或报告的形式在较长的时间里系统地讲授教材内容，条分缕析，旁征博引，科学论证，从而得出科学结论的一种讲授方式。由于讲演时间长，需要知识面广，对教师的语言技能要求高，因此难度较大，用得相对较少。

讲授法是学校教学中最常用的方法之一。它在课堂教学中所占时间最多。美国教学研究专家弗兰德斯在大量课堂观察研究的基础上，提出了"三分之二律"，即课堂时间的 2/3 用于讲话，而不是与学生对话。我国学者的研究也表明，教师的讲授占课堂时间的 65%左右。正确有效的讲授，可以使学生在很短时间内获得大量的系统连贯的知识；同时也便于教师按照教学计划有条不紊地完成教学任务，充分发挥教师的主导作用。但是，讲授法如果使用不当，往往难以适应学生的个别差异，使学生处于消极被动的地位，不利其主体作用的发挥。

影响讲授效果的因素有以下几个方面。一是语音语速和语流。研究表明，讲普通话的教学效果优于讲当地方言；教师语流的流畅性与学生的成绩有正相关；语速过快与过慢也会影响学生信息接收和加工的效果。二是用词的精确性与模糊性。有人曾总结教师用词模糊与学生成绩之间关系的 10 项研究结果，发现其中有 8 项有显著相关，其显著水平在 0.05～0.001 之间。三是专业术语使用的时机。在学生刚开始接触一个新的专业术语时，适当运用该术语的日常生活词汇和俗称来描述，有助于学生的学习和理解；但在学生已经掌握并能够运用专业术语解释新现象、学习新知识时，教师使用非专业术语会失去学科学知识的严谨性和严肃性，甚至引起学生的误解。四是教学内容组织的逻辑性。研究表明，帮助学生找出学习材料的联系性和逻辑性，有利于学生尤其是缺乏预备性知识的学生的学习。

讲授法的基本要求是：

第一，讲授内容要有科学性、系统性、思想性。既要突出重点、难点，又要系统、全面；既要使学生获得可靠知识，又要在思想上有提高。教师首先要精通本门课程的主要教学内容，做到融会贯通。其次要认真钻研教材，抓住重点难点和关键。再次，正确把握讲授体系，做到文以载道，观点和材料的统一。

第二，注意启发。在讲授中善于提问并引导学生分析和思考问题，使他们的认识活动积极开展，自觉地领悟知识。由简到繁，由易到难，在讲授学生不太熟悉的内容时，可以向学生呈现"先行组织者"，以明确新知识的内在结构和新旧知识之间的联系；要结合内容本身选择某种组织形式，如部分与整体关系、序列关系、相关关系、连接关系，可以运用比较和组合的技巧，以使讲授条理清楚，逻辑严密，重点突出，难点分散，详略得当，主次分明。

第三，讲究语言艺术。力图语言清晰、准确、简练、形象、条理清楚、通俗易懂；讲授的音量、速度要适度，注意音调的抑扬顿挫；以姿势助说话，提高语言的感染力。在讲授过程中，教师要主动了解学生已有的知识基础和认知发展水平，既要善于激发学生的学习动机，设疑问难，启发学生积极思维，注意创新精神的培养，并提供必要的听课方法指导；同时又要注意讲授的艺术性。教师可以通过生活经历、直观教具、问题情境、文学作品、偶发事件、表情姿势、修辞技巧、音调音速等手段提高课堂讲授的生动性和形象性，从而达到艺术性讲授的水平。

2.谈话法

谈话法也叫问答法，它是教师按一定的教学要求向学生提出问题，要求学生回答，并通过问答的形式来引导学生获取或巩固知识的方法。谈话法特别有助于激发学生的思维，调动学习的积极性，培养他们独立思考和语言表述的能力。谈话法是一种师生互动的"共同解决型教学方法"。它是一种古老的教学方法。古希腊的苏格拉底和我国春秋时期的孔子都是运用谈话法进行教学的大师。几千年来，谈话法在教学实践中不断充实发展，形成多样化形式。这是小学常用的一种方法。

谈话法可分复习谈话和启发谈话两种。

（1）复习谈话是根据学生已学教材向学生提出一系列问题，通过师生问答方式以帮助学生复习、深化、系统化已学的知识。一般用在单元教学之后、期中期末考试之前。在运用这种谈话法进行教学时，教师根据学生已学过的教材内容提出问题，让学生回答，通过对学生答案的纠正补充和说明，达到检查学习成效，复习巩固知识的目的，并使学生所学知识的系统化并内化在主体的认知结构中。

（2）启发谈话则是通过向学生提出未思考过的问题，一步一步引导他们去深入思考和探求新知识。教师根据教学目的要求和教材内容，依次向学生提出有关问题，引导学生通过阅读教材、现场观察、进行实验等途径，在原有知识经验基础上，经过独立思考，得出结论，获得新知。

谈话法广泛用于各科教学中，其优点是：提供线索集中学生的注意力，便于激发学生的思维活动，培养学生的独立思考能力和语言表达能力；提供练习与反馈的机会，帮助学生检查巩固已有的知识技能；便于师生之间的双向交流，培养学生的参与精神；便于形成民主、平等、友好的师生关系。

谈话法的基本要求是：

第一，教师要根据教学目的，事先拟好详细的谈话提纲，事先要设计好每一个问题问答所需要的大致时间，事先考虑好学生可能出现的问题及其对策。在准备工作中最关键的是问题的设计：①设计的问题要帮助学生抓住重点难点；②问题的内容要适合学生的知识水平和思维能力，要保证高认知水平问题的适当比例；③问题的表述要简明扼要、范围明确；④要依照具体目的，合理安排低认知水平和高认知水平问题的次序，使问题具有一定的内在逻辑性，从而引导学生深入思考。要准备好问题和谈话计划。在上课之前，教师要根据教学内容和学生已有的经验、知识，准备好谈话的问题、顺序，如何从一个问题引出和过渡到另一个问题。

第二，提出的问题要明确，能引起思维兴奋，即富有挑战性和启发性，问题的难易要因人而异：①提问要抓住重点和关键；②提问要把握时机，不愤不启，不悱不发；③要面向全体，设法调动每个学生回答问题的积极性；④要注意表情和态度，提问时过于严肃，会导致学生产生紧张心理，影响发言的积极性，而自然和谐则会使每个学生信心大增，畅所欲言。

第三，要善于启发诱导。当问题提出后，要善于启发学生利用他们已有的知识经验或对直观教具观察获得的感性认识进行分析、思考，研究问题或矛盾的所在，因势利导，让学生一步一步地去获取新知。

第四，要做好归纳、小结，使学生的知识系统化、科学化，并注意纠正一些不正确的认识，帮助他们准确地掌握知识。

第五，候答环节要耐心。候答时间可分为二档：一档是教师提问后学生回答前。调查发现，教师在这档时间通常不足 1 秒，如果将它增加到 3 秒以上，教学效果明显提高，因为时间的延长给学生提供了更多的思考时间和机会，创造了有利于学生思考问题的宽松气氛。第二档是学生回答问题后教师作出反应前。这档时间过短，师生之间的问答性质往往是质问性的，气氛比较紧张，导致学生过度焦虑；如果适当延长到 3 秒以上，变成对话式，有利于学生集中注意力，提高学习成绩。

第六，叫答机会要均等。教师应适当控制对自愿回答者的叫答，以保证其他人回答的机会。此外研究还表明，叫答范围与教学效果成正比。总之，保证每个学生有尽可能多且均等的叫答机会，是叫答的基本原则。

第七，回答过程仔细倾听。在学生回答问题的过程中，教师要仔细倾听，并且用目光鼓励学生畅所欲言，大胆回答。这样做，一是尊重学生，以便形成良好的师生关系；二是了解学生知识掌握的实际情况以及认识能力的发展水平，以便因材施教；三是便于把握教学进度，及时组织引导，提高教学效率；四是便于对学生的回答和提出的问题作出中肯的评价，并积极引导学生创造性思维的发展。

第八，理答行为针对化。教师对学生回答问题的反应，有四种行为。一是对正确的回答作出积极反应，如及时表扬、物质奖励和精神鼓励。必须注意的是教师的表扬与奖励效果取决于学生对受表扬和奖励的原因的理解，如果表扬太频繁太容易，如果学生认为这是廉价的表扬或同情性表扬，因为自己是差生才受表扬，那么这种表扬就会失效、失去价值。一般来说，被表扬的行为越具体越好，依赖性越强、越易焦虑的学生越应表扬。二是对非知识性原因而作出的错误回答或拒答行为，进行消极反应，如批评、训斥等。但过多的消极反应会挫伤学生的积极性。三是针对学生的不正确回答，进行转问（向另一位同学提问）和探问（换一种策略就同一内容重新提问该同学）。四是归纳小结，即对学生的回答重新组织概括，给学生一个明确清晰完整的答案。

3.讨论法

讨论法是学生在教师指导下为解决某个问题而并行探讨、辨明是非真伪以获取知识的方法。其优点在于能更好地发挥学生的主动性、积极性，有利于培养学生的独立思维能力和口头表达能力，促进学生灵活地运用知识。

讨论法的优点在于，能使学生加深对知识的理解，能帮助问题的解决；能培养学生的批判性思维能力，能培养其独立思考问题的能力和习惯；学生在群体思考过程中，由思维的碰撞而产生智慧的火花，能增长才干，培养其创新精神和创造能力；有助于培养学生的团队合作精神，转变人生态度；有助于培养参与、倾听、表达、竞争等各种技能。

影响讨论法运用的因素有：小组的规模和构成、小组的内聚力、交流的信息流动模式与座位安排、小组领导的方式等。教师在讨论过程中主要扮演着讨论发起者和支持者的角色。即教师要协调推进小组活动，保障讨论目标的如期完成；教师要加强小组成员之间的联系，形成热情友好民主平等的气氛，支持讨论活动的不断深入。

运用讨论法的基本要求是：

（1）讨论的问题要有吸引力。教师要根据教学目的来确定讨论题目，题目必须是重要的而且是有讨论价值的；同时教师要提出具体要求，指导学生收集有关资料，认真准备讨论的意见，拟订发言提纲，使自己拥有讨论主题所需要的有关知识和经验；教师要指导学生就讨论的方法和交流的技巧作好生理和心理的准备。

（2）要善于在讨论中对学生启发引导。教师要向学生说明其在讨论中所承担的角色及其相应的角色规范；教师要充分启发每个学生独立思考，鼓励他们各抒己见；教师要耐心倾听并谨慎作出反应，让更多的发言时间留给学生；教师要适时、适量地介入讨论，以确保讨论不离题；教师要善于引导学生入到问题的实质，并就分歧的问题展开讨论，培养实事求是的精神和创造性解决问题的能力。在讨论过程中，教师尤其要注意控制好时间、把握住主题、调节好气氛。

（3）做好讨论小结。讨论结束前，教师要简要概括讨论情况，使学生获得正确的观点和系统的知识，纠正错误、片面或模糊的认识。对疑难和争论的问题，教师要尽力阐明自己的看法，但要允许学生保留意见。

4.演示法

教师通过展示实物、直观教具，进行示范性实验或采取现代化视听手段等，指导学生获得知识或巩固知识的方法。演示的特点在于加强教学的直观性，不仅是帮助学生感知、理解基本知识的手段，也是学生获得知识、信息的重要来源。演示法常和讲授法、谈话法等结合使用。

运用演示法进行教学时，演示的材料和方式是多种多样的。一般来说，要使学生获得某一事物或物体的感性形象，可演示单个实物、模型、标本；要使学生了解事物发展的过程和事物内部的结构，可演示前后连接的图片、图表、模型、幻灯、多媒体课件；要使学生认识事物的运动和变化，可通过实验、电影、录音录像设备、计算机辅助教学设备以及教师的一些示范性动作或操作等。

从总体上看，演示可分声像和动作两大类。声像演示主要通过视听媒体帮助学生获得感性认识，其效果与学生感官通道的利用程度、视听材料的逼真程度（中等逼真为最佳）以及学生的相关背景知识的掌握程度等有关。研究表明，人们从外界获得的信息，来自视觉的占 83.0%，听觉占 11.0%，嗅觉占 3.5%，触觉和味觉则分别是 1.5% 和 1.0%。当视听觉合用时，其学习材料的保持率远远高于单一视觉和听觉的保持率。可见教学演示要考虑各种感官的合理组合与巧妙运用。而动作演示的效果则与学生对作业目标的明确程度、动作技能或操作学习的学习策略、学生的观察注意与理解程度、教师示范的速度和信息量等有关。

演示法的优点是直观性强，不仅能理论联系实际，为学生学习新知识提供丰富的感性材料，有利于认识过程的飞跃转化，而且适合青少年学生的心理特征，便于激发学生的兴趣，提高学习的效果。同时还能促进学生观察力、思维能力和想象力的发展。运用演示法的关键在于能否善于引导学生进行认真的观察和周密的思考，从而保证信息接收管道处于畅通状态。

演示法的基本要求是：

第一，做好演示前的准备。演示前要根据教学需要做好教具准备。用作演示的对象要有典型性，能够突出显示所学材料的主要特征。

第二，要使学生明确演示的目的、要求与过程，主动、积极、自觉地投入观察与思考。让他们知道要看什么，怎么看，需要考虑什么问题。

第三，通过演示，使所有的学生都能清楚、准确地感知演示对象，并引导他们在感知过程中进行综合分析。

5.练习法

学生在教师指导下运用知识去完成一定的操作，并形成技能技巧的方法。练习法是各科教学中运用得最为普遍的方法之一。练习的种类很多。按照练习的形式分，练习可分为口头练习（包括朗读、口头作文和各种口头解答问题等）、书面练习、动作或技能练习三种。按照练习的性质分，练习可以分成训练性练习和创造性练习两种。前者是对所学知识再现性的重复运用，只要求学生根据所学的原理（概念、法则、定理、公式），依照范例进行多次重复的模仿实践，目的在于加深记忆、形成熟练的技能技巧，故又称为模仿性练习；后者强调综合运用所学的知识和技能，灵活独立地分析问题和解决问题，目的在于发展学生的创造性能力。创造性练习要以训练性练习为基础，学生总是从训练性练习开始再慢慢上升到创造性练习的水平。

影响学生练习的因素有很多：一是学生对独立练习的准备程度，准备程度越高，学生独立练习的专心程度就越高，练习效果就越好；反之，如果在独立练习阶段教师还有大量的补充讲解就会导致学生练习错误率上升，且讲解时间量与学生成绩呈负相关。二是问题的类型及其安排的合理与否。题型的安排主要有两种形式，一是同一，即问题的类型与例子基本保持不变，其目的是保证学生对知识技能的充分练习，提高熟练程度；二是变化，即问题的类型与例子不同，以大量的变式出现，以加深学生对知识的理解，把握概念的关键特征。三是独立练习的常规，如果学生明确练习的目的是进一步理解知识概念，提高应用知识技能的水平和能力，如果学生了解练习的程序安排和步骤，那么学生分心行为就会减少，练习积极性和效率都会提高。练习就会成为一种主动学习的行为。四是教师适度的监控也能提高学生的练习效率。

练习法的基本要求是：

第一，明确练习目的，建立练习常规。教师首先要根据教学目的要求和学生发展的实际需要，帮助学生做好练习所必需的知识技能的准备。教师对学生要进行充分的讲解、示范和练习指导，并保证学生模仿性练习的正确回答率在80%以上，独立练习的内容要与模仿性练习内容密切相关；对于较为困难的问题教师要进行事先的讲解。其次，老师要让学生明确练习的目的，练习旨在加深对知识技能的理解，旨在技能技巧的提高，它是以掌握内容为第一要义的。再次，教师还要尽早建立练习的常规程序，加强练习方法的指导及练习结果的及时反馈。使学生明确练习的目的与要求，掌握练习的原理和方法。这样能防止练习中可能产生的盲目性，从而提高练习的自觉性。

第二，精选练习材料，把握练习的"度"和"量"。教师要尽可能精心选择材料，使之系统化、多样化，同时要把握好练习的"度"和"量"，过少过易起不到练习的作用，过重过难则加重学生的负担。练习量的大小以学生能够完成而又不致产生做"附加作业"为前提，既要保证学生对同题型问题的充分练习以达到生巧的目的，又要使他们接触尽量多的题型，培养学生思维的灵活性与创造性。练习度与量的把握要以练习的效率为标准。精选练习材料，适当分配分量、次数和时间，练习的方式要多样化，循序渐进，逐步提高。

第三，合理安排时间，养成良好习惯。经常化是练习的基本要求。教师就要合理安排时间，科学地选择练习方式，同时要形成学生良好的练习习惯，使练习真正成为大脑的体操。

第四，严格要求。无论是口头练习、书面练习或操作练习，都要严肃认真。要求学生一丝不苟、刻苦训练、精益求精，达到最高的水平，具有创造性。

第四节　教学组织形式

教学组织形式是指为完成特定的教学任务，教师和学生按一定要求组合起来进行活动的结构。在教学史上先后出现的影响较大的教学组织形式有个别教学制、班级授课制、分组教学制、设计教学法和道尔顿制。古代教学基本采用个别教学制。随着资本主义工商业的发展，教学内容迅速增加，教育对象也逐步扩大，个别教学已不能满足社会需要。16 世纪欧洲有些学校逐渐采用班级授课形式。

17 世纪捷克教育家夸美纽斯在《大教学论》中，最先对班级授课制作了论述，奠定了理论基础。18 世纪，德国的赫尔巴特提出了教学过程的阶段理论，进一步设计和完善了班级授课制的理论。而以后前苏联的教学论专家提出了课的类型和结构的理论，使班级授课制成为课堂教学的基本组织形式。

（一）个别教学制

个别教学制的产生是与古代社会生产力发展水平比较低的状况相适应的。个别教学组织形式主要由学生个人与适合个别学习的教材内容发生接触，并辅以师生之间的直接联系。它更强调发挥学生个人的主体作用，让学生从自己的知识基础、兴趣爱好和学习能力出发，以资料为根据，确定学习的范围和进度；根据合同学习，灵活安排学习的内容和时间，确定学习的任务和质量要求。教师的作用主要在于指导和帮助学生自学和独立钻研，并对学生的学习结果进行反馈和评价。

个别教学组织形式有别于个别辅导。前者是针对每个学生进行因材施教，使每个学生的潜能都能得到最佳发展，后者主要是面向特殊学生如差生和优秀生，使他们都能吃得了和吃得饱；前者侧重学生自学能力的发展和主体意识的养成，重视学生学习责任感的培养，后者侧重学生知识水平的掌握和提高。

（二）班级授课制

班级授课制是一种集体教学形式。它把一定数量的学生按年龄与知识程度编成固定的班级，根据周课表和作息时间表，安排教师有计划地向全班学生集体上课。它的优点在于效率高，一个教师同时能教几十个学生，比较适合学生身心发展的年龄特点和发挥学生之间的相互影响作用，有助于提高教学质量。

我国最早于 1862 在北京京师同文馆采用班级授课制。清政府宣布废科举、兴学校后，逐步在全国实施班级授课制。

1.班级授课的优点

（1）有严格的制度保证教学的正常开展和达到一定质量。它在自身发展过程中形成了一整套严格制度：如按年龄、知识编班分级制度；学年、学期和学周制度；招生、考试和毕业制度；作息制度；课堂纪律与常规等。使教学制度化、规范化和科学化，保证教学活动正常运转并获得一定质量。

（2）有利于大面积培养人才。由于以班级作为单位来培养人才，一个教师能同时教几十个学生，提高教学效率，有利于大面积地培养人才。

（3）有利于系统知识的传授。班级授课制能以周课表方式科学地安排各科教学，使之有条不紊地交错进行，确保学生循序渐进地学习和掌握各学科的系统科学知识，完成预定的教学计划。

（4）能够充分发挥教师的主导作用。各国的教学实践都反复证明，迄今为止最能充分发挥教师在教学中的主导作用的仍是班级授课这种教学形式。实际上，它就是为充分发挥教师主导作用，最大限度提高教师工作效率和使各科教师协调一致对学生教学而形成起来的，并得到不断改善和完善。

2.班级授课制的局限性

（1）难以适应学生的个别差异，难以照顾到每个学生的兴趣、爱好和特长。

（2）教师、书本居中心地位，容易使学生处于被动地位，容易使学习活动脱离学生的实际。

3.班级授课制的特殊形式：复式教学

复式教学是把两个年级以上的儿童编在一个教室里，由一位教师在同一堂课内分别对不同年级的学生进行教学的组织形式。它的主要特点是：直接教学和学生自学或做作业交替进行。在我国农村，特别是在人口稀少的偏僻山区，人口少、师资缺乏、交通又不方便的地区，复式教学是大有可为的。

今天，班级授课制仍然是我国小学普遍采用的教学组织形式。

（三）分组教学制

分组教学制就是按学生的能力或学习成绩把他们分为水平不同的组进行教学。它的主要类型有：能力分组、作业分组、学科分组等。分组教学的优点在于它比班级授课更切合学生个人的水平和特点，便于因材施教，有利于人才的培养，同时也存在一定的副作用。

（四）设计教学法和道尔顿制

设计教学法就是主张废除班级授课制和教科书，打破传统的学科界限，在教师指导下，由学生自己决定学习目的和内容，在自己设计、自己负责任的单元活动中获得有关的知识和能力。

道尔顿制是指教师不再上课向学生系统讲授教材，而只为学生分别指定自学参考书、布置作业，由学生自学和独立作业，有疑难时才请教师辅导，学生完成一定阶段的学习任务后向教师汇报学习情况和接受考查。它们的特点在于有利于调动学生学习的主动性，培养他们的学习能力和创造才能，不但利于系统知识的掌握，且对教学设施和条件要求较高。

二、影响教学组织形式选择的因素

每种教学组织形式都有其优点和局限。如何根据教学的内容、任务和条件，选择最合适的教学组织形式是教学成功的一个重要保证。为此就要掌握各种组织形式的要领。如全班教学要考虑班级的规模、分班的灵活；分组教学要考虑学生特点的异性与同质性、组数、人数及分组的灵活性等；个别教学要考虑是否具备适合学生自学的学习材料和学习环境等。

影响教学组织形式选择的因素有：学习的目的和类型、班级中学生的能力和个性差异的幅度、学生的知识基础和学习经验、教学的行为和方式、教学环境与设备配置、教师的人数与水平、教学的技巧与个人风格等。下面以教室的座位排列为例，谈谈其对教学组织形式选择的影响。

座位排列的方式有秧田形、马蹄形（新月形）、方形或圆形、模块形。秧田形是传统教室的排列形式，是封闭性的。学生与学生前额对后脑，左肩对右肩，一致面向黑板和教师。这种座位设计对知识性教学尤其是集体讲授来讲，能集中学生的注意力，效果较好。但它却限制了师生的互动范围和互动方式，教室有活跃地带和视觉盲区之分，既不利于非邻近学生的交往与学生的社会性发展，也可能产生教育的不公平现象。一些学生因处于被教师遗忘的角落而失去了应有的发展机会。而马蹄形（新月形）的教室布置，教师处于"U"的缺口处，师生之间、生生之间交流机会多，容易形成民主的气氛，活动、讨论进行方便，个别教学效果较好，但易诱发学生的问题行为，且较易受班级人数和教室空间的限制。方形或圆形的环境布置，便于分组学习和讨论，适用于小组教学组织形式，有利于培养学生的团队精神和合作的质量，促进学生的交往与社会性的发展，形成互动竞争的气氛，但同样会导致学生问题行为的增多，不利于教师对课堂的及时监控和反馈。当然上述三种座位排列都可进行面向全体学生的集体教学。而模块型的座位排列则主要用于小组活动和个别学习。教师可以根据教学需要将教室划分为不同活动区域或活动角，让学生根据自己的需要进行选择。因此，教师要根据教学的内容和目标、教学的方式和活动的性质、学生的特点和自己控制课堂的能力进行教学环境的设计，而已有的教室环境反过来也制约了教师对教学组织形式的选择和运用。

在现实的课堂教学中，教师要根据教学内容和任务的变化，要根据学生的不同特点，灵活选择交替使用不同的教学组织形式，或者整合不同的教学组织形式应用于同一课堂或同一学科的教学中。

三、课的类型和结构

课是教材和教学过程的逻辑单位，它必须符合教材内容各部分的相对独立性和完整性，并符合教学活动的时空界限。课的类型是根据不同的教学任务，或按一节课采用的主要教学方法来划分的。

（一）课的类型

根据主要教学任务来分，课有单一课和综合课两大类型。单一课，指在一节课主要完成一种教学任务的课，如传授新知识的课、巩固新知识的课、培养技能的课、检查知识和技能的课等。综合课，指在一节课内，要完成两种或两种以上教学任务的课。如既要传授新知识，又要巩固新知识；或既要巩固新知识，又要形成新技能等，也称混合课。这类课在小学应用最为普遍。

根据主要的教学方法来分，课又可分为：观察课、讲授课、问答课、讨论课、阅读指导课、实验课、参观课等。

研究课的类型，目的是使教师正确选择和运用不同类型的课，从而构成符合学生认识规律的课的体系，保证全面完成教学任务。

（二）课的结构

课的结构是指课的组成部分及各部分进行的顺序和时间分配。不同类型的课，其结构有所不同。同一类型的课，也会因教学对象、学科特点、教学内容和教学方法的不同，而有不同的结构。一般认为课的基本结构由以下几个部分构成。

1.组织教学

目的在于促使学生为上课做好心理准备和学习用具方面的准备，集中注意，积极自觉进入学习状态。也要了解学生出勤情况，集中学生的注意力，保证教学能够顺利地进行。组织教学，也具有培养学生认真学习、自觉遵守纪律等教育意义。任何课都要进行组织教学。组织教学，不仅应当在上课开始时进行，并应贯穿在全部教学过程中，直到课的结束。

2.检查复习

目的在于复习已学过的教材，对已学过的知识进行巩固和加深，了解学生已学过的知识的质量，加强新旧知识的联系，培养学生对课业的责任感和按时完成作业的习惯。检查复习内容，可以是上一次课学习的内容，也可以是以前学过的并与即将学习的新知识有关的内容。检查复习的方法，有口头问答、黑板演算、检查课外作业等。检查后一般要给予评足，并指出优缺点。

3.讲授新教材

目的在于使学生通过教师系统生动有效的讲授，掌握新知识，发展新技能。这一部分是综合课的主要部分，所占时间最多，是该堂课成功与否的关键，这也是教学过程中最重要的部分。教师讲授新教材时，要注意贯彻各个教学原则和所选用的教学方法的要求。

4.巩固新教材

目的在于使学生对所学新教材，当堂理解，当堂消化，当堂进行巩固。也可以使学生初步练习和运用新教材，为课外作业做好准备。巩固新教材的工作，可以采取提问、复述、练习等方法进行。

5.布置课外作业

目的在于培养学生运用知识分析问题解决问题的能力和自学能力，在此过程中，促进学生将所学的新知识内化转化，成为主体认知结构中的一部分。布置作业时，应进行具体的说明和指导，提出明确的要求，必要时还可作必要的示范。同时教师要用辩证统一的观点处理好作业的质与量的关系，有效减轻学生过重的课业负担。

上述五个基本组成部分，教师应根据学科的特点、教学内容、教学方法和教学对象的具体特点及课的类型，灵活地创造性地加以安排。任何课，不论是综合课或单一课，一般都是由其中某几个部分或所有这几个部分组成的。至于每一节课要有哪些组成部分，每部分又处于什么地位，那是不能硬性规定的，而要通盘考虑它的教学目的和任务、教材性质、学生的年龄特征和知识水平以及教学方法上的要求之后，才能确定。教师在进行教学工作时，应根据具体情况灵活地创造性地安排课的结构，不要生搬硬套，千篇一律，以免造成教学上的形式主义。

四、教学工作的基本环节

教学工作主要包括备课、上课、课外作业、课外辅导、学生学业成绩的检查和评定等五个基本环节。

（一）备课

备课是教师上课前的教学准备。它包括钻研本门学科的教学大纲、教科书和有关参考资料，了解学生的实际，研究教学方法，编制学期或学年教学进度计划和单元计划、写出课时计划（教案）等。教师要备好课，必须要做好三方面的工作，写出三种计划。

三方面的工作是：

1.钻研教材包括钻研教学大纲和教科书，阅读有关参考书

教学大纲，是老师备课的指导文件。钻研教学大纲就是要弄清本学科的教学目的；了解本学科的教材体系和基本内容；明确本学科教学法上的基本要求。

教科书是教师备课的主要依据，它为教师备课提供了基本材料。教师备课必须熟练地掌握教科书的全部内容，了解整个教科书的组织结构，分清重点章节和各章节的重点、难点、关键。

参考书是教科书的补充。备课时，在认真钻研教科书的基础上，还要广泛阅读有关参考书以便更好地掌握教科书，并从中选取一些材料，用来充实教材内容。

教师在备课中，经过认真钻研教材，就可逐步掌握教材。教师掌握材料，一般要经过懂、透、化三个阶段。懂，就是对教材的基本思想，基本概念每一个字、每一句话都弄清楚了。透，就是对教材不仅懂得，而且很熟悉，能够运用自如。化，就是教师的思想感情和教材的思想性、科学性溶化在一起。达到了化的境界，就算是完全掌握了教材，精通了教材。

2.了解学生要备好课，还必须了解学生

了解学生的原有的知识、技能的质量；了解他们的兴趣、需要和思想状况；了解他们的学习方法和学习习惯等等。在了解的基础上，还要进行研究。

在研究后，要作出比较准确的预见。预见到学生在接受新知识时有哪些困难，会采取怎样的态度，成绩好的和成绩差的或有某些思想问题的学生，在学习时会产生怎样的问题等等。对学生能有这些了解，并能作出如此的预见，就算做好了了解学生的工作。只有了解学生，教学才能因材施教。

3.研究教法、摸索学法

教师要全面了解各种教学方法的适用时机和范围，要注意发展和提高自己的教学方法运用的技能技巧；要根据教学的任务要求及学生的需要，并结合自己的教学实践经验和素质条件，选择恰当的教学方法。

教是为了不教。教师的教是为学生的学服务的。教师要尽可能了解学生学习的年龄特征和认知规律。通过细致的课前和课堂观察，了解学生学习方法上所存在的问题，有目的地进行学法的研究和指导，并以学案的形式反映出来。

教师在备课中，做完上述三方面的工作后，还要写出三种计划。备课工作最后要落实到写出三种计划上。

三种计划是：

1.学期（年）教学进度计划

这种计划，应该在学期或学年开始前制订出来。它的内容包括：学生情况的简要分析，本学年或本学期教学的要求，教学大纲或教科书的章节或课题，各个课题的教学时数和时间的具体安排，各个课题所需的教学方法和主要直观教具等。

2.单元（课题）计划

订好学年或学期教学进度计划之后，在上课前，教师还要对教学大纲上的一章、一个较大的题目或教科书中的一课，进行全盘考虑，并在此基础上，制订出课题计划。课题计划的内容包括：课题名称，本课题的教学目的，本课题的课时划分及各个课时的主要问题，本课题各课时的上课类型和教学方法，本课题的必要教具。

3.课时计划（教案）

编写课时计划，一般是按照以下的步骤进行的：进一步研究教材，特别要着重研究其中的基本思想、重点、难点；确定本课时具体的教学目的，包括知识教学目的和思想政治教育目的两个方面；考虑进行的步骤，确定课的结构，划分教学进程中各个步骤的时间；考虑教学方法的运用，准备好教具并研究其使用方法，写出课时计划。一个完整的课时计划，一般包括以下几个项目：班级、学科名称、授课时间、题目、教学目的、课的类型、教学方法、教具、教学进程、板书设计、教师课后的自我分析、备注等。其中，教学进程包括一堂课的教学内容的详细安排、教学方法的具体运用和时间的分配，这是课时计划的主要组成部分。

任何教师，不论是新教师还是老教师，都要写课时计划。课时计划可以有详有略，区别主要在教学进程一栏写得详或略。一般来说，新教师要写得详细些，有经验的教师，对教材教法比较熟练，可以写简略些。

（二）上课

上课是教学工作的中心环节。学校要提高教学质量，首先要提高上课质量。上课是一项细致的工作，一节好课，取决于许多条件，其中主要有下列几个方面：

1.目标明确

教学目标是根据教学大纲、教材内容和学生实际而制定的预期达到的教学结果。它往往用学生学会了什么来表示。教学目标是教学目的的具体化，它通常是策略性的，是可观察、可明确界说的，是可测量、可评价的，它常常还受时间、情景等条件的限制。一堂课的教学目标一般包括三个方面：认知方面目标、情感方面目标和动作技能方面的目标。师生的一切教学活动都是围绕教学目的进行的。教学目标实现与否是衡量教学工作成败的重要依据。

2.内容正确

在课堂教学中，教师既要保证教学内容的科学性、思想性，又要理论联系实际，还要注意教材的重点难点和关键，使学生明确知识之间的内在联系，正确掌握教材内容。

3.方法恰当

教师要善于启发和调动学生学习的主动性和积极性。根据教学目的、教材内容和学生的实际恰当地选择教学方法，使各种教学方法有机结合起来，并做到运用自如。课堂上既要有紧张的学习活动，又要有生动活泼的学习气氛，师生配合密切、感情融洽。

4.语言清晰

教师讲课，说话要清楚、通俗、生动、富于感情：不太慢也不太快，不太高也不太低。如果说话声音太高，使学生的听觉经常处在强大的压力之下，这样，就很容易使他的听觉中枢由兴奋转入抑制状态，而不能长时间的继续听讲。而且，老是提高着嗓门，时间长了，自己也难免要感到声嘶力竭，甚至难以把课讲完。当然，声音也不能太低，让人听起来很费力，甚至难以听见，这样也会降低教学的效果。

5.结构紧凑

教学活动的安排要充分考虑学生的生理节律发展的规律，教学的结构强调学生的生理节律、学科的知识结构、学生的认知结构和学生原有知识结构之间的有机结合，严密紧凑但又有张有弛，教学活动的进程井然有序但又考虑了收放的兼顾，教学时间的安排与学习内容容量之间做到对照呼应但又疏密相间，教学方式要根据学生的特点做到动静的结合。

6.积极性高

在整个课的进行中，教师和学生都应处在积极的状态，教师充分发挥主导作用，学生充分发挥能动作用，教师和学生，双方都积极主动。只有单方面表现积极主动，不能算是积极性高，教师讲得津津有味，学生听得昏昏欲睡，教师一个人在那里唱独角戏。学生完全处于被动状态，那样的课，不会是好课。当然，学生的活动完全脱离了教师的指导，那样的课，也不会是好课。教师上课时，应仔细地注视着整个教学的进程，随时环顾着每个学生，注意着学生的个别差异，正确处理好"尖子""一般"与"后进"三者的关系，处理好"吃不饱"与"吃不了"的矛盾，这样，才能使全班学生积极主动地参与教学进程中的每项活动。课堂教学既发挥了教师的主导作用，更培养了学生的主体意识和能力，学生表现出十分活跃的主动学习状态，真正成为学习的主人。

7.组织得好

整个课的进程，有高度的计划性。什么时候讲，什么时候练，什么时候演示，什么时候板书，板书写在什么位置，都应安排得非常妥当。整个课进行得井井有条，秩序良好，教师随时注意学生遵守课堂纪律的情况，防止和克服不良现象的发生，随时注意进行组织教学的工作，而且进行得很机智；组织得好还表现在，教师有效地利用了上课时间，不浪费一分钟。

上述几点，都是取得良好的教学效果所必需的条件。我们评议一堂课的好坏，就是看这堂课是否具备了这些条件取得了怎样的实际效果。

（三）课外作业的布置和批改

课外作业是学生根据教师的要求，在课外时间独立进行的学习活动。课外作业是课堂教学的延伸，有助于巩固和完善学生在课内学到的知识技能，培养学生独立学习的能力和习惯，提高学生分析问题解决问题的能力。课外作业在教学活动总量中占有一定的比例。布置及检查课外作业是教学组织形式之一。

1.课外作业形式课外作业是多种多样的。按时间分，有预习作业、课后作业；按内容分，有书面作业、口头作业、实践活动作业、阅读作业等。

2.布置课外作业的要求作业内容要符合教学大纲和教科书的要求，所布置的作业要有启发性、典型性，有助于学生加深理解和巩固所学的知识，并形成技能技巧。作业分量要适当，难易要适度，作业时间要控制，不要超过本学科所规定的上课和自习比例所规定的时间。作业目的性要明确，要求要具体，对作业的质量和完成作业的时间都要有明确的规定。作业指导要讲究方法和策略。教师应经常检查学生的作业。检查的目的是对所学知识理解和巩固的程度以及在实际中运用知识的能力。教师在检查作业时，要注意培养学生当天的作业，当天完成的习惯；先复习课文，再进行作业的习惯；不依赖别人，独立完成作业的习惯；对作业进行自我检查的习惯等。

3.及时批改作业教师还要认真地及时批改学生的作业，把批改作业作为检查教学效果、发现教学中存在的问题的重要手段。教师批改作业的方式，有全批改、重点批改、轮流批改、当面批改等。有的还采取由学生互相批改、教师检查的办法，以培养学生发现问题、解决问题的能力。批改作业时，应注意学生作业中错误的数量和性质，分析错误产生的原因，并把它记下来，作为课堂讲评或改进教学的依据。作业批改后要注意讲评，讲评应包括：对作业总的优缺点，尤其是倾向性问题、典型问题的分析；对作业的典型错误以及产生的原因，对有关作业规格的鉴定，提出恰当的意见，等等。

（四）课外辅导

课外辅导是对课的补充和延伸，它的内容有：给学生解答疑难问题；给学习有困难的学生或缺课的学生补习；指导学习方法；对尖子学生作提高性指导；为有学科兴趣的学生提供课外研究的帮助；开展课外辅助教学活动，如参观、看教学影片或录像；指导学生的实践性和社会服务性活动等。

课外辅导是使教学适应学生个别差异，贯彻因材施教的重要措施。课外辅导的形式一般有个别辅导、小组辅导和集体辅导三种。提高课外辅导的效果，最重要的是要从学生实际需要与问题出发，有的放矢地进行。其次要区别对待，因材施教。第三，要正确处理好课堂教学与课外辅导的关系，教师要集中精力抓好课堂教学，提高课堂教学的效率，反对本末倒置，更不能变相搞有偿辅导。

教师要做好课外辅导工作，必须进入到学生中去，耐心细致地做好工作，才能使课外辅导收到实际效果。对学习差的学生的辅导，除了教师应负主要责任外，还可吸收学习好的学生适当协助。学习好的学生对学习差的学生进行帮助，不仅能促进他们学习成绩的提高，而且也促进了同学之间友谊的发展，促进了集体主义思想的发展。但是，学生的课外学习，应强调独立钻研，自立为主，不应过于加重学习好的学生的负担。

（五）学业成绩的检查与评定

学业成绩的检查与评定指的是教师根据教学目标检查和测试教学效果，对教学过程进行调节、控制，帮助教师改进教学，鼓励学生提高学习成绩的一个重要的教学环节。

检查与评定学生的学业成绩，对教师来说，可以了解自己的教学效果，改进教学工作，还可借以总结教学经验，不断提高教学质量。对学生来说，能够促进学生复习功课，巩固和加深所学知识和技能，还能使学生了解自己学习上的进步与缺陷，明确努力方向，不断提高知识水平。对学校来说，通过学业成绩的检查与评定，可以了解教师的教学情况和学生的学习情况，并在此基础上，改进对教学工作的领导，制订提高教学质量的有效措施。对学生家长来说，可以使家长及时了解子女的学习情况，更好地和学校配合，共同来帮助学生提高学习成绩。因此，我们应当重视学生学业成绩的检查与评定工作，更好地发挥它在提高教学质量中的作用。

1.学业成绩的检查

学生学业成绩的检查一般有考查和考试两种方式。

（1）考查。考查又可分为日常性考查、阶段性考查和总结性考查三种。日常性考查是在教学过程中经常进行的局部性检查和评定，常用的方式有日常观察、课堂提问、书面测验和检查书面作业、实习作业等。阶段性考查通常是在学完教学大纲的某一章节或逻辑上相对完整的一部分后，或在学期结束前进行。日常性考查和阶段性考查的目的，在于为学过的内容提供一个额外的练习和过渡学习的机会，以达到巩固的目的，在于检查学生知识实际掌握的情况，以便及时查漏补缺，因材施教，从而保证教学的连贯性和正确性。总结性考查一般在期末进行，一般用于选修课和非主干课程。考查后要求及时评定，指出优缺点，大多与定性评价联系在一起。考查的成绩评定一般采取及格、不及格两个等级，但也有按五级记分制或百分制评定的。

（2）考试。考试是根据一定目的，让学生在规定时间里，按指定的方式、要求完成试题，并对其解答结果评定分数或等级。考试具有评定、诊断、反馈、预测和激励的功能。考试方式有口试、笔试、操作考试三种。笔试又有开卷、闭卷之分。其类型，按教学阶段分有期中、期末、学年考试；按作用分有入学、毕业、升学考试，有统考、会考等。近年来，我国在考试的内容、方法、形式等方面对考试制度进行了一系列的综合改革，提高了考试的信度和效度，使之更具有客观性、全面性、准确性和科学性。

口试是由考生用口头表达方式回答试题的考试。口试可以较为深入地了解学生的学习质量、思维的敏捷性和口头表达能力等。但是不能面向全体考生同时进行，导致耗时多而效率低；口试回答的题量有限，覆盖面窄会影响考试的信度和效度；口试的形式对某些表达能力稍差的学生容易产生较大的心理压力而影响其实际水平的发挥。

笔试也称纸笔测验，是对全班考生出同样的试题，要求在规定时间作出书面解答。笔试可以面向全体学生同时进行，在规定时间内获取学生学习情况的相关资料，花时少而效率高；笔试相对来说题量较大，覆盖面广，考试的信度和效度较高；保留笔试的可以帮助我们就命题本身进行科学的研究和分析等。

笔试依据试题评分是否客观，分为客观性试题和主观性试题两类。客观性试题因评分客观而得名，一般通过试题把格式固定的答案形式提供给考生选择，其常见的题型有是非题、匹配题、选择题等，其中选择题又有多选一、多选多、组合式三种。主观性试题，考生可以自由组织答案，但较难进行客观评分而需借助评分者的主观判断来进行。其常见的题型有自由应答型试题和部分限制型试题两种。自由应答型试题包括论述题（叙述、说明、论述、分析、证明）、作文题、实验题、计算题、作图题、翻译题五类；而部分限制型试题则包括简答题（简述、原文背诵、名词解释）、填空题（填图题）、画图题和改错题四类。

事实上学校的考试一般把两种题型结合起来使用。笔试命题要注意：①依据教学大纲的要求，不出超纲题、偏题、怪题或没有意义的题目。②试题覆盖面要广，不可只集中在少数章节。③题型的选择要根据学科性质和教学内容的需要，既检查学生对知识技能的掌握情况，又能测定学生智能发展的水平。④试题文字应浅显简短准确，题意明确。⑤试题彼此独立、互不牵涉，不存在答案重复、交叉或线索暗示的情况。⑥试题要注重基本原理的理解和应用，避免琐碎知识的简单再现。

操作性考试是检查学生对技能技巧的掌握情况的一种评价方法，其目的在于检查学生的动手能力及理论联系实际的能力。

2.学业成绩评定

考试或考查后，教师要对学生的学业成绩进行评定，表示其知识技能的掌握程度，判定其达到的等级。学业成绩评定是作出教育处置、采取教育措施的依据，具有诊断、调节和强化的作用。

学业成绩评定有评语和评分两种方式。评语除评定学生的学业成绩外，还要评定学生的学习态度、努力程度和进步状况，指出其学习上的优缺点和努力方向。评语没有固定的模式，而是要求根据学生的不同情况作深入的分析，做到简明扼要，有针对性。评分采用绝对评分与相对评分两种方式，分别与目标参照测验和常模参照测验相对应。也可把评语与评分结合起来。无论是评语还是评分，都应反映出学生掌握知识的范围、对教材的理解和巩固程度、应用知识分析问题解决问题的能力、在考查考试中出现错误的数量和性质等。

绝对评分法重视教学大纲规定要求达到的程度，让师生双方明确意识到教学活动必须达到的目标以及在实际教学中这些目标的达成程度，通过明确的目标导向引导自己的教学活动。而相对评分法可以使学生找到自己在班级或团体中的相对位置，激发学生奋发向上努力学习的竞争意识和效率观念，变压力为动力，有效促进学生的发展和进步。

学生学业成绩的评定必须遵循下列要求：①明确评定的目的。学生学业成绩的评定既有选拔安置、检查评价的功能，更有激励导向的机制。②学生学业成绩的评定，既要关注学生已有的学业成绩结果，也要关注学生获取学业成绩的过程。③学生学业成绩的评定，既要关注教学性目标，即学生在学习活动结束后所获得的知识技能等特定行为目标；更要关注表现性目标，即学生在生活实际中运用所学的知识技能并有所发现、有所发明、有所创造的能力；同时还要反映学业成绩背后的学生个性发展的水平。学业成绩的价值评定要多元化。④既要重视量的评价，更要重视质的评价。⑤学生学业成绩的评定可以教师评定和学生评定相结合，学生个人自评与小组合作互评相结合。

第五节　学业成绩的评价

一、学生学业评价的概念

学生学业成绩的评价是教学工作的一个重要环节。所谓学业评价，是指以国家的教育教学目标为依据，运用恰当的、有效的工具和途径，系统地收集学生在各门学科教学和自学的影响下认知行为上的变化信息和证据，并对学生的知识和能力水平进行价值判断的过程。

学校通过对学生学业成绩的评价，可以检查教学的完成情况，从检查中获得反馈信息，可以用来指导和调节教学过程和学习过程，从而改善教学，提高质量。

（一）观察法

观察是直接认知被评价者的最好方法。它适用于在教学中评价那些不易量化的行为表现（如兴趣、爱好、态度、习惯、性格）和技能性的成绩（如兴趣、绘画、体育技巧和手工制成品）。

（二）测验法

1.测验

主要以笔试进行，是考核、测定学生成绩的基本方法，测验的质量指标主要有信度、效度、难度与区分度。

（1）信度。信度是指测验结果的可靠程度。如果一个测验在反复使用或以不同方式使用都能得出大致相同的可靠结果，那么这个测验的信度就较高，否则，信度则较低。影响信度的因素很多，主要有测验的长度，测验的时间，受试者的身心状态，测验的指导语不清，评分标准不一等。

（2）效度。效度是指测验达到测验目的的程度，即是否测出了它所要测出的东西。一个测验的效度总是对一定的测验目标而言的，故不能离开特定的目标笼统地判断这个测验是否有效度。

（3）难度。难度是指测验包含的试题难易程度。试题过难或过易都不能准确测出学生的真实成绩，所以，一张试卷总的来说难易要适中，但它的试题既要有较难的题，又要有较易的题，做到难度适中。

（4）区分度。区分度是指测验对考生的不同水平能够区分的程度，即具有区分不同水平考生的能力。区分度与难度有关，只有在试卷中包含有不同难度的试题，才能提高区分度，拉开考生得分的差距。

2.测验的种类

常用的测验有：论文式测验、客观性测验、问题情境测验和标准化测验。

（1）论文式测验。它是通过出少量的论述题要求学生系统回答以测定他们的知识与能力水平的测验。

（2）客观性测验。它是通过出一系列客观性试题要求学生回答来测定他们的知识与能力水平的测验。

（3）问题情境测验。它是通过设计出一种问题情境或提供一定条件要求学生完成具有一定任务的作业来测定学生知识与能力水平的测验。

（4）标准化测验。它是一种具有统一标准、对误差做了严格控制的测验。

（三）调查法

调查法是了解学生的学习情况，为进行学生成绩评定收集资料的一种方法。它一般通过问卷、交谈进行。问卷是通过预先设计好的调查题要求学生笔答以获取有关评价资料的方法；交谈是了解学生学习的兴趣、需要、态度和课后学习情况的一个重要方法。

（四）自我评价法

顾名思义，自我评价法就是自己对自己的评价。它的主要方法有：运用标准答案，运用核对表，运用录音机、录像机等对自己作出评价。

第九章　体育教学研究

第一节　体育教学概述

一、体育教学的概念

教学是一种特殊的教育活动。从广义上来讲，教学就是指教者指导学生以一定的知识或技能为对象进行学习的活动，教的人包括教师和各种有关教育者；学的人指学生及其他各种有关的学习者。狭义的教学是指学校教学，专指在学校中教师引导学生在一起进行的，以特定知识和技能为对象的教与学相统一的活动。因此，教学就是在教育目的的引导下，教师的教与学生的学共同组成的一种教育活动。通过教学，学生在教师有计划、有步骤的引导下，主动掌握系统的知识和技能，发展智力、体力，陶冶品德、美感，形成全面发展的个性。

教学的突出特征在于它是一种特殊的教育活动。体育教学与其他各科教学一样，都是一种有目的、有计划、有组织地对学生传授知识和技能，教会学生掌握学习过程和方法，是形成积极的情感态度，培养品德和形成健全人格及个性的教育过程。但体育教学的特殊性在于它是唯一通过身体运动完成的教育过程。

体育教学的雏形要追溯到原始社会。原始人类的工具制作及狩猎方法的传承本身就是一种身体动作技能教学，只是在现代社会条件下，当体育成为独立的教学内容、教育手段和娱乐方式后，体育教学才逐步独立和发展起来。二战结束以来，随着科学技术的进步和社会生产力的提高，人类的生活质量也不断提高，但随之而来的是体力活动的减少和工作节奏、生活节奏的加快，致使人们的心理压力明显增大，这些变化对人类健康的危害日益显现。20世纪70年代，联合国教科文组织针对现代教育提出了适应社会发展和需要的人才培养要求，即"健全的体魄，高尚的道德情操，丰富的科学文化知识"，第一次在对人才的评价标准中，将体魄健全视为教育的首要标准。强调了体育在教育体系中的重要作用，更广泛地引起了人们对体育教学问题的重视。各国不同程度地展开了对体育教学内容、教材和教法的探索与改革。其中，日本的快乐体育、运动素材转变为体育教材的结构研究和小集团教学法研究，美国的教育目标分类学研究、基本运动能力的形成和发展研究，运动教育模式研究等等，将体育教学和人格、个性培养的内在联系提高到了崭新的起点，引导着体育教学由简单的动作技能传授向促进入的身心和谐与健全人格的方向发展。

体育教学是由教师和学生共同参与的，其任务是向学生传授体育知识与运动技能，增强学生体质，培养其道德、意志等。它是学校体育的基本形式，是实现体育目标的主要途径。因此，体育教学活动是一个由多因素组成的复杂现象。深刻认识体育教学现象的目的，是为了研究"把一切事物教给一切人的艺术"。体育教学目的是"在于寻求并找出一种教学方法，使教员因此可以少教，但是学生可以多学"。

体育教学包含以体育知识和技能为内容的教与学两种活动、两种过程。教和学，分别由教师和学生进行。教是教师传授知识和技能的行为与过程，教的意义是指教授、讲授、传授、指导，通常"教学"一词特指老师的教；学是学生内化知识技能的行为和过程，包括学习、模仿、领会、掌握、复习等。在教学活动中，教师、学生、教材以及教学环境等因素之间相互作用与联系，构成了错综复杂的教学关系，其中教与学的关系是教学活动中最根本和核心的关系。教学中首先要抓住这一根本关系，才能研究教学问题，揭示教学的规律。

总之，教学是教与学，不只是教也不只是学，更不是教加学，而是教授和学习的统一体，是教师和学生的共同活动。这种共同活动是建立在"教授的主旨是促使学生学习的活动"和"教授的依据在于学习"的理论上。这既阐明了教授与学习的关系，也说明了教与学的统一。据此，我们可将体育教学定义为：体育教学是指在学校教育中，学生在教师有目的、有计划、有组织的指导下，系统学习和掌握体育知识、运动技能，促进身心健康，提高身体活动和适应自然、社会环境的能力，培养良好的思想品德，促进个性发展的教育过程。

第二节　体育教学的特点和功能

一、体育教学的特点

体育教学与其他课程的教学相比，主要因其教学内容是体育运动及其特有的教学方法而体现出自身的特点。从影响教学过程的各方面来看，体育教学具有以下几方面的特点。

（一）教学内容的实践性

体育教学内容主要是以身体锻炼、身体练习、运动技术与技能的学习以及教学比赛等形式为主的，而这些形式的实现又主要是以"身体活动"为主要手段的。体育教学主要是让学生直接参加各种身体练习，使身体活动与思维活动有机结合，从而掌握体育知识、技术技能、培养能力，形成正确的态度、情感、价值观，这属于运动性认知，进行运动学习是体育教学的主要特点。因此，实践性是体育教学内容最突出的特点之一。

（二）教学目标的多元性

体育的特殊性决定了体育教学目标具有多元性的特点。首先，它必须让学生掌握体育运动的相关知识和技能，提高学生的体能和运动技能水平，促进学生的身体健康。同时，还要帮助学生学会通过参加体育活动调节情感和提高心理素质，并且通过体育活动逐步提高学生的社会化水平。与其他学科教学相比，体育教学目标更广、更具多元性。

（三）教学方法的独特性

由于体育教学内容的实践性，因而体育教学单靠记忆、识记和理解并不能掌握运动技术、形成运动技能，同样也不能增强体质，学生只有通过身体练习，不断进行身心方面的运动体验，来强化本体感知觉，才能形成技能、增强体质，增进健康。

所以体育教学的主要方法与其他学科的教学方法相比，具有自身的独特性，在体育教学这种技能性教学活动中，主要运用如讲解与示范法、预防与纠正错误法、完整与分解法等身体动作而进行的教学方法。这些特殊的体育教学方法要求体育教师不仅能讲解指导，还需要能亲自示范动作；不仅会讲会做，还要会教会纠，因而对教师的要求较高。

（四）教学组织的复杂性

一方面，体育教学主要是在室外在自然环境中进行，因而教学中受气候及教学环境影响较大，体育教师必须依据季节、气候、教学环境及条件等因素的不同情况来组织教学，这就比其他课程在教室上课的施控因素复杂许多。另一方面，在体育教学过程中，师生几乎都处于一种运动过程中，教学的时间、空间、内容、场地、器材等因素始终保持在一个动态平衡过程中，所以教学组织难度也比其他课程更复杂，对教师各种综合能力要求较高，必须经过一定的专门训练方能驾驭复杂的体育教学组织工作。

（五）教学评价的及时性

一方面，由于体育教学目标的多元性和体育教学内容的实践性，使得体育教学评价与其他教学评价相比显得更复杂，更注重其锻炼效果的过程评价；另一方面，不但体育教学的行为过程转瞬即逝，而且学生体育学习的结果即体能、机能和技能等的变化也不像理论知识那样可以在掌握以后长期记忆甚至以文字的方式长期保存。体育行为一旦中断，体育学习的结果如体能、机能和技能已经发生的积极变化会很快地消退，学生对技能的掌握情况在体育动作行为中止后评价对象也就不复存在。因此，对体育教学特别是对学生体育学习的情况及时地进行评价，才能对学生的学做到及时反馈、不断提高，并尽可能延长和保持好的体育学习效果，修正不良的体育学习行为。因此，对体育教学过程，特别是学生体育学习过程的评价甚至比单纯的终结性评价更为重要。

二、体育教学的功能

（一）传授运动技术的功能

从体育教学的微观结构分析，体育教学的最小单位是体育课，而体育课的主要性质是以体育课程内容为中介的教师与学生的双边活动，因此，体育教学主要实现运动技术（运动操作性知识）的传习，即体育教师把前人总结的各种运动技术传授给学生。在传授运动技术的过程中，与其他学科所不同的是，学生必须进行身体的操作与体验，才能习得与掌握各种运动技能。没有这个实践环节，而仅有理论知识的传习是不够的。

在体育课中，教师传习的是各项具体运动技术，它可以小至一个运动项目的一个单元，甚至可以小至一个单元教学中的某一动作环节，如可以是球类项目中的篮球，也可以是篮球中的急行上篮，还可以是原地单手肩上投篮等，其他运动项目依此类推，也就是说，只有从小的运动技术学起，才能积少成多，掌握整个运动项目的技术。

（二）传承体育文化的功能

从体育教学的系统结构视角出发，把体育课累加起来，就构成单元教学计划；把各个项目的单元教学累加起来就构成了学期教学；而两个学期教学的累加就构成了学年教学；依此类推，就构成了小学、初中、高中等学段教学。从体育教学微观内容分析，把体育课中传习的各种小的运动技术累加起来，学生学到的是某个运动项目的完整技术，继续累加，就学到了各种运动技能。结合以上两个视角，通过小学、初中和高中阶段的体育教学，学生可以学习到较为完整的运动知识、运动文化，掌握各种运动技能，从而实现体育教学传承体育文化的功能。

由于在体育课教学活动中，学生必须进行身体的操作与体验，这样势必要承担一定量的运动负荷，这种运动负荷对学生的机体或多或少会产生一定的刺激与影响，其影响的程度要视运动项目的内容、学生身体素质、持续运动的时间、运动间隙时间、营养补充等状态而定。运动项目的内容不同，其作用也不同，例如田径中的短跑主要影响学生的肌肉速度素质、1500 米则影响学生的心肺功能等，但如果运动量过大、运动负荷与强度过大，那么体育运动不仅对身体健康没有好处，反而会伤害学生的机体。学生的体质与体育教学活动也有密切的关系，如体质较好的人，运动强度可以大一些，而那些体质较差的学生，若与体质较好的学生承受相同的运动量，则会对机体造成不良影响。因此，从体育教学影响身体功能的角度而言，要有效发挥体育教学健身功效，必须遵循体育教学的规律，运用科学的教法与组织形式，才能达到预期的效果。

（四）影响学生心理的功能

身心是合一的，体育教学对学生身体产生影响的同时，也会对学生的心理、思想、意识与观念产生影响。这方面的影响与其他学科既有共性，也有差异性。其共性显而易见，教育有育人的功能，教学是教育的一个主要组成部分，同样也具有育人的功能，这种功能主要通过教师这个中介来实现，因为教师的一言一行无时无刻不影响着学生的思想，因此，教师必须身体力行、为人师表，为学生做出表率与榜样。教学更为重要的作用是传授各种人类社会的道德、规范与理念，这是学生走向社会之前的必学内容。除了以上这些共性内容，体育教学还有着与其他学科不同的特性：通过特殊的场合，传授体育运动过程中人类外显的行为规范和准则，而这些规范和准则与社会的道德规范是共融的、一致的，正因为它们之间具有很高的一致性，体育教学对学生心理的影响才具有重要的意义与价值。

体育教学对学生心理的影响主要包括两个方面：个人心理与团体心理。从个人心理角度看，体育活动一方面可以缓解学生的学习压力；另一方面，体育竞技的成功与失败是一把双刃剑，赢者甚少，败者居多。作为胜利者，必须做到胜不骄；作为失败者，也不能气馁。只有具备这样的素质，才能再接再厉，取得成功，这就是体育活动赋予每一个学生的体育道德素养。对于团体心理而言，道理相似，作为团队的一个成员，需要处理好个人利益与集体利益的关系，克服个人私欲，成就团队荣誉。

（五）影响学生社会交往的功能

前文在体育教学对学生心理影响的功能中已经谈到了"团体心理"，从本质上而言，体育教学影响团体心理的功能也可称为体育教学影响学生社会交往的功能。在体育教学中，学生之间的交往具有特殊性、外显性与频繁性，这与其他任何一种教学活动或社会活动有很大的差别。在体育活动中，学生身体之间的交流非常多，交流的同时也传播着各种体育竞赛的规则。可以说，体育教学也是一个"小社会"，这个小社会赋予了学生之间需要遵循的各种规则与准则，若不遵循，必然受到惩罚；若表现突出，则得到表扬称赞。执行这个法则的人就是教师。因此，教师必须公正，才能对学生产生良好的影响，培养学生良好的体育道德规范，进而培养学生适应未来社会的各种道德规范与做人理念。

以上阐述了五个方面的体育教学功能，这些功能是体育教学的本质功能，除此之外还有一些其他的衍生功能，如体育教学的政治功能、经济功能、外交功能等，当然这些衍生功能与体育教学本身距离较为遥远，不在本书的讨论范围之内。

第三节 体育教学的原则和规律

一、体育教学过程的含义

任何活动都是以过程的形式存在和发展，体育教学的本质和规律也是存在于教学过程中的。因此，要开展有效的体育教学，就要认识和把握体育教学的本质和规律，就必须了解体育教学过程。体育教学过程是由时间、程序等因素组成的，如何科学合理地分配时间，设计一个怎样的教学流程，都涉及教学过程的问题。

体育教学过程是为实现体育教学目标而计划、实施的，使学生掌握体育知识和运动技能并接受各种体育道德和行为教育的教学程序。这个程序具有学段、学年、学期、单元和课时等不同的时间概念。

二、体育教学过程的性质

（一）体育教学过程是学生掌握运动技能的过程

体育教学过程首先是学生掌握运动技能的过程。知识类学科的教学过程是要使学生识记概念以及运用判断、推理等思维方式去掌握科学知识并发展智力，而体育学科则是使学生在不断的身体练习中去掌握运动技能，并通过运动技能的掌握进行其他方面的养成教育。所以，我们首先要把体育教学过程理解成为一个学生掌握运动技能的过程。

（二）体育教学过程是提高运动素质的过程

掌握运动技能需要运动素质的提高，同时大肌肉群的体育活动也能有效地提高运动素质，运动技能和提高运动素质是相互促进的关系。因此，体育教学过程也是一个不断提高学生运动素质并以此增强学生体能的过程。在体育教学过程中，不仅要注意学生对运动技能的掌握，而且要关注学生运动素质的提高，要在设计教学、安排进度和选编内容等方面将二者有机地结合起来。

（三）体育教学过程是学习知识和形成运动认知的过程

体育是涉及人文学科和自然学科的一门综合性课程，在以掌握运动技能为主的体育教学过程中，学生也会涉及许多的知识学习和运动认知获得，有时这些知识学习和运动认知获得还是掌握运动技能和提高运动素质的基础。因此，体育教学过程也必然是一个掌握体育知识和进行运动认知的过程。

（四）体育教学过程是集体学习和集体思考的过程

"集体学习"和"小集体学习"是体育教学的主要教学形式，这是由于大多数的体育运动项目是在集体和小集体的形式下完成的。因此，体育的习得也需要在集体性学习和集体性思考的过程中进行。与此同时，当前的体育教学的目标也越来越指向学生的集体学习，以期发挥集体教育的潜在性作用。体育教学中的集体学习和集体思考也是加强师生、生生互动和沟通，培养学生的社会交往和社会适应能力的途径。因此，我们也要把体育教学理解为学生社会化的过程。

（五）体育教学过程是体验运动乐趣的过程

学生学习体育的过程是一个在生理上伴随着吃苦、受累、流汗，甚至伤痛的过程，是身体经受生物学改造的过程，但同时也是一个在身体和心理方面体验运动乐趣的过程，这种乐趣是体育运动生命力的体现，是体育教学的学习目标与内容，也是培养学生的体育参与意识的途径和手段，更是终身体育的重要基础。因此，我们还要把体育教学过程理解成为一个学生体验运动乐趣的过程。

三、体育教学的规律

体育教学规律是指在体育教学过程中客观存在和必然显现的、与体育教学的特殊性有着密切联系的现象及其规则的变化。体育教学过程作为一种以体育课程内容为中介、以促进学生体育素养发展为根本目的的师生互动活动，是一个运动、变化和发展的过程，并且有一定的规律。我们在体育教学中只有充分认识、遵循和驾驭这些规律，才能提高教学质量。体育教学的规律决定着体育教学中应该贯彻的原则和采用的方法、手段和组织形式。体育教学过程的基本规律可分为一般教学规律和特殊教学规律两类。

所谓一般教学规律是指体育教学同其他学科一样所共有的普遍规律，通常包括社会制约性规律、认识规律、学生身心发展规律、教与学辩证统一规律、教育、教养和发展相统一的规律等。

体育教学的特殊教学规律是指体育教学过程所特有的规律。主要包括运动技能形成的规律、人体机能适应性规律和人体生理机能活动能力变化规律。

（一）动作技能形成规律

1.粗略掌握动作阶段

学生学习一个新的技术动作，是通过教师的讲解、示范和学生学习做动作来领会动作过程和要领的，初步建立技术动作的概念，从而粗略地掌握技术动作，是一个学习新动作的开始阶段。其生理学机制是大脑皮层兴奋与抑制过于扩散，高级神经活动处于泛化阶段，条件反射联系不稳定，内抑制不够，伴随多余动作。外在表现为做动作吃力、紧张、不协调、动作不准确。在心理上也表现为对动作的学习信心不足、情绪不稳定、注意力分散等。因此，在本阶段学生学习运动技术动作时，主要任务就是建立正确的动作表象和概念，学习单个技术动作或技术分解，把注意力放在动作细节和规格上，防止和排除不必要的多余动作和错误动作，即抓技术动作的关键和重点。

2.改进与提高动作阶段

这一阶段人的生理机制表现为大脑皮层兴奋与抑制过程处于分化阶段，兴奋相对集中，内抑制逐步发展巩固，并建立初步的动力定型，能比较精确地分析与完成动作。在心理上表现为对动作技能的学习略有信心，但时好时差，注意力比较集中，学习的欲望比较强烈。此阶段学生在练习过程中，大部分的错误动作得到纠正，能比较顺利连贯地完成动作技术但不熟练，遇到新的刺激，多余和错误的动作还会出现。因此，本阶段的教学主要任务就是在粗略掌握动作的基础上，进一步消除多余、错误、不协调的动作，加深对技术动作之间内在联系的理解，进而掌握动作细节，建立动力定型，提高技术动作的协调性和节奏感，提高学生的身体素质和心理素质，使学生能轻快、协同、正确地完成动作。

3.动作巩固与应用自如阶段

这一阶段的生理机制是大脑皮层兴奋过程高度集中，内抑制达到了更为精准的程度，形成了牢固的动力定型。在心理上表现得更有自信心、情绪稳定、注意力分配合理。运动技能表现出准确、熟练、省力、协调，并能灵活自如地应用技术动作，达到自动化程度。因此，这一阶段的主要任务，是巩固发展已经形成的动力定型，反复进行练习，防止技能的消退。

"经典学习理论介绍"：费茨（Fitts）和麦克尔•包斯纳（Michael Posner）在1967年提出的经典学习理论模型也对此进行了描述：学习的过程包括三个阶段，即：第一阶段是认知学习阶段，学习者在这一阶段的练习会出现许多错误，这一阶段的操作同样也极易发生变化，从一次练习到下一次练习，缺乏一致性；第二阶段是学习的联结阶段，在这一阶段先前所犯的错误越来越少，从一次练习到下一次练习更具有一致性；第三阶段是自动化阶段，在这一阶段，技能几乎达到了自动化、习惯化程度。

（二）人体机能适应性规律

人体在进行运动时体内会产生一系列的变化，机体对这些变化必然会有一定的反应与适应过程，它是有一定规律的。当人体开始运动时，身体承受一定的运动负荷后，体内的异化作用加强，体内能量储备逐步下降，这一时期称为"工作阶段"；经过合理的间歇和调整，体内的能量储备逐步得到恢复并接近或达到运动前的水平，这时称为"相对恢复阶段"；再经过合理的休息和能量补偿，机体恢复功能可以超过原来的水平，称为"超量恢复阶段"，超量恢复的状况依赖于运动负荷的大小和人体新陈代谢能力的不同而有所变化。

运动时机体变化是反应与适应过程，分别形成四个阶段：工作阶段、相对恢复阶段、超量恢复阶段和复原阶段。我们将这一规律称为人体机能适应性规律。

根据这一规律，为了使学生达到增强体质之效，后一次课的负荷应尽量安排在前一次课后的超量恢复阶段，这样才能产生体育练习的效果与积累，可以有效提高学生身体的功能水平，如果间隔时间过长，失去了负荷后的痕迹效应和最佳时机，机体工作能力就会降低到原来的水平，则会失去应有的练习效果（见图9-1）。

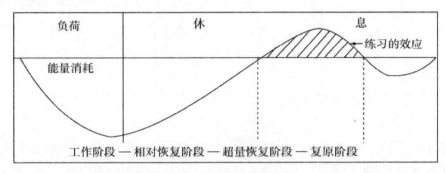

图9-1　机体适应过程示意图

（三）人体生理机能活动能力变化规律

在体育教学过程中，在反复的身体练习和休息的交替过程中，学生的生理功能变化有一定的规律性。从一节体育课来看，基本呈上升—稳定—下降的趋势（图9-2），我们将这一规律称为人体生理机能活动能力变化规律。由于学生的年龄特点、健康状况及训练水平等因素的不同，教师选择的教材和采用的组织教法的差异，以及气候变化等差别，机能活动能力提高阶段所需要的时间，功能活动曲线一般是上升的时间短而快，但维持高峰阶段的时间较短。身体训练水平越高的学生，功能活动的时间较短，达到和保持最高阶段的时间延长，并且承担较大的生理负荷。

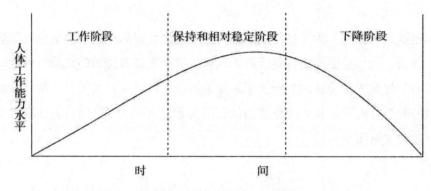

图 9-2 人体生理变化示意图

二、体育教学的原则

所谓"原则"一词，在汉语中通常是指"观察问题、处理问题的准绳"，在英语中含有指导原理、基本要求的意思。因此，在教学原理中，通常把教学原则定义为对教学的基本要求和指导原理。教学原则对整个教学过程都起着指导作用：①教学原则是指导教学活动的出发点，教师要根据教学原则来设计整个教学过程；②教学原则是实施教学的总调节器，在整个教学进程中，教师要以教学原则来调节、控制教学活动；③教学原则是衡量教学质量的准则，教学质量的高低，从根本上来说就是看教学原则贯彻得如何。因此，每个教师和教学管理者都必须掌握体育教学原则。

教学原则是规范性的，是属于主观性教学要素范畴的。教学原则是在总结教学实践经验、认识教学规律的基础上制定出来的。教学原则本身依据对教学规律的正确理解来制定。因此，我们将教学原则界定为：依据一定的教学目的，以教学规律的认识为基础，并用以指导实际教学工作的基本条文。由此可见教学原则具有规范性、时代性、理论性和多样性等性质和特点。

无论是一般课程教学还是体育教学，都由几个乃至几十个教学原则构成。体育教学涉及的因素和内容较多，要归纳起来是非常困难的。一般来说，体育教学原则分为教育性原则、科学性原则、锻炼性原则三大类。体育教学原则是对体育教学实践经验及规律的概括和总结，是实施体育教学最基本的要求，是保持体育教学最基本的因素，是判断体育教学质量的基本标准。本教材主要涉及与体育教学密切相关的七个常用原则。

（一）合理安排身体活动量原则

1.合理安排身体活动量原则的含义和依据

体育教学的特点是身体活动或称为身体运动，因此，在体育教学中要使学生身体所承受的运动负荷有效、合理，以达到锻炼身体、掌握体育技能的需求，这就是体育教学中合理安排身体活动量的原则。

合理安排身体活动量原则是依据体育教学的本质特点和体育教学的运动负荷规律提出来的。一般来讲，运动负荷就是学生做练习时身体所承受的生理负荷量，它由运动强度和运动量构成。运动强度就是单位时间内身体所承受的大小，运动量就是运动的内容、数量、时间等。在体育教学中，合理地安排身体活动量，使学生都能达到适宜的生理负荷量，才能在锻炼中收到锻炼效果。

2.贯彻合理安排身体活动量原则的基本要求

（1）身体负荷量的安排要服从教学目标。

一堂体育课的合理的身体活动量的安排是为实现课程教学目标而确定的，简单并要根据课程目标、课程类型来安排不同的运动负荷。

（2）要针对学生的特点安排身体活动量。

体育教学过程中，参与学习锻炼的学生存在个体差异，学生的体质不同、性别不同，具体到身体形态、身体机能、身体素质不同。因此，一定要根据不同学生的特点安排运动负荷。

（3）运动负荷的调节。

运动负荷由运动强度和运动量构成，要使体育教学过程中学生的身体活动量适宜，就必须根据课程目标、教学内容、教学进度、教学设计等来调整运动负荷。调整方法无外乎调整运动强度或调整运动量两个方面。一般而言，强度大、量就小，反之强度小、量就大，这是一般的体育教学运动负荷调整原则。在体育教学中一般对运动量进行调整，即调整练习的内容、练习的时间或练习的数量即可达到我们的适宜要求。

（二）注重体验运动乐趣原则

1.注重体验运动乐趣原则的含义和依据

该原则就是在体育教学中让学生在掌握运动技能和锻炼身体的同时，体验运动带来的乐趣，使学生喜爱运动并养成运动的习惯。

注重体验运动乐趣原则是依据运动中的游戏特性和体育教学中运动情感变化规律提出的。让学生通过体育教学和运动体验到乐趣，并对此产生兴趣，是提高体育教学质量的必然。让学生在体育教学和运动中体验乐趣，是终身体育的要求，也是体育教学的目的。

2.贯彻注重体验体育乐趣原则的基本要求

（1）要正确处理和对待运动中的乐趣。

每个体育运动项目都有其特殊的固有乐趣，这些乐趣来自于项目的运动特点和比赛特征，在教学过程中我们要正确处理和对待。对这些乐趣不能盲目地追求，而应该从教学目标和教学手段两个层面去汲取对教学过程有用的、有积极意义和价值的乐趣。

（2）乐趣的基础是获得成功的体验。

在体育教学过程中，要使学生体验成功的乐趣，就要注意在教学方法和教学内容的选择上加以思谋，使大多数学生都有机会体验成功，而不是体验挫折。

（3）处理好体验乐趣与掌握运动技能的关系。

掌握运动技能、提高身体素质是体育教学的首要目标，在体育教学中不能一味追求趣味化而放松了运动技能的教学，影响教学质量。在体育教学中既要掌握运动技能，又要体验运动乐趣，使学生在体育教学中享受到体育锻炼和体育学习带来的乐趣，二者要有机地统一起来。因此，在体育教学中，应把趣味性强和教学意义强的内容作为重点；把教学意义强，但趣味性差的内容，通过教师的努力，赋予其乐趣的因子，使教学饶有兴趣。

（4）要开发多种易于使学生体验乐趣的教学资源。

教学资源的开发与利用对学生体验运动乐趣非常重要。教学内容的调整、练习条件的变化、场地器材的改变等都能给学生带来运动乐趣的体验，这需要教师认真地根据学校现有的各种条件进行挖掘与整合。

（5）体验成功不忘挫折、体验乐趣不忘磨炼。

磨炼与挫折往往伴随着成功，所有的成功必须经过磨炼与挫折、失败才能得到，这是一条普遍的规律。在体育教学中我们要让学生经历这些磨炼与挫折，但要把握好一定的度，以不挫伤学生学习的积极性为限。

（三）促进运动技能不断提高原则

1.促进运动技能不断提高原则的含义和依据

促进学生运动技能不断提高原则是指在体育教学中要不断提高学生的运动技能，提高学生的运动成绩，实现有效的体育教学。促进运动技能不断提高原则是依据较好地掌握运动技能，有利于参与终身体育的规律和体育教学条件下运动技能形成规律提出的。

掌握运动技能既是体育学科"授业"之本职，也是体育学科"解惑"的重要基础，掌握运动技能还是锻炼学生身体、发展学生运动素质的途径，更是学生体验运动乐趣和掌握体育锻炼方法的前提。因此，不断提高学生的运动技能是体育教学最基本的要求，是判别体育教学是否有效和高质量的标准，也是判别体育教师教学能力的标准。

2.贯彻促进运动技能不断提高原则的基本要求

（1）要正确认识运动技能的提高在体育学的重要意义。

如前所述，掌握运动技能既是体育学科"授业"之本职，也是体育学科"解惑"的重要基础，掌握运动技能是锻炼学生身体、发展学生运动素质以及体验运动乐趣和掌握体育锻炼方法的前提。体育教师要充分认识运动技能的提高在体育学中的重要意义，认真搞好运动技能教学。千万不能在运动技能掌握上"蜻蜓点水"和"低级重复"，不能让学生在12年的教育后对运动技能一无所获。

（2）要明确运动技能学习的目的，有层次地掌握运动技能。

学生掌握运动技能和提高技能水平与运动员不同，主要是为了娱乐和健身。因此，体育教学中的运动技能传授要树立"健康第一"和为学生终身体育服务的思想，要围绕"较好地掌握1～2项常用的运动技能""初步掌握多项可能参与的运动技能""基本掌握作为锻炼身体方法的运动""体验一些运动项目"等不同运动技能提高的目标,有层次和分门别类地让学生掌握他们终身体育所需要的运动技能。

(3)要钻研"学理"和"教法",提高教学质量。

要让学生很好地掌握运动技能,就必须摸清运动技能掌握的规律,特别是在体育教学条件下的运动技能掌握规律。体育教学的时间相对有限、学生众多、教学场地和器材有限,这些条件与运动员训练和学生自由运动的条件相差甚远。因此,我们必须研究体育教学中技能提高的途径和规律,这就是"学理"研究和根据"学理规律"的教法研究,这类研究的积淀是制定科学的体育课程以及提高体育教学质量的前提和保证。

(4)要创造提高运动技能的环境和条件。

要让学生很好地掌握运动技能,还必须创造良好的技能学习条件。这其中包括教师自身的运动技能水平和教学技能,也包括对场地器材的设置和教学环境的优化,还包括对学生集体的组织和开展学生的相互交流、相互评价等。

(四)提高运动认知和传承运动文化原则

1.提高运动认知和传承运动文化原则的含义和依据

提高运动认知和传承运动文化原则是指在体育教学中通过运动知识和运动技术的学习,培养学生的运动认知能力,提高学生对运动文化的理解,传承运动文化。提高运动认知和传承运动文化原则是依据运动实践与运动认知相互促进的规律提出的。

运动认知是通过各种运动体验形成的一种特殊的认知方式,擅长运动的人在身体反应、神经传递等方面有突出的能力,反应快速、动作敏捷,这就是运动认知水平高的表现。运动认知的获得与提高不仅与人的学习、工作、生活密切相关,而且也与人的健康和幸福有密切关系。在学校教育中,不同的学科担负着不同认知能力的培养任务,体育教学是学生获得运动认知的最重要的场所。体育学科的价值就是培养和提高学生的运动认知能力,促进学生认知能力的全面发展。运动文化是人类灿烂文化的重要组成部分。对于这一前人创造的优秀文化，后人必须将其世代相传下去。因此，传承运动文化是体育学科的重要任务之一。

2.贯彻提高运动认知和传承运动文化原则的基本要求

（1）要重视体育学习中的"认知"因素，要完成"学懂"的目标。

要通过体育教学，实现学生的既"会"又"懂"，"会"指的是对运动技能的掌握，"懂"指的是对运动技能原理掌握的和运动文化特征的理解。学生对运动技能掌握的原理的理解有利于他们在未来的体育锻炼实践中可以"举一反三"；而学生对运动文化特征的理解则有利于他们区别运动文化与其他文化的本质与形式，以便于更好地融入体育实践，二者都与学生的终身体育有着密切的关系。

（2）要重视培养运动表象和再造想象。

运动表象和再造想象是学生形成动作、掌握运动技能的基础。学生头脑中运动表象的储备越丰富，再造想象力越强，运动动作掌握得也就越迅速、越准确。由于学生对某一动作的认识在很大程度上依赖于他对那个动作所形成的表象。因此，教师在体育教学中要经常注意学生是否形成适当的运动表象，以帮助学生获得正确的认识和知识。使学生通过教师的示范、讲解或观看录像等，经过自己的模仿练习，形成正确而清晰的运动表象的同时，通过再造想象过程，使动作得以巩固、熟练，从而达到自动化。

（3）要重视"发现式学习"和"问题解决式教学法"。

在体育教学中要审视"发现式学习"和"问题解决式教学法"等学习方法，以提高学生发现问题和解决问题的能力，并不断提高学生对运动原理、运动学习方法的理解，提高体育教学的"智育"质量，并使这种理性的认识成为学生终身体育实践能力的一部分。虽然体育教学与其他认知类学科在教学过程上有很大的不同，但体育教师仍然要注意遵循学生的认知规律来考虑体育教学过程，教师要事先将运动教材中的有关原理和知识进行归纳和整理，组成"课题串"和"问题串"来构建认知性的教学。

（4）要开发有利于学生认知的教学方法与手段。

要提高体育教学中开发认知的任务，就必须大力开发有利于学生认知的教学方法与手段。在教学方法层面，要重视对设疑提问、问题验证、学习讨论、集体思考和集体归纳等教学方法的开发。在教学手段层面，要重视对黑板、模型、计算机课件、学习卡片等提高学生认知的教学手段的开发，从而把运动技能学习和运动认知的提高紧密地结合起来。

（五）在集体活动中进行集体教育原则

1.在集体活动中进行集体教育原则的含义和依据

在集体活动中进行集体教育原则是指在体育教学中要发挥运动集体的作用，在集体中，特别是在小群体的自主性活动中对学生进行集体教育，培养学生正确的集体意识和良好的集体行为。在集体活动中进行集体教育原则是依据体育运动以集体活动形式为主，体育学习依赖体育学习集体形成的特点以及体育学习集体组成、发展和分化的规律提出的。

体育活动以竞争、协同、表现为主要特点，这些特点又都与集体活动密切相连，且许多项目与集体作用很强的小群体联系密切，有些运动的比赛就是以5～6人的小群体的形式出现的，如篮球为5人、排球为6人、小足球为5人、健美操和艺术体操为6人组合等。因此，体育运动与集体形成有着天然的联系。此外，体育的教学不同于教室中的教学，受场地、器材和活动范围的影响，体育教学形式也是经常以小组的形式来进行的，这使得体育学习方式也与集体形成有着内在的关联。从体育教学目标来讲，对学生进行集体的教育既是学生社会化的要求，也是学生形成良好的集体行为参加终身体育锻炼的需要。因此，体育教学要充分发挥体育的集体教育因素，为学生未来参与社会体育打下基础。

2.贯彻在集体活动中进行集体教育原则的基本要求

（1）分析、研究、挖掘体育活动和体育学习中的集体要素。

如前所述，体育活动和体育学习中的集体要素很丰富，集体要素中的"共同的目标""团队的意识""领导核心""职责的分担""规则的建立""共同的活动"以及"共同的活动场所"都存在，而且都有充分的体现。体育教师应该加强对这些因素的关注和研究，把这些因素有目的、有意识地组织到学生的集体活动和体育学习中，这就为学生的集体意识和集体行为的培养打下了基础。

（2）要善于设立"集体学习"的场合。

本学习的出现主要依据两个前提条件，一个是"共同学习的课题"，一个是"共同学习的平台"。"共同学习的课题"就是每个学生都关心、都具有学习欲望的学任务，它可能是一个要解答的难题，也可能是一个关键的技术和战术学习，也可能是需要毅力或智力的练习课题，也可能是一个关系到小群体荣誉的比赛等。这样的课题的提出是凝聚学生集体意识和产生集体行为的关键因素。"共同学习的平台"就是小群体的组织构成和组织形式，但它不单是一个简单的分组，也不是几个人凑在一起的简单行为，它是建立在"共同的目标""团队的意识""领导核心""职责的分担""规则的建立""共同的活动"以及"共同的活动场所"等集体因素上的集体的实在体。"共同学习的平台"是学生集体意识和集体行为培养的载体和依托。体育教学要贯彻在集体活动中进行集体教育原则，就必须通过教材研究挖掘那些有意义的、与运动技能教学联系紧密的"集体共同学习的课题"，还要通过教学组织方法的改进去有意识地形成各种有效的"集体共同学习的平台"，这样集体教育才可能落到实处。

（3）要开发有助于集体学习的教学技术和手段。

体育教学要贯彻在集体活动中进行集体教育原则，还必须有集体教育的技术和手段的支撑。现在国内外的体育教学中已经开发出有利于学生集体内、集体间交流的许多教学技术和手段，教学技术有：形成团队凝聚力的方法、集体讨论的形式、在全班面前的小组报告、小组内同学之间的相互评价等；而教学手段则主要体现在组内互动的媒介——"学习主片"的开发和运用上。这些特殊的教学技术和手段为在体育教学中贯彻在集体活动中进行集体教育原则提供了技术上的保证。

（4）要处理好集体学习和个性发展之间的关系。

体育教学既要贯彻在集体活动中进行集体教育职责，还要注意发挥学生的个性，学生的个性发展和集体教育是相辅相成的。良好个性体现应是在集体的道德共识和集体的行为规范范畴内的个体创新，而集体也应是包容了各种被允许的个人思想和行动自由的群体集合。我们绝不能一谈"集体教育"就否定那些合理的个性化的思想和行为，更不能一谈"个性发展"就纵容那些有悖于集体利益的不合理思想和行为的存在，要把"集体教育"和"个性发展"有机地结合在集体的活动和学习中。

（六）因材施教原则

1.因材施教原则的含义和依据

因材施教原则是指在体育教学中要贯彻"面向全体学生"的精神，根据每一个学生的具体情况，实施各不相同的、有针对性的教育，使每一个学生的运动技能和身心健康都能在各自的基础上得到充分的发展。

因材施教原则是依据体育教学受制约于学生身心发展的特点规律提出的。学生身心发展在一定年龄阶段上虽然具有一定的稳定性和普遍性，但是由于每个学生的发展受遗传、生长环境等变因的影响，同一年龄段的学生的身心发展又表现出很大的差异性，而运动方面的差异性就更为明显。因此，体育教学必须充分考虑这些个体的差异，坚持因材施教的原则，争取使每个学生都得到平等的教育和充分的发展。

2.贯彻因材施教原则的基本要求

（1）要深入细致地研究和了解学生。

在体育教学中要贯彻因材施教的原则，第一件事就是了解学生的个体差异的情况，为进行因材施教的教学做好准备。充分地了解和研究学生是良好教学的基础和出发点，教师可通过问卷调查、查阅资料和询问班主任等方法对学生进行细致的了解，弄清学生在身体条件、兴趣爱好和运动技能等方面存在的个体差异，并对这些个体差异进行全面的分析，在此基础上考虑区别对待的对策。对学生的个体差异，还要用发展的观点来对待，不能用静止的眼光看待学生。

（2）要正确看待和引导学生正确对待个体上的差异。

在体育教学中要贯彻因材施教的原则，还必须正确看待和引导学生正确对待个体上的差异。教师自己不能且要告诉学生不能歧视身体条件比较差的学生，也不能偏爱身体条件比较好的学生，并且要告诉同学们：人在各个方面存在个体差异是很正常的事情，特别是在身体和体育方面，人的个体差异更加明显，同学们不要为这些差异而沮丧，也不能为这些差异而自满，大家都有自己的发展目标和努力方向。还要告诉学生用发展的观点来看待个体间的差异，引导学生要互相帮助、互相学习、互相评价等。通过这样的活动和教育使师生在思想上共同具有正确对待个体差异的认识和行为。

（3）要通过各种体育教学组织形式创造因材施教的条件。

在体育教学中，教师要采用多种教学的组织形式来因材施教，如采用各种类别的"等质分组"（按体能分组、按身高分组、按体重分组、按技能水平分组等）的形式来进行区别对待的教学。对身体条件和运动技能有缺陷的同学要开"小灶"，给予热情关怀和照顾；对身体条件和运动技能都好的学生，也要为他们的进一步发展创造条件，提出更高的要求，从而保证全体学生都能有进步，使每个学生都能体验到学习和成功的乐趣。

（4）要采用各种体育教学方法进行因材施教。

因为有些体育教学的场合是不能进行"等质分组"来解决区别对待的问题的，因此还要运用各种区别对待的教学方法来因材施教，如"8 秒钟赛跑""五分手篮球""目标跳远"等教学方法，这些方法既能让每个学生拥有自己的挑战目标，去实现自己的突破，又能与强手一起同场竞技。

（5）要把因材施教与统一要求结合起来。

统一要求是面向多数学生，而因材施教是面向全体学生；统一要求是客观标准，而因材施教是主观评价标准；统一要求与学籍管理有关，而因材施教与学习自觉性有关，但是无论怎样讲，统一要求和因材施教都是体育教育的目标和手段，两者不可偏废。

（七）安全运动和安全教育原则

1.安全运动和安全教育原则的含义和依据

安全运动与安全教育原则是指在体育教学中要使学生安全地从事运动的同时，对学生进行如何安全运动的教育。安全运动与安全教育原则是依据以剧烈身体活动和器械上身体活动为主要内容的体育教学既是安全的难点，又是安全教育重点提出的。

众所周知，体育是以角力活动、非正常体位活动、剧烈身体活动、器械上身体活动、持器械身体活动、野外活动、极限探险运动等活动构成的。因此，体育是一项与危险同在的文化活动，初学者在学习这些运动时危险的因素就更多一层。为此，体育教学既有确保安全的难点，又有进行安全教育的重点。体育教学的"安全运动和安全教育原则"可以说是一个一票否决性的要求，如果一堂体育课在安全活动上具有重大隐患，那么其他方面设计得再周到也是失败的。

2.贯彻安全运动和安全教育原则的基本要求

（1）对于以上这类可以预测的危险因素，体育教师在上课前必须逐一地进行思考和检点，以消除一切可以消除的潜在危险。

（2）时时刻刻地对学生进行安全运动的教育要在体育教学中贯彻安全运动与安全教育原则，必须有广大同学密切配合。因此，体育教师要时时刻刻地对学生进行安全运动的教育，要让每个同学都绷紧安全的这根弦，组织专门时间讲解保证安全的知识和要领，教会同学们互相帮助的技能。

（3）要建立与运动安全有关的安全制度和安全设备。对于一些比较危险的教学内容要制定严格的安全制度，限制那些危险部分的教学内容和教学手段；对于一些比较容易发生危险的体育设施要安装必要的保护装置和必要的警示标志，警示学生在自主性学习时要注意防范危险。

（4）在体育教学中要安排负责安全的小干部。教师还要充分利用体育委员和其他学生干部共同防范危险，将一双眼变成几双眼，将一张嘴变成几张嘴，将一双手变成几双手来确保全班同学的运动安全。

第四节　体育教学的发展趋势

世界上现代体育教学已有了 200 多年的历史，中国的近代体育教学也有百余年了。体育教学已经逐渐发展成为一个比较成熟的学科，其教学方法也随着学科的发展而不断发展，体育教学方法已从运动训练方法和师徒式的传教方法发展成为有自己特点的教法体系，而且正随着科学技术的发展以及教育学、心理学领域的新发展，出现一种新的趋势，这个趋势可以归纳为现代化、心理学化、个性化和民主化。

一、体育教学方法的现代化

体育教学方法的现代化与整个教学方法的现代化一样，其主要表现在教学设备的现代化上。开始是录像进入体育课堂，它把学生的视野扩展到体育教学的空间以外，为学生展示了他们在体育课中无法感觉和体验的东西。现在则是计算机辅助教学，各种教学的课件把体育教学带到一个新的感知空间。

二、体育教学方法的心理学化

学习本身就是个心理过程，而体育知识学习和运动技能的提高更是一个复杂的心理过程，因此对体育教学方法影响最大的基础学科也是学习心理学和体育心理学。随着心理学研究的不断发展，体育心理学和运动心理学已不再停留在对教学实践进行心理学分析，而用心理学研究来证明运动学习的过程是怎样的，这些成果在逐渐应用于体育教学方法的改革上。如分散学习和集中学习的特征的研究会直接对分解教学法和整体教学法的优选起到重要的理论支持，心理的念动理论已经使"念动训练"进入了体育教学等，随着脑科学的发展，心理学将会给体育教学方法的改进和创新提供更多的理论支持。

三、体育教学方法的个性化和民主化

重视个性化是体育教学方法发展的一个重大进步。传统的以班级教学为主体的教学强调了教师中心作用，具有很强的统一性。由于体育的学习效果在很多时候与天生的身材和身体素质有很密切的关系，所以更需要针对学生的个体差异进行教学，因此个性化的教学方法改革就有了重要的意义。民主化教学也是如此，在以操练和锻炼为主要内容的体育教学形态中，教师的口令和讲解是重要的教法，但是随着以体育实践能力为培养目标的确立，要求学生自主的探究性学习，因此民主和谐的体育教学方法成为必然，近年来的小群体教学法、快乐体育教学法等就显现了民主化教学方法的趋势。

第十章 体育教学内容

第一节 体育教学内容的概述

随着基础教育课程与教学改革的深入，体育课程教学内容和教材也相应变化。体育教学内容是体育教学系统的核心和基础，是教学过程中"教"与"学"双边活动的中介和载体，体育教学内容是体育教学计划、教学大纲、教材中体现出来的体育与健康的知识和技能体系。深入理解体育教学内容的内涵、特点、分类，把握体育教学内容的分类、选择、加工和设计的原则与方法，是影响从教学目标确定到教学方法、教学评价的体育教学实践的重要环节。2011年教育部颁布的《义务教育体育与健康课程标准》和《高中体育与健康课程标准》对课程性质、课程理念、课程目标等都进行了深刻论述，对体育教学内容相关问题的认识和理解直接影响到"课程标准"能否顺利实施，其也是实现课程目标，深化体育课程改革和提高体育教学质量的前提。

一、体育教学内容的特点

（一）教材的概念及内涵

教材是教师和学生进行教学活动的材料，教学的主要媒体。通常按照课程标准（或教学大纲）的规定，分学科门类和年级顺序编辑，包括文字教材（含教科书、讲义、教授提纲、图表和教学参考书）和视听教材。各种教学资源，只有在真正进入学习和教学过程之中并成为学生的学习材料时，才成为教材。

"传统的教材，更多的是注重知识的呈现，注重用教材反映相应学科的知识系统，教材的设计多考虑知识的内在逻辑顺序。而新课程突出强调以学生的发展为本，倡导一种新型的自主、合作、探究的学习方式。"因此，我们需要了解基础教育课程改革下教材呈现与设计的思想，以便更好地认识体育教学内容。

（二）体育教学内容的概念

体育教学内容是伴随着体育教学活动而出现的，由于文化、教育和社会发展的差异，不同时代、不同的民族有不同的体育教学内容，对体育教学内容相关问题的认识也各不相同。龚坚认为"体育教学内容是为了达到体育教学目标而选用的体育知识和技能的体系"。刘海元认为"体育教学内容是体育教学中学生所要学习和练习的内容"。毛振明则认为"体育教学内容是依据体育教学的目标选择出来、根据学生发展需要和教学条件进行加工的、在体育教学环境下传授给学生的体育知识理论运动技术和比赛方法等"。与"体育教学"和"学生学习体育知识"相关是各家共同的认识。我们认为：体育教学内容是教师依据体育教学目标选择出来，并在体育教学中传授给学生的体育与健康知识技能的总和，包括体育基本知识和与运动有关的卫生保健知识、身体锻炼方法和各种运动技能。

体育教学内容包括两层含义：

1.体育教学内容有别于一般的教育内容

首先，体育教学内容是依据体育教学目标而选择的，在制定目标时充分考虑了学生身心发展需要、教学实际条件等因素。其次，体育教学内容是以身体活动为基本手段来进行的教育，以身体锻炼、身体练习、运动技术与技能学习和教学比赛等组织形式为主的教学形式，而语文、数学、英语等学科则是通过理性知识传授为主的教育。

2.体育教学内容也有别于竞技运动的内容

竞技运动中的训练虽然也有育人功能，与体育教学类似，体育教学和竞技运动的内容都是运动项目而且大部分相同，但二者的目的和对运动项目的运用都有很大差异：体育教学以培养健康的合格公民为目的；竞技运动以培养高水平运动员和出优异运动成绩为终极目标；体育教学内容需要根据社会发展，教育的要求进行必要的改造、组织和加工，而竞技运动内容不必和不允许进行改造。即使是相同的运动项目，二者对受教育（训练）者在体能发展的水平和动作技能的标准化程度等方面上的要求也迥然不同。

由于体育教学内容在形式、性质和功能上的多样性，使得体育教学内容在选择、加工、组织和教学过程控制中变得更加复杂。

（三）体育教学内容的特点

1.实践性

体育教学内容以身体锻炼、身体练习、运动技术与技能学习、教学比赛等组织形式为主，身体活动是这些教学内容的共同特征。身体运动的实践性是体育教学内容最突出的特点之一。这里的实践性是指体育教学内容绝大部分都与由骨骼支持的身体运动实践紧密相关，受教育者本人必须亲身参与这种以肌肉运动为特点的运动时才可能学会这些教学内容。体育教学内容中的知识学习和道德培养，也必须通过运动过程和体育学习情境氛围，通过运动中的本体肌肉感觉和情感体验才能最终获得，这是与其他学科教育内容最根本的区别。

2.健身性

由于体育教学内容以身体活动为基本手段，体育教学必然会对身体形成一定的运动负荷。因此，在运动方法和运动负荷合理的情况下，体育学习和练习自然会对身体产生锻炼的作用与效果。虽然由于教学时间的安排、运动负荷的大小、多少和学习目标的优先级等各种因素而经常处于非自觉状态，但只要在选择、分析和设计体育教学内容时根据受教育者不同的身心特点将这些健身性的内容进行科学的设计和控制，在体育教学中将以锻炼身体不同部位为主的内容进行搭配，在教学过程中对运动负荷大小进行合理安排，对每个教育内容的健身效果进行评价并反馈改进教学，就可以最大限度地发挥体育教学的健身效果。

3.娱乐性

由于体育教学内容大多是竞技性的运动项目，参加者在这些运动过程中的学习、竞争、协同、挑战、表现、战胜、超越等心理体验和成就感、卓越感等，都会让人产生愉悦的审美体验。当学生在教学过程中真正感受到这种愉快的体验时，就会强化在体育教学中对运动乐趣的追求动机，这也是体育教学内容与其他文化课内容的重要区别。

4.层次性

体育教学内容具有鲜明的层次性。体育教学内容的层次性表现在：①体育教学内容内在的层次性，即体育运动的内在规律使体育教学内容的技术与战术之间、内容与内容之间存在着由简单到复杂、由易到难的递进式的层次性，这种内在层次性可以相互联系和相互制约，例如篮球运动中的运球、传球等基本技术是篮球战术学习的基础，田径教学中的短跑教学内容是跨栏跑教学内容的基础等。体育教学内容的内在层次性是我们编制体育教学内容的依据。②体育教学内容的外在层次性，即学生的生理、心理和社会特点等外在因素也具有递进式的层次性，这使得体育教学内容的安排应具备系统性、逻辑性并与以上层次性因素相适应。

3.开放性

体育教学内容大多是以集体活动形式进行的运动学习和运动竞赛，这种集体活动又多是以队形变化、分组学习、分组练习来组织进行的。在运动学习、练习和比赛中教师与学生、学生与学生可以自由地相互交流，互动频繁。一些以分组学习或练习进行的内容需组成"角色扮演"分工明确，在体育学习中的"社会角色"变化远远多于其他学科的学习。所以，体现出体育教学对学生集体主义精神、竞争意识、协同能力培养的独特功能。

4.约定性

体育运动项目或身体练习方式是在一定的时间、场地、空间或在专门器械上，按照约定的规则和程序进行的，如"田径""郊游""沙滩排球""户外运动""沙地网球""平衡木""撑杆跳"等。也就是说，如果这些项目离开了特定时空的制约，其内容和形式就会发生质的变化，甚至内容本身就不存在了。由于体育教学内容的时空约定性，使体育教学内容对运动的时空有很大的依赖性，也使场地、器材、规则本身成为体育教学内容的制约因素。

第二节　体育教学内容的目标与要求

一、教学目标

（1）通过学习《基础教育体育教学原理与方法》，使学生全面认识体育教学的原理与方法，深刻理解体育教学的本质、特征及规律，从而能正确把握体育教学的实质，掌握体育教学的技能及方法。

（2）通过学习《基础教育体育教学原理与方法》，使学生掌握体育教学目标、内容、原则、方法、评价的系统知识及懂得体育教学设计及计划的基本方法。

（3）通过学习《基础教育体育教学原理与方法》，使学生能把握体育教学的各种关系和规律，从而引导他们以实事求是的科学态度发现和探讨体育教学中的实质性问题，培养学生运用所学知识观察问题、分析问题、讲解问题的能力。

二、学习目标

基础教育体育教学原理与方法的研究与学习，有助于推动体育教学的改革与发展，有助于从更高层次上把握体育教学实践，增进对体育教学本质及其意义的整体把握，因此研究与学习《基础教育体育教学原理与方法》具有重要的现实意义：

（1）更新体育观念。研究基础教育体育教学原理与方法有助于从原理的视角在更高层面上、更深刻地认识体育教学及其规律，启发体育实践工作者的自觉性，使他们不断地领悟体育的真谛。

（2）促进学科发展。研究基础教育体育教学原理与方法有助于丰富和扩展我国体育学的研究，完善体育人文社会学学科体系，促进对体育的整体性和综合性研究和对相关学科的学习与理解，从而推进体育学科建设。

（3）指导体育教学和体育改革实践。研究基础教育体育教学原理与方法有利于提高体育工作者的自我反思和发展能力，获得大量的体育理论知识，拓宽体育工作的理论视野，为广大体育教师成为教学研究型的教师打下基础，研究基础教育体育教学原理与方法有助于深入挖掘体育教学实践中的矛盾及其根源，从而有利于科学地指导体育教学实践，提高对各项体育教学工作前瞻性和宏观性的把握能力。

对于体育院校的学生及一线体育教师来说，《基础教育体育教学原理与方法》的学习是非常必要的。它有利于加深对体育教学基本概念的理解，树立正确的体育观，把握体育教学实践中的基本原理与方法，指导体育教学实践向着科学化方向发展。

三、课程教学要求

教师应紧密结合当前我国体育教学改革的形式，不断充实和运用体育科学最新的研究成果，坚持理论联系实际，运用恰当的教学模式，在提高学生学习能力、掌握体育教育科学知识的同时，充分调动学生学习的积极性并激发学习兴趣。

通过本门课程的讲授，使学生较全面地掌握体育教学原理与方法学科的基本概念、基本原理与方法，深刻认识及理解体育教学本质，把握体育教学规律；教学中应突出对基本概念和基本观点的讲解，并让学生通过本课程的学习，提高分析问题及解决实际问题的能力。

教师在讲授中力求做到教学目标明确，讲授内容具体、详细、系统，并根据教材的实际情况，采用讲授、讨论、写分析报告、作业等多种形式，使学生能进一步巩固所学知识，便于学生将所学知识与实际工作结合起来，从而培养学生的科学思维能力及实际教学工作能力。

教学中应根据学生的实际情况和需要，有的放矢地安排教学内容，注意区别对待，注重运用课堂提问、分组讨论的教学形式，充分调动学生的积极思维能力，并采用多种途径和手段传授知识，充分利用多媒体电化教学，提高教学的效果和质量。

依据学校体育的总目标，可将体育教学目标的内容划分为三个方面:

（1）掌握体育卫生保健知识和体育技术、技能方面的目标。

（2）懂得锻炼身体，增强体质，促进健康方面的目标。

（3）培养良好思想品德教育方面的目标。

在体育教学实践中。处于不同阶段、不同时期、不同教学内容的教学时教学目标可有所侧重。

第三节　体育教学内容的层次和分类

一、体育教学内容的层次

（一）身体活动

身体活动是体育学科区别于其他学科的最本质最鲜明的特点，体育要完成锻炼身体的基本任务，必须有充分的身体活动，没有身体练习的课不能称之为体育课，身体练习是体育课最低层次的基本特征和要求。

（二）运动兴趣

兴趣是学好任何一门学科的内驱动力，运动兴趣的培养是体育课最首要的任务。例如小学低年级的体育课就是以培养和激发学生的运动兴趣为主，在技术动作方面我们只要求学生掌握各个单个的基本动作而不是较高层次的运动技能。

（三）运动技能

"体育与健康课程是一门以身体练习为主要手段，以体育与健康知识、技能和方法为主要学习内容，以增进学生的健康为主要目的的必修课程。"《课程标准》明确指出的课程性质表明体育课程主要是一门技能性的课程，运动技能是体育教学中最重要、最核心的教学内容。激发学生的运动兴趣好比是万里长征的第一步，仅重视学生的运动兴趣而没有具体教学内容的体育课是肤浅的体育课。

（四）运动文化认知

作为学校教育的重要组成部分，体育教育还承担着传承体育文化的重任，也就是说，体育教学不应仅仅满足于让学生掌握运动技能，还要让学生"知其所以然"，即对运动技能掌握的原理和运动文化特征的理解。值得注意的是，体育是实践性很强的学科，学生对运动文化的认知能力主要是在运动技能的掌握和运动项目的学习过程中体验、提高的。

（五）安全教育、集体教育与个体差异

当我们的体育课做到了身体活动、激发兴趣、运动技能与运动文化认知之后，体育课应体现出教育功能的多元化，即关注安全教育、集体教育与个体差异。安全是进行体育活动的前提，体育活动经常伴随着危险因素，确保安全是体育课的首要任务，体育教师备课时周全地预想了每个教学环节可能存在的安全隐患，就可以教学前检查消除潜在危险，在教学过程中穿插、渗透安全教育，尽最大可能杜绝安全隐患。同时体育教学内容的安排上应适当关注安全常识、自救自护知识等安全教育内容。体育活动经常是以集体的形式组织的，怎样利用这种组织形式对学生进行集体主义教育应是体育课予以特别关注的，这也是体育功能对促进学生社会化发展的重要体现。学生在身体条件、兴趣爱好和运动技能方面存在明显的个体差异是很正常的事情，但要在教学中切实做到关注学生的个体差异与不同需求，是非常不容易的。能真正确保每一个学生受益，应该是体育课的最高层次。

二、体育教学内容的分类

对体育教学内容进行分类的目的是为了梳理体育教学内容体系，使体育教学内容更加清晰，对体育课程和教学目标的实现具有更强的载体作用。在中国体育教学理论和实践的研究中，国内体育理论专家、学者对体育教学内容的分类做出了有益的探索。

（一）体育教学内容分类的要求

1.符合社会发展的需要

体育教学内容在服从国家教育的基础上，随着社会发展和教育方针的要求而不断变化。因此，体育教学内容的分类也要与时俱进地适应社会发展的需要，也就是以目标加以分类，根据不同时代社会发展的需要，对体育教学内容有所增加。

2.符合体育学科的本质

体育教学内容的分类应为体育教学实践服务，分类的正确与否需在实践中不断地检验。体育教学内容的分类必须符合体育学科要求，并且分类应遵循体育教学内在的逻辑性。因此，体育教学内容的分类应有整体性的观念，也就是体育教学内容的分类既要与体育教学目标、体育教学计划相互对应，又要与体育教学方法、评价等相互联系，使体育教学内容的分类成为一个有机的整体。

3 符合学习者的要求

根据不同的年龄阶段变化，各阶段体育教学目标是不完全相同的，因此体育教学内容的分类也有所变化。体育教学内容的分类要符合不同学段学习者的阶段性要求。

（二）体育教学内容的分类

体育教学内容是多种多样的，其所解决的教学任务、教学目标也是多方面的。因此，体育教学内容的分类方法具有多样性和层次性特征。体育教学内容在分类时可以分成不同的层次，不同的层次又可运用不同的分类方法，但是在同一层次上则必须采用同一个分类标准进行分类，需保证同一维度应遵循"子项之和等于母项"的分类标准。目前体育教学内容经常采用的分类方法是依据人体基本活动能力分类、依据身体素质分类、依据运动项目分类、综合分类和体育功能分类五种分类方法。

1.依据人体基本活动能力分类

依据人体基本活动能力分类是体育教学实践中较为常见的一种分类方法，它是以人的走、跑、跳、投、攀、爬、钻、平衡、支撑、踢、接等身体活动能力划分体育教学内容的。如《九年义务教育全日制小学体育与健康教学大纲（2000 年）》的小学教学内容就是根据人体基本活动能力分类的。《体育与健康课程标准（2011 年）》对水平一和水平二阶段的体育教学内容的描述也突出了这种分类方法。这种分类的特点在于：这种分类对于有目的、有计划地培养学生走、跑、跳、投、平衡等人体基本活动能力是有利的，且不易受到运动项目的限制。因此，这种分类方法不仅有利于不同教学内容的组合，而且也有利于发展学生的各种身体动作和基本活动能力，比较适合低年级的游戏等教学内容。

2.依据身体素质分类

发展学生身体素质能力是学校体育教学的目标之一。这种分类是按照组成人体身体素质的速度、力量、耐力、灵敏、柔韧几个部分对有关体育教学内容进行分类。如《九年义务教育全日制初级中学体育教学大纲》（1992年），在体育教学内容的次级分类中采用了根据身体素质分类的方法。

这种分类方法的特点在于：在发展学生身体素质能力方面分类明确清晰，有利于实现锻炼身体的目的和帮助学生正确认识各种体育运动项目与身体素质能力之间的关系。但是，由于许多项目并不是单纯发展练习者某一方面身体素质的能力，所以这种分类显得不够确切，而且这种分类往往容易带来对体育教学内容的文化特性的认识不足，从而容易使学生忽视体育运动的文化知识学习与养成。

3.依据运动项目分类

依据运动项目进行分类是体育教学中最常见的教学内容分类方法之一，它是按照运动项目的名称和内容进行分类的，如田径、篮球、足球、武术、游泳、健美操等运动项目的教学内容。

这种分类方法具有以下特点：首先，这种分类有利于教师和学生根据运动项目共有的特点进行教授与学习，因为这种分类方法与竞技体育中的运动项目几乎完全一致，在名称和内容上容易理解，有利于学生竞技运动文化的学习和掌握。其次，这种分类方法容易否定非正式比赛项目或一些尚不规范的比赛项目，即使是奥运会、世锦赛等正式比赛项目，因其在规则、技能等方面具有高技艺、高难度、高水平的特点，这些内容往往既不适合学生身心发展的要求，也不符合学校的师资队伍、场地器材等教学条件，必须对其规则、难度等做出必要的改造，使之符合体育教学内容的选择与要求。因此，这就对体育教师提出更高的要求，也对"竞技运动教材化"提出了更高的要求。这类教学内容势必与原来的运动项目产生较大差异，成为一种似是而非的东西，容易使学生对运动项目的理解和掌握产生不利的影响。

4.综合交叉分类

综合交叉分类是指把体育教学内容按基本部分（必修）与选用部分（选修）、理论与实践教学内容、各运动项目的基本教学内容与发展身体素质练习教学内容等进行综合与交叉的分类方法。

这种分类方法的特点在于：能够反映不同年龄阶段的学生的身心发展的特点和对学生体育与健康课程学习的基本要求，有利于实现体育教学的综合效果；既有助于保持运动项目的共有特点和系统性，又有助于加强身体锻炼的实效性，使运动项目的技术和发展学生身体素质的练习相互交叉配合。但这种分类方法违背了事物分类的基本原则，分类的标准没有在"同一维度"上进行分类。例如《九年义务教育全日制初级中学体育教学大纲（1992年）》在教学内容分类的第三个层次上，将"发展身体素质练习"和"各项运动教学内容"放在了一起。

第四节 体育教材化及其内容

一、体育教材

教育部颁布的《体育与健康课程标准（2001 年实验版）》和《普通高中体育与健康课程标准（2003 年实验版）》是根据我国教育国情制定的体育课程标准，该课程按照体育的功能把课程目标分为五个领域的目标。2011 年修订版《义务教育体育与健康课程标准》和《高中体育与健康课程标准》在实验版的基础上，把课程目标分为四个方面——运动参与、运动技能、身体健康、心理健康与社会适应。故此，体育教学内容也应该包括这四个方面的教学内容。这种分类方法的特点在于：能够使教师和学生更好地实现体育与健康课程的目标，但缺少具体的教学内容选编的参考范围和相应的考核标准。

总之，体育教学内容的分类方法具有多样性、复杂性等特点。这是由于对体育教学内容研究的角度不同和采取不同的分类标准而形成的。通过表 10-1 所示，可以清晰、明确地了解目前体育教学内容分类的标准、优缺点。

表 10-1　不同版本体育教学大纲体育功能分类方法

类别	标准	内容	优点	缺点
人体基本活动能力类（2000 年《九年义务教育全日制小学体育健康教学大纲》）	以"人体基本活动能力"为分类标准	走、跑、跳、投、爬、平衡等动作技能划分	不受运动项目的限制，便于组合教学内容及发展学生各种基本能力	与运动项目相脱节，不利于学生对运动项目技能的系统学习
身体素质类（1992 年《义务教育全日制初级中学体育教学大纲》初二年级体育教学内容与分类）	以"身体素质"为分类标准	力量、速度、耐力、柔韧性、灵敏性等身体素质	有利于学生身体素质发展	许多运动项目是多种素质的综合，分类不够确切，容易使学生忽视体育运动的文化知识学习与养成
运动项目类（1996 年《全日制普通高级中学体育教学大纲》限选教学内容分类）	以"运动项目"为分类标准	足球、篮球、排球、游泳、韵律体操和舞蹈等	与竞技体育项目一致有利于竞技运动文化的学习和掌握	对体育教师运动技术、技能有较高的要求不适合学生身体发展的特点，不符合学校的教育条件

续　表

类别	标准	内容	优点	缺点
综合分类（1992年《九年义务教育教学大纲》初中体育内容分类）	没有相对固定的分类标准	基本部分（必修）与选用部分（选修）、理论与实践教学内容、各运动项目的基本教学内容与发展身体素质联系教学内容	能够反映不同年龄段的学生身心发展特点，有利于保持运动项目系统性和身体锻炼的时效性	不是同一标准分类，违背了事物分类的基本原则
体育功能类[《体育与健康课程标准》（2003实验稿）高中体育教学内容分类]	体育与健康课程中的课程目标和水平目标	运动参与、运动技能、身体健康、心理健康与社会适应等四个方面	有利于教师更好地实现体育与健康课程的目标	缺少具体体育教学内容和标准

二、体育教材的内容

（一）我国现行体育教学内容的组成

体育课程是学校课程的重要组成部分，体现着体育学科独特的特点和功能，承载着实现教育教学目标的重任。学校体育课程的教育任务表现为：首先，通过传授体育与健康的知识、技术、技能和体育卫生保健知识，使学生加深对体育文化和健康的理解；其次，锻炼学生身体，帮助学生学会体育锻炼与健康知识，促进学生身心健康发展，养成终身体育锻炼的习惯；再次，运用体育教学过程中的可创造性、可选择性和人际关系多样性的特点，指导学生掌握调节情绪的方法，培养学生果敢、顽强的意志质量和团队合作精神，对学生进行思想品德、行为规范的教育，特别是在高中阶段，学生处于自主、独立的个性发展的最佳时期。因此，还应通过剖析体育现象与诸多社会现象和问题，培养学生分析问题与解决问题的能力，为学生形成正确的人生观、价值观和张扬个性做贡献。

由于学校体育课程要完成上述教育任务，而且体育教学内容又具有实践性、健身性、娱乐性、层次性、开放性及约定性等特点。所以，体育教学内容也是丰富多样的，主要包括以下内容：

1.体育卫生保健知识教学内容

该部分内容将通过体育基本原理和知识等宏观体育知识的传授使学生更深刻地理解体育对民族、对国家、对社会、对自己未来生活和工作的重要性，使其能自觉地、有计划地去锻炼身体，更科学、更合理地从事运动实践。通过卫生保健知识的传授使学生认识到健康的重要性和身心健康所需要的环境，掌握一定的卫生保健手段与方法，从而更自觉地爱护环境、爱护自我健康，形成良好的、正确的卫生保健意识。

教学内容要求：这部分教学内容应注重当前的体育现象与社会问题，密切联系学生学习生活，精心挑选对学生有重要意义的体育与卫生保健原理来组织、优化教学内容，并注意切合实际地结合运动实践部分的内容来组织教学内容，内容应具有科学性、实用性、现实性。

2.田径教学内容

田径教学内容主要包括走、跑、跳、投等。应通过此项教学内容使学生了解田径运动的概要，理解田径运动在身体锻炼中的作用和意义，掌握一些实用性、基础性较强的田径运动技能技术，学会用田径运动发展体能的方法以及运动中的注意事项，掌握一些田径裁判和组织比赛的常识和技能。

教学内容要求：田径教学内容既与人的走、跑、跳、投等基本活动能力有内在联系，又与田径运动技术有直接联系，还与学生学习时的心理素质有内在联系。因此，不应该从单一田径运动项目去划分、去分析田径教学内容，而应从竞技、文化、心理能力以及发展身体素质等方面去全面地理解、分析教学内容，并组织教学。这样才能使学生既能掌握田径的一些基本运动技能，又能灵活地将所学运动技能运用于娱乐、健身、竞赛等运动实践中。

3.体操教学内容

体操教学内容主要包括技巧、支撑跳跃、单杠和双杠等。通过此项教学内容，应使学生了解体操运动发展的概貌，了解体操运动对人身心发展的锻炼价值和作用以及体操竞赛的方法与注意事项，掌握一些典型的、实用性较强的体操动作并学会用这些体操动作来进行身体锻炼与养护，在体操运动中能有效地运用保护与帮助的手段进行保护与自我保护，并能够了解一些体操比赛的基本常识，学会观赏体操比赛。

教学内容要求：体操运动既是体育文化的重要组成部分，又是一项具有悠久历史的竞技体育比赛项目。它是一项对发展人的力量、平衡、灵活性、协调性等身体素质和心理素质功效性较强的运动项目。因此，在分析体操教学内容时要从竞技、心理、生理等角度全面地进行，并且应具有一定的层次性。因此，应循序渐进地通过加大动作力度、难度、幅度以及改变动作套路等方式来体现教学内容的层次性，使学生的运动能力得到切实地提高。此外，体操教学内容还要考虑全面性、规范性等要求。

4.球类运动教学内容

我国体育学术界及体育主管部门一般把球类运动分为大球和小球两类。大球是指篮球、足球、排球，小球是指羽毛球、乒乓球、网球等运动项目。通常来讲，球类运动是学生最爱的运动项目，主要体现出竞争性、趣味性、比赛结果不确定性的特点。应通过球类教学内容使学生理解各项球类运动的概貌和球类比赛的共性特征，较好地掌握一至两项球类运动的基本技术和运用战术的技能，具有能够参加球类比赛、裁判和组织比赛的知识和技能。

教学内容要求：球类教学内容中的技术较为复杂，战术复杂多变，且相互依存、相互制约。若只进行单个技术教学，不与教学比赛紧密联系就会失去球类运动竞争性、趣味性的特性，就会影响学生学习的积极性与主动性，最终也不能使单个技术得到更好的运用与提高。因此，应注意把球类运动的技战术教学与教学比赛结合起来，教学内容分析和选择时要注意时序性、实战性、技术性等问题。

5.操类运动教学内容

操类运动包括广播操、民族民间舞蹈、健美操、韵律操、艺术体操等内容。操类教学内容的共同特征是在音乐的伴奏下，将舞蹈、韵律、表现运动融合为一体的运动，是女生比较喜欢的运动。应通过本教学内容使学生了解各项运动的基本特征，了解从事这项运动的一些规律和基本原则，掌握一些基本的操类运动技能和一些实用性套路，培养学生自编一些简单的动作和套路的能力，还应通过此类教学内容，矫正学生的身体姿态，培养节奏感、韵律感和身体表现能力。

教学内容要求：此类教学内容既可以锻炼学习者的身体素质又可以培养学者的气质形态，教学内容还与乐理学、美学、舞蹈原理等内容相关。因此，组织教学内容应从审美观培养、音乐理论介绍、感情表达能力养成和健身效果等多方面来考虑。以往这部分教学内容考虑动作教学的因素多，而教一些基本原则并让学生尝试自编的要求较弱，应予考虑对该部分进行加强。

6.民族传统体育教学内容

民族传统体育包括武术、导引、气功及各民族传统体育内容。武术是中国传统文化的瑰宝，是我国传统健身体育运动项目，可不受时间、地点、天气等自然条件的限制进行自我锻炼或集体锻炼。受功夫影片、《舞林大会》《拳击》等媒介传播推广，武术运动项目深受儿童、青少年的喜爱。民族传统体育教学内容的选用既可以因地制宜进行体育教学，又有利于弘扬民族传统体育文化。要通过民族传统体育教学内容使学生对中国优秀的、丰富的、具有文化底蕴的民族传统体育有所了解，并懂得用其来健身、自卫的方法与原理。还要使学生理解中国的"武德"精神，讲究武术中的礼貌举止，并与爱国主义精神、民族自尊心与自豪感的培养结合起来，教会学生一些武术基本功和简单动作套路并使其明白动作的原理。选用各地优秀的民族传统体育项目作为教学内容时，应使学生对项目的起源、发展、变化有所了解，并学会其中一些基础的、实用的运动技能。

教学内容要求：传授这部分教学内容应根据学生身心发展特点进行选择，强调教学内容的文化性、范例性、实用性和实效性，特别要注重这些教学内容的文化背景和意义的介绍。

7.任选体育教学内容

这部分内容是为了丰富各级各类学校体育教学内容和适应各地的不同教学条件而设置的。通过这一部分教学内容应使学生掌握一些与本地文化背景有关、有地方特色的、地区体育发展需要的体育知识和技能。多样化的体育教学内容能够使学生对体育的需求得到一定程度的满足，也使其体育能力得到全面的拓展。

教学内容要求：这部分内容的选用要求符合国家体育课程标准和"校本课程"开发的基本要求，并注重其有效性、文化性、实用性。这部分教学内容的教学要有明确的标准和要求，以使其达到最优化组合和最佳效果。

8.隐性体育教学内容

隐性课程则是学生在学习环境（包括物质环境、社会环境和文化体系）中所学习到的非预期或非计划性的知识、价值观念、规范和态度。所以，我们认为隐性体育教学内容的概念应该界定为：在体育教学过程中受教学环境（包括物质环境、社会环境和文化体系）的变化影响，教师教授或学生学到的非预期性或非计划性的知识、价值观念、规范和态度等知识体系的总和。此外，学校的体育场地、器材设施及其安排、学校体育文化氛围和体育活动中的人际关系及学生和教师的人格特点等都是隐性体育教学内容，这些内容在不知不觉中潜移默化地影响着学生的体育行为、体育价值观念和态度。隐性体育教学内容对学生体育学习的影响可能是积极的，也可能是消极的；对教师的影响既可能产生主动效应，又可能产生被动效果。所以，体育教师不能忽视体育教学过程中隐性体育教学内容的调控与安排。

教学内容要求：体育隐性教学内容是潜藏在体育教育过程中的教育性因素。教育教学过程是有目的的社会实践过程，隐性教学内容通过对学生的无意识心理活动发生作用，但对教育者来说是在有意识的教育教学过程中实施的，也有目的的教育教学过程之中的影响因素，并不意味着对教育教学过程中的任何一个要素、任何一个细节的教育影响事先都能预判到，它是那些体育教学过程中难以预知的、伴随在体育教学过程之中的因素。因此，在教学中对该部分的呈现形式、运用情况需要结合实际灵活地、创造性地开发与利用。

在阐述了体育教学内容的概念、特点及分类的基础上，结合体育教学的特性，按照体育与健康课程标准，结合各地区、各学校及各体育教师，结合地域特色和学校个性及实际，依据课程教学目标引领课程教学内容的要求，充分开发和利用体育教学内容的自主空间和巨大挑战，我们需要弄清选择体育教学内容的依据、原则以及对体育教学内容的教材化（加工与改造）思路。

（二）选择体育教学内容的依据

体育教学内容具有多样化及多指向、多手段、多功能等特点，要从丰富多彩的众多体育活动中因地制宜地挑选出某些体育活动来作为体育教学内容，这一过程是烦琐复杂的。必须像制定体育教学目标一样依据一定原则来选择体育教学内容。体育教学内容的选择是直接为体育教学服务的，是直接关系到体育教学目标和课程目标实现的关键性要素。因此，体育教学内容的选择必须依据以下基本的因素。

1.以"健康第一"为指导思想

体育教学内容是实现体育教学目标的载体，因此，我们在选择体育教学内容时，应该分析所选择和设计的体育教学内容是否体现了"健康第一"的指导思想。只要有利于促进学生健康的体育教学内容，无论是现代竞技体育项目、新兴体育活动内容、民族传统体育内容或直接来源于生活的体育游戏、体育活动都可以成为学校体育新课程教学的教材内容，而那些不利于促进学生健康的，即使是在我们学校体育教学中沿用了几十年的运动项目，也应该坚决摒弃在体育教学内容的选择范围之外。

2.以体育教学目标实现为宗旨

体育教学是实现体育与健康课程目标的主要途径，在体育教学中体育教学内容是实现体育教学目标的载体。体育教学实践中，对体育教学内容的选择明确与否会直接影响到体育教学的效果。因此，我们在选择体育教学内容时要充分考虑到其对体育教学目标的载体作用，体育教学目标是我们选择和设计教学内容的依据。

3.遵循学生的身心发展规律

不同年龄阶段的学生在生理和心理特点方面具有明显的不同，他们在体能、身体形态、身体机能、认知、情感、个性心理特征、思维方式等方面有较大的差异。而通常呈现给我们的体育教学内容都是相同的，同时体育新课程只是规定了课程目标体系，而对不同年龄阶段的学生，需要通过哪些体育教学内容才能促进学生达成水平阶段的学段目标，则需要教师和学生共同设计和构建。所以，在设计和选择具体的体育教学内容时，需要我们遵循教学对象的身心发展特点，在此基础上，选择、改造或创编适合特定学生年龄身心特征的体育教学内容。这样才能有效地完成教学任务，为提高体育教学质量提供前提条件。

4.了解学生的兴趣爱好和发展需求

《体育与健康课程标准》对不同年级的体育教学内容未作具体详细的规定，主要是考虑到体育教学内容必须满足不同类型学校和学生的不同兴趣爱好和需求。学生是体育学习过程的主体，教学中必须充分考虑他们的兴趣和需求。不同水平阶段学生的生理和心理特点决定了他们对体育活动的不同兴趣和需求。例如，儿童时期，学生大多热衷于捉迷藏、过家家、攀爬、堆沙等，随着年龄的增长，女同学开始喜欢那些富有节奏感的舞蹈，男同学则越来越喜欢充满竞争的球类运动。因此，在体育教学中选择体育教学内容时，要把学生的兴趣和发展需求作为最重要的依据，使体育课堂教学最大限度地满足学生的兴趣和发展需求。

5.结合不同地区和学校的实际教学条件

体育教学内容需要借助于一定的体育场地、器材和设备才能有效发挥其载体作用。由于我国经济文化发展的区域性差异较大，体育与健康课程只规定课程目标体系和五个学习领域，并没有具体规定具体详细的体育教学内容，以利于不同地区、不同学校能根据各方面的实际条件做出选择、改编和设计，使体育教学内容的设计和选择更符合本地、本校的实际情况。所以，在体育教学中，我们要根据所在地区、学校的实际条件，设计和选择体育教学内容，在教学目标体系的统领下，真正实现"条条大道通罗马"的理想境界。

（三）选择体育教学内容的基本要求

2011 年修订版《义务教育体育与健康课程标准》依旧对体育教学内容的选择没有具体的、明确的规定，这给体育教师留有相当大的选择空间。选择健康的、有锻炼价值的运动项目作为体育教学内容时，有哪些具体的要求呢？现结合相关的资料和教学实践，我们认为选择体育教学的基本要求如下。

1.科学性

选择和设计教学内容时要考虑学生的个体差异，要给学生留有足够的发展空间，使得学生在体育学习过程中能够平等受益。也就是说选择教学内容应遵循科学性原则，即要符合不同年龄阶段学生的身心发展规律，有效地增进学生健康、增强学生体质，从而促进学生的生长和发育。例如，学生在水平五阶段学习篮球项目，如果我们充分考虑学生在身体素质和运动技能上的差异，我们可以同时采用大小篮球进行体育课堂教学，让身体素质和运动技能相对较差的学生使用小篮球，降低难度，这有助于促进基础差的学生进行有效的学习。

2.健身性

以"健康第一"为指导思想，在强调学习体育知识、技能和方法的过程中，以适合负荷的身体练习，提高体能和运动技能水平，促进学生健康成长，是体育教学的目标之一。选择教学内容与健身性相结合就是要根据学生的健身需求，以增强学生体质，增进学生健康为主要目标，要符合学生的心理、生理特点，具有改善身体机能、愉悦身心等特征。通过体育的健身功能，既要使学生获得体育基本知识、技能和方法，又能培养学生良好的思想质量和不怕困难、吃苦耐劳的精神。因此，选择有助于学生健康的体育教学内容是我们应该考虑的问题。例如，教师可对体操、田径、球类、武术等运动项目进行适当的改造与创新，如降低难度、简化技战术、简化规则等，也可把一些学生喜爱的新兴运动项目引入到体育教学内容中来，如健美现代舞以及民间民族体育项目等。

3.可行性

选择体育教学内容与可行性相结合就是选择具有地方或学校特色的项

目，或适合本地和本学校开展的运动项目。例如，选编校本教材或本学校自编教材中的健美操、现代舞等和少数民族或民间盛行的抽陀螺、跳绳、武术、拔河、放风筝等运动项目。这既可以使学生了解中华民族的优秀传统体育文化，增强学生的民族自豪感，传承体育文化，又可以激发和保持学生参与体育活动的兴趣和提高学生的身体健康水平。

4.兴趣性

美国教育家约翰·杜威（John Dewey，1859—1952）指出：当学习是被迫的而不是从学习者真正的兴趣出发时，这种学习相对来讲是无效的。选择体育教学内容与兴趣性相结合就是选择学生所感兴趣的、所喜欢的、所爱好的，并适合学生终身发展的体育教学内容。学生是否对教学内容感兴趣，站在学生的角度上考虑。学生对体育教学内容产生了浓厚兴趣，随之就会激发出强烈的求知欲，就会自觉地学习，逐渐养成对运动的爱好和自主锻炼的习惯，培养终身体育的意识。

5.发展性

选择体育教学内容与发展性相结合就是选择对学生终身体育具有重要影响因素的基础知识、基本技术、基本技能和活动内容。这些体育教学内容的选择有利于学生学会学习，让学生具备一定的我设计、自我锻炼、自我评价的能力，并能引导学生对不同的学习内容进行价值判断与选择，使学生的生理、心理、社会适应等方面健康和谐地发展。例如，通过如何制订锻炼计划与运动处方、如何应用科学的方法参加体育锻炼、球类运动竞赛的编排方法等基础知识和足球、篮球、排球、羽毛球、乒乓球、太极拳等运动技术技能的学习，可让每一个学生能够掌握一至两项科学的健身方法和运动技能，为终身体育锻炼与娱乐打下坚实的基础。

6.简易性

选择体育教学内容与简易性相结合就是要因地制宜地创造一些比较简单易行的体育教学内容，以便在体育器材不足或体育设施简陋的情况下满足学生学习和参与体育活动的需要。教师可通过对一些运动项目进行改造，例如，简化运动规则、简化技战术、降低难度要求等，教师也可通过内容之间的可替代性。例如，发展上肢力量，丢沙包、掷羽毛球、实心球，甚至利用废布团、废报纸团练习投掷，同样可以达到学习目标，促进身心健康的发展。

7.实效性

选择教学内容与实效性结合就是选择的教学内容是否实用，是否对促进学生的身心健康发展具有实际锻炼效果。若某项技术对学生要求太高，学习有较大的难度且与实际生活联系又不密切，就不具备较高的实效性。例如，推铅球是一种发展力量的教学内容，但教学效果很差，可通过选择实效性强、学生比较感兴趣的掷实心球、投掷垒球、游戏"丢沙包"等方法与手段来发展力量。又如背越式跳高的技术细节过于复杂，技术规格要求较高，学习这一技术的实效性也就很难体现，但可作为介绍性内容进行教学，以便有兴趣的学生在课外练习，没有必要要求每个学生都要学习或掌握背越式的技术。

8.地域性

体育与健康课程标准十分强调发挥地方教学内容的特色，因为中国地大物博、人口众多，而且有着五千年的悠久文明历史，有许多体育传统文化可以取其精华为我们所用。这些在民间、少数民族盛行的体育运动游戏项目，如：滚铁环、抽陀螺、放风筝、荡秋千、斗鸡、骑马、抢花炮、叼羊、摔跤、舞蹈等，完全可以作为体育教学内容进入课堂教学中。这既可以使学生了解中国民间、民族的传统文化，增强学生的民族自豪感，又可以激发和保持学生参与体育活动的兴趣，提高学生的健康水平。此外，还要根据不同气候、季节的特点，选择地域性运动项目作为体育教学内容，充分利用和开发体育教学内容资源。

（三）体育教学内容的改造与加工

按照体育教学内容选择的依据和要求选好体育教学内容后，每一位体育教师需要根据学校的实际状况（体育场地器材设施、教师专业特长和经验、学生的特点和基础等）对所选内容展开加工和处理工作。体育教学内容的改造与加工是体育教学内容实施中的必要环节，结合体育教学内容的特性，介绍几种体育教学内容加工与改造的基本思路。

1.利用动作教育模式改造和加工体育教学内容

动作教育（movement education）是发端于欧美国家的一种教育理论和方

法。动作教育是通过身体动作活动或创造性运动经验的增进，使个体的分心获得"最适发展"的教育或历程，这一过程的着眼点只是动作技能的掌握，同时包括促进个体的身心和谐发展。其特点是按照人体运动的原理，针对儿童青少年身心发展规律特点将一些竞技体育运动项目以归类。例如，教育性舞蹈、体操等教材适应小学低中年级，有助于学生基本活动能力的养成。动作教育不仅要重视身体机能的养成，同时还要重视身心的和谐发展与障碍的康复，它可以通过一些角色性、竞争性较强的游戏或康复训练等多种形式渗透到学生的日常学习生活中。例如，在游戏中按照动作教育（游戏）规则，凡参与者一般都要扮演一定的"游戏"角色，处理不同的人际关系，体验社会互动和游戏结果所提供的社会价值理念，并以此对自我和他人在游戏中的行为作出评价。

2.结合体育原理和知识改造和加工体育教学内容

结合体育原理与知识来改造和加工体育教学内容，其特点是深度挖掘运动"背后"的相关原理和文化知识，并将其融入到探究式体育教学模式中，往往与启发式、发现式的教学模式联系起来运用。例如，在体育课堂上教师组织学生进行"蹲踞式起跑"的教学内容时，在教授学生"蹲踞式起跑"的动作要领、如何使学生获得蹬离起跑器后的速率最大化问题时，可以通过运动生物力学的角度来讲解。通过对"蹲踞式起跑"姿势的力学分析，要求学生听到"预备"口令时，随之深吸一口气，平稳地抬起臀部，与肩同高或略高于肩，重心适当前移至起跑线前 15cm 左右。听到枪声后，两手迅速推离地面，两臂肘有力地前后摆动，两腿迅速有力地蹬离起跑器，使身体获得向前上方的冲力。因此，这就使得"预备姿势"的稳定性、两臂前后有力摆动和两腿摆动发力成为蹲踞式起跑至关重要的因素。这种改造和加工体育教学内容有利于提高学生对运动原理的理解和举一反三的实际教学效果，比较适合于高年级的学生。

3.体育教学内容的游戏化改造

游戏是伴随着愉快体验的趣味性较强的体力和智力活动。体育教学内容中许多体能和"走、跑、跳、体操、游泳"等运动技能练习由于形式相对比较单一，教学中容易让学生感到枯燥乏味。因此，有必要对这类体育教学内容进行游戏化的改造与加工，使之符合学生的心理、生理以及生长发育特点。经游戏化改造和加工后的体育教学内容的特点是将相对比较单调的、枯燥的运动和分体练习法用"情节"串联成游戏，或强化练习的竞争、对抗、协同、角色、情境等游戏要素，让学生在愉快的游戏中学习体育教学内容。这种游戏性体育教学内容有利于提高学习者的学习兴趣，练习效果往往起到"事半功倍"的效果。例如，用游戏的方式可以对跳高教学内容中"弹跳能力练习"进行如下改造和加工：①跳绳跑接力；②连续跳跃障碍物接力；③跳起触摸一定高度的橡皮筋或标志物；④跳不同高度的橡皮筋接力赛；⑤跳五边形橡皮筋追逐跑。越是低年龄段的体育教学，这种游戏化改造的效果就越明显。

4.简化运动项目改造和加工体育教学内容

主要从技术结构、竞赛规则、场地器材规格等方面对原来的运动项目进行改造，使其成为一种新的体育教学内容。这种改造和加工是为了适应学生身心发展特点和体育教学的需要，简化运动技术结构，降低运动难度，调整场地器材的规格，修改运动项目竞赛规则，使其成为广大学生的"最近发展区"，以便达到既能增进健康、增强体质，又能减轻学生运动时的生理负荷和心理负荷的目的。改造和加工时应根据体育教学目标的具体要求，遵循体育的规律、运动项目的特点和健身原理，在充分分析、研究运动项目的健身性、教师的操控性和学生的接受性的基础上，采用走、跑、跳、投等人体基本活动形式，从运动的轨迹、方向、距离、顺序、节奏、负荷、难度、场地、器材、规则等诸多方面，对运动项目进行加工和改造，使其成为有实际使用价值的体育教学内容。

第十一章　体育教学方法

第一节　体育教学方法概述

教学方法是教学理论中的一个重要组成部分。在体育教学活动中，明确了体育教学目标、确定了教学内容、掌握了教学原则之后，恰当地运用体育教学方法，就成了突出的重要问题。学和掌握体育教学方法，对于提高教学质量、更好地完成体育教学任务具有重要的意义。

所谓"方法"是指任何一个领域中为完成任务所采用的行为方式，也指研究和认识的途径。在哲学上，"方法"的定义是"根据研究对象的运动规律从实践上和理论上掌握现实的一种形式"。因此，教学方法是师生为实现教学目标和完成教学任务在共同活动中所采用的行为或操作体系。其中既包括师生在教学活动中的外显动作，也包含如动机、情感、意志等内隐行为。教学方法中教师和学生的行为之间存在着一种有机的密切联系，就是教师的教授行为在一定程度上制约或控制着学生的行为。

体育教学方法是指在体育教学过程中，教师和学生为达到预定的体育教学目标，完成教学任务而采取的有效活动的行为方式的总称。此定义突出了体育教学方法的目标性即有效地实现体育教学目标，指出了教学方法实施主体的双边性即包括师生双边，同时也指出了体育教学方法的行为性即行为方式。

第二节　体育教学方法的设计理念和选用实施

一、体育教学方法的设计理念

（一）教学设计

国内有的学者认为："教学设计是以获得优化的教学效果为首的，以学习理论、教学理论和传播理论为理论基础，运用系统方法分析教学问题、确定教学目标、建立解决教学问题的策略方案、试行解决方案、评价试行结果和修改解决方案的过程。"也有学者认为："所谓教学设计，就是为了达到一定的教学目的，对教什么（课程、内容等）和怎么教（组织、方法传媒的使用等）进行设计。"

综合学者们对教学设计的认识，我们认为教学设计是指在进行教学活动之前，根据教学目标的要求，运用系统方法，对参与教学活动诸多要素进行的一种分析和策划的过程。

（二）体育教学设计

体育教学过程是一个特殊的教学过程，与其他学科相比，它承担着促进学生身心全面发展的任务，为此，体育教学过程不但是思维发展过程也是身体活动过程，师生在教学过程中还要承担生理、心理负荷，加之体育教学活动空间开放，影响因素众多。为此，体育教学是一个复杂的开放系统，其组织和控制的难度是其他学科难以比拟的。因此，利用系统思想对体育教学过程中的各个要素进行分析和设计，对体育教学过程进行充分的准备和策划是非常有必要的。

体育教学设计是指在实际进行体育教学活动之前，根据教学目标的要求和体育教学的条件及体育教学规律，运用系统方法，对教学活动诸要素进行分组和最优化组织编排的过程。也是指通过体育教学设计活动形成的旨在解

312

决"为什么教""教什么""如何教"等问题的一种高效率的操作方案。

体育教学设计的概念阐明了体育教学设计在指导思想、基本思路、基本程序上与其他课程教学设计是一脉相承的。但是在设计具体操作中要根据体育教学自身的特点，充分考虑学生身体和心理发展的基础和相互关系，结合体育教学环境条件，分析现状，对未来体育教学过程中可能出现的问题进行预测，对未来师生活动进行规划、准备并制定相应的计划方案。

二、体育教学设计的选用实施标准

体育教学设计的根本目的是在体育教育教学实践中切实地贯彻体育与健康课程的新理念，提高体育教学的质量，优化教学过程，提高教学效率，优质地达成各水平级的体育与健康课程目标。为此，体育教学设计需要遵循既定的一些基本要求。

（一）提高学生的综合素质

体育教学应该在基础教育课程新理念"整体的深入的发展"指导下致力于提高学生的综合素质。即在体育教学中我们不但要注意提高学生的科学文化素质，而且要注意提高他们的生理、心理素质和思想品德素质，使他们不但具有认知能力，掌握体育科学的基础知识以及信息收集和处理技术，而且能独立思考和解决问题，善于表达和交流，有自律意识和责任感，有理想，能灵活地适应社会环境和社会发展。为此，体育教学设计要为落实促进和发展学生的综合素质服务。

（二）推动体育教学的改革

传统的体育教学只重视"三基"，忽视学生良好的心理质量和思想道德质量培养及体育行为能力培养，具有一定的片面性。特别是片面追求升学率、搞应试教育，弊端很多，影响很坏。针对这种情况，在进行体育教学设计时，要努力改变目前体育教学不能很好地适应提高学生综合素质这一要求的现状，以改革的精神引领体育教学设计。要注意更新教学内容，改善课程结构，加强与社会和生活的联系，加强学科间的联系和综合；要注意改进教学组织形式，改革教学方法，革新评价观点和方法，探索有效的教学结构和教学模式，教学手段要现代化，要创造性地把先进的教学理论应用于体育教学设计实践中。

（三）紧扣体育教学实际

在教学设计中应用、贯彻教学理论时，要力戒教条主义，力求理论与实践的协调、和谐。为此，在教学设计之前，除了要认真学习、掌握教学理论以外，还要认真研究教学的实际条件。特别要认真研究授课学生的学习准备状况，包括他们的知识技能基础、情感和动机水平、认知风格特点等，准确地把握教学的起点、潜能和可能性。还要做好教学目的、教学任务和教学内容的设计与分析，把握教学方法、教学策略和教学手段的使用条件与有效性，以科学的效果预测为前提，根据实际情况巧妙地构思，认真地进行个性化的加工、改造和创新。

（四）便于使用和推广

为了使教学设计在改进体育教学、提高教学质量方面发挥更大的作用，除了要积极地宣传、推广外，还要注意加强体育教学设计方案的可操作性。围绕具体教学问题建立合理的解决思路和方法，能为同行提供一定的参考和借鉴。

第三节　体育教学方法的影响因素

一、教育科学与体育科学的发展对体育教师素质提出了新要求

旧中国的学校体育在课程体系和教学内容方面大多照搬西方，教材和参考书非常缺乏，体育教师的教学方式还主要是口传身授。科学技术高度发展的今天，体育教师的教学，要有明确的教学内容和体系，教材中不仅有教师与学生用书之分，还有大量的参考资料。从简陋的教学条件到今天学校体育场地、器材设施的现代化，从教学方法的传习、运动技艺的口传身授，到今天运用如快乐教育、锻炼处方教学、幻灯、投影、图片、影视、计算机技术、网络技术等多种媒体的现代教学方法，足以证明教育科学与体育科学的发展对体育教学产生的影响，同时也对体育教师的素质提出了新的要求，尤其是现代计算机技术如何进入体育教学课堂而被充分利用，给体育教师提出了崭新的课题。

二、意识形态对体育教师职业的影响

社会的存在决定着社会的意识。任何社会科技的发展都带着浓厚的社会意识。在建设有中国特色的社会主义教育业与体育事业中，物质与精神两个文明要一起抓的哲学思想，再现了邓小平理论的重要作用。反映在具体的体育工作中，贯彻素质教育、德育是核心的思想意识，要求体育教师首先要有良好的道德意识与观念。反映在专业思想意识形态中，健康教育的思想逐步深入到每个体育教师的意识和观念之中，影响与推动着体育教师职业随着社会主义建设事业的意识形态，不断地向前发展。

体育教师职业的产生与发展受社会生产力发展的影响，受社会政治制度和现行政策以及科学技术等因素的制约。体育教师职业的产生与发展，其创造性的劳动又推动着教育和体育学科乃至社会生产力的发展，并有利于社会政治制度的巩固，推动着科学技术的进步。

第四节　体育教学方法的选择和运用

一、以语言传递信息为主的体育教学方法

以语言传递信息为主的教学方法，是指通过教师运用口头语言向学生传授体育知识、运动技能的教学方法。由于语言是人类交际的最普通工具，也是教育活动中最常见的行为活动，因此语言法在体育教学中是一种最重要的教学方法，更是教师和学生之间信息传递的最重要媒体。但是要注意以下几点：

（1）语言不等于讲解。教学中有大量的语言交流，教师也有许多语言用于课堂教学需要，但这些不能都理解为讲解。教师语言与讲解之间最大的区别应是是否在向学生说一件学生不懂的事情。

讲解不等于讲解法。教学中教师也有大部分的讲解，但不应把所有的讲解都理解为是讲解法，因为有的讲解只是在说明或解释，没有技术的成分，效果一般，不值得去学，因此它只是讲解而不是讲解的方法。

在体育教学过程中，常用的以语言传递信息为主的方法有讲解法、问答法和讨论法。

（一）讲解法

讲解法是教师通过简明、生动的口头语言向学生系统地传授体育知识及运动技能的方法。所谓讲解是指体育教师运用逻辑分析、论证，形象地描绘、陈述，对某个概念、原理进行分析、解释或论证，使学生在较短的时间内清晰地获得全面而系统的知识的手法。好的讲解法不但能把道理说明，还能将知识的掌握、思想教育、发展智力和陶冶情操等有机地结合起来，成为学习的整体，从而上升为教学的艺术。

由于语言无处不在，讲解法自然是一种主要的体育教学方法。其他的教学方法也都依托于讲解法。然而，由于体育教学的特点，在体育教学过程中

不能过多地使用讲解法，不能形成"满堂说"和"满堂讲"的局面，要"精讲多练"。但是也不能"只练不讲"，因为"既懂又会"的教学目标要求有高超的讲解水平，其实"精讲"正是高超的讲解水平的表现。

（二）问答法

问答法也称谈话法，是教师和学生以口头语言交流的方式，要求学生积极回答教师提出的问题，从而获取新知识的教学方法。

问答法的优点是有利于激发学生的思维活动，有效培养学生的思考能力和语言表达能力，也有唤起和保持学生的注意力和兴趣的作用。由于体育教学的特点，体育教学过程中的问答与在文化课课堂中的问答在形式上有以下几点不同：

1.体育教学中问答通常是用简短的语言来进行的，不能有太长时间的讨论。

2.体育教学中间问答通常以伴随练习的思考为线索，这种问答分散在练习和讲解之中，但在开始和结束部分更显得重要。

（三）讨论法

讨论法是在教师指导下，学生以全班或小组为单位，围绕教材的中心问题各抒己见，通过讨论或辩论活动，获得体育知识或辅助运动技能学习的一种教学方法。其优点在于能促进全体学生都积极参加学习活动，培养合作精神和参加集体思考的能力，同时还可以激发学生的学习兴趣，提高学习情绪。在体育教学中，全体学生都参加讨论是比较困难的，也是比较低效的，因此体育教学中的讨论法往往伴随着"小群体教学法"来进行的。在日本的体育教学中，对"小群体教学"中的讨论方法的开发是很多的，也有很多的优秀成果。

（四）运用以语言传递信息为主的方法时要遵循以下几点基本要求

1.科学地组织教学内容

学生的知识来自于教材知识结构，教师用语言的方法使学生掌握知识，并发展他们的运动能力，最为重要的是要对教学内容进行一番必要的加工。包括使教学内容具有逻辑意义和把处于静止状态的知识信息变为输出状态的信息。因此，体育教师要在课前认真钻研教材，重新组织教学内容，做到系统性强、概念明确、条理清楚、重点突出、难易适度等。

2.讲解的语言要合乎语法要求

讲解的语言应准确、简练、生动并富有感染力。这就要求体育教师具有很好的语言素养和较高的语言表达能力，应使用普通话，切忌出现对学生有副作用的内容和不文明用语；同时要注意"精讲多练"的原则，还要注意语言表达的举止与神态，要善于利用无声的语言。

3.要多用设问和解疑

无论是体育教学中的讲解还是指导，都需要有一些教师精心设计的问题，最好是用"问题串"来串联，以组织和引导学生解决疑难，使学生的思维活动不断处于积极状态。要根据教学的需要和教材内容的特点，精心设计富有启发性和思考价值的问题。要注意：①问题要明确具体，要符合学生知识与能力水平，难易适度；②要善于鼓励和引导学生充分发表自己的见解；③要敏感地抓住学生认识中模糊不清的地方或错误之处，及时地加以纠正。

4.结合黑板、挂图等进行讲授和讨论

结合黑板、挂图等进行讲授和讨论是日本等国家体育教学中常用的方法，这种方法会提高体育教学的效果，提高讲解和讨论的质量，应该予以重视并加强对教学挂图和板书内容的开发。

二、以直接感知为主的体育教学方法

以直接感知为主的方法，是指教师通过对实物或直观教具的演示，使学生利用各种感官直接感知客观事物或现象而获得知识的教学方法。以直接感知为主的方法有动作示范法、演示法、预防与纠正动作错误法等。

（一）动作示范法

动作示范法是教师（或教师指定的学生）以自身完成动作作为范例，使学生了解动作形象、结构、顺序及要领的方法。

动作示范法具有简便灵活、真实感强、直观性强的特点，因此是体育教学中最常用的直观方法，它在使学生了解所学动作的表象、顺序、技术要点和领会动作特征方面具有独特的作用。轻快优美的动作示范还能激发学生学习的兴趣，增强学生学习的自信心。

1.动作示范法的几个要素

（1）示范面。

由于运动动作的多样性，因此动作示范必须注意"示范面"的问题。示范面是指学生观察示范的视角，示范面有正面、背面、侧面和镜面。

①正面示范：教师与学生相对站立所进行的示范是正面示范，正面示范有利于展示教师正面动作的要领，如球类运动的持球动作多用正面示范。

②背面示范：教师背向学生站立所进行的示范是背面示范，背面示范有利于展示教师背面动作或左右移动的动作，以及动作的方向、路线变化较为复杂的动作，以利于教师的领做和学生的模仿，如武术的套路教学就常采用背面示范。

③侧面示范：教师侧向学生站立所进行的示范是侧面示范，侧面示范有利于展示动作的侧面和按前后方向完成的动作，如跑步中摆臂动作和腿的后蹬动作。

④镜面示范：教师面对学生站立进行的与同学同方向的示范是镜面示范，镜面示范的特点是学生和教师的动作两相对应，适用于简单动作的教学，便于教师领做，学生模仿。例如，做徒手操，开始时学生完成动作是左脚左移半步成开立，教师的示范动作与学生的动作相对应，则是右脚右移半步成开立。

（2）示范速度：为了帮助学生建立完整正确的动作表象，教师注意根据情况运用不同的速度进行示范。一般的情况可用常规的速度进行示范，但当为突出显示动作结构的某些环节时则应采用慢速示范。

（3）观察距离：应根据完成动作示范的活动范围、学生人数和安全需要等恰当地选择学生观察动作示范的距离。

（4）观察视线：学生视线与动作示范面越接近垂直越有利于观察。在多数学生以横队形式观察示范动作的情况下，越靠近横队两端的学生，其视角就越不接近垂直。因此，学生观察示范动作的队形不宜拉得太宽。学生人数较多时，应让学生排成若干排横队或半圆形队形观看示范，并避免横队前列的学生遮挡后列学生的视线。

（5）视线干扰：应注意让学生背向或侧向阳光、风向，以避免视线干扰，有利观察。

（6）多媒体配合：示范应与讲解、学生思维等紧密结合，争取最好的动作示范效果。

2.运用动作示范法的基本要求

（1）动作示范要有明确的目的。示范要针对体育教学的实际需要进行，应区别以下三种动作示范：

①认知示范：是使学生知道学什么的示范。认知示范的重点是给学生建立动作的整体形象，形成大致的概念。进行这种示范时要正确、朴实，要引导学生注意整体，不要拘泥细节。

②学法示范：是告诉学生怎样学的示范。学法示范的重点是使学生了解动作完成的顺序、要领、关键、难点等。进行这种示范时要引导学生注意关键的动作环节的重点部分。

③错误示范：是示范学生错误动作的示范。错误示范的重点是学生了解自己动作错误的外部特征。进行这种示范时既要突出错误的特征又不能夸张。对这种动作示范的要求与第二种动作示范大致相同，应注意示范时着重突出要纠正的错误所在。

（2）示范动作要正确、美观。正确是指示范要严格按动作技术的规格要求完成，以保证学生建立正确的动作表象；美观是指动作示范的生动和诱人，以保证动作示范可以引起学生学、练的兴趣，消除不必要的畏难情绪。

（二）演示法

演示法是教师在体育教学中通过展示各种实物、直观教具，让学生通过观察获得感性认识，引起学生相应模仿行为的教学方法。多年来这种方法在体育教学中被广泛采用，尽管对于某些示范有一定难度，但是对于运动表象记忆又非常重要的体育教学来说，是一种不可或缺的教学方法，它与讲授法、谈话法等教学方法的结合使用可以收到很好的教学效果。

在中国中小学的体育教学中，较为多见的演示手段是：可活动的人体模型、战术板、图片和图画等小道具，另外还有偶尔才使用的幻灯、电影、录像片、多媒体课件等，由于体育技能学习有难以现场观察（因为动作较快）、难以自我观察等特点，因此演示的教学法和示范法一样，是非常重要的教学方法，也是应该大力开发的教学方法。实践证明，演示法不仅能理论联系实际，为学生学习运动技能提供丰富的感性材料，而且还能激发学生学习的兴趣，提高体育学习的效果。

（三）预防与纠正动作错误法

预防与纠正动作错误法是在动作技能教授过程中，针对学生形成与掌握运动动作中产生的错误动作及其原因，预先在教授中及时采取有效的手段措施，防止出现和及时纠正学生错误动作的方法。

学生在掌握运动技能过程中难免会产生一些错误的动作，如果不及时纠正就会形成错误的动力定型，这不但影响学生正确地掌握技术，而且可能导致伤害事故，损害学生健康。预防与纠正错误是有机联系的，对于一个动作错误的预防措施，也可能是这一动作错误的纠正手段。对于前一个动作环节错误的纠正，实际上是为预防下一个动作环节错误和形成正确的动作技能奠定了良好的基础。

预防具有超前性，即能预见到学生可能出现的动作错误。准确找出可能的原因，主动地、积极地采取有效的手段与措施，能"防患于未然"；纠正具有鲜明的针对性和发现性，即能及时准确地发现学生的动作错误，并能正确分析产生动作错误的原因，采取有效的手段，尽快纠正。

1.产生动作错误的原因

学生在动作学习过程中所产生的动作错误各不相同，原因更是复杂多样：既有个性又有共性，既有内因又有外因，既有主观原因又有客观原因，既有生理原因又有心理原因。归纳起来主要有以下五个方面：

（1）运动生物力学方面的原因：学生在学习动作时不认真、敷衍了事，动作概念不清，完成动作的方法不符合运动生物力学的基本原理，就易产生动作错误。

（2）教学水平与组织教法因素：教师所选教材不符合学生的实际水平，计划与安排缺乏系统性、科学性，组织教法不当，也易使学生产生动作错误。

（3）生理方面的原因：学生身体素质与运动能力未达到完成动作所要求的水平，肌体疲劳，生理功能下降，易产生无意识的本能动作、错误动作。

（4）教育心理方面的原因：师生关系紧张，教学方法选择不当，学生学习目的性不明确，怕苦畏难或过分激动兴奋、或自卑忧郁，缺乏勇气与毅力等都易产生动作错误。

（5）外部客观条件方面的原因：由于练场地、教学器材、设备不符合学生的实际要求；外界气氛条件干扰；卫生安全条件不好等因素，也易诱发动作错误。

2.预防与纠正动作错误的方法

针对上述产生动作错误的原因，教师应采取相应的手段措施，预防与纠正学生产生的动作错误。

（1）强化概念法。在动作教学初期，动作概念不清楚，未能建立正确的动作表象是造成动作错误的重要原因。可运用语言和直观的方法，不断使学生建立正确的动作概念，通过生动而准确的描述性语言和手势等帮助学生明确动作的顺序、要领，使学生明确正确与错误动作的最主要差异在哪，主动避免与及时纠正错误动作。

（2）诱导练习法。在学生因为恐惧和焦虑、或旧运动技能干扰而形成错误动作时，应采取变换练习内容的方式，及时采用一些诱导性、辅助性练习，将学生从已经形成的动作错误中转移出来，在此基础上正确完成新的动作。可设置一定条件，诱使学生达到教学要求，还可以用标志线、标志点、标志物来标明动作方向、幅度等。

（3）降低难度法。在学生完成动作过程中，由于身体素质与紧张心理造成的动作错误，应运用改变练习条件、降低作业难度或分解完成动作等方法，以便学生在相对简单容易的条件下完成动作。

（4）外力帮助法。在学生用力的部位、大小、方向、幅度不清楚而出现动作错误时，教师可以运用推、顶、送、托、拉、挡、拨等外力，帮助学生建立正确动作的本体感觉，纠正动作错误。

另外，还应特别注意激励法的应用，调动学生的学习积极性，提高完成动作的信心；要教育引导学生自己发现与纠正动作错误和学生相互观察与纠正动作错误。根据动作错误的性质，可采用限制练习法、诱导练习法和自我暗示法等进行纠正（表 11-1）。

表 11-1　限制练习法、诱导练习法和自我暗示法的含义

限制练习法	诱导练习法	自我暗示法
在设置限制的条件下进行练习、纠正错误动作的方法。如练习起跑时，在学生头顶上设置一定高度的后低前高的斜竿，在这种限制的条件下使之体会掌握起跑时的正确动作，避免产生过早直立起身来跑的错误。	设置一定条件，诱使学生达到教学要求的方法。如在垫上做肩肘倒立时，学生不能挺直腰腹部，对此，可在垫子上方悬一吊球，诱使学生用脚尖触球而挺直腰部和腹部。	学生在明确完成动作的方法而又往往会忽略某些要求，在练习中自己有意识地暗示自己达到要求的方法。如奔跑时后腿蹬地不充分应在练习中暗示自己注意。

3.预防与纠正错误的过程

预防与纠正动作错误贯穿于整个动作教学的全过程，从时间的先后可以分成练习前、练习中、练习后（图 11-1）。

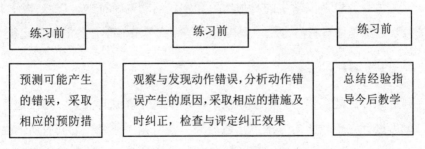

图 11-1　预防与纠正错误的过程

（四）运用以直接感知为主的教学方法的基本要求

1.事先要做好准备工作

在教学中运用演示法时，教师要根据体育教学任务的需要，做好必要的演示准备，如示范动作的演练、所需教具的准备等等。

2.利用示范和演示来帮助学生建立动作表象

如让学生掌握动作的方向、路线、动作节奏、速度等要素，帮助学生对动作有个完整认识。

3.引导学生进行有效的观察

演示前要提出问题，并教给学生观察的顺序与方法，以引导学生有目的、有重点地去观察和思考。

4.总结观察结果，组织学生进行分析及归纳

演示结束后，教师要及时组织和引导学生通过问答、讨论、分析，将观察得到的感性认识上升理性认识，初步归纳总结动作要领及技术方法。

三、以身体练习为主的体育教学方法

以身体练习为主的体育教学方法，是那些通过身体练习和技能学习使学生掌握和运用运动技能、进行身体锻炼的教学方法。在体育教学实践中，以身体练习为主的体育教学方法有分解练习法、完整练习法、领会教学法和循环练习法等。

因为体育教学是以学生的身体练习和实践活动为特征的，以身体练习为主的教学方法是体育教学方法主要内容，是完成体育教学任务的主要途径。

（一）分解练习法

分解练习法是指将完整的动作技术，合理地分解成几部分，逐段进行教学，最后进行完整教学的方法。它适用于"会"和"不会"之间有质的区别或运动技术难度较高而又可分解的运动项目。这种教学方法的优点是把动作技术的难度相对降低，便于学生掌握和突出教学重点和难点，同时还有利于提高学生学习的信心。其缺点是不利于学生对完整动作的领会，有可能形成

反对局部和分解动作的单独掌握，甚至妨碍完整地掌握动作。

分解法一般是在动作比较复杂、协调性要求高、方法线路变化较多，或动作的各段落与部分联系不是十分紧密，可以分解时，或学生运动技能储备较少、运动学习能力弱时采用。分解的方法有以下几种：

1.可按动作技术的结构顺序分：如体操的"低杠挂膝上"是由助跑、挂膝和挂膝上三个主要部分组成，可按动作技术结构顺序先练习助跑以加强动力，再练习挂膝以加强动力连贯性，最后将助跑和挂膝上的动作串联最终学会这个动作。

2.可按动作技术的结构反序分：如跨栏是由助跑、起跨、过栏摆腿和落地四个主要部分组成，可按动作技术结构反序先练习落地和摆腿（无栏或栏侧练习），再练习过栏动作，最后加上栏间助跑，串联练习最终学会这个动作。

3.按学习难度分：如学习蛙泳可按难度分为陆上模仿动作、水中局部动作练习和水中完整练习三段，按学习难度先练习陆上模仿，将"划、弯、伸"和"收、翻、蹬"动作练正确并熟练，再下水边扶池边练腿部动作和有同伴扶助的手臂练习，待较熟练后再做带浮漂的完整练习，直至最终解下浮漂完全学会蛙泳。

4.按身体各部分的动作分：如武术的动作，所涉及的身体各部分有：下肢动作、上肢动作、上体姿势和头部动作，有些难度较大的动作，如果整体学习会有困难，因此可按身体各部分的动作来分解学习。

在教学中，可根据动作技术的特点，采取合理的分解方式。由于任何动作都是在一定的时间、空间中进行完成的，因此，分解完整动作可以按时间的先后、按空间的部位，以及时间、空间的结合进行，如将一个完整动作技术从时间上分成几个相对独立，又相互联系的段落。具体分解教学的顺序可以是多性的，基本顺序有分进式、连进式和递进式三种。

1.分进式分段法：是将动作的各段按第一顺序逐段进行教学后，再全部连接起来完整地教学（图11-2）。

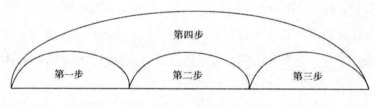

图 11-2　分进式教学

2.连进式分段法：是先教第一段，再教第二段，将第一、二段连接教学；然后教第三段，然后连接第一、二、三段，如此相连，直至完成全部动作的完整教学（图 11-3）。

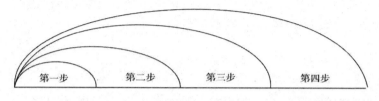

图 11-3　连进式分解教学

3.递进式分段法：第一步是先教第一段；第二步是教第二段；第三步是将第一、二段连接起来教学；第四步是教第三段；第五步是将第一、二、三段连接起来教学，直至完成全部动作的完整教学（图 11-4）。

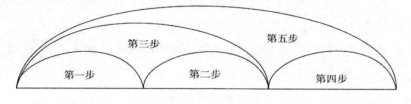

图 11-4　递进式分解教学

进行分解教学时应注意以下几点：

1.划分动作时，应注意其相互间的联系，划分开的段落应易于连接完成并不破坏动作的结构。

2.使学生明确所划分的段落或部分在完整动作中的地位和相互联系。

3.分解法要与完整法结合运用。分解法的主要作用在于减少学生学中的困难，最终达到完整掌握动作的目的，所以，分解动作的练习时间不宜过长，只要基本掌握即可与其他段落或部分连接起来进行练习。

4.切忌为分解而分解的练习和步骤。

（二）完整练习法

完整法是从动作开始到结束，不分部分和段落，完整、连续地进行学和练习的方法。它适用于"会"和"不会"之间没有质的区别或运动技术难度不高而没有必要进行或根本不可分解的运动项目。完整法的优点是教学中能保持动作结构的完整性，便于形成动作技术的整体概念和动作间的联系；其缺点是用于应该分解而又不宜分解的动作（如体操运动中的翻转动作）时给教学带来困难。此时为了减少学生学习的困难和便于他们掌握动作，可采用以下做法：

1.利用示范和演示来帮助学生建立动作表象。如让学生掌握动作的方向、路线、动作节奏、速度等要素，帮助学生对动作有个完整认识。

2.抓住教学重点进行突破。如体操运动中的翻转动作虽无法分解，其中的要素、如动力、动作动机和动作要领还是可以进行分析并找出主要的原因和主要问题所在，有重点地进行练习，切忌一开始就拘泥于动作的细节。

3.通过帮助与辅助降低难度。如通过辅助器材的使用和利用教师的各种帮助降低动作难度。

4.有意识地降低对动作质量的要求。如体操动作的适当分腿、屈膝，武术动作中降低速度，篮、排球中的近距离投篮、发球等，但降低要求以不形成明显错误动作为限。

5.开发多样的辅助练习和诱导性练习。完整法和分解法在实际运用中是紧密结合的。运用分解法时，应注意使学生完整地理解动作，在以完整法为主进行教学时，也应对动作的某些环节或困难部分进行分解学习。采用什么方法应根据教材的特点（主要是"会"和"会"的关系和难度的特点）、学生的能力和教学时间等因素来确定。

（三）领会教学法

领会教学法是一种完整教学法的变形和提高形式。它是英国学者在 20 世纪 80 年代提出的一种改造球类教学的方法。是试图通过从战术整体开始学习（领会）的新教程，改变以往只追求技能、甚至是次要枝节的技能，而忽视了学生对整个运动项目的认知和对项目特点的把握的缺陷，以提高球类教学质量的教学主法，这是体育教学方法指导思想的一项重大改革。领会教学法是以"项目介绍"和"比赛概述"作为球类运动教学的开始，让学生了解该项目特点和比赛规则，从而使学生一开始就对该动做项目有一个全面的了解的方法。领会教学法的教学过程主要包括六个部分（图 11-5）。

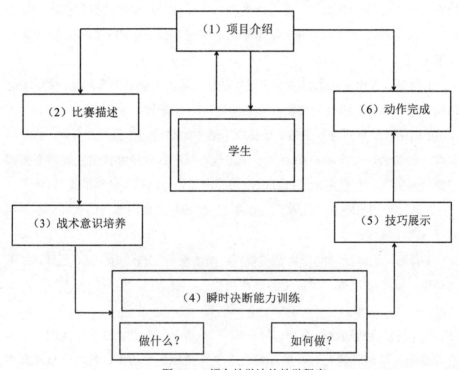

图 11-5 领会教学法的教学程序

领会教学法是以"项目介绍"和"比赛概述"作为球类运动教学的开始，让学生了解该项目的特点和比赛规则，从而使学生一开始就对该运动项目有一个全面的了解。

领会教学法与传统的技能教学不同的是：教师不是从基本的动作教起，而是首先对学生进行"战术意识培养"。教师在战术介绍以后，结合实战向学生演示一些临场复杂的情况和应付的方法，对学生进行"瞬间决断能力的训练"，培养学生全面观察情况，把握和判断时机以及应变能力，使学生最终可以根据所学的技术和战术，判断出"做什么"和选择最佳的行动方案——"如何去做"。

领会教学法还有一个特点，就是将过去的"从局部开始分解教学"，改变为"从整体开始教学再到局部，再回到整体教学"。这个教学过程有利于使学生从一开始就"领会"到项目（特别是集体性的球类项目）的基本概况和概貌，并较快地形成球类意识和战术概念等。领会教学法的教学模式有如下特点：

1.从项目整体特征入手，然后再回到具体技能学习，最后再回到整体的认识和训练中。

2.强调从战术意识入手，把战术意识贯穿在各个教学环节中，整体意识和战术为主导的特征很强。

3.突出主要的运动技术，而忽略一些枝节性的运动技术。

4.注重比赛的形式，并在比赛和实战中培养学生对项目的理解，教学往往从"尝试性比赛"开始，以"总结性比赛"结束。

完整法和分解法在实际运用中是紧密结合的。运用分解法时，应注意使学生完整地理解动作；以完整法为主进行教学时，也应对动作的某些环节或较难部分进行分解学习。采用什么方法应根据教材的特点（主要是"会"和"不会"的关系和难度的特点）、学生的能力和教学时间等因素来确定。

（四）循环练习法

循环练习法是根据教学和锻炼的需要选定若干练手段，设置若干个相应的练习站（点），学生按规定顺序、路线和练习要求，逐渐依次练习并循环方法，它主要是练习的方法，不是教学方法，但它也是一种教学组织方式。

循环练习的方式有多种，主要是轮换式和流水式两种。

1.轮换式循环练法

轮换式也称分组式，是将全班学生分成若干组，各组学生在各练习站同时开始练习，并等时进行交换，依次轮换到下一练习站进行练习，如此依次循环进行的组间轮换练习方式。主要适用于学生人数较多的情况（图11-6）。

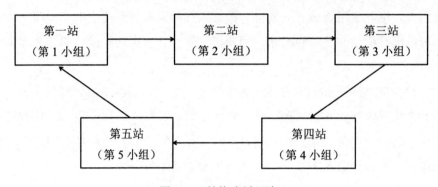

图 11-4　轮换式循环法

2.流水式循环练习法

流水式是指全班学生不分组，排成一路纵队，按所设置练习站的顺序和要求从第一站出发逐站依次进行练习，每人依次完成各站练习后又回到第一站重新开始第二轮练习，如此循环直至结束的方法。适用于学生人数较少的情况（图11-7）。

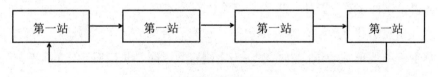

图 11-7　流水式循环练习法

循环练法的特点是练习过程连续循环，有多个练习手段，练习内容多样，运动量、练习节奏和身体锻炼的部位比较容易调整，可以根据课上的练习需要进行多样化的设计和安排。其作用是能有效地提高练习密度和运动负荷，能全面锻炼学生的身体，有效发展体能。运用循环练习法时应注意以下几点。

（1）练习手段、练习走、练习站以及循环练习方式的确定，均应服从教学任务和教学条件、学生的运动能力以及场地器材等实际情况，练习站不宜太多，也不宜太少，一般以 6 个左右为宜。

（2）选用的练习手段应是学生会做的，应将发展基本活动能力、发展身体素质、培养心理质量、激发兴趣和促进学生交流等内容合理地搭配、组合在一起，以利于全面锻炼学生的身体和全面完成教学任务。

（3）每个练习站必须有定量、定时、定性等的要求。

（4）各练习站的练习内容要注意负荷大小不同的练习交替安排。

（5）可以从学生最大负荷能力的三分之一开始练习，以后各站逐步增大运动负荷，但一般不超过学生最大负荷能力的三分之二。练习量大时，强度应相对较小；反之，强度大时，练习不能多，在循环练习中还要注意合理的间歇。

（五）运用以身体练习为主的体育教学方法的基本要求

1.选用的练习法既要符合运动技能的形成规律，也要符合教材的特性。

2.科学安排各种练习法中的练习密度及运动负荷。

3.选用的练习法要与培养动脑、动口、动手的实际操作能力相结合。

4.运用练习法时要注意培养学生自我监督、自我检查和自我评定等能力和良好习惯。

第十二章　体育教学过程

第一节　体育教学过程的含义与性质

一、什么是教学

"教学"是一个极为普通、用途很广的日常用语，又是教育科学中的基本概念，要研究教学理论必须首先回答"教学是什么"的问题。当前，对教学的解释主要有：

"教师的教和学生的学的共同活动。学生在教师有目的、有计划的指导下，积极主动地掌握系统的文化科学基础知识和基本技能，发展能力，增强体质，并形成一定的思想品德。"

"教学说到底是一种帮助或促进人的成长的努力。"

"教学是以课程内容为中介的师生双方教和学的共同活动。"

上述的界定有两点是共同的，即教学是有明确目的的，是师生双边的共同活动。

除了以上论述以外，还有一些具有启发性的对教学的解释。例如：

"教学是教师的基本工作。"

"教学是一门艺术。"

"教学是一门技术。"

"教学是建立一种促进学习的环境。"

自我国开展素质教育以来，特别是新的课程改革以来，对教学的认识逐步深入。可以看出，人们对教学的认识包括宏观和微观，抽象和具体。

二、什么是体育教学

体育教学是教学的下位概念，是整个教学的一个有机的组成部分，同时又是一个具有鲜明特征的过程。国内对体育教学的解释主要有：

"体育教学是指实现体育教学目的和任务的基本途径。以体育课内容为中介的师生双方在教与学两个方面的双边活动。"

"体育教学是在教师的指导和学生的参加下，按照教育方针和体育教学大纲的要求，锻炼身体，增强体质，学习和掌握一定的体育卫生保健知识与技术、技能，培养思想道德质量的有目的有组织的教育过程。"

"体育教学是在体育教师和普通学生之间展开的运动技术传习活动。"综合上述几种界定，体育教学是以体育教学内容为中介，以学生身体实际参与为特征的师生双边活动。

三、体育教学的特点

体育教学与其他学科相比较，有其明显的特点。

（一）坚持健康第一

当前，我国课程改革深入发展，体育课程已经发展成为体育与健康课程。课程的宗旨是坚持健康第一的理念。因此，健康第一已经成为今后体育教学的主导思想，同时也是一大特点。

（二）以身体练习为学习的基本内容

体育教学的目标主要是通过学生参与各种各样的身体练习来实现。通过学习体育运动技术和掌握运动技能，发展学生的身体。身体练习为学习的"基本平台"，在这个平台上，可以拓展各种其他形式的活动，从而实现体育教学的多种目标。

（三）体力与智力活动相结合

在体育教学过程中，学生从事各种身体练习时，一方面是技能与体能水平的外显，另一方面又是深入的思维活动的体现。身体练习的完成实际是体力活动与思维活动相结合的过程与结果。在此过程中体力活动与智力活动应紧密结合，融于一体的。当前有人称之为"身体思维"。

（四）身体承受一定生理负荷

人的体能和健康的发展需要运动，需要做各种身体练习，仅此还不够，还需要有科学的运动量。承受科学的运动量就需要有一定的运动负荷。体育教学过程中，主要是通过学生反复从事各种身体练习，学习掌握体育知识技能。在反复练习的过程中，对学生的机体会产生相应的刺激。运动刺激的大小与过程会直接影响学生生理负荷的大小与过程。一个学生所能承受的生理负荷是各不相同的，如何科学合理安排负荷是体育教学的特殊问题。

（五）注重心理健康与社会适应能力的发展

体育与健康课程标准提出五个领域的目标，其中心理健康和社会适应目标成为课程的重要目标。因此，注重心理健康和社会适应能力的发展成为当前体育教学的特点。

四、教学系统

教学系统是为了实现某一具体目标是按照一定互动方式组织起来的部分之集合。了解教学系统，从宏观上理解教学，对于体育教学的设计有重要意义。教学系统见图 12-1。

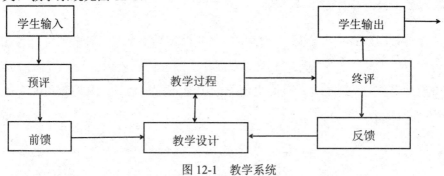

图 12-1　教学系统

体育教学，应从理解一般教学系统出发，理解教学的整体。从图 12-1 可以看出，教学设计是系统中的一个子系统，与其直接相关的是前馈、反馈和教学过程。

五、教学过程

教学过程是教学系统的各个部分在推动其实现目标的全部行动及其效能。这里的各个部分主要包括：教学目标、教学要素、教学规律与原则以及教学方法等。因此，我们可以认为，教学过程是一个复杂的、有机的、综合的运行过程。从图 12-1 也可以看出，教学过程与教学设计的互动关系，互为依据的关系。

第二节 体育教学过程中的规律

任何事物都有它自己的规律，体育教学活动是一个动态过程，它的运行、发展与变化也是有规律的。《现代汉语词典》把规律界定为："事物之间的内在的必然联系。"体育教学规律反映的是体育教学过程中存在着的必然的稳定的联系。体育教学规律对教学活动中教学内容的确定、教学组织形式的安排以及体育教学方法的选择和运用，都具有制约作用。正确地认识和研究体育教学规律，是提高体育教学质量的重要保证。

对于体育教学规律，国内外体育教学理论界作了深入的研究，现将代表性的观点介绍如下，并作简要评论。

一、国外体育教学规律研究观点叙述

国外对体育教学规律进行研究主要的是前苏联，并提出一些观点，曾对我国体育教学理论界探讨体育教学规律问题产生了很大的影响。

1.20 世纪 50 年代，前苏联体育教育理论开始研究体育教学规律问题。格·依·库库什金在《体育教育理论》中认为："体育教育理论研究的是苏维埃人体能全面发展问题，研究实施全面体育教育问题。它研究作为社会现象的体育教育的客观规律性，分析体育教育的过程……"但是他没有提出具体的措施，因此，格·依·库库什金的论述并没有引起重视，正如他本人所说："现在，对于体育教育的许多规律性还缺少研究。"

2.依·格·凯利舍夫在其主编的《苏联体育教育理论》中讲到的规律，是以巴甫洛夫高级神经活动学说为理论依据的动作技能形成的规律。"根据运动员活动的考察而明确了动作技能形成有三个阶段。""在第一阶段分解地学习动作并把分解动作连成综合动作，在这个时候运动员粗略地掌握动作。在教学的第二阶段，由于多次重复的结果，动作技能逐渐提高，在这当中消除对完成练习不需要的多余动作。在第三阶段，借着进一步完成准确动作和

336

各感觉器官的活动，使动作技能更加完善。"从中可以看出，依·格·凯利舍夫的体育教育理论中，起主体作用的是运动教学规律，即巴甫洛夫高级神经活动学说。对于运动教学能否解决体育教学的问题，依·格·凯利舍夫认为："身体练习的教学中不能不影响人的身体，不能不影响人的健康和身体发展。"

3.前苏联体育教育理论专家列·巴·马特维也夫在《体育理论与方法》中指出："教学的特定客体是运动动作，而安排这些动作教学时，应符合动作技能形成的规律性。""在合理安排教学的条件下，运动动作的建立和完善过程的内在逻辑可将其看作是从有关的知识和表象向初级动作技能，然后再由初级技能向熟练技能的转化。"根据形成动作技能的规律性，列·巴·马特维也夫论述了运动动作教学过程的三个阶段："初学动作阶段对应于所谓准技能时期，在这期间形成初级技能的基础或前提；人学习动作阶段对应于在动作的完整外形和细节中形成初级技能的时期；动作的合成'精加工'阶段——直接形成熟练技能，巩固它，并在一定的情况下进一步完善它的时期。"

我国体育教学理论界自20世纪70年代末开始，对体育教学规律作了多方面的研究，有代表性的观点如下。

1.1981年出版的体育系通用教材《体育理论》基本上沿用了《苏联体育教育理论》中的内容，通过分析体育教学过程中学生掌握运动技能的基本阶段和体育教学过程诸因素的相互关系来探讨体育教学规律，认为学生掌握运动技能的过程，一般包括三个阶段，即粗略地掌握动作阶段、改进与提高动作阶段、巩固与运用自如阶段，并对各个阶段的特点与教法要求作了简要的阐述。到1987年再次编定出版时又作了深化研究，指出："体育教学应以不同年龄、性别学生身心发展规律为依据。在掌握知识、技术、技能的过程中，应根据教学过程的认识活动的规律，即引起动机、感知教材、理解教材、巩固知识、运用知识、检查评定等几个阶段来进行教学。以上是各科教学都必须遵循的。同时，体育教学还要遵循动作技能形成的规律、人体工作能力变化的规律、身体功能提高的规律。"并且对"动作技能形成的规律""人体生理技能活动能力变化的规律"进行了重点的阐述。

2.1986年出版的高等学校试用教材《体育理论》中，根据体育教学的特点，提出"在教学过程中，遵循认识事物的规律、动作技能形成的规律、人体机能适应性规律、人体生理机能活动能力变化的规律以及青少年儿童生理、心理发展的规律"，并系统分析了各教学原则的特点及教学要求。由金钦昌主编的高等学校教材《学校体育学》（1994），把体育教学过程的基本规律分为一般教学规律和特殊教学规律两类。一般教学规律是指教学过程中的普遍规律，包括：社会制约性规律、学生身心发展规律、认识事物的规律、教育教养和发展相统一的规律、教师的教与学生的学辩证统一的规律。特殊教学规律是指体育教学过程中所特有的规律，包括：动作技能形成规律；人体机能适应性规律；人体生理和心理活动起伏变化的规律。

于长镇在其主编的《体育教学论》（1991）中认为："体育教学规律决定着体育教学中应贯彻的教学原则、教学方法、组织形式和教学手段，体育教学规律可分为一般教学规律和特殊教学规律。"一般教学规律有：教和学相互依存、辩证统一的规律；认识事物的规律；在教学过程中，教育、教养、发展任务相统一的规律；体育教学过程的特殊规律；人体生理机能活动能力变化的规律；人体机能适应性规律；青少年身心发展的规律；动作技能形成的规律。

周登嵩在《学校体育理论与研究》（1995）中撰文指出，体育教学过程基本规律的研究"应该以马克思主义哲学的认识论、方法论为指导，结合运用系统论、教育学、现代教学论、学校体育学的有关理论与方法，并立足于体育教学过程的特点及丰富的教学实践，来全面揭示体育教学过程的内在矛盾及其相互关系"。基于这一认识，体育教学基本规律包括：教学与学生身心发展相适应的规律；动作技能形成的规律；以运动实践为主，获得身心发展效益的规律；物质设备条件的制约性规律。

第三节　体育教学过程中的层次及特点

一、体育教学过程的层次及其特点

为了更好地理解体育教学过程的概念，掌握体育教学过程的特点。我们还要对体育教学过程作进一步的分解，从而认识体育教学过程的层次及其特点。体育教学过程的层次可以分为：超学段体育教学过程，学段体育教学过程，学年体育教学过程，学期体育教学过程，单元体育教学过程，课时体育教学过程等。

（一）超学段（12～16 年）体育教学过程及其特点

所谓超学段的体育教学过程是指学生从小学开始到大学毕业的整个体育教学过程。在这 10 多年的体育教学过程中，学生所享受到的是国家规定的体育教育。超学段的体育教学过程具有以下一些特点。

1.强制性

此教学过程受到国家教育意志、社会、政治、经济发展状况和生产力发展水平等多方面的直接影响。由国家安排的超学段体育教学过程可长可短，由 12 年到 16 年不等。超学段的体育教学过程是由国家控制的，体现的是国家教育课程设计思想和国家对体育教育的期待，其过程的目的和目标充分反映了国家的意志和要求，是一个宏观的、有系统性的学科教育过程。

2.多模式性

超学段的体育教学过程具有多模式性。超学段的体育教学过程是由若干个学段的体育教学过程组成的，而每个学段的体育教学过程又受各段教育性质的影响，时间长短不一，这使得超学段体育教学过程并不一致。特别由于我国人口众多、地域广泛、民族差异明显，使超学段体育教学过程在目标表述、教学内容、学时规定以及教学特点上均具有多模式性。

3.非全体性

超学段体育教学过程包含基础教育、中等教育和高等教育三个阶段，由于教育普及程度的问题，并不是每个学生都能享受到上述完整的三个阶段的体育教学过程。所以它对学生来说具有非全体性的特点。

（二）学段（3～6年）体育教学过程及其特点

学段体育教学过程，按当前中国教育的学制进行划分，可以分为小学、初中、高中、大学等体育教学过程；按目前《体育与健康课程标准》的划分，可分为水平一（相当于小学1～2年级）、水平二（相当于小学3～4年级）、水平三（相当于小学5～6年级）、水平四（相当于初中阶段）、水平五和水平六（相当于高中阶段）。学段体育教学过程表现为某个学段的"课程方案"或"学段教学计划"，它的特点主要有以下几点。

1.发展阶段性

学段体育教学过程划分的主要依据是学生的身心发育规律，如初中生处于青春发育期，成长发育迅速，体型剧变，身体机能迅速健全，性开始发育成熟；随着生理的逐步发育成长，初中生的心理也发生了较大的变化，感知能力和观察能力明显提高，记忆力接近或处于高峰期，具体形象思维向抽象逻辑思维过渡，想象能力有所提高等。因此，初中学段体育教学过程就要体现初中生上述生长发育的特点，这就是发展的阶段性。

2.相互衔接性

学段体育教学过程与超学段体育教学过程相比，是进一步的细化，它是把超学段相对多样的、宏观性的国家体育课程目标、内容和要求进一步进行分解和细化，合理地分配在几个相互连续和相互衔接的学段中，并使之有机地结合。学段的体育教学过程主要是由国家来规定原则，由各级学校具体设计的。

（三）学年体育教学过程及其特点

学年体育教学过程是指根据学校的体育教学情况，针对学生的特点，把学段体育教学标准和方案的内容、任务、要求等具体地分配到学年中，使之相互衔接，并付诸实施的过程。它是一种客观的体育教学过程，此过程一般由各级各类学校的体育部门来掌控，主要表现为学校的《学年教学计划》。学年体育教学过程的主要特点有：

1.系统性

学年体育教学过程要完成学段体育教学的要求和目标，而学段的教学目标如何分解、教学内容如何排列、教学时数如何分配、学年与学年又如何衔接等均是学年体育教学过程要着重解决的问题。因此，学年体育教学过程不仅要注意学段中各学年体育教学过程的关系，而且还要注意学年内两个学期间体育教学过程的关系，因此其系统性比较强。

2.周期性

学年体育教学过程的计划和安排要考虑体育教学内容的周期性。另外，要明确在全年 32～36 周的体育教学过程中安排什么教材，安排在哪个学期，出现几次，教学内容之间的相互关系等。

3.承启性

学年体育教学过程具有明显的承上启下性，它是超学段体育教学过程、学段体育教学过程和学期体育教学过程的连接点，对上具有体现作用，对下具有指导作用，是宏观过程转向微观过程的中介环节。学年体育教学过程也是超学段、学段体育教学过程的具体化，它实施的好与差会直接影响到体育教学的质量。

（四）学期的体育教学过程及其特点

学期体育教学过程的设计是根据教师、场地、气候、教材的特点和教材质等条件，将学年体育教学过程的内容、要求及任务分配到上下两个学期的各个教学周中去。此教学过程一般由各级各类学校体育教师和体育教研室来掌控，表现为体育教研组的"学期教学计划"，其主要特点是：

1.季节性

设计学期体育教学过程，最主要的就是应根据季节变化和当地的气候特点，把学年教学过程中所选择的各项教材合理地安排到各学期中去，使体育教学适应季节的变化。如在秋冬季安排中长跑、滑雪滑冰以及室内运动项目的教学，而在春夏季则安排体操、武术、游泳等项目的教学。

2.集散性

确定了学年体育教学内容之后，就要根据学生素质与教材之间的关系，教材的难易程度以及气候的变化等具体情况，将选定的教学内容分配到该学期的各教学周中去，此时就涉及教学内容的排列关系，即各项教材的集中与分散排列的问题。根据教材的性质及特点，再确定其在教学过程中适合集中排列还是分散排列。

（五）单元（1～36周）体育教学过程及其特点

单元体育教学过程是指教师按照学期体育教学过程方案，按教学内容的学理性，安排一些教学单元，进行课时分配并实施教学的过程。单元是体育教学过程的基本单位，是由若干课时组成的"教学板块"。单元体育教学过程在体育教学中具有最重要的意义，它表现为体育教师的"单元教学计划"，其主要特点有：

1.变化性

单元体育教学过程有大有小，有长有短，其大小和长短实质上决定了教学的容量和质量，因此具有明显的变化性特点。每个单元的大小因教学目标、教材难度、学生水平、场地设施、教师水平的差异而不同。一般情况下，技术不太强，教材难度不大的单元可小一些，如游戏、走、跑等教材，低年级的单元也相应小一些，而高年级随着教材的复杂程度及难度加大，单元教学的规模则会大一些。

2.学理性

单元体育教学过程具有较强的学理性。安排和设计单元教学过程时主要应根据教材的学习原理，突出教学目标和任务要求。同一教学目标可设计出不同的教学单元结构，如篮球项目的教学，可以设计为先分解再到整体教学的单元结构，也可以设计为先整体再到分解，最后到整体教学的单元结构。而后者往往比前者在设计上要科学和实用，也就能避免我们经常看到的"学生学了篮球的技术但不会打比赛"的现象，对比两种不同的单元设计，便可清晰地发现其问题所在。

（六）学时（40～45分钟）体育教学过程及其特点

学时（40～45分钟）体育教学过程是指教师根据单元体育教学过程对每节课的要求组织实施体育教学的过程，也就是我们通常意义上讲的体育教学过程。根据学段和学校情况不同，有的学时教学过程为40分钟，有的则为45分钟。学时体育教学过程实践性较强，它是超学段、学段、学年、学期和单元体育教学过程实现的主要环节。学时体育教学过程的主要特点有：

1.结构性

学时体育教学过程作为体育教学的主要实践环节具有一定的结构性，这个结构遵循着课堂教学的规律，遵循着学生身体机能活动的规律，遵循着学生认知的规律。所以，在学时体育教学过程中，教师的教学要有一定的结构、层次和逻辑性。如课堂可按"三段式"结构即开始、基本、结束来展开，也可按导入、学习、活动、结束等结构展开。

2.行为性

学时体育教学过程与其他阶段的体育教学过程相比，最大的特点就是行为性。它表现为一种积极的教学实践，无论从学生还是从教师的角度，都是实实在在的行为过程，是在教学时间里发生的教学行为。

3.方法性

学时体育教学过程作为一种教学行为存在，它非常注重教学过程中方法的应用。方法主要指教法、学法和课堂组织与管理的方法等。这些方法是完成学时体育教学过程目标和任务的关键因素，也是完成学时体育教学内容的轴心。

（七）技术学习点（10～30分钟）教学过程及其特点

技术学习点（10～30分钟）教学过程是指在学时体育教学过程中，课堂教学的关键和核心部分，也是课堂教学中的重点和难点部分，时间长短不等，约在10～30分钟之间。技术学习点教学过程也具有较强的实践性，它是学时教学过程中的重中之重，主要特点有：

1.技能形成的基本单位

技术学教学过程是课堂教学的重点部分，往往课堂教学是围绕这个点展开的，所以在这个点上要突出注意学生技能的形成，在这个技术学习点时间内要突出学生学习的重点、难点和技术的关键，注意学生掌握技能的情况，使教学的其他目标和任务的实现建立在学生技能形成的过程之中，只有学生掌握了技能，才有可能实现其他领域的目标和任务。

2.身体负荷性

技术学习点教学过程的另一个特点，要利用学习的重点来增加学生练习的负荷，在学习的高峰时期，注意力集中时期，增加学生的练习负荷，提高学生的生理承受能力，以达到增强体质、增进健康的目的。

第十三章　创新教学与创新思维

人类在其发展的历史进程中，为了探索自然、社会和人类自身发展的规律，逐步形成了抽象的逻辑思维、形象的直觉思维、灵感的顿悟思维、社会的群体思维等特定的思维形式，为科学技术、经济与社会以及人类自身的进步和创新作出了积极的贡献。开展创新教育要掌握思维的基本规律，培养学生的创新思维，保护他们创新的积极性，保持经久不衰的创新兴趣。

第一节　创新思维空间的拓展

思维是人类智慧最美丽的花朵，人类对思维及其规律的研究伴随人类文明的进步，从古至今从未间断。特别是 20 世纪 80 年代以来，随着科技、经济、军事和社会的高度发展，思维科学、认知科学，日益受到人们的重视，其目的就是要掌握思维的规律、方式、方法，以便更高效地发明、创新，开拓人类美好的未来。创新思维的关键是不断拓展思维的空间。

一、关于思维的定义

给思维下定义是科学家、逻辑学家、心理学家、数学家乃至其他研究者一直梦寐以求的。至今尚没有完全公认的说法。

恩格斯指出："每一个时代的理论思维，从而我们时代的理论思维，都是一种历史的产物，它在不同的时代具有完全不同的形式，同时具有完全不同的内容。"在恩格斯看来，思维就是关于思维过程本身的规律的学说。简言之，就是逻辑学和辩证法。

古希腊亚里士多德创立形式逻辑，中国诸子百家学说出现以来，围绕如何给思维下定义众说纷纭。心理学上，思维指运用智能寻求问题的答案或寻求达到实际目的的手段，即：解释思维的本质。然而，不同的学派都有不同的理解。有的认为思维是修改"认知结构"的活动；有的认为是在内心中运用符号解决问题以求适应环境的行为；有的认为是指任何内隐的象征性反应（用以反映目前并不存在的外界事件的体内反应）。

过去心理学家和一般人把思维等同于意识经验，用内省法进行研究。但自从把行为作为心理学研究对象以来，思维即成为刺激—反应两组行为间的变量。又因为思维与语言关系密切，不少心理学家视思维为无声的语言。联想主义学派、认知心理学、格式塔心理学都建立了自己的学说。

20 世纪中叶以后，随着计算机技术的发展，人们开始用信息贮存、检索、传输等术语来描述思维；现代生物技术、生命和智力起源研究、基因和遗传学研究的进步对人脑的研究取得了很大的突破，生理需要以及通过条件反射与生理需要建立联系的刺激，新奇事物、令人吃惊的事情、复杂的矛盾的不确定的事物都能引起大脑的活动、反应。而从另一个侧面看，解决问题本身也能引起人们的兴趣和快感。微电子与计算机技术开创了现代人工智能研究的新领域，初步实现了人的思维的延伸。

二、思维类型

《简明不列颠百科全书》解释思维类型时说：思维是人们的一种内隐活动，由外在刺激或内在刺激引起。某些学者视思维为一种介于能观察到的刺激与反应之间的看不见的中间过程。主要由内在刺激引起的叫作表现性思维或我向思维，主要由外在刺激引起的叫作有受控思维或唯实思维。唯实思维包括四种形式。

（一）辐合思维

要求集合和要求组织和组织信息的能力，集合过去和现在的经验去组织或指导反应，达到一定的目的。用实验方法研究辐合思维常是给予受试者一定的工作任务，再观察其完成结果。例如可以研究任务内容、受试者特点、奖惩条例等变量对实验结果的影响。唯实思维一般包含明确问题、权衡备选答案、加工信息和作出反应等四个阶段。可以如此循环反复，直至达到目的，或以失败告终。判断是唯实思维的一种简单形式。掌握概念是一个比较复杂的形式。解决问题是唯实思维更为复杂的形式，是指当任务所要求的目的不能直接或很难达到时需要采取的思维方式。解决问题的思维活动大体可分为两大类，即尝试与错误及顿悟。另一种特殊的解决问题的方法是采用逻辑思维，即归纳和演绎。

（二）分散思维或称创造性思维

与辐合思维相对的是分散思维或称创造性思维，它指引人们去获得新知识或以前未曾发现过的问题的新解法。解决这类问题，一般要求灵活性、独创性、敏捷性和发明能力。创造性思维，其过程一般经过准备、酝酿、阐明和验证（包括修正改进）等四个阶段，但即使经过这四个阶段，也不一定能保证有所创造，还有赖于个人的人格特点、能力以及过去的经验和训练。

（三）群体思维

与个体思维相对，还有群体思维，一般认为大家出主意协作解决问题比一个人去解决好。但也不常是如此，重要的是集体中要有一个英明的领导人。理论上各抒己见是个解决问题的好办法，但研究表明，常不如一个人独自思考的效率高。群龙不能"无首"。

我向思维包括自由联想、幻想、做梦以及病态思维等。荣格的字词联想测验便是利用自由联想来揭露被压抑的倾向或经验；罗沙的墨迹测验则可以推测受试者的幻想内容，从而显示其心理特征。睡眠时出现的我向思维叫做梦。心理分析学派视梦境为内心活动的象征性表现，而另一些学者则认为梦无非是一些随机联想。做梦时的脑电活动可以记录，发现做梦主要发生于快速眼动期，病态思维一般见于行为失调者、神经病患者和精神病患者。

思维类型各式各样，有许多尚未了解清楚。但可以明确一点，任何思维活动都介于刺激与反应之间，都受自我与环境两方面的影响。

我国的一些学者为了介绍方便也把思维类型概括为：抽象逻辑思维、形象直感思维、灵感顿悟思维、社会集体思维等。也有的称之为思维规律，但因与逻辑基本规律传统名称相混淆，我们还是采用思维类型的说法。

三、创新思维

创新思维是思维的一种类型，属于唯实思维的范畴，即主要由外在刺激引起的、以获取新知识、新解法、新途径为目的的思维活动。一般情况下，包括准备、酝酿、阐明、验证四个阶段。具有发散性、独创性、灵活性、敏捷性等特征。

关于创新思维，由于我们特定的国情和特定的环境，"创新"已经成为词汇运用中出现频率较高的"时尚词汇"，创新思维也出现了不同角度的定义。尤其以理论创新、技术创新、制度创新等思维成果进行的定义最多。不论是理论、观念，还是技术、手段和方法，只要是探索未知世界的思维活动都属于创新思维。当然也有的强调新的、第一次的，突出的是思维的起点。

我们认为，创新思维是思维类型中的一种。它的指向是明确的，即获得新知识和过去未曾发现过的问题的新解法，创新思维是可以培养的。创新教学一项重要的任务就是培养学生的创新思维，让学生了解创新思维的步骤和过程；创新思维是创新质量的重要组成部分。积累、借鉴、运用、实践各个不同的学习阶段都需要创新，创新才能有进步，创新才能有发展。

创新教学中的创新思维一方面要有世界眼光，跟踪和了解世界教育发展的趋势和问题，通过创新寻求解决的对策和方法，一方面要系统的思考，针对当时、当地教育发展的情况，有目的、有针对性地提出改革的方案和设想，再一方面是要有历史的使命感、责任感，把培养适应经济和社会发展的人才作为教育改革的重要内容，从一节课、一项活动做起，在人力资源开发的过程中为深入的全面发展创造条件。

要把学生掌握创新思维的过程，即基本的 4 个步骤：准备、酝酿、阐明、验证作为重点，突破思维的定势，培养百折不挠的精神，养成严肃务实、一丝不苟的作风，为成为 21 世纪有创新思维能力的高素质人才打下良好的基础。

第二节 创新思维的基本特征

创新型人才离不开创新思维，创新教学关键在于培养学生的创新思维。纵观世界著名的科学家、艺术家、思想家、哲学家、政治家，他们取得的成就和功绩无不渗透着老师的影响。有的师承前辈、锲而不舍，终有发展；有的独辟蹊径，奋勇前行，登峰造极。这其中老师的影响已经超出了实际知识的范畴，而着重于思维方式、思维特征的形成。

所以，掌握创新思维特征，在实践中有意识地培养学生的思维习惯，养成与创新目的相统一，有利于创新目标实现的思维方式，对创新的成功有十分重要的意义。创新思维的特征一般包括：发散性、灵活性、独创性；敏捷性、发明性的特征。

一、发散性

一般认为创新思维具有发散性的特点。研究表明，许多伟大的发明家、科学家、文学艺术家的成功都借助于发散性思维。发散性思维方法主要有以下几种。

（一）头脑风暴法

美国发明家奥斯本对这一方法进行过成功的归纳。它指一组人员通过开会方式对某一特定问题出谋献策，各抒己见，通过智慧的撞击求得解决问题的方案。参与会议的人数至少 4～5 人，多至数百人，在非正规的会议气氛中畅所欲言，相互启发，互相激励，让思维处于高度活跃的状态，从中捕捉创新的火花。

目前，由于计算机互联网的运用，使许多人迷恋上了这一方法。他们通过这个虚拟的"世界性会议"获得自己想要的信息，从中找到最佳的设想，找到创新的路径和方案。

（二）纵向思维法

侧重于从时间的维度思考问题，通过对发展趋势、方向的预见，确定创新的目标。当代科技、经济、社会发展的日新月异，一方面使超前的预期、战略的眼光显得极为重要，另一方面使相对落后的地区和领域选择合适的路径实现"后发优势"从而得到跨越式发展成为可能。

教育发展应采取的策略、措施和技术要有超前的眼光，要符合国际教育发展的趋势，要创造切合本地实际的方针、方法都需要有这样的思考。

（三）横向思维法

侧重于发展水平、思维方式、现实事物质量的类比和列举，从中找出差距、发现弊端、挑出毛病然后有针对性地创新。例如：从国家教育均衡发展的要求出发，经济相对落后的地区就能确定发展的重点、思路和措施。如果仅强调非均衡发展的实际，落后就成为合理的，进步的速度将受到制约。

（四）逆向思维法

许多科学的发现与发明都是逆向思维的结果。电生磁，磁生电就是一个例子。人们习惯于某种思考方法，习惯于某种做法，放弃这种习惯，朝相反的方向思考，经常会出现绝妙的效果。例如：中国的教师习惯把学生在课堂上不讲话作为良好教学秩序的表现，那倒过来呢？围绕学习目标让学生踊跃地讲，这不就是现在的"活动课"吗？科技的发明，社会的发展，乃至我们自己的进步有很多是逆向思维的结果。

（五）侧向思维法

古诗云："横看成岭侧成峰，远近高低各不同。不识庐山真面目，只缘身在此山中。"庐山的真面目是什么？不就是变化万千吗！发散性思维就要求从不同的路径、不同的方向、不同的侧面寻找创新的契机，创新的突破口。科学的发现与发明很多都是通过旁敲侧击取得突破的。

在发散性思维中还有许多方法，如：颠倒思维、寻找弱项法等都对创新有着极大的帮助。正是不拘一格，一颗别针才会有无数种用途，一项发明才会改变人们的生活。

二、灵活性

创新思维的指向、目标非常明确。求得新知识，获得新解法，即在理论上、技术上都要有所突破。这就要求我们在思维方面：首先破除条条框框，不要有先入为主的观念。如果我们墨守成规，认为回形针只能做别针、夹纸，那我们再不会想到回形针做鱼钓、做牙签、做链环……今天我们面对的世界要求我们抛弃一切束缚、制约人们思维的绳索，既要"一通百通"，也要"点石成金"，不断扩大思维的空间。

一通百通，关键是把握人类社会和自然界发展的规律性。这种规律性在具体的事物和领域中体现出来，掌握了它就能一通百通。教育领域的"通识"教育，培养通才，高等教育的宽口径、厚基础目的就是使受教育者具有灵活的思维能力。

点石成金，不是把石头真的变成金子，它是指在变幻万千的信息面前，依靠独到的思维能力，分析、判断、鉴别，通过选择、加工而储存、利用那些有用的信息，真正把信息变成财富，灵活的思维可以通过多种途径进行培养。

（一）质疑法

凡事都问几个为什么。心理学家认为，疑问能引起探究反射，从而抓住创新的机遇。古往今来，无数的创造都始于"质疑"。中国古代的曹冲称象如此，西方牛顿发现万有引力定律也是如此，这样的事例是不胜枚举的。

（二）勤学法

知识的丰富在于勤学，站在巨人的肩膀上是攀登科学技术高峰的基础，也是创新的基础。"通中外，贯古今"的知识能成为思维敏捷、深刻的动力。

（三）引趣法

兴趣是求知的源泉。创新离开了兴趣终将一事无成。当代科学和技术的发现、发明与创新与创造者的兴趣密不可分。各个学科都涌现出大量的例子。保护和培养兴趣是创新教学的重要内容。

（四）攻难法

和困难打交道，攻克它，战胜它，从心理上讲是压力、压抑骤然得到释放，获得无比快感的过程。善于创新的人就喜欢与困难、与难题打交道。20世纪80年代，当计算机还不能处理汉字时，许多人悲观地认为，中文面临着衰落。但汉字处理技术攻克并广泛运用后，人们发现它比拼音文字有更大的优势。

（五）求变法

只有变化才会有新意，变化可以是已有知识的重新排列和组合；可以是对同一事物的换位思考和角度变换；也可以是将此事物与彼事物建立起新的联系。总之，要常变常新，在变化中寻求创新的火花。

三、独创性

世界上伟大的创新虽然反映了事物发展的规律，有许多方面是共同的、有规律可循的，但是每一项创新，特别是成果卓著、影响深远的创新都包含许多独到之处。当代中国的发展在社会结构、体制、制度以及相应理论、技术都是独创的，在世界上没有完全相同的范例。重大科学技术的发展，乃至有突出贡献的伟大科学家，他们的创新也都有许多独到之处。最能展现独创性的创新方法，一般有以下三种。

（一）优化组合方法

组合就是将诸多元素按一定联系组合成一个整体，从二元到多元形成不同的组合方式。大到社会发展中多种体制、机制的组合，小到新材料、新工艺的开发应用，我们都可以从中看到优化组合的作用。

优化组合的关键是要建立起联系，而不是简单地叠加，不是把东西放在一起就可以了。像长江三峡工程、航空航天工程、大型计算机、基因生物工程、光电一体化等等都涉及到优化组合创新、材料组合、结构组合、功能组合、方法组合、原理组合、系统组合、技术组合等等。新组合的出现将诞生新的产品,将我们带入新的天地。

（二）学科移植方法

目前,自然科学和社会科学领域涌现出大批新学科、交叉学科、边缘学科,成为科学研究中最为活跃的部分。这些学科的产生和发展极大地推动了科学研究的进步。比如 20 世纪 50 年代与电子计算机技术相关的控制论、信息论、系统论揭示了客观物质世界原来不为人知的复杂运动规律,为科学研究提供了新的思路和方法,在科技领域取得了丰硕的成果。社会科学把这些理论、原理和方法移植到原有的研究领域,在哲学、经济学、社会学、人类学、艺术学等等领域催生了许多新的学科。学科移植的方法,一般有研究方法移植、理论原理移植,技术移植等多种。

（三）非唯一性方法

认识事物和解决问题的过程中绝大多数情况下都不会只有一种路径、一种方法、一种元素。现在我们知道,防治农作物的病虫害,除了喷洒农药之外,还有生物方法等其他手段。

在创新的道路上,要不断探索,有很多时候就是不钻牛角尖,不论死理,敢于并善于尝试新的方法。创新思维的特点还有很多,大家都可以从不同侧面进行归纳和总结。

第三节　创新思维能力的培养

创新思维能力不仅是创新型人才的要求，而且是所有受教育者都应具备的一种基本能力。当今时代要求各类人才，包括高素质劳动者、专业技术人才、管理人才、领导者直至精英型人才都要有基本的创新思维能力。

学校教育是培养创新思维能力最重要的环节。基础教育、高等教育和继续教育在培养创新思维能力方面有不同的特点，尤其值得重视的是基础教育。用杜威的话讲，儿童的成长是从经验开始的，主动经验就是尝试，同时他们承受被动经验，即知识。正是身体成长和心智发展的经验促进思维能力不断提高。

一、创新思维能力的发展过程

创新思维能力的基础是由遗传与环境相互作用形成的机能性结构，尤其是大脑神经系统。创新思维能力是从儿童时期接触到的常识、基础经验和训练得到的，常识是人的生存、生理、心理、情感等最一般的知识，看、听、味、触、嗅；听、说、读、写、算；喜、怒、哀、乐、愁等，基础经验是由知识的学习和体验而来。通过掌握知识实现价值和信念的改变，态度和方法的改变，知识和技能的发展。

创新思维能力在学校教育中主要体现为分辨和选择问题并用恰当的方法解决问题的能力。培养学生的创新思维能力不能简单地等同于科学家的创新思维能力，它主要从个体心智发展水平出发，着重发展学生的语言表达能力，逻辑数理能力，空间关系理解能力，音乐能力，躯体运动感觉能力，人际交往能力，自我意识能力。

二、创新思维能力的培养方法

21世纪的青年一代，有无创新思维能力，直接关系到我们国家在未来世界中的地位和作用。新世纪急切呼唤青年的创新思维能力，所有热爱祖国、有民族责任感和使命感的年轻人，听闻这一召唤，精神都不能不为之一振而激情倍增，把具备创新思维能力作为追求的一个重要目标。那么，怎样培养创新思维能力呢？培养创新思维，需要有比较科学系统的训练方法。根据不同的教育对象，应该采用不同的训练方法。针对人的创新思维训练要求，通常可采用以下几种方法。

（一）突破传统思维定势的束缚

所谓思维定势，是指人们解决问题时具有的心理倾向。这种心理倾向是在过去的经验和现有的知识影响下形成的，是习惯的思维倾向和思维模式，它往往十分自然地影响着人们。人们往往不自觉地受其支配。我国由于漫长的封建农业社会的发展历史，简单劳动和小生产方式所构成的自然经济、地域封闭，使得个人生活也处在相对封闭的状态中，按照世代相传的技能和经验从事生产和管理，社会进步以自然演化的方式缓慢地进行。这种长期以追求温饱为目的的生活，使得许多人在深层心理结构中建立了一个落后的"参照系"——"过去是美好的，皇上是开明的，多数人的认识是正确的。"对以往的成就表现出温情脉脉、津津乐道的满足感，对权威领导表现出宗教般的崇拜和虔诚，对众人的意见和行动表现出盲目的模仿和服从。因而惧怕改革创新，不敢显山露水，唯书唯上、从众。把丰富多彩的生活纳入到一个陈旧的固定不变的思维框架中。这种心理积淀虽经改革开放大潮20多年的冲击，仍以其顽固的惯性在人们的思维触角上投下阴影，使不少人在思维习惯上仍然存在着封闭性、保守性和求同性。这就是传统的思维定势。

这种封闭保守的思维定势，对创新思维的制约作用是显而易见的。例如，19世纪一些富有创新精神的人，设想人也能像鸟一样上天飞行。可是当时一些大名鼎鼎的科学家，如法国天文学家勒让德、德国大发明家西门子、德国物理学家赫尔姆霍兹、美国天文学家纽康等由于被自己已有的研究成果和传统观点所束缚，竟在飞机发展史上扮演了反派角色。这类例子在科技发展史上屡见不鲜。牛顿正因为不能解释天体运动的原动力，甚至十分可笑地把天体的运动归结为上帝神奇的一脚。

而古往今来的杰出人物都是因为能够摆脱习惯的阴影，突破传统思维定势的束缚，大胆创新，力排众议，从而展开创新思维，对人类作出了非凡的贡献。因此，我们说，创新思维是探索未知的思维活动，要培养创新思维能力，就首先要破除迷信、大胆求异，突破传统的思维定势，培养创新的勇气。

（二）锻炼百折不挠的意志

为什么伦琴因底片曝光能发现 X 射线，牛顿看到苹果落地而发现万有引力，瓦特见壶盖被水蒸气顶起而发明蒸汽机，鲁班从茅草割破手指中受到启发而发明了锯子……为什么创新机遇总是光顾那些科学家的头脑？其实，答案并不神秘，这是科学巨匠们百折不挠、孜孜以求、长期苦苦思索，不知经历了多少失败之后在思维过程中产生的"飞跃"，而绝不是轻而易举、一蹴而就取得的成果。

创新思维具有艰巨性。它是艰巨的、精细的思维活动，要求智力的高度紧张，投入大量的时间和精力，付出艰苦的劳动代价。同时，探索新领域，失败的次数是未知的、无数的。因此，没有百折不挠的坚强意志是做不到的。法拉第做了千百次实验，才证明了他的惊人发现"磁能生成电"；爱迪生发明电灯，经历了近 8000 次的失败之后取得了最后胜利；举世闻名的诺贝尔研究炸药的制造，进行了 400 多次实验，几次险遭不测，是顽强的意志使他终于取得了成功。

创新思维又具有持久性，要取得成果必须经过持久的努力。法国著名科学家巴斯德在讲到他之所以成功的奥秘时说："我唯一的力量就是我的坚持精神。"科学家道尔顿就是坚持了 57 年，做了二万余次的观察，才通过气体的压力、体积、溶解和物质的原子组成，引出了原子学说。德国著名诗人歌德前后用了 60 年的时间才有诗剧《浮士德》的创作；我国清代名医生王清任经过 42 年的努力，终于完成了《医林改错》这部关于人体内脏的名著。大师们在进行创新思维和创造活动中经历了多少磨难，经过了多少挫折我们不可臆测，但有一点是可以肯定的，那就是没有坚韧不拔、百折不挠的意志是绝不会取得成功的。没有攻克难关、不达目的绝不罢休的顽强意志是不能实现创新目标的。因此，要培养学生的创新思维能力，还必须教导学生自觉磨炼自己的坚强意志。

（三）构建完善的知识体系

我们这样提出问题，大概没有人持不同意见：阿基米德如果不是物理学家，不可能在洗澡时看到溢出澡盆的水而受到启发，进而发现浮力定律；伦琴如果不是医学家，不可能从牛奶场女工不生天花中发现生痘可以预防天花的办法；李白如果没有超群的文学素养，不可能斗酒诗百篇，写出千古绝唱；陈景润如果没有丰厚的数学知识，不可能摘取"哥德巴赫猜想"这颗数学皇冠上的明珠。由此可见，人的知识在创新思维中的关键作用。从信息的角度看，思维过程是人对所获取的信息进行加工整理并形成新知识的活动。完成这一活动要以原有知识为基础，因为原有知识要为加工处理信息提供内在的参照方法。没有知识因素的作用，人的思维也就无法进行，因此说知识是创新思维的基础。所有取得成就的优秀人才，无一不曾经在知识积累上痛下苦功，孜孜以求。

现实生活中还不乏这样的事例：不同的人接收了同一信息，有的人能由此获得全新的知识，也就是说取得了创新思维的成果，而有的人则不能；有的人由此提出一种观点，有的人却提出相反的观点。这与人原有的知识结构有关，因为新信息必须与原有知识相连结，构成新的组合，才会形成创新思维，产生成果。可以说，创新思维是原有知识合乎逻辑的延伸和拓展。知识的作用如此之大，因此，为了提高创新思维能力，我们应该努力积累知识。那么，创新思维需构建什么样的知识体系呢？简言之，就是构建完善的知识体系。即在知识的数量、门类、层次上能够覆盖个人社会生活的全部或部分领域，在整体结构上与实现目的、任务相适应，重心明确、比例恰当，能够不断调整与更新知识结构。

1.知识的数量丰富

知识的数量是否丰富决定着人的感知、记忆和想象是否丰富，决定着思维质量的广阔性和灵活性，对人的创新思维和创造能力有重大影响。

2.知识的质量较高

广义的知识范畴所包含的内容是鱼目混杂、价值不一的。它们对进行创新思维和发展能力的作用很不相同。作用的大小取决于这些知识的智力价值。因此，要多吸取智力价值高的知识，即那些耗费了人类较多智慧而形成的知识。

3.知识新颖

陈旧、老化的知识导致思想的封闭和呆滞，只有不断克服老化周期，随时吸取新知识，其思维才能保持动态的开放性和新颖性，处于创造激发状态。

4.健全的知识层次

知识可分为感性知识和理性知识两大层次，这对创新思维的展开都是必不可少的。因此，既要从书本上学习理性知识，又要投身到丰富的社会实践中去，在实践中增长知识，锻炼能力。

5.合理的知识结构

人不可能是百事百通的全才，应该建立有专业倾向的知识结构，使之与对应的思维客体相协调。这样各知识要素才能在创新思维中互补互促，发挥出整体最佳功能。如果知识没有核心、杂乱无序，与活动对象不相适应，则难以进行创新思维。创新思维要求的知识既博又专、既新又精、既高又深。当然具备这样的知识体系绝非易事，这就需要在创新教育中使学生掌握优化的知识结构，形成创新性思维能力。

总之，创新教学不仅重视传授最新的科学知识，更要重视学习方法的研究，只有这样，才能有助于培养学生的创新思维能力。

三、创新思维能力培养的范例

青岛六十一中地理教师在讲授"等高线地形图是如何绘制的"一节时，一改过去"教师展示等高线地形图，讲解图上五种地形的特点"的做法，让学生体验这一知识形成的过程。师生一起利用沙子堆出山体的模型，提出了"如何将立体山绘在平面图上"的问题，让学生用刚学过的数学"绘俯视图"

的方法，绘出不同形状的山体等高线图，学生通过观察提出问题，经过探究、讨论，师生共同归纳出"等高线地形图"五种地形的特点。

大庆市直机关三小孔香玲老师上语文《四季》课时，让学生用身体动作表演四季，背诵描写四季的诗，画出自己喜欢的季节，唱四季歌，跳赞美四季的舞蹈，然后教师选出有代表性的事物，画图提示，让学生练习填写。大庆路小学潘琼老师则用《秋叶飘飘》儿歌导入，激发学生的兴趣，产生对四个季节的好奇心和求知欲，然后展示不同季节的景色，让学生猜四季，找四季，画四季，说四季。有的画了风筝，说："我喜欢春天，春天能到野外放风筝。"有的画了螃蟹，说："秋天到了，我能吃到香喷喷的螃蟹了。"还有的说："春天可以去春游。""夏天爸爸戴墨镜。""秋天老师穿上了风衣。""冬天青蛙睡着了。"直到下课了，学生们还在不停地画、不停地说、不停地笑……

品德与生活课有了新的上法，贵州贵定县二小彭丽老师上《玩叶子》时，采用开放式教学模式，活动材料完全取材于现实生活，活动内容联系农村孩子的实际，活动过程始终围绕"玩"这一主题展开，并细化为"找叶子、认叶子、议叶子、制叶画"几个环节。学生通过采集叶子、观察叶子，了解叶子的构造，体会大自然的奇妙和生物界的相互关系，知道了保护环境的重要。通过制作叶画，培养创造能力、想象能力和动手能力。学生在老师指导下，选择自己喜欢的叶子做叶画，有自己干的，有和他人合作的，忙在其中，乐在其中。教学变成教师和学生共同探求新知识的过程。

湖北武昌二师附小王桢老师的语文课《找春天》，让学生扮演成小燕子，到校园中去找春天，到大自然中去找，在观察中获得大量的信息，然后用自己喜欢的方式记录下来，有的做成植物标本，有的拍了照片，有的画了画，还有的积累了优美的语句。这些充满机智的教学方法，令孩子们兴趣盎然。体育课也令人耳目一新。孩子们用旧报纸做障碍物，在地上铺成各种图形来学"跳""练""跳"，有单双脚跳，有原地跳，有转身跳，三个一群，五个一伙儿玩起来，跳起来，跳出了花样，跳出了运动之美，跳来了欢歌和笑语。

"让学生成为学习的主人"，这是我们耳熟能详的口号。但是，以往我们所看到的课堂是，教师滔滔不绝地讲，恨不能使出浑身解数，学生拘谨、呆板地坐在那里听，一切按照教师设定的思路和程序进行。而实验区的这些课，教师上得轻松，学生学得快乐，教师不再是单纯传授知识，答疑解惑，而是引导学生自己去发现、探究知识，课堂上出现的不是"教"，而是"学"的场景，是一个师生互动、生生互动、互教互学的生机勃勃的学习场面，学生的学习方式和思维方式发生了质的飞跃。

附：一名记者的听课手记

（《中国教育报》2002 年 7 月 11 日 第二版）

是以教材为本，还是从关注每一个孩子的内心出发，完善我们的教育教学？新课程中蕴涵的教育理念无疑为我们创设良好的教育环境埋下了伏笔。但要真正实践起来，却有无数个"结"等待着我们去解。山东高密是国家级新课程实验区之一。今年开春，我一头扎进这片曾经滋养我多年的土地，扎进课堂，听了几十节课，每天和教师们一道，虑其虑，乐其乐，在共同探索和不断成长的欢愉中努力发掘新课程中教育的真正底蕴。遂有了这篇听课手记。

一、你喜欢的方法就是最好

在高密，听的第一节课是第二实验小学的数学，执教的是这所学校的数学教师张爱芳，她讲的是 20 以内的退位减法"十几减九"。

课从投影屏幕上公园里卖气球的场面开始，孩子们在买气球，总共有 15 个气球，卖掉了 9 个，还有几个？老师给同学们提出问题，看大家能想出什么样的方法。很快，5 种不同的方法被同学们写到了黑板上：

15-10+1=6；

10-9=1，1+5=6；

因为 9+6=15，所以 15-9=6；

5-5=0，10-4=6；

5-4=1，10-5=5，1+5=6

"4 和 5 绕了一个圈，太麻烦。"听课的人在小声嘟囔，大概希望给授课者以启示，但张老师像没听到一样，她开始提问，"在这些方法当中，你最喜欢哪一种方法？为什么？"

课堂上伸起了树林一样的手臂。回答的理由有的叫你高兴，有的让你吃惊，还有的近乎可笑。可张老师统统是微笑、点头、嘉许。不少听课的同志想从张老师的脸上看出些不同的表情，以揣摩她到底更赞成哪一种方法，可是大家都徒劳了。

接下来的作业，她又要求孩子们"用自己喜欢的方法"做题。课上得的确是生动活泼了，可一堂课下来，却没看出她教给孩子们的到底是哪一种方法。评课的焦点显然集中在这个问题上。

不少老师提出，课堂上，我们可以给学生更多的思维空间，但一旦这种思维过程完成以后，教师的主导作用就应该得到充分发挥，5 种方法中总有最好的方法，教学就应该把最好的方法奉献给学生，否则，就是贻误学生。况且，在这种时候，根本不需要另起炉灶，只需教师问一句"哪一种方法最好"，几句话就可以点破，为什么要错过这样的时机呢？

很明显，这是旧的教学大纲和新的课程标准的碰撞。如果从过去的教学理念出发，的确可以向学生点明哪一种方法是最好的，既节约了教学时间，又把规律性的东西轻而易举地教给了学生，培养了解决问题的能力，何乐而不为？可是，再想一想新的课程标准，就不可轻易下结论。

首先，浅的课程目标有三个层次，除了过去我们一再强调的知识与技能之外，还有过程与方法，情感态度与价值观，三者浑然一体，怎么让每一个孩子相信自己的思考，建立自己的信心，热爱数学课堂，这样的情感与态度，是应该从每一节数学课开始培养的，一年级，这是一个刚刚燃烧起思维火花的年龄。这时候，教师的任何一个不恰当的眼神、手势，都有可能化作浇灭儿童思想火花的冰水。5 种不同的解题方法，从成年人的角度，是有一种最简单的甚至可以说是最科学的方法，但对于来一个孩子来说，由于他的智力背景、生活经历不同，适合他的方法才是最好的方法，正是这样一些他自己感到独特的方法，支持着他兴致勃勃地学习数学。如果因为教师的一个总结，把方法分成三六九等，大部分同学的方法必然被归为另类，他们会面对自己失败的思维成果而伤心，一颗幼小的心灵是经不起这等风霜的。这样的总结，是不利于课程目标，尤其是第三个层次的目标的落实的。

我们当然不反对教师的主导作用，更不主张让学生的思维放任自流，问题是，不同的年龄、不同的年级，落实课程目标的重点是不同的，主导作用应该恰好发挥在它该发挥的地方。对于刚刚走入数学王国的一年级学生来说，"不在于教他各种学问，而在于培养他有爱好学问的兴趣，而且在这种兴趣充分增长起来的时候，教他以研究学问的方法。"（卢梭《爱弥儿》）在"十几减几"的方法中，是有一个最简便、最好记的方法，可是掌握这个方法并不是这个年龄所必需的，即使在这个年龄没有掌握，他也会在"兴趣充分增长起来的时候"，在今后的一两年内自然而然地了然于心。而热爱数学的情感态度、勇于思考的数学自信心，却是一开始接触数学应该特别小心呵护的。

我们完全应该告诉同学们：你可以用你自己喜欢的方法，尽管它不尽完美，但它属于你自己。

二、"画蛇添足"原是"画龙点睛"

评课会上，围绕一位老师开课时的两个提问，出现了争论，一说画蛇添足，一说画龙点睛。

这是一节小学数学课，老师要学生读图编题。由于是一节公开课，学校安排了录像，教师一开始就向小同学提了两个问题：一问："面对着录像机，大家紧张吗？"这一问，把个课堂搅和得乱哄哄的，一开始大都是一些硬邦邦的声音"不紧张"，然后，当老师鼓励一位女同学说真话的时候，小女孩显然不好意思，因为她"跟平常是有点不一样，稍有些紧张"，当老师鼓励了这位同学的回答时，同学们显然发现，老师并不是以紧张不紧张来评判大家，课堂立刻又出现了一大批"紧张分子"，还有的说得更具体："看见才紧张，看不见就不紧张。"老师表扬所有的同学"敢于说真话"。

第二问："录像机录下的像有什么用处？"由于有第一次的经验，回答更是五花八门，没有一个同学的回答跟别的同学是相同的。这一次，老师告诉同学们：尽管大家的答案各不相同，可所有的答案都是正确的，因为一个问题可能有许多个结论。

时间就这样用掉了 5 分钟。这也正是持反对意见一派的理由，不就是想把课堂气氛提一提吗？为什么占去了这么多宝贵的时间？

其实，占去这 5 分钟的道理自不待言。有课堂上的教学为证：在读图编题的教学中，省掉的可不只是 5 分钟，小同学们面对着简单一张图画，思维异常活跃，奇迹般编出了丰富多彩的题目，想象力让在场听课的老师吃惊。

试举一例：新教材上有一幅野游的画面，山上有 7 个同学，山下有 4 个同学，要求列出一个加法算式，大部分同学列出了 7+4=11 或 4+7=11。可很快，气氛就又进入一个新的高潮，有几个同学发现，山上、山下各开着一些山花，围绕着这个，学生编出了一组新的题目。教师很兴奋，刚要总结，又站出了不少同学，原来，他们又有了新的发现：山上山下都有男同学也有女同学，山上山下既有红花也有紫花，题目又编出一批来。在过去的课堂上，只产生一个算式的野游图，在这一堂课上竟然编出了十几个不同的题目。

后来，我曾拿着这一幅野游图让人们编题，总不能如意。其中有一次是在省级骨干教师培训班上，一百多名中小学教师，直接从事小学数学教学的也有三四十名，结果费了好大劲，编出了两个题目，就再也没有人站出来了。

为什么会是这样？显然，我们不能过分夸张这群孩子的智力，因为他们毕竟才处于思维成熟的初期，但他们有"怎么想就怎么说"的情感支持，他们有"一个问题可能有许多个结论"的思维背景，有老师为他们煽出的求异思维的火苗。我们这些为人师者缺少的不正是这个吗？

显然，开课两问已远不仅仅在于烘托课堂气氛，不仅仅是为读图编题铺垫，更重要的是在落实课程目标，为孩子们的创新思维奠定基础。

三、在合作中才能学会合作

一开始，课上得挺顺利，蔡老师讲的是数学新教材"图形的拼组"，从折风车、拼小棒、剪图形，同学们一个个争先恐后。

可谁知，课上到中途出了毛病，课文第三部分"做一做"是用正方体和长方体拼不同的图形，"2个正方体可以拼成一个长方体，4个长方体可以拼成1个正方体……"到"8个正方体可以拼成1个大正方体"的时候，有一个小组的同学僵持了起来，每个同学仅靠自己手中的方块都拼不成大的正方体，大家都希望把别人手中的方块集中到自己的手下，在自己面前完成这个被认为较为复杂的图形。于是各不相让，有些同学甚至还相互争执了起来。全班同学包括听课老师的目光全被拉了过去，他们或多或少地显得有些紧张。

蔡老师像什么也没发生一样，她从讲桌里拿出了一个像墙体一样的模型，只是墙体中间被镂空了不少，缺了一些方方正正的石块，我一看，缺少的石块刚刚好与同学们手中的方块一样大，看来，这里面有戏。

果然，老师缓步来到这一组的同学面前，她把模型放在同学们围坐的桌子中央，以平等而亲切的口吻说："大家还记得长江洪涝的事情吗？"孩子们一个个面面相觑，老师并不在乎同学们是否回答，她把模型在桌子上绕了一圈，接着说："这就是为了抵御新的洪水而准备的防洪墙，只是不小心少了一些石块，大家愿不愿意帮我给补上去呀？"

有的同学开始把自己手里的方块填上去，更多的同学在观望这时候，不知谁拉了一下凳子，老师借题发挥："啊呀！洪水是不是来了呀？防洪墙马上要用了。"

这时候，同学们一个个迅速把方块填上去，墙体全被填满了，一位同学只好把手里剩下的方块"砌"成了墙体的上部，老师高兴地抚摸了一下这个孩子的头："太谢谢同学们了，其实呀，洪水并没有来，刚才可能是谁在拖凳子罢了。"气氛一下子热烈起来，大家情绪十分好。

蔡老师趁热打铁："今天洪水没来，并不等于明天不来，我们应该时刻准备着才好。我看这样，我们演练一下怎么才能更快地把墙体填好。"

这时候，一位"小胖墩""呼"地站起来说："老师，我有办法。"蔡老师使劲地点了点头，孩子感受到了老师的肯定，"哗啦啦"把所有的方块都从墙体上撤下来，分发给小组的每一个同学："我们每一个同学都各自去填空，太浪费时间了，能不能在下面先合成一块很大的方块，再填上去？"

当然能！原来的问题就这样被解决了。

课后，我向蔡老师请教：怎么想出这么一个好点子？她不好意思地笑了，告诉我：在另一个班讲同一内容的时候，就遇到了同样的麻烦，由于事先没有准备，她苦口婆心地教育了老半天，也没把一些同学手里的方块集中起来，最后只好不了了之。对这个年龄的孩子，单靠说教是不行的，创设一些情境效果就会好得多。其实，合作是在合作中学会的。

这话说得多好，合作的确是在合作中学会的。我也想起了另一句话，那就是，与新课程一起成长。

四、教学任务已完，过程未完

在传统的教学理念下，课堂的教学过程是很有讲究的，从复习旧知、导入新课、讲授新内容、练习巩固一直到布置作业，环环相扣，不可或缺。毫无疑问，教师的任务似乎就是执行教学过程，而完成了教学过程，自然也就等于完成了教学任务，反之，没有完成教学过程，也就是没有完成教学任务。在高密朝阳中学，听了一节叫我感到意外的数学课。

这是一节初一年级关于"多边形内角和与外角和"的新授课，授课的是这所学校的李蕾老师，按原定方案，教学过程没有完成，但我却不得不说，

这节课很好地完成了教学任务

课堂上，老师把着力点放在了培养学生对多边形的边、角、内角和与外角和之间关系的理解上，老师并没有像传统的课堂那样，把"（n-2）×180°=内角和"这个简单的公式告诉学生，而是让每一个学生按照自己的理解，用自己的思维方式去寻找属于自己的解决的方法，随着老师的启发、诱导，课堂上同学们的思维一会儿云山雾罩，一会儿峰回路转、柳暗花明，同学们纷纷跑上讲台，在黑板上用图形、公式、文字表述自己思考的成果，前面的黑板上放不下了，又有一些同学跑向后面的黑板，我一下子想到了"不吐不快"这一个说法，这一个场面打动了老师，尤其是最后 3 名同学留在黑板上的图形以及关于内角和的解释，远远超出了老师的预期，老师因为同学的创意而热泪盈眶，同学因为老师的激动而深受感动。

从教二十多年，我第一次在充满理性和思辨的数学课上，看到这样一个叫人难以置信、感人至深的场面。

课上到这里，下课的铃已经响了，教师还没有练习、巩固，更没有布置作业，教学过程没有完全进行完毕。于是，也就有了关于教学过程与教学任务的讨论。

很明显，按照传统的教学评价观，这堂课是不完整的，教师没有完成教学过程，自然也就是没有完成教学任务。而且，如果再进一步探求，教训就在于教授新知占用了太多的时间，把本该教师几句话就可以讲明白的关于内角和公式的内容搞复杂了，让学生无端地生出那么多不同的方法，把全班同学的思维"搅"到了课外、甚至教材以外去了，增加了教师总结的难度，似乎占用了不该占用的时间，以至于学生的学习效果没有时间巩固，作业更没有时间布置了。

可是，话又说回来了，只要你亲临听课，你就会明白，没有完成的教学环节是不需要弥补的。没有当堂巩固练习，可你从学生课堂上的表现、学生对教学内容的理解、对不同方法的思维深度甚至于对数学学习的自信就可以看出来，任何巩固性的练习已属多余。事实上，这一传统的教学环节，已经整合在学生学习新知的思维过程里，并得到了很好的完成，甚至可能让他们终生难忘。至于布置作业，虽没有给学生具体的内容，但课堂上思维碰撞留下来的火花将继续在每一个同学的大脑里闪烁，还有比这更好的作业形式吗？

教学过程不应该是一个不变的程序，更不应该成为僵死的模式，而应该是一个随机应变的模块，知识与能力、过程与方法、情感态度与价值观三者实现浑然一体的过程，应该是一个充满创造性、神奇而又多变的过程，在落实的新的课程目标的课堂里，当我们把过程还给学生的时候，一堂课究竟需要一个什么样的教学过程，已经远远不是在备课的时候就能够完全了然于胸、把握在手的，它需要循着学生认知的曲线、思维的张弛或者情感的波澜，以自己的教育机智随时增删教学环节，三步、五环、七程序已变得并不重要，重要的是有没有完成教学任务，学生的思维有没有被正式启动，课堂里有没有充满学生成长的气息。

毫无疑问，一堂完成了教学任务的课，就应该被认为是一堂教学过程圆满的课。

第十四章 创新教学的内涵与基本原则

教学是学校最基本的活动，似乎已平凡得无话可说。但详细追溯和辨识"教学"的内涵，下个定义却很难。特别是在当前大力推进教育教学改革的过程中，要改变若干年以来人们头脑中业已形成的"教学"观念，包括各种字典、辞典上下的定义更不是一朝一夕的事。创新教学就是要与时俱进、突破套在教学上的各种条条框框，建立新的教与学的模式，为人的素质的全面提高，人的全面发展创造条件。

创新教学必须有极大的勇气，有不屈不挠的创新精神，有敢为人先、积极思索进取的理念。

第一节 创新教学的含义与目的

一、创新教学的含义

教学在原始社会即已产生。原始社会的教学是指成年人向年轻一代传授一定的生活经验、生产劳动经验和社会风俗习惯的教育活动，也包括成人彼此之间以及年轻一代之间的传授和学习的教育活动。教学作为教师教、学生学的一种双边教育活动，在漫长的教育史上有一个渐进的发展历程。综观整个教学发展史，我们不妨把教学概括为四种模式。

（一）记忆性教学

记忆性教学即教师讲，学生听。在教学过程中，教师基本上是以传授知识为主。学生学习的主要任务是记忆大量的书本知识。如我国封建社会的教学主要是传授给学生《四书》《五经》。西欧早期中世纪的教会学校，让学生生吞活剥地记住那些干巴巴的枯燥无味的教义，也是属于这种模式。这种记忆性教学模式，束缚学生的个性，禁锢学生的头脑，摧残学生的身体，压制学生的创新意识。

（二）理解性教学

理解性教学即教师要求学生通过理解教材来较深入地掌握知识的教学。理解是学生对事物关系的发现和深入认识。理解性教学不仅能使学生掌握系统化、概括化的知识，而且能使学生掌握运用知识的初步技能，一定程度上能促进学生认识能力的发展，因而理解性教学比记忆性教学进步。但随着时代的进步，社会的发展，这种教学也日益暴露出其弊端，诚如原苏联教育家赞科夫所说的："无论学校的教学大纲编得多么完善，学生毕业后必然会遇到他们不熟悉的科学上的新发现和新技术。那时候，他们将不得不独立地、迅速地弄懂这些新东西并掌握它。只有具备一定的质量、有较高发展水平的人，才能更好地应付这种情况。在这个时代，学生的发展对他们未来的工作具有多么重大的意义啊！"这就是说，学生在学校里学习的相对稳定的知识与社会生产发展、科技进步之间有一定的差距。虽然理解性的教学能让学生掌握现成的知识和技能，并通过练习达到较准确地再现它们，但永远不能适应时代的需要。因此，如何使学生在掌握知识的同时发展思维，增强聪明才智，以便能够解决未来就业后不断出现的新问题，这就需要另一种性质的教学，即思维性教学。

（三）思维性教学

思维性教学是在教师指导下，学生积极思考、主动解决问题的教学。这种教学以学生自主为前提，在"学"的过程中构建自己的知识体系和经验体系，建立起个性鲜明的认知结构，或以新的方式将已有的经验联系起来，以解决新问题。在学习开始时，问题提出后，学生不能回答，至少是找不到现成的答案，通过学习，师生共同协作，或同学间共同协作，产生一个新的适当的解决问题的决定或结论。

（四）创新教学

创新教学是在当代大教育目标规范下，教师遵循创新教学的原则，以创新教育的方式和方法，启发学生的创新动机，树立学生的创新志向，培养学生的创新精神，训练学生创新思维，传授创新技法，开展创新活动，提高学生创新能力的教学模式。

当前，世界正面临着一场新的技术革命，信息化是这场革命的重要组成部分。以资讯技术为先导的一系列新技术的诞生，已引起社会生活、经济结构和生产方式的深刻变化。微电子、生物工程、新材料、新能源等科学技术的飞跃发展，微机、数控自动机械、光纤通讯系统、多媒体移动通讯设备等新产品如雨后春笋般地涌现出来，知识密集型行业的增加和信息产业加速发展都向教育提出了挑战。为迎接这场新技术革命的挑战，世界范围内的教育开始"求新求变"，教学开始从传统教学向创新教学转变，教学更加强调创新的功能，注意培养学生的创新能力。唯有创新教学，才能培养学生的创新精神和创造能力，才能使学生以全新的思维方式去获取有价值的信息，从而在未来的个人和事业发展中敢想、敢说、敢干，为社会创造财富。

二、创新教学的目的

"为创新而教"已成为当代教育领域内响亮的激动人心的口号。创新教学的目的，简言之，就是为社会培养大量创新人才。这一教学目的的提出，主要有以下三个原因。

首先，它是由当前生产力发展的要求所决定的。生产力发展水平体现人类已有的发展程度，又为人的进一步发展提供可能并提出要求。在奴隶社会和封建社会，生产力只是通过生产关系这一中介制约教学，还未成为教学目的的直接依据。在资本主义社会里，随着大机器工业生产力的发展，科学技术的应用，学校需要培养大量的生产管理人员、生产技术人员和掌握一定文化科学知识与职业技能的工人。这样，生产的发展便日益成为制定教学目的的依据。当代，新技术革命的出现带来了社会生产力的飞速发展，给教育、教学带来了巨大冲击，人们认识到，记忆性教学、理解性教学、思维性教学都不能适应当代生产力发展的需要，只有实现创新教学，才能为社会培养大量创造型、开拓型人才，才能适应当代生产力飞速发展的需要。

其次，它是由我国当前的政治、经济发展所决定的。在阶级社会里，教学目的取决于统治者的政治利益和经济利益。如我国封建社会里，那种死记硬背四书五经的教学目的就是为了给封建等级制度和维护这样的制度寻求思想上、理论上、观念上和行动上的支撑，为控制人的思想提供依据。当前，我国最大的政治是改革、开放、实现现代化，全面建设小康社会。这便决定了我国各类学校的教学目的是为经济的发展和社会的全面进步培养大最创新型、开拓型、改革型的人才。

最后，创新教学是实现马克思所说的深入的全面发展的现实条件。马克思把人的发展同社会生产方式联系起来进行考察，揭示了人的全面发展的涵义，论证了人的全面发展的必然性。马克思认为，全面发展的人是指"个人在体力和智力上各自充分的和自由的发展"的人。尽管机器大工业生产为人的全面发展提供了物质基础，但由于资本主义社会生产的社会性和生产资料的私人占有的矛盾，生产过程中智力同体力是分离的。因此，人的全面发展只是可能，不是现实。

今天，随着经济和社会的进步，中国特色的社会主义事业取得极大的发展，为人的全面发展提供了客观条件。如果我们通过创新教学为社会培养出大量的创新人才，人们在从事创新活动时，智力、体力必然要同时得到充分的自由的发展，那么马克思所预言的人的全面发展将在创新教学中获得前所未有的有利的现实条件。

第二节　创新教学的基本原则

教学原则是教学过程中应当遵循的基本要求。教师要想顺利地进行创新教学工作，除了要明确创新教学过程的特点，认识创新教学规律外，还必然要研究和掌握创新教学中应遵循的一系列教学原则。

创新教学原则作为创新教学工作的基本要求和创新教学规律的具体体现，对创新教学具有指导作用。在整个创新教学中，教学原则既是创新教学活动的出发点，又是创新教学过程的总调节器。遵循创新教学原则进行教学工作，就能提高创新教学的质量；反之，就会影响创新教学效果，降低培养创新人才的规格和质量。

一、传授知识与开发智力相统一的原则

该原则要求在教学过程中，传授知识与开发智力并重，辩证统一。智力的发展依赖于知识的掌握，系统的知识是智力发展的必要条件，"无知必无能"，智力的发展又有助于创造力的提高。爱因斯坦在研究相对论的过程中，发现自己对黎曼几何的知识知之甚少，不得不重回到苏黎世工业大学补习黎曼几何。知识既是人类长期积累和整理的成果，又是人类智慧和智力的结晶，它本身就蕴涵着丰富的人类认识的方法。学生只有在掌握知识过程中学会获取这些知识的认识方法，并把这些知识和认识方法自觉地、创造性地运用到以后的学习和工作中去，才能逐步发展自己的智力，形成自己的创造才能。

智力的发展又有助于知识的掌握。智力发展较好的学生，接受能力强，掌握知识牢固，能够举一反三，自觉地、积极主动地、创造性地学习，探索真理；反之，如果学生智力发展较差，就不能牢固地掌握知识，也不能举一反三及创造性地解决问题。创新教学中贯彻这一原则时要做到以下几点。

（一）认识到知识和智力同等重要，不可偏废

知识和智力互为条件，相辅相成，互相促进，两者既不可割裂对立、互相排斥，也不可彼此混淆。片面强调任何一方，必然适得其反，降低教学质量，不利于培养学生的创新能力。

（二）实行"启发式"教学，促进学生智力发展

知识不等于智力，如果教师进行"填鸭式"教学，学生只知机械记忆和搬运知识，即使他们头脑里被填满了一大堆知识，也不会发展智力，而往往会变成"书呆子"，这种"死读书，读死书"的后果是"高分低能"，与创新人才是不沾边的。

教师只有实行"启发式"教学，善于启发学生思维，引导学生自觉地、积极地进行学习，正确理解知识，掌握获取和运用知识的方法，才能有效地促进学生智力的发展。

（三）培养学生系统的规律性的科学的学习方法

要引导学生构建有自己个性的学习经验和认知结构，而不是刻意去"教"那些零碎的"知识"，有些零碎的、不严谨的、没有系统化的知识教得过多，反而增加学生负担，影响其智力发展。例如识字一个一个地教，阅读一篇一篇地从范文中学，甚至学数的组成也是一句一句地背诵口诀等，都将使学生的记忆负担加重，而智力的主要要素——思维能力却得不到训练和发展。

美国著名的心理学家布鲁纳说过："不论我们选教什么学科，务必使学生理解学科的基本结构。"所谓基本结构，指的是普遍的强有力的适应性的结构。其具体表现就是每门学科的基本概念、基本公式、基本原则、基本法则等。布鲁纳认为，学科的基本知识乃是基本结构的"特例""具体化""变式""多样表现"。反过来，基本结构则是基本知识的概括、抽象、内在制约者、发源、本质……他认为学生掌握基本结构有利于知识的迁移、智力的发展。我国一些优秀教师的先进教学经验表明，让学生掌握学科知识的基本结构，确实有助于发展他们的智力。如我国小学教学改革中"集中识字"实验，教师利用形声字结构进行集中和分散的识字教学，极大地促进了学生的

智力发展。当学生掌握了"声旁表音，形旁表意"的构字规律后，就能独立运用推理的方法来判断字的音、形、意，举一反三，认字速度提高很快。

二、博采知识与培养创新能力相统一的原则

知识与创新能力的关系如同知识和智力的关系一样，系统的知识是创新能力发展的重要条件，创新能力高的人必然博采知识，并从事更高层次的发明创造活动，两者互为条件，相辅相成，互相促进，相互提高。如19世纪初，英国医生里斯特发现，病人经手术后，伤口化脓十分严重，对生命是个很大的威胁。尽管里斯特日夜思索化脓的原因，但百思不得其解。后来幸亏读到法国细菌学家巴斯德的著作，从中了解到"细菌是腐败的真正原因"的知识后，才深受启发，终于发明了用石碳酸水杀菌的消毒方法。创新教学中贯彻这一原则时要做到以下几点。

（一）要让学生博采知识

知识是创新能力发展的根本条件。知识贫乏，头脑中只有零碎的知识堆积，而没有系统的科学的规律性的知识，便不可能创造性地分析问题和解决问题，进行发明创造。尤其在当代，科学在加快发展，专业分工越来越细，各学科知识信息在成倍增加，知识老化的周期又在缩短，有人认为难以掌握大量的知识，于是局限在自己的专业圈子里，故步自封，这样做很难做出出色的发明和创造。只有博采大量的知识，量变引起质变，思维才能得到进一步的丰富，新联系、新设想、新观念才会在头脑中不断涌现，从而才会不断作出发明及创造。控制论创始人维纳说："在科学发展上可以得到最大收获的领域是各种已建立起来的部门之间的被忽视的无人区。……到科学地图上这些空白地区去做适当的查勘工作，只能由这样一群科学家来担任，他们每人都是自己领域中的专家，但是每人对他邻近的领域都有十分正确的和熟练的知识。"维纳和他的同事正是在数学、生理学、神经病理学等学科的边缘交叉地区奠定了控制论的理论基础。由此可见，在创新教学中，教师应鼓励学生博采大量的知识，"厚积才能薄发"。

（二）引导学生灵活应用知识

没有知识就很难有创新能力，但是有了知识也不一定会有创新能力。如果把知识当教条，死记硬背，生搬硬套，便会被知识所奴役，头脑就会僵化，即使高分也是低能，不会发明，不会创造，对人类社会不会作出什么贡献。

在教学中，教师要引导学生灵活地掌握和运用知识，读活书，加深理解，掌握规律，提高学生分析问题和解决问题的能力。当前，特别是要摆脱升学指挥棒的束缚。减轻学生升学压力，把培养和开发学生的创新能力作为教学的中心，把书本知识转化为学生创新能力的源泉。

三、教师的精心教授与学生的独立思考相统一的原则

教学是师生双边的教育活动。教师要细心教授；学生要独立思考。因此，教师必须精心备课，精心讲课，精心批改作业，精心辅导学生。然而，教师教学毕竟只是给学生指明一个前进的方向，路还得学生自己去走，路途中的困难和挫折还得学生自己去克服。而这一切，都得靠学生自己独立思考，任何人都包办代替不了。创新教学中贯彻这一原则时要做到如下几点。

（一）教师传授的内容必须适合学生的接受能力

教师教学时必须对学生独立思考有充分的认识。学生是学习的主体、学习的主人，教学的效果最终要落实到学生的学习上。

教师教授的内容不能过难，也不能过易。过难，学生听不懂，学习过程中便会不感兴趣，从而失去学习的信心；过易，学生会轻视学习，同样失去学习的兴趣。因此，教师教授的内容要难易适当，要善于进行创新教学，要有一定的"信息差"，使学生感到教师教授的内容像树上的樱桃一样"跳一跳才可以摘到"。唯其如此，才会使学生感到学习本身的趣味，才能使他们的学习由死记硬背变成富有意义的学习，才能启发学生的独立思考，培养他们的创新思维能力。

（二）教学要生动形象，切忌平铺直叙

教师要善于创设教学过程中的问题情境，恰到好处地提出一些富有启发性的问题让学生独立思考。如有位特级教师教"摩擦力"一课时，精心创设了这么一个启发学生思考的问题情境："在非常非常光滑的水平路面上，有一个静止的一吨重的大铁球，一只蚂蚁正在用力推大铁球，能不能推动大铁球呢？"像这样的问题，情境既新奇又有趣，能激发学生思考，使学生积极参与到教学过程中去，变被动地接受知识为师生之间的双边活动，能最大限度地培养学生的独立思考能力和创造力。

四、全面要求与因材施教相统一的原则

创新教学应面向全体学生，既要使他们尽可能达到统一标准并得到全面发展，又要承认学生的个别差异，针对不同学生的特点，采取不同的教学措施，使每个学生的创新才能都得到充分的发展。

对学生要有一个全面要求。必须把青少年学生无一例外地培养成所需要的创新人才。学生虽然有千差万别的个性，但也有共性。这种全面要求不但必要，而且可能。若没有全面要求，便会使创新教育偏离正确的轨道，降低创新教育水平。但仅仅全面要求，不因材施教也不行，两者必须统一起来。由于遗传、环境和教育的错综复杂的影响，每个学生的个性特征和发展水平都存在差异，若用同一个模式培养学生，必将使特殊创新才能的学生被埋没，创新才能较差的学生又将遭到淘汰。所以，创新教学中要遵循全面要求与因材施教相统一的原则，长优补拙，各尽其才，不拘一格，使每个学生的创新才能都得到充分、自由的发展。

为了很好地贯彻全面要求与因材施教相统一的教学原则，有两点要求必须注意到。其一，教学要面向全体学生，兼顾两头，让所有学生都能得到发展。其二，正确对待学生间的个别差异，尤其要正确对待那些有特殊能力的学生。对优秀生可以举办科技开发、发明创造讲座，广泛介绍当代科学技术发展的新成就、新动向、新发明、新创造，以激发其学习与创新的兴趣，使其树立献身人类发明创造事业的志向。要组织他们参加课外及校外学科活动，

从事小发明、小创造活动，激发创新意识，培养创造能力。学校图书馆、实验室要向他们开放，有条件的学校可以聘请科学家、发明家，对他们进行个别指导。对差生应适当降低教学要求，不论答问、作业、实验都设法使他们获得一定程度的成功，及时给予激励，加以表扬，使他们感受到紧张智力劳动后成功的愉快，从而激发他们强烈的学习动机及浓厚的认识兴趣。在他们掌握一定的基础知识和基本技能的基础上，教给他们发明、创造的技巧和方法，让他们从事一些力所能及的小发明、小创造。教师应针对他们的不同特点，加强指导和辅导，培养他们的创新意识和创新能力。

五、教师主导作用与学生主体作用相统一的原则

教师主导作用是指在教学活动中，教师处于主导地位，学生只有在教师的教导和帮助下，才能以最短的时间最高的效率掌握人类创造的科学文化知识，迅速提高自己的发展水平，成为社会所需要的创新人才。因此，学生学习的主动性、积极性和创造性发挥得怎么样，学习效果怎么样，是衡量教师主导作用发挥得好坏的重要标志。

学生的主体作用是指在教学过程中，学生是学习的主体，是学习的主人，必须充分调动学生学习的积极性、主动性和创造性。在教学过程中，只有充分做到教师主导作用和学生主体作用相统一，才能获得最优化的教学效果。创新教学贯彻这一原则时要做到以下几点。

（一）教师要引导学生进行探究的学习

在教学过程中，学生掌握知识技能有两种方式，接受的学习及探究的学习。学生通过教师的传授而理解并掌握知识，是接受的学习；教师引导学生探究一些问题，启发他们自己发现人们已经发现的真理，是探究的学习。探究学习能充分发挥学生学习的积极性、自觉性和创造性。

（二）培养学生浓厚的学习兴趣和强烈的求知欲望

兴趣是学习的动力，求知欲望是探求真理的一种富有感情色彩的心理倾

向。浓厚的学习兴趣和强烈的求知欲望是提高学习积极性、自觉性和创造性的重要因素，也是学生有所发现、有所发明、有所创造的前提。

要想培养学习兴趣和求知欲望，必须激发求知的需要，使学生产生满足求知的动机。因此，教师要经常对学生进行学习目的教育，从而使他们产生正确的学习动机。同时，教学方法要多样化，要保护学生的好奇心，鼓励他们大胆地提出问题，进行创新思维活动，培养学生主动的探求精神，激励他们把自己的学习和社会发展的需要联系起来，使学习兴趣和求知欲望向更高程度发展。

（三）发扬教学民主，实现心理兼容

发扬教学民主，实现师生心理兼容，是教师的主导作用和学生主体作用相统一的有力保证。教师热爱学生，学生尊敬教师，师生心理兼容、关系密切是教学民主的体现。教师对学生要严格要求，尊重学生，耐心教诲，热情帮助，精心培育。在充分发挥教师主导作用的前提下，充分调动学生的主体作用，要相信学生，多方面鼓励学生大胆提出问题，发表自己的看法。

六、理论与实践相统一的原则

理论与实践相统一的原则反映了教学过程中学生认识过程的一般规律，是教学达到最优化效果必须遵循的教学原则。该原则要求，必须在理论和实践相统一的过程中传授和学习理论知识，使学生能真正理解理论，懂得理论在实际中的运用，并能形成必要的技能、技巧和实践能力。创新教学中贯彻这一原则时要做到以下几点。

（一）要重视理论知识的指导作用

理论和实践相统一的目的是为了使学生在理论知识的指导下，通过在实践中的运用，加深理解和巩固理论知识，形成创新的基本技能和技巧。因此，教学中要切实抓好理论知识的传授，打好基础。只有在理论知识指导下的创新实践中，学生才能较快地掌握有关的创新技能和技巧。

（二）要重视学用结合，加强教学中的实践性环节

教学中必须创造多种多样的实践形式，如实践、实习、生产劳动、发明创造等。这些实践形式，由半独立到独立，由简单到复杂，由校内到校外，尽可能使学生动手、动口、动脑，让他们真正体会到理论知识对实践的指导作用。要防止从理论到理论，从概念到概念的教条主义的教学。

（三）根据学科特点、教材内容和学生的实际，有计划有目的地联系实践

教学中理论联系实际的目的有两条：一是理解和掌握基本理论知识；二是运用理论知识于创造实践活动。不同学科或同一学科的不同内容，联系创造实践的内容有所不同。如语文、数学一般是联系创作实践，让学生创作诗歌、散文、小小说等。数学、物理、化学教学不妨让学生运用所学的理论搞一些小革新、小发明、小创造等活动。

（四）教学中理论联系实践，要通过学生的独立思考和独立工作去完成

教学中教师要创造条件，通过感性的认识活动，让学生自觉地、积极地去观察、思维，使他们能创造性地运用所学的理论去解决各种不同的实践问题，以培养创新能力。

第三节 创新教学的任务与方法

一、创新教学的任务

创新教学首先必须完成教学的一般任务。

（一）传授基础知识和基本技能

基础知识和基本技能就是通常所说的"双基"。所谓基础知识，是指构成各门科学的基本事实及其相应的基本概念、原理和公式等。它是组成一门学科知识的基本结构，揭示学科研究对象的规律性，反映科学文化发展的现代水平。所谓基本技能，则是指学生运用所掌握的各门学科中的知识去完成某种实际任务的最主要、最常用的能力。

（二）发展学生的智力和体力

智力是指个人在认识过程中表现出来的认识能力系统。它包括观察力、记忆力、想象力和思维力，其中思维力是智力的核心。智力和创造力虽不是正相关，但智力对创造力的作用不可忽视。发展体力不仅仅是体育的任务，也是各科教学的任务。教学要注意教学卫生，要防止学生课业负担过重，使学生有规律有节奏地学习与生活，保持旺盛的精力，发展健康的体魄。

（三）培养学生的创新意识、创新思维和创新技巧、方法

创新意识即学生不人云亦云，书云亦云，师云亦云，不满足于现状，不束缚于传统，遇事问个为什么，敢于质疑，勇于问难，善于发明，长于创造。创新意识是发明创造的关键，没有创新意识的人，不可能有所发明和创造。所以创新教学要培养学生的创新意识。

创新思维包括发散性思维、求异思维、求同思维、直觉、灵感和创造想象。创新思维能力是创造力的核心。发明、创造是创新思维的成果，没有创

新思维便没有发明创造。创新思维的实质是人类大脑两半球的功能，创新教学必须培养学生的创新思维能力，以充分开发人类大脑两半球的潜能。

创造是伟大的，也是实在的，创造的成功有赖于创造的方法和技巧。人们已归纳和总结了众多的发明创造的技巧和方法。如奥斯本提出 9 种创造技巧；考巴克在奥斯本的 9 种技巧的基础上又提出 35 种附加技巧；戴维•斯技拉维提出 66 种战略（战略即技巧的别称）；阿里特舒列尔总结出 40 种基本技巧等等。目前，国内外学者提出的创造的技巧和方法已达三百余种。在创新教学过程中，这些发明创造的技巧和方法应让学生学习和训练，以提高他们发明创造的能力。

二、创新教学的方法

创新教学的方法是完成创新教学任务的途径和手段。主要包括培养创新思维的方法、自学方法、启发式教学方法以及现代化教学手段等创新教学常用的方法。

（一）培养学生创新思维的方法

1.激发学生强烈的好奇心和学习动机的方法

激发学生强烈的好奇心和学习动机，调动学生学习的积极性、自觉性和主动性是帮助学生形成与发展创新思维能力的重要条件。强烈的好奇心是发明创造的前提。

在创新教学过程中，学生的求知欲望和好奇心的出现取决于教师所创设的教学模式。教学模式有注入式和启发式之分。注入式模式是使学生所进行的学习完全依赖教师的讲解，被动地学，根本谈不上激发学生的好奇心和学习动机及培养学生的创新思维。启发式模式则是创设各种问题情境，激发学生的好奇心和学习动机，调动学生思维的积极性、自觉性和主动性，使学生的学习过程成为一个积极主动的探索和创造过程。通过学习，学生不仅能获得现有的知识和技能，还能进一步探索未知的新情境，发现未掌握的新知识，甚至创造前所未有的新事物。苏霍姆林斯基在《给教师的建议》中指出："在人的心灵深处，都有一种根深蒂固的需要，这就是希望感到自己是一个发现者、研究者、探索者。而在儿童的精神世界中，这种需要则特别强烈。"所以，教师在创新教学过程中，应该激发学生心灵深处的那种强烈的好奇心和学习动机。教师要在挖掘教学内容、组织教学形式、选择教学方法上多下功夫，创设激起学生好奇心的教学情境，让学生从中得到启发，产生好奇心和学习动机。

2.培养学生求异思维能力的方法

求异思为作为创新思维的主要形式，是科学家和发明家在发明、发现、创造过程中常用的思路和途径。在创新教学过程中，培养学生求异思维能力，能使学生不被"成见""成规"所束缚，不人云亦云，使学生考虑问题思路开阔、新奇，善于从不同角度，不同方向去思考，去探索，从而发表自己独特、新颖的见解。

在创新教学过程中，教师要鼓励学生勇于质疑，敢于问难。许多发明家、科学家的发明创造活动都是从质疑问难开始，从解疑入手的。对于学生天真幼稚的发问，教师要耐心予以解释，不可挫伤他们的好奇心。一时说不清的，也要鼓励他们继续探索、研究。当然，也要防止学生钻牛角尖。要使学生明白，自己的结论应当持之有据，言之成理。要善于引导学生打破旧框框去想问题，让他们遇到问题多问几个"为什么？""还有别的问题吗？""真是这样吗？""有没有相反的情况？""书本上的结论正确吗？""有没有漏洞？"等等。

求异思维本身又具有多种形式，如头脑风暴法、横向思维法、纵向思维法、逆向思维法、颠倒思维法、克弱思维法、信息交合法等等形式。教师在创新教学过程中，可以根据不同学科特点、不同教学内容灵活运用这些形式，因势利导地培养学生求异思维的能力。

例如在语文教学中，有位教师在教授《曹冲称象》时，绘声绘色地讲完曹冲用石头称象的方法后，意犹未尽，用"头脑风暴法"激励学生说："曹冲小时候想出称象的办法，大家都称赞他是个聪明的孩子，同学们，你们是新时代的小朋友，一定比曾冲聪明，同学们能不能想出比曹冲更好的办法来称象呢？"一石激起千层浪，静悄悄的教室一下子变得热闹非凡，学生们畅所欲言，纷纷提出自己的新设想，如有位学生说："搬石头太麻烦，岸边有那么多人，人能听从指挥，上下船又快。"学生一下子想出了许多好办法。

例如，在数学教学中，有的教师通过"一题多解""一解多变"的形式来培养学生的求异思维能力，也能收到较好的效果。

3.培养学生集中思维能力的方法

集中思维，又叫求同思维，它也是创新思维的一种重要形式。它是创造型人才所必须具备的思维质量。它的思维方向聚合于同一方面，即从同一方向进行思考。集中思维与求异思维在统一的创新思维过程中是相互作用、相辅相成、缺一不可的。

创新教学过程中培养学生集中思维的方法与传统教学中让学生追求一个正确的答案的做法不同。传统的教学方法是预先搭好一个现成的框架让学生去填，约束学生，一味地追求一律和固定的答案，这样做不利于培养学生的创新思维。创新教学培养学生集中思维的方法是先分散，后集中，无固定的框框，完全是让学生自己去选择和发现最佳答案，故有利于培养学生创新思维的能力。如小学一年级语文教学中的选词填空训练就是一种很可取的创新思维训练方法。具体做法是给学生一系列词，同时给学生一句话，让学生从这一系列词中选择最合适的词填入这句话中。

创新教学过程中，培养学生集中思维的方法很多。需要教师去发现，去创造。教师在培养学生集中思维时，有一点是共同的，即必须使学生学会以目标为基点集合各种观点、方案、方法，扬弃不必要的、和目标相背离的各种观点、方案、方法。

4.培养学生直觉思维能力的方法

直觉思维是人脑对于突然出现在其面前的新事物、新现象、新问题及其关系能够迅速地识别、敏锐而深入地洞察、直接地本质理解和综合地整体判断，简言之，即直接领悟的思维或认知。在一定意义上说，创新思维就是逻辑思维和直觉思维的统一，故创新教学应重视培养学生的直觉思维能力。

教师在培养学生直觉思维时要创造一个宽松、和谐和民主的教学环境。直觉思维是一种跃进的捷径式的思维，学生直觉思维的成果并不都是按逻辑思维或分析思维一步一步推导出来的，有时令教师感到意外，甚至被认为是猜测出来的。当学生运用直觉思维得出意料之外的想法或解法时，作为教师，不要轻易亮出"黄牌"。即使学生是猜测的，也不要斥责、讽刺或挖苦，诚如美国教育心理学家布鲁纳所说的，"对猜想处罚过严，会压制学生任何种类的思维，使之只能辛辛苦苦工作，而不敢进行偶然的飞跃"。教师应该在充分了解学生、尊重学生、相信学生和严格要求学生的基础上，创造一个宽松、和谐和民主的教学环境。在教学中，教师应该用研究、商讨的语气，亲切、期待的眼神进行教学。在控制好教学的深度和广度的同时，要鼓励学生大胆猜测，让不同层次的学生都有自我表现的机会。这样，学生心理上便有一种安全感，不怕说错，懂得自己的任何努力都会得到教师的保护，而这些都是培养直觉思维的前提和保证。

思维科学研究表明，人们在进行思维时，一种是分析思维，即遵循严密的逻辑规律，逐步推导，最后获得符合逻辑的正确答案或得出合理的结论；另一种就是直觉思维。逻辑思维或分析思维同直觉思维的发生和形成并不矛盾。在一定程度上，直觉思维就是逻辑思维的凝结或简缩。一般来说，学生对自己直觉思维的某些过程是说不清楚的，是模糊的，往往知其然，不知其所以然。因此，教师应该引导学生用逻辑思维去完善其直觉思维的过程，用"慢镜头"来分析检索直觉思维过程中的"跳跃"或"越位"之处。

培养学生直觉思维还可以让学生进行瞬间分析、瞬间综合。瞬间分析与瞬间综合与上述用"慢镜头"诱导学生说出直觉思维过程并不矛盾，两者相辅相成。瞬间分析可训练学生迅速确定思维的方向，瞬间综合可以压缩、简化思维的过程。为了让学生做好瞬间分析和瞬间综合，教师应精心设计每节课，尤其是出示的例题，更应缜密地考虑，挖掘其中可供直觉思维训练的因素。

5.培养学生灵感思维能力的方法

灵感，又称"顿悟"或"豁然开朗"。要想有所发明，有所创造，必须有灵感。灵感思维不同于其他思维，可以持续一个相当长的时间，它出现于大脑高度启动状态，高潮为时短暂，稍纵即逝。因此，培养学生灵感首先要训练学生的思维的敏捷性。如数学教学可通过速问、速答、速算来训练学生思维的敏捷性。

其次，要加强双基教学。灵感虽然突如其来，稍纵即逝，似乎很神秘，但并不意味着它就超越了以经验为基础的理性认识的界限。它是思维的一种特殊形式。它产生的前提往往是思维者经过了长期的实践从而在这一领域内储存了大量的模式或范型，即所谓的知识结构，并在大脑里建立起了对这一问题的兴奋中心，这个兴奋中心具有高度科学的敏感性，随后往往有一个就主观意识而言问题被搁置到一边的缓和期，在缓和期内，无意识的思维活动仍继续集中在问题上，当偶尔受到一句话或一件事的启发时，就能使新的信息很快地进入记忆并在模式和范型的基础上简缩心理加工过程而产生新的飞跃，顿时恍然大悟，产生灵感。因此，要培养学生灵感思维能力就必须使学生储备大量的知识模式和范型。具体地说，就是要使学生掌握牢固基础知识和基本技能。简言之，即加强"双基"教学。

最后，教师应保证学生的思维有自由翱翔的时间和空间。在创新教学过程中，教师应克服传统教学的弊端，保证学生有思维翱翔的时间和空间，让他们能有时间欣赏轻音乐、读小说、看电影，甚至可以让学生走出校园，徜徉田野、公园，听听鸟语虫鸣、潺潺流水，闻闻树木花草的芬芳，让学生从紧张的学习中得到暂时解脱，这样学生便容易激发灵感，产生顿悟。

6.培养学生创造想象能力的方法

想象是不依据现成的描述而独立地创造出新形象的心理过程。英国诗人雪莱说："想象是创造力，也就是一种综合的能力。"创新教学中教师要有意识地培养学生的想象能力。

首先，要重视对学生智力发展起重要作用的音乐、美术、体育的教学。其次，组织学生到大自然中去活动，让学生处于自由、松弛的状态，这有利于激发学生的创造想象。最后，让学生开展小发明、小制作、小试验、小创造等活动，并在这些活动中尽可能展开想象的翅膀，动脑，动手，多思，多做，以培养学生想象的能力。

（二）培养学生的自学能力——学会学习的方法

"学会学习"是教育面向未来的对策之一。未来的社会，要求人们必须具备一种独特的个性，善于创造，敢于迎接各种各样的社会生活的挑战，并勇于改革现存的社会生活模式，在不同的工作岗位上有所发明创造。为此，创新教学必须从当代大教育观出发，教会学生学习，培养他们的自学能力，使他们学会学习。

培养自学能力——学会学习，即在教学过程中，教师不只是教给学生一些知识和技能，更要培养学生独立学习的本领。叶圣陶先生说："学生须能读书，须能作文，故特设语文课以训练之。最终目的为：自能读书，不待老师教；自能作文，不待老师改。"联合国教科文组织埃德加·富尔在《学会生存》一书中提出："未来的文盲不再是不识字的人，而是没有学会怎样学习的人。"因此，创新教学如果忽视培养学生的自学能力，没有教会学生学习，那将是一个很大的失误。

首先，要培养学生的自学意识。要使学生明确学习的重要意义，使学生认为学习是为发明创造作准备的。在学习过程中，要让学生看到成功和进步，要及时给学生的学习结果以正确的评价，以便学生扬长避短。其次，要培养学生一定的自学技能。在自学活动中，有一些必要的技能，例如，如何查字典、查资料、做资料卡片、记学习笔记、写学习提纲、对参考书进行分类整理，将自学用具安置有序以及利用计算机等现代化、数字化信息处理技术、传播技术收集、整理、加工、储存和利用信息的技能等等。这类自学技能掌握得越多，越熟练，自学能力就越强。

最后，要教给学生一些成功的学习方法。如八环节学习方法：制定计划→课前自学→专心上课→及时复习→独立作业→解决疑难→系统小结→课外学习。SQ3R 学习法：浏览（Survey），即概要地读一读书的目录、提要；提问（Question），即一边粗读，一边提问；阅读（Read），即边读边思考；复述（Recite），即离开书本讲讲主要内容；复习（Review）即在巩固中获得新的认识。总之，成功的学习方法很多，教师要教导学生根据自己的实际，灵活运用，采取适合自己特点的学习方法。

（三）运用启发式教学方法

启发式教学方法是以学生为学习的主体，教师从实际出发，启迪、诱导学生发现问题、思考问题，点燃学生创造的火花。教师在教学过程中常用的启发式方法有以下几种：

1.比喻启发，引起想象。形象的比喻具有神奇的力量，能诱发学生的创造想象。如陶行知先生把束缚儿童创造力的迷信、成见比喻为"要不得的包头布"，要人们"把它一块一块撕下来，如同中国女子勇敢地撕下了裹脚布一样"。

2.现场启发，激发兴趣。上海一小学生发明"多用升降篮球架"，就是一次冬季体育课上老师现场启发的结果。篮球架高大，不适合不同年级不同身高的学生。老师说，要是哪位同学能发明一个能升降的篮球架就好了。于是这位学生便受到了启发，发明了可升降的篮球架。

3.视听启发，激发想象。教师利用现代化教学手段，呈现给学生绚丽多彩的画面和悦耳动听的音乐，化抽象为具体，化静为动，化无声为有声，开拓学生思路，激发学生想象。

4.问题启发，启迪思考。"思源于疑"，创造欲往往是从疑问开始的。爱因斯坦也认为，提出一个问题，往往比解决一个问题更重要。因为解决一个问题，往往是一个技能而已，而提出一个新问题或新的可能性，从新的角度去看旧的问题，则需要创造性的想象力。教师不但自己要善于提出启发性问题，也要鼓励学生质疑问难。

5.方法启发，启迪内因。教师不要教给学生死的知识，而要授之于活的方法，让学生自觉地、积极地、创造性地学习、创造。

6.练习启发：重在创新。在练习中不仅要培养学生的技能技巧，而且要培养学生的智力、创造力，这就要求练习多样化，既求异又求同。

（四）充分利用现代化教学手段

传统教学媒体除课本外，主要是粉笔、黑板、挂图、模型、标本、实物等。随着科学技术的发展，教学手段逐步现代化。诸如录音、录像、电影、计算机乃至多媒体双向视频传输系统等已作为教学手段应用于教学过程中。

创新教学应充分利用现代化教学手段来提高教学质量，培养学生的创新能力。运用现代化教学手段，可以使学习内容生动形象，一些本来不能直接看到的现象，通过有关声光设备能够看到。如用试管做化学反应试验可以把试管放到投影放大器上，让学生从荧幕上看得一清二楚，一些原来是一闪即逝的现象，通过声光设备，可以放慢速度，让学生仔细观察。这样可以使学生印象鲜明，理解深刻，记忆牢固，使抽象问题具体化，复杂问题简单化，不但能帮助学生理解教材内容，而且能丰富他们的想象，激发创新欲望，提高创新思维能力。

三、创新教学过程的阶段分析

创新教学过程的阶段与一般教学过程的阶段不同，它没有固定的模式，可因人、因材、因时、因地而异，全靠教育者在教学过程中独创。这里，介绍几种较有影响的创新教学过程的阶段模式。

（一）泰勒（C.W.Taylor）的创新教学阶段

第一阶段，呈现思考的情境或问题，第二阶段，采用分组活动方式，学生讨论这个问题，并列出一些主意。小组活动后在全班同学面前报告。第三阶段，学生选择一个或两个他们认为最好的主意，并且指出一些方式使该主意更合乎实际。这些修正过的观点又经过小组的讨论。第四阶段，学生暂时保留这些观点，隔天再带回课堂。第五阶段，全班同学作"脑力激荡"，看看有多少主意能再被加入。第六阶段及第七阶段中，学生回到小组中，选择他们认为最独特、最好的解决方式。第八阶段，小组开始实行他们认为最好的方式。

（二）台湾陈龙安的创新教学阶段

第一阶段，暖身活动，引起动机准备活动。第二阶段，主题活动，包括"问、想、说、写"。问，即教师充分运用发问技巧，激发学生创造力。想，即教师提问后，留给学生思考时间，鼓励学生扩散思考、自由想象。说，即运用"脑力激荡"的策略，让全体学生充分讨论，发表意见。写，即让学生归纳整理，然后教师将学生意见加以综合。第三阶段，结束活动。师生共同评估，指定下次主题或规定作业。

（三）上海实验中学的创新教学模式

该模式由一套相互衔接的子模式组成。根据师生双方在教学过程中活动的比例，提出五个子模式：讲授—接受式，示范—模仿式，指导—自学式和引导—探究式。

讲授—接受式是涉及学生掌握知识、注重有意义学习的教学模式，它是在吸收传统教学模式精华的基础上发展起来的。

示范—模仿式是涉及学生掌握技能、技巧，重视学生模仿，在模仿中进行创新的教学模式，是培养创造性的主要基础。

指导—自学式是涉及学生自学能力培养，重视对学生学习进行指导的教学模式，是学生由"知"到"创"的中介。

提问—讨论式和引导—探究式是利用问题教学来培养学生创新的教学模式。前者主要由教师设计问题或从学生提出的问题中提炼、概括出来的问题，在教学过程中激发、引导学生讨论，大胆思考，培养批判性、发散性思维能力；后者一般是在教师引导下由学生自己独立探究，独立钻研，教师作必要的、技术性的指导。

上述五个子模式相互联系，相互渗透，在一堂课或一单元的教学中均可有几个子模式的综合运用。通过五个子模式的实施，促使学生由原来的"学会"达到"会学"，教师由原来的"教"达到"不教"，从而达到教学目的，学生的独立探究和创造力得到发展。

（四）北京师大附中数学教学的创新教学阶段

1.引导学生自己提出问题，启发学生利用比较法发现问题，从知识的发展变化中观察问题，从知识的迁移中思考问题。

2.引导学生自己探索问题的途径，为学生的思维创造条件，教给学生思考问题的方法。

3.引导学生养成勤于思考的习惯。

4.利用计算机等现代化教学手段，加强教学的直观性。

（五）探究性学习

"据我们调查统计，儿童喜欢吃快餐的占 37%，少年占 29%，两者合起来就是 66%，这是多么大的一个数字呀！""我们归纳了这些快餐店这么'火爆'的原因：快捷方便，品种多样有创新，销售形式多样，连锁经营方式，环境好，服务质量高，宣传力度大……"

这是北京史家胡同小学探究性学习展示课上六年级（2）班《快餐店的火爆与中国的饮食文化》和《网络时代让我们 e 起来》两个研究小组的结题汇报。

史家胡同小学从 2000 年初开始进行"小学生探究性学习"实践研究，开始称之为"小博士工程"，后以"专题研究课"正式列入课表。探究性学习包括两个方面：一方面是校本课程：全校一至六年级占语文课每周一节（或隔周两节连上）的专题研究课；另一方面是在所有课程中贯彻探究性的学习方式。云南师大附小对此也作出了积极的探索。

开放是探究性学习课程的一大特色。一是学习内容开放。学生自选课题，他们感兴趣的内容涉及各个学科、方方面面。比如"中国文字""北京春天的环保调查""儿童观看动画片的倾向"等。二是学习地点开放。学生在课余时间走向社会，校内外沟通，学科间融合，学校、家庭、社区共同组成了学生学习的大课堂。三是学习时间灵活。三年级以上学生的课题研究基本以"小课题组"形式进行，这样更便于培养孩子们的合作意识、团队精神及组织才能。

探究性学习的开放性，使孩子们得以选择自己喜欢的课题进行学习，培养了学生对某些知识的强烈的探究兴趣。为了把课题进行得更好，各小课题组还聘请了"小博士导师"。"导师"由学生自己聘请；有班主任，也有其他各科老师；有学生的家长，也有孩子们的亲戚或父母的好友；还有孩子们从社区请来的某些方面的专家来担任导师。同学们还利用课余时间，去图书馆查阅，逛书店买书，或者上网搜寻，下载资料。有的同学搜集的材料竟有上百页之多。此外，学生要设计调查问卷、采访提纲，并走向社会、走近生活，去调查、采访和亲身体验。六年级（4）班尹航，为研究"京城三轮儿"，身背照相机走街串巷，采访了京城各种人力三轮车工人，亲自坐坐三轮儿，拍摄了大量照片，了解了三轮车与旅游、环保、运输及人民生活的关系，从中挖掘到丰富的素材，并且激发出不少灵感。

　　课题展示形式多样，除了报告，也可以做网页、建网站，或办展览、出集子。学生可以根据自己的喜好、特长和实际能力进行选择。他们以小课题组为单位，向同学、老师进行课题宣讲、答辩。宣讲时，不少小课题组的同学准备了自己制作的计算机演示文稿，展示了自己的研究档案，包括搜集的资料、调查问卷、课题日记、采访记录以及拍摄的照片、编辑的"报刊"等，有的还制作了展板。

　　探究性学习的开展，培养了孩子们的多种能力，同学们对自然与社会的责任感也得到增强。研究过程中，孩子们学会了向别人请教、与大人交流。小伙伴间的合作研究，使这些独生子女们知道了要相互包容、谦让，学会分工合作。

第十五章　创新教学与教学环境

教育改革的实践证明，一所学校是否具有良好的校园育人环境，是影响学生素质高低的重要因素。因此，要培养和提高学生的创新素质和创新能力，各级各类学校在教学改革的过程中，一定要重视创建良好的校园育人环境，使青年学生在崇尚科学、求实创新、思维活跃、勇于进取、乐于奉献、团结友爱的校园文化环境中受到潜移默化的陶冶，促使学生的创新素质和创新能力不断提高。

第一节　生态需要是人类全面发展的需要

环境即所有外界力量对主体作用的总和。也就是说，任何主体活动的环境都是由整个周围事物构成的氛围。实施创新教学必须视优化育人环境。

育人环境是指围绕着育人工作而展开的并对育人有着重要影响作用的一切事物的总和。育人环境是一个具有开放系统的复杂结构，比如，错落有致、优美宜人的校园自然环境；具有深刻文化内涵的人文景观；表现在严肃活泼、教学秩序良好的制度文明；由教风、学风、校风所渗透弥漫的精神氛围等。总之，育人环境包括有物质文化层次、制度文化层次和精神文化层次。校园物质文化是校园文化的物质载体，它是整体校园文化的外在标志；良好的育人环境需要有严格科学的制度来保证，所以，制度文化层次也是育人环境中的重要组成部分；精神文化属于较高层次，它是校园文化建设中实质性和根本性的组成部分，是校园文化存在的价值取向。育人环境的物质文化层次、制度文化层次和精神文化层次相互联系、相互作用，共同构成育人环境的整体系，其出发点是直接或间接地服务于创新教育的实施、作用于青年学生创新素质和创新能力的培养和开发。创设良好的育人环境，尤其需要建立民主和谐的教学环境。教师与学生的关系应当充分地体现平等与和谐。教师是活动的指导者、促进者，学生是学习活动的合作者，每一个学生都应从教师身上感受到自己的尊严、权利、灵感和积极性的尊重。随着信息时代的到来，学生通过传播媒体接触大量的信息，往往会在某一方面超过教师的知识贮备，提出教师无法回答的问题。教师要切实把教学活动看成是一个不断面临新问题的过程，是一个知识扩展的过程，是一个与学生共同学习的过程。要以完全平等的姿态与学生一起查阅资料，寻找答案。同样，为了培养学生的自主学习能力和创新能力，教师首先要不断发展自身的自学能力和探究能力，真正实现课堂的教学相长。我们一定要改变过去那种权威式的教学关系，不是让学生在教师、家长的压力下学习，而是自发地、主动地学习。教师要爱学生，承认学生间的差别，允许他们在学习上有选择的机会，在教学中留有思维的空白，尊重学生发表的意见，延缓对学生意见的评判，允许他们有不同的想法，给他们创设一种"易起反应的环境"。

教学中，特别要鼓励学生敢于质疑，善于提问，敢于挑战权威。创新往往是从问题开始，只有提出有价值的问题，进一步才有创新可言。爱因斯坦从牛顿力学和麦克斯韦电磁理论相矛盾现象出发，提出问题，并解答疑问，导致狭义相对论的诞生。我们的学生往往善于学习、善于模仿，却不善于提问。人的创造力存在于一般的问题解决过程之中，创造性个体与非创造性个体的差异主要在于选择问题的表征上。在我们的教学中往往是教学生如何回答问题，往往以学生没有问题作为一节课的圆满结束，很少教学生如何提问题，如何发现和提出有价值的问题。所以，我们的学生往往也迷信书本、迷信权威，对问题不敏感，缺少科学的怀疑态度和精神，这种教学环境很不利于培养学生的创新素质。

马克思主义认为，环境对于受教育者创造个性的形成具有十分重要的作用。在人的创造个性形成过程中，先天的一些条件是物质基础，同时，它们在后天教育和环境熏陶下具有可塑性和补偿性。正如马克思所说："人天生就是社会的产物，即他只有在社会中才能发展的真正的天性。"可以说，人的发展对于环境和社会的依赖关系使我们很容易理解优化育人环境之于创新教育的特殊意义和作用。

创新教学要求培养对象视野开阔、思维活跃，有较强的问题意识和较强的竞争力、应变力和适应性。这就要求从环境和氛围上打破"围城"和相互封锁的狭小圈子，有助于克服沉闷、呆板、单一的思维；创新教学要求人们不只把视线盯在一个点、一条线、一个面上，而是要进行纵横比较，扩大对比参照，全方位地思考问题。而良好的环境和氛围则能使培养对象自觉注意自然科学和社会科学理论与方法的相互渗透，形成综合运用各种知识的创造力。不仅如此，创新教学的一个显著特征就是依据整体相关性原则，按照客观对象本身固有的层次和结构，全面、客观、完整地认识事物，再现客观对象全貌。它要求培养对象建立整体观念、结构观念、优化观念，全面考察系统之间和系统内部的各种联系，考察其中大大小小的各个中间环节和各种因素的相互作用，在头脑中建立一个纵横交错的立体式思维结构。良好的环境和氛围十分有利于学生突破传统思维方式和狭隘眼界，以整体为出发点研究部分，然后又回到整体。

适应创新教学的环境和氛围的主要内容是教育面临的三个方面：社会、学校和家庭。

一、创新教学的社会环境

创新教学的社会环境是指社会中对创新教学的实施具有作用和影响的一切事物的总和。它包括的内容十分广泛，既有自然环境，又有社会环境。我们这里主要探讨社会环境。它主要有社会的政治制度、经济制度、物质生活、生活方式、社会精神文明状况、社会文化活动、大众传播媒介的导向等等。创新教学的社会环境是一个不断发展变化的动态过程，它随着人类科技的进步、人类活动范围的扩大和人类文明程度的提高而不断地拓展，也随着人类政治、经济、文化生活的改革而调整，成为影响创新教学实施的大环境。

1.正确处理好教育行政部门与学校之间的关系。在我们的教育管理体制中，教育行政部门对学校管得太宽、太死，学校缺乏一定的自主权，只能在统一规定的教育模式中运行和发展，一定程度上阻碍了学校自身创新性的发挥，不利于学校按自身特点培养创新型人才。

2.加大对创新型人才培养的力度，还需要政府进一步加大对教育创新的资金投入。因为创新能力的培养仅有聪明才智还是不够的，还需要有巨额的科研经费、良好的工作设施和环境条件作为支撑。如著名的贝尔实验室每年基础研究经费就有五六亿美元，开发研究经费有五六十亿美元，正是因为有雄厚的经济实力做后盾，贝尔实验室才产生了六七位诺贝尔奖得主。

3.政府应利用有效的舆论手段引导全社会形成对人才的正确认识，在全社会形成尊重知识、尊重人才，特别是重视知识创新和技术创新以及创新人才的社会风气，只有在这种有利于创新的社会风气中，才会促使人们求知欲的发展，激发人们的创新兴趣，鼓励创新思路的开拓。

同时，还有必要通过法律法规来制定促进和保护人们的创新激情和创新成果。如进一步健全知识产权法、制定创新人才培养政策和创新奖励政策等，全面推动民族创新风气的形成。

建立面向知识经济时代的国家创新体系是政府一项非常迫切的任务，也是我国创新教育能得以顺利发展的土壤。有了国家对创新工程的高度重视和正确引导，学校教育也必将在这种社会大环境的影响和支持下，把培养教育者的创新能力放在首要地位，受教育者自身也会主动积极地投入到创新教育的活动中去，促使创新教育顺利有效地进行。

二、创新教学的学校环境

作为学生直接接受教育的场所——学校，更应该创设良好的创新教学环境和氛围。一个学校的目标、学风、学术气氛及管理体制等都对学生创新意识的形成及创新能力的提高具有很重要的作用。传统学校教育一直以传播知识作为学校的培养目标，在应付考试为目的的价值观支配下，教师和学生很难形成创新意识。应试教育强调以升学为唯一的教育追求目标，使得教师和学生处于高度紧张的机械的知识传授中，严重阻碍了学生创新能力的培养。有研究显示，"心理安全"和"心理自由"是创新能力形成的两个最重要的条件。因此，树立与时代潮流相适应的教育目标，形成整个学校轻松活泼的校风和人际关系，才能形成有利于学生创新能力培养的适宜的"气候"和"土壤"。有学者提出，把保障学生的"心理安全"和"心理自由"作为营造创新教育环境和氛围的核心。改变传统的应试教育模式是学校实施创新教育的关键所在。应试教育在教育理念、目和、方式以及内容等许多方面都是与我们当今倡导的创新教育是水火不兼容的。在教与学的关系上，应试教育过分强调教师的主导性，忽视学生的主体性。教学过程中，教师向学生单向灌输知识，学生被动地学习，其主动性和积极性受到很大的抑制。没有主动性和积极性，创新性也就失去了基础。另外，在对学生的要求上，应试教育过分强调整齐划一，忽视个性的差异性，不注重学生的个性发展，实行统一大纲、统一教材、统一考试。在这种统一的规范下，培养出来的学生的知识结构和思想也容易雷同，缺少个性，缺乏创见。总之，这种重知识记忆、重考试而轻创新探究的旧教育模式已经严重影响了学生主动的、生动活泼的、自由的、有鲜明个性的全面发展，远不能适应未来社会对创新型人才的需求。因此，面临知识经济时代的到来，教育界在这几年一直呼吁建立素质教育模式，把学生从"考试"和"升学"中解放出来，把提高学生的整体素质作为教育目标。

三、创新教学的家庭环境

纵观人类文明发展史，自从有了家庭，就有了家庭教育。它作为人类道德灌输、知识传授和技能训练的重要场所，对人的成长有着极为重要的作用。我国素有重视家庭教育的传统，"子不教，父之过"就是这种思想的集中体现。在人类即将进入知识经济时代的今天，家庭对学生创新能力的培养有着非常深厚的影响和渗透作用。适宜的家庭环境是培养子女创新能力的基础和重要条件。有利于创新的家庭氛围主要表现在家庭教育的目标、家庭人际关系等方面。德国学者戈特弗里德·海纳特指出："促发创新能力最重要的因素就是父母，家庭中轻松、无拘无束和活泼的气氛有助于创新活动的发展。如果子女与父母之间有着积极的交往，榜样会引起巨大的作用。子女在很小的时候就会试着想新颖的主意和使用自己的行为方式独特，这一点尤其表现在他们好问的态度上。这种好问的态度由对某事的好奇心和对知识的追求所引导，前者只在假性创造力的意义上引起提问，而对知识以及深化的知识和信息的兴趣则对真正的创造力有利。"从戈特弗里德·海纳特对家庭与培养创新能力关系的分析中，我们可以看出，良好的家庭环境对培养子女创新能力的作用不容忽视。

第二节　优化育人环境的原则

为创新教学创设良好的环境和氛围，是一项长期而艰巨的任务，它是涉及社会、学校和家庭，贯穿大学、中学、小学和幼儿教育的一项复杂的系统工程。我们既要遵照党的教育方针，认真总结建国 50 多年来育人环境建设的经验和教训，又要面临知识经济带来的机遇和挑战，大胆引进吸收现代科学研究的最新成果，运用科学的理论和方法，研究和探讨育人环境的新变化、新特点和新规律。要卓有成效地创设良好的环境和氛围，推进创新教育，必须坚持以下原则。

一、整体性原则

所谓整体性原则，就是要求学校在优化育人环境时，从社会、学校和家庭等方面，综合考虑各种因素对实施创新教学的影响和制约，调动一切积极因素，克服或避免一切不利于创新教学实施的不良影响，齐抓共管，综合治理，使之处于整体能动状态。

（一）规划的整体性

创设有利于创新教育的环境和氛围，必须遵循教育规律，从创新教育的整体工作出发，制定出整体规划和战略设想，以及不同阶段的实施目标。要求社会、学校与家庭三方联合起来，小、中、大学教育对创新能力的培养有序地衔接起来，共同创造有利于创新人才脱颖而出的大环境，使学生在不同时期、不同场合都能够受到良好的教育。

（二）实施的同步性

实施规划的同步性，要求校内各部门齐抓共管，密切配合，师生员工整体努力步调一致，按照整体性规划的要求，制定出具体的计划和安排，切实保证育人环境中各项内容优化的同步进行，不可偏废。否则就会畸形发展，达不到预期目的甚至事与愿违。

二、开放性原则

开放性是育人环境具有强大生命力的表现，也是其自身有序发展的根本前提。它通过自身与外界进行物质和能量，尤其是信息的交流，直接影响并决定着人才的培养。传统教育在许多方面表现出很大的封闭性，在一定程度上阻碍了学生创新能力的培养。创新教学环境建设的开放性可以从以下几个方面来理解。

（一）体现在教学内容上

现行的许多课程内容明显过于陈旧，不利于学生接受新的信息。教学内容也要体现邓小平同志提出的"三个面向"，体现出其时代性和新颖性。把新的科学研究成果和新的科学概念及时编进教材，帮助学生建立一个发展变化的而不是孤立静止的客观物质世界的基本观念，引导他们去探索更新知识，培养他们的创新精神。

（二）体现在国际化方面

知识经济的两大特征就是知识化和全球化，在我们创新教育的实施过程中，必须强调国际间的交流与合作，充分消化和吸收世界各国先进的科学、教育和文化，为我国的创新打下基础。

（三）教育者的开放性以及教学方式及途径的开放性等方面

学校作为现代社会系统的一个子系统，倘若把自己闭锁于一个与世隔绝的桃花源内，会因此失去与社会在物质、信息、人才等资源方面的正常交流而难以形成自身适应社会环境的能力，最终逃脱不了停滞、落后以致窒息的厄运。能否较好地实现外在适应，关系到学校社会价值的发挥及其自身的发展。而对社会的开放则是学校外在适应的必然前提。

三、方向性原则

育人环境作为教育大系统的有机组成部分，内在地要求必须坚持社会主义方向。表现在操作层面主要包括：在全社会大力加强社会主义精神文明建设，提高全体公民的思想道德素质和科学文化水平，营造适应创新人才坚定政治方向的"大气候"；大力开展主旋律教育，营造健康向上、文明高雅的校园文化氛围；加强校风建设和制度化建设，规范行为，正确导向；认真规划和建设"硬环境"，不断加大科技、文化含量，充分体现当代文明成果和时代精神；在家庭开展以"家庭美德"为主要内容的家庭教育，建设好有利于"创新人才"成长的家庭环境。只有这样，才能真正营造教育创新所要求的环境氛围。

四、现代化原则

《中国教育改革与发展纲要》指出，我国教育发展的总目标是：在本世纪末建成"具有中国特色的、面向21世纪的社会主义教育体系框架"的基础上，再经过几年的努力，逐步建立起"比较完善和成熟的社会主义教育体系，实现教育的现代化"。与之相适应，创新教育的实施，育人环境和氛围的建设必须坚持现代化的原则。从发展的意义上讲，应包含两个层面：①与社会的现代化进程相适应的发展与变化；②与创新教育相适应的发展与变化。教育是一种适应未来需要的事业，以面向现代化、面向世界、面向未来的眼光营造创新人才所需的环境和氛围，必将为21世纪高素质人才的培养和造就创造有利的条件。

第三节　优化育人环境的目标

江泽民同志曾指出："国运兴衰，系于教育；教育兴盛，全民有责。我们必须全面贯彻党的教育方针，坚持教育为社会主义、为人民服务，坚持教育与社会实践相结合，以提高国民素质为根本宗旨，以培养学生的实践精神和创新能力为重点，努力造就'有理想、有道德、有文化、有纪律'的德育、智育、体育、美育等全面发展的社会主义事业建设者和接班人。"党和国家的要求，就是要培养有理想、有道德、有文化、有纪律的社会主义新人。所以，构建创新教育的环境和氛围的目标应该是调动人的积极性，培养适应知识经济时代需要的具有创新素质和创新能力的创新型人才。

一、调动人的积极性

（一）要调动教师的积极性

在组成创新教学的诸要素中，教师是最基本、最重要的要素。无论是人才培养、科学研究，还是社会服务，主要是依靠教师来完成。所以，优化育人环境首要的任务是调动教师的积极性，发挥教师在教书育人方面的主导作用，保证教师以充沛的精力和创新的精神投入到教学和教改活动中，全面提高教学质量，大力培养创新人才。

（二）要调动管理人员的积极性

只有调动了管理人员的积极性，增强了这部分人的主人翁意识，他们才会用心设计和规划，把有限的人力、物力和资金投入到最需要的地方去，才能科学决策，才会认真制定和模范执行各项政策决议。实施科学管理，为良好的校风和学风的形成创造条件。

（三）要调动学生的学习积极性

为创新教学创设良好的环境和氛围，说到底就是为了端正学生的学习动机，引导他们树立崇高理想，自觉遵守学习纪律，主动克服学习上的困难，尊重教师，珍惜时间，积极求索未知。通过创建良好的育人环境，营造出一种让学生感受、理解知识的产生和发展过程的氛围，培养学生的科学精神和创新能力。

二、培养学生的创新素质和创新能力

让知识、能力、素质有机地融合在每一个学生身上，反映了创新教育在培养目标上的一个时代特征。创建适应创新教育的环境和氛围，就是要在全社会形成一个注重素质教育、重视创新能力培养、着眼学生个性发展的良性运行机制，在人才培养过程中，把知识传授与能力培养融为一体，把业务培养与素质提高融为一体。所以，育人环境的优化，必须把知识、能力、素质综合起来考虑。

第四节 创建创新教育环境和氛围的途径

一、坚持用社会主义精神文明和政治文明统领学生的思想体系

社会的急剧变革与发展也表现在社会的思想、文化生活领域。随着人们温饱问题的普遍解决和物质生活水平的不断提高,青年学生和群众对社会政治、思想和文化问题日益关注,其求知欲和探究欲,参与意识、自主意识和精神消费意识逐渐强烈,人们的精神文化生活日益丰富多彩。随着社会经济成分的多样化和人们生活方式的多样化,随着西方各种价值观念和思潮通过各种传媒大量涌进,随着人们价值追求的兴奋点从长远转向眼前,从精神转向物质,从集体转向个人,使青年学生和群众的价值追求呈现出多样化的特点。但是,社会生活的这种急剧变革和发展使人们的思想观念、行为方式和生活方式处于较大的调整、更新和转化之中,使人们直接面对多元化的世界,直接感受到西方资本主义的挑战。这样一个多元化的生存环境,激起人们在精神生活领域方面产生一系列的疑惑、冲突甚至斗争。为此,我们必须重视用马克思主义、毛泽东思想、邓小平理论和"三个代表"重要思想去占领社会主义的思想文化阵地,才能真正创设有利于创新教育的环境和氛围。

二、营造适应创新人才脱颖而出的舆论环境

(一)确立以培养学生的创新精神和实践能力为重点的素质教育观

《中共中央国务院关于深化教育改革全面推进素质教育的决定》指出,"要转变教育观念,激发学生独立思考和创新的意识,切实提高教学质量。要让学生感受、理解知识产生和发展的过程,培养学生的科学精神和创新思维能力。要重视培养学生处理信息的能力,获取新知识的能力,分析和解决问题的能力,语言文字表达能力及团结协作和社会活动的能力。"这就要求我们的教育由注重共性向兼顾个性转变;由单纯重视知识传授向传授知识、

培养能力和提高素质的有机融合转变，通过创新和创业把知识转化为经济财富。

（二）要通过目标管理把创新人才培养落到实处

应在对全体学生实施全面素质教育的基础上，遵循从学前教育到大学本科教育、研究生各个阶段的教育教学规律，制定相应的学生创新精神和实践能力培养大纲，使不同文化程度的青少年都能得到这方面的培养和基本训练。要积极探索适应以培养创新型人才为目标、以综合素质为特征的人才培养模式。

（三）建立有利于创新人才培养的考试制度

要改革"偏重知识测试、忽视能力考核"的传统考试办法，实行"知识与能力并重，理论与实践结合，重点测试学生理解、掌握和灵活运用所学知识的能力和实践动手能力"的考试办法。在考试的内容和形式上，应采取"以笔试为主、学生在学校的其他表现为补充"的综合考试办法，做到既考知识，又考能力和综合素质。

（四）要为创新型人才脱颖而出创造条件

要依据因材施教的原则，注意选拔和发现具有优良个性和创新素质的学生，为其提供更优越的条件与环境予以重点培养。要拓展高中段教育和高等教育招收特长生的范围（不局限于传统的艺术、体育等方面的特长），使具有创新素质和创新能力的学生能够顺利升入高一级学校学习。

三、建立适应创新教学的教学手段和教学管理体系

到目前为止，我国各级各类学校的教学手段和教学管理基本上还停留在经验式、手工式的阶段，引入计算机管理的仍然是手工操作占主导，并未有现代化的意味。这是阻碍我国教育现代化的一个根本的因素。显而易见，以开放、自主、多元为特征的现代素质教育不可能在这种传统的教育运行体制中实施。发展现代教育技术，实现教学手段和教学管理的现代化，正是确立

创新教学的人才培养模式的重要前提之一。

四、建设一支高水平的教师队伍是关键

教师只有通过启发式的教学才能调动学生的主动性、自觉性，激发积极的思维，培养分析问题和解决问题的能力，在教师的启发和引导下，自己寻找规律，使之有新的发现和创新。有研究结果显示，创新性较强的教师比创新性较差的教师能在更大程度上培养学生的创造力。创新性较强的教师会主动在这方面进行探索和创新，以良好的创新教学方法培养出创新能力较高的学生。另外，教师本身所具有的创新能力形成发展的规律，为创新教学提供最直接、最深刻的体验。把创新教学建立在科学的基础上，从而在教学过程中，自觉地将知识传授和创新思维相结合，发现学生的创新潜能，捕捉学生创新思维的闪光点。

五、产、学、研一体化，为培养创新人才开拓新天地

高校学生尽早参加科学研究、技术开发活动，利用假期组织志愿者积极参加"三下乡"活动，到社会实践当中锻炼能力和探索新知；在高等学校普遍建立大学生创新与技能培训中心，为学生提供进行科学实验、科技发明、技能培训和展现聪明才智的场所；引导和动员大学生积极参与各种以"创新和应用能力竞赛"为主要内容的大学生课外科技和创新活动。通过产、学、研之间的交汇与结合，积极发展大学与产业之间紧密的伙伴关系，鼓励面向市场经济和社会发展的研究，不仅能使社会和市场现实需求的刺激成为推动部分师生追求科技创新、市场开拓和社会发展的巨大动力，从而锻炼成长出一大批科技创新人才、企业家和各方面的专家，还能使大学真正成为推动科技成果向现实生产力转化的重要力量。"斯坦福——硅谷"模式的成功和北大方正集团的成功都生动地显示了大学与产业界的伙伴关系对于造就创新型人才的重要意义。加强高等学校与科研机构、企业的联合与合作，全面提高学校知识创新、技术创新和最新技术产业化的水平，才能充分发挥高校在国

家创新体系中的动力和辐射源的作用。中、小学生应尽早接触社会、经济、科技的发展，通过参观展览，辅导员指导下的"小小队"活动、小制作活动，观察、研究身边的"小事"，大胆求索找到科学的解释和答案，养成创新意识，培养创新能力。

总之，创新是人类社会生生不息、永远向前的动力，是民族兴旺发达的不竭源泉。一个民族能否自立于世界民族之林，能否站在历史的潮头，能否登上科学技术的制高点，关键在于创新的能力和水平，而这一切深深依赖于一个国家和民族的教育能否顺利实施创新。在新世纪知识经济的挑战中，教育创新将历史性地承担起知识和技术创新以及培养创新型人才的伟大历史使命！